U0790673

FENGSHUN YEARBOOK

丰顺年鉴

2023

丰顺年鉴编纂委员会 编

方志出版社
Publishing House of Local Records

图书在版编目（CIP）数据

丰顺年鉴. 2023 / 丰顺年鉴编纂委员会编. —北京:
方志出版社，2023.11
ISBN 978-7-5144-5866-4

Ⅰ. ①丰… Ⅱ. ①丰… Ⅲ. ①丰顺县－2023－年鉴
Ⅳ. ①Z526.54

中国国家版本馆 CIP 数据核字(2023)第 216683 号

责任编辑：张健
责任校对：张玉霞
责任印制：梅中英
出 版 者：方志出版社
地　　址：北京市朝阳区潘家园东里 9 号（国家方志馆 4 层）
邮　　编：100021
网　　址：http://www.zgfzcb.cn
发　　行：方志出版社图书营销中心（010-67110500）
印　　刷：揭阳市榕城区榕文印刷厂
开　　本：889 毫米×1194 毫米　1/16
印　　张：17.75
字　　数：541 千字
版　　次：2023 年 11 月第 1 版
印　　次：2023 年 11 月第 1 次印刷
定　　价：198.00 元

· 版权所有　侵权必究 ·
（如有印装质量问题，请与我社图书营销中心联系）

丰顺年鉴编纂委员会

顾　问：张志锋

主　任：罗达祥

副主任：石远平　谢定雄

委　员：朱传讯　徐柳明　王象山　陈奕鹏　李逊浩　李　威　李显益

张加钦　王湘阳　张　剑　朱德平　简光瑞　蔡　君　张武珍

陈志国　朱耀辉　罗剑峰　黎新辉　杨愉兆　赖建军　卢科峰

刘震辉　杨永亮　徐名暹　徐德林　王凌凌　王　超

丰顺年鉴编辑室

总　审：石远平（兼）　谢定雄（兼）

主　编：简光瑞（兼）

副主编：曾杏美

编　辑：张国强　黄喜勤　曾　波　谢定锋　叶铭杰　肖晓春　陈志纯

编辑说明

一、《丰顺年鉴（2023）》（以下简称本年鉴）以马克思列宁主义、毛泽东思想、邓小平理论、“三个代表”重要思想、科学发展观、习近平新时代中国特色社会主义思想为指导，坚持辩证唯物主义和历史唯物主义的立场、观点和方法，主要记述2022年丰顺县的政治、经济、文化和社会发展情况，汇集各行业最具代表性的重要信息，为各级领导决策提供依据，为海内外各界人士、各部门了解与研究丰顺提供服务，同时也为续修《丰顺县志》积累史料。

二、本年鉴设特载、大事记、概览、中共丰顺县委员会、丰顺县人民代表大会、丰顺县人民政府、中国人民政治协商会议丰顺县委员会、丰顺县纪委监委、民主党派·群众团体、法治、军事、综合管理监督、农业·农村、工业、商业贸易、财政·税务、金融、交通运输、邮政·通信、城乡建设·环境保护、教育、文化 旅游 体育、卫生、社会生活、镇（场）、名录、主题索引27个类目。为便于检索，不同层次的标题和字体、字号以及版式设计，都有明显的区别，其中条目一级的标题统一用黑体字加【】号表示。

三、本年鉴数字用法、标点符号、计量单位分别执行国家标准《出版物上数字用法》（GB/T 15835 — 2011）、《标点符号用法》（GB/T 15834 — 2011）、《国际单位制及其应用》（GB 3100 — 1993）和《有关量、单位和符号的一般原则》（GB 3101 — 1993）。

四、本年鉴资料来源于全县各有关单位，并经各组稿单位领导把关，由年鉴编辑室修改、校核，再送总审审定。文中的主要数据由组稿单位提供，但由于统计口径不尽相同，个别数据可能与县统计局公布的不一致，使用时以县统计局公布的数据为准。

五、为保存各部门的人事资料，本年鉴收录相关部门、单位负责人名录。

丰顺名片

FENGSHUN MINGPIAN

- 中国温泉之城
- 中国长寿之乡
- 中国火龙之乡
- 中国民间文化艺术之乡
- 中国金融生态县
- 原中央苏区县
- 国家可持续发展实验区
- 国家卫生县城
- 广东电声之都
- 广东省县级文明城市
- 广东省教育强县
- 广东省林业生态县

数字丰顺

2022

· 年末常住人口48万人
· 全县生产总值119.29亿元
· 第一产业增加值26.98亿元
· 第二产业增加值42.37亿元
· 第三产业增加值49.93亿元
· 地方财政一般公共预算收入6.73亿元
· 地方财政一般公共预算支出49.18亿元
· 外贸进出口总额1.1亿美元
· 外贸出口总额1.09亿美元
· 实际利用外资152万美元
· 社会消费品零售总额55.15亿元
· 居民人均可支配收入2.47万元
· 城镇居民人均可支配收入3.04万元
· 农村居民人均可支配收入1.81万元

▲ 2022年1月8日，丰顺县革命委员会、丰顺县苏维埃政府成立旧址揭牌仪式在丰顺县大龙华镇叶华村举行 （郑坤　摄）

▲ 2022年1月15日，丰顺县坚真大湖天池项目举行项目开工仪式

（郑坤　摄）

▲ 2022年3月3日，丰顺县促进实体经济高质量发展大会在县会展中心举行。图为2021年度丰顺县纳税前10名工业企业授牌 （郑坤 摄）

▲ 2022年5月13日，县乡村振兴暨农村人居环境整治工作推进会召开

（郑坤 摄）

▲ 2022年6月29日，丰顺县2022年广东扶贫济困日暨全社会助力乡村振兴活动仪式在县会展中心举行 （郑坤 摄）

▲ 2022年7月5日，全国妇女爱国主义教育基地揭牌仪式在丰顺县坚真纪念馆举行 （郑坤 摄）

▲ 2022年7月21日，省水利厅党组书记、厅长王立新（右三）一行到丰顺县调研教堂水库、水系连通及水美乡村试点县建设工作，县委书记张志锋（右二）陪同调研　（郑坤　摄）

▲ 2022年7月22日，粤东重点供水工程集中通水仪式分别在潮州主会场和梅州、揭阳分会场举行。图为梅州市丰顺县新区供水工程分会场　（郑坤　摄）

▲ 2022年8月1日，省供销社党组书记、理事会主任叶梅芬（右五）到广东供销（丰顺）天业冷链物流骨干网建设项目现场调研，县委书记张志锋（右三）陪同调研

（郑坤　摄）

▲ 2022年8月4日，省老促会会长陈开枝（右三）率调研组到丰顺县调研乡村振兴和红色文化传承工作，县委书记张志锋（右一）陪同　（郑坤　摄）

▲ 2022年8月8日，县委书记张志锋(左二)到广东省双十智能科技有限公司调研

（郑坤 摄）

▲ 2022年8月10日，县长罗达祥（右二）督导调研县重点项目建设情况 （郑坤 摄）

▲2022年8月23日，丰顺县举行景田（丰顺）饮用水生产基地项目签约仪式

（郑坤 摄）

▲2022年8月29日，市委书记马正勇(左六)、市长王晖(右六)等领导和嘉宾到丰顺县参加在海珠（丰顺）产业园举行的丰顺立讯智造年产值30亿元项目正式投产活动 （郑坤 摄）

▲ 2022年12月16日，丰顺县档案馆新馆建成启用揭牌活动举行　　（郑坤　摄）

▲ 2022年12月23日下午，丰顺县举办学习贯彻党的二十大精神市委宣讲团宣讲报告会暨丰顺县科级领导干部学习贯彻党的二十大精神专题研讨班开班式　　（郑坤　摄）

目 录

丰顺县人民代表大会

丰顺县人民政府

中国人民政治协商会议丰顺县委员会

丰顺县纪委监委

民主党派·群众团体

法 治

军 事

综合管理监督

农业·农村

工业

商业贸易

财政·税务

金 融

交通运输

邮政·通信

城乡建设·环境保护

教 育

文化　旅游　体育

卫　生

社会生活

镇（场）

名 录

特 载

在县委十四届三次全会第一次全体会议上的报告

中共丰顺县委书记 张志锋

（2023年1月12日）

这次全会的主要任务是，以习近平新时代中国特色社会主义思想为指导，深入贯彻党的二十大精神，全面落实中央经济工作会议、中央农村工作会议、省委十三届二次全会、省委经济工作会议精神，省委黄坤明书记来梅调研指示要求和市委八届五次、六次全会工作安排，总结2022年工作，部署2023年工作，动员全县上下高举旗帜、凝心聚力、砥砺前行，争当建设赣闽粤原中央苏区对接融入粤港澳大湾区振兴发展先行区主力军，奋力推动丰顺苏区高质量振兴发展，谱写中国式现代化的丰顺篇章。

党的二十大召开之后，党中央和省委、市委分别印发决定、总体工作方案，对学习宣传贯彻党的二十大精神作出全面部署。去年12月8日，省委十三届二次全会对全省学习贯彻工作进行再部署再推动，立足新的历史方位、历史条件，研究谋划广东现代化建设。去年12月10日至11日，省委书记黄坤明来梅调研，面对面、手把手指导梅州深入学习贯彻党的二十大精神，推动省委全会各项部署落地落实。省委全会结束后，黄坤明书记第一时间、第一站就来梅州，充分体现了省委对老区苏区人民的特别关爱、特别牵挂。去年12月14日，市委八届五次全会提出全市上下要认真贯彻“全面学习、全面把握、全面落实”的重要要求，按照省委全会部署和黄坤明书记来梅调研要求，切实把学习宣传贯彻党的二十大精神全面引向深入。1月9日，市委八届六次全会召开，深入贯彻党的二十大精神，动员全市上下进一步奋起直追、竞标争先，以高质量发展为牵引，举全市之力建设赣闽粤原中央苏区对接融入粤港澳大湾区振兴发展先行区，推动梅州苏区加快振兴、共同富裕。

近段时间，县委先后召开县委常委会会议、全县传达贯彻大会、县委理论学习中心组学习会等，印发通知、总体工作方案和学习培训、专题调研、宣传宣讲三个配套工作方案，迅速掀起学习宣传贯彻党的二十大精神的热潮。今天我们召开县委十四届三次全会，就是要按照党中央和省委、市委的部署，进一步推动学习宣传贯彻党的二十大精神走深走实、入脑入心、见行见效。

一、提高政治站位，深化思想认识，切实增强深入学习贯彻党的二十大精神的责任感、使命感和紧迫感

党的二十大是在全党全国各族人民迈上全面建设社会主义现代化国家新征程、向第二个百年奋斗目标进军的关键时刻召开的一次十分重要的大会，是一次高举旗帜、凝聚力量、团结奋进的大会。这次大会最重要的政治成果是选举产生了以习近平同志为核心的新一代中央领导集体，最

重要的理论成果是开辟了马克思主义中国化时代化新境界，最重要的实践成果是描绘了全面建设社会主义现代化国家、以中国式现代化全面推进中华民族伟大复兴的宏伟蓝图，最重要的制度成果是通过了党章修正案。党的二十大精神内涵丰富、博大精深，为新时代新征程党和国家事业发展、实现第二个百年奋斗目标指明了前进方向、确立了行动指南，我们要全面系统学、深入思考学、联系实际学，切实领会好、把握住党的二十大精神的精髓要义。

（一）*在深刻领会伟大变革中坚守政治忠诚，更加坚定自觉拥护“两个确立”、做到“两个维护”*。新时代十年，党和国家事业取得历史性成就、发生历史性变革，根本在于习近平总书记掌舵领航、在于习近平新时代中国特色社会主义思想科学指引。“两个确立”是党在新时代取得的重大政治成果，是新时代引领党和国家事业从胜利走向新的胜利的政治保证，是战胜一切艰难险阻、应对一切不确定性的最大确定性、最大底气、最大保证。学习贯彻党的二十大精神，我们要深刻领悟“两个确立”的决定性意义，进一步增强“四个意识”、坚定“四个自信”、做到“两个维护”，把坚决维护核心作为最大的大局、首要的“国之大者”，自觉维护核心权威，紧跟核心奋斗，坚决按照总书记重要指示要求办，始终在思想上政治上行动上同以习近平同志为核心的党中央保持高度一致。

（二）*在感悟思想伟力中汲取真理力量，更加坚定自觉强化理论武装、筑牢信仰基石*。党的二十大报告对开辟马克思主义中国化时代化新境界进行了深刻阐述，强调拥有马克思主义科学理论指导是我们党坚定信仰信念、把握历史主动的根本所在。“两个结合”深化了我们党对坚持发展马克思主义的规律性认识，“六个必须坚持”系统阐明了习近平新时代中国特色社会主义思想的世界观方法论。学习贯彻党的二十大精神，要把着力点放在用马克思主义中国化时代化最新成果统一思想、统一意志、统一行动上，深入学习“十个明确”“十四个坚持”“十三个方面成就”的主要内容，深刻领会习近平新时代中国特色社会主义思想的世界观方法论，掌握贯彻其中的立场观点方法，切实用于观察分析形势，指引丰顺改革发展各项工作。

（三）*在把握使命任务中扛牢责任担当，更加坚定自觉推动高质量发展、建设现代化丰顺*。中国式现代化开创了人类文明新形态，是实现中华民族伟大复兴光明大道和必由之路。我们要深刻领会中国式现代化的中国特色、本质要求和重大原则，把丰顺工作放在全国、全省、全市大局中谋划和推进，完整、准确、全面贯彻新发展理念，将其贯穿到丰顺现代化建设全过程各领域。要立足新发展阶段，主动服务和融入新发展格局，抢抓苏区融湾加快振兴发展的战略机遇，推动丰顺苏区高质量振兴发展，积极探索中国式现代化的丰顺路径。

（四）*在牢记“三个务必”中勇于自我革命，更加坚定自觉埋头苦干、奋勇向前*。“三个务必”充分彰显了百年大党的战略自信和高度的战略清醒，充分彰显了新时代中国共产党人强烈的历史自觉和责任担当，充分彰显了我们党一以贯之加强作风建设，弘扬光荣传统和优良作风的鲜明立场。我们要深刻认识“两个长期存在”“两个永远在路上”的重大论断，更加坚定自觉加强党的建设、推进全面从严治党，以党的自我革命引领社会革命。我们务必不忘初心、牢记使命，坚持一切为了人民、一切依靠人民，永远把人民对美好生活的向往作为奋斗目标；务必谦虚谨慎、艰苦奋斗，始终保持“赶考”的清醒和坚定，经受住“四大考验”，克服“四种危险”，把丰顺各项事业不断推向前进；务必敢于斗争、善于斗争，提高防风险、迎挑战、破难题的能力，坚持自力更生、依靠顽强斗争，闯出丰顺现代化建设新天地。

二、认真总结经验，凝聚奋进力量，进一步坚定推动丰顺苏区高质量振兴发展的信心和决心

2022年，是党和国家历史上极为重要的一年，也是我县极不平凡的一年。过去一年，面对持续下行的经济压力、反复袭扰的新冠疫情，县委坚持以习近平新时代中国特色社会主义思想为指导，深入贯彻党的二十大精神，坚决落实“疫情要防住、经济要稳住、发展要安全”重要要求，按照党中央决策部署和省委市委工作安排，高效统筹疫情防控和经济社会发展，各项事业在

攻坚克难中稳健前行。

（一）抓党建，聚合力，基层治理不断提升。坚持以政治建设统揽党的各项建设，纵深推进全面从严治党，严格执行省委坚决落实“两个维护”十项制度机制，持续巩固深化肃清李嘉、万庆良恶劣影响成果，忠诚拥护“两个确立”、坚决做到“两个维护”。按照“全面学习、全面把握、全面落实”重要要求，召开县委常委会会议、县委理论学习中心组学习会、全县干部大会，推动全县上下切实把思想和行动统一到党的二十大精神上来。全面压实意识形态工作责任制，牢牢把握意识形态工作主动权，全县意识形态领域态势持续平稳。以抓党建促乡村振兴示范县创建工作为引领，建立基层党组织“平战转换”机制，组建415支基层党组织党员突击队和524支党群志愿服务队共8000多人，让党旗在疫情处置、乡村振兴、防汛救灾等基层一线高高飘扬。坚持好干部标准，持续选优配强乡镇和县直单位领导班子，提拔（重用）科级干部61人、晋升职级216人。坚持“三不”一体推进，持之以恒纠“四风”树新风，全年立案查处193件193人，查处违反中央八项规定精神和“四风”问题44起150人，审计查出违规金额1025万元、移送违纪违法问题线索4起，持续巩固风清气正的政治生态。深化落实市域社会治理现代化全国试点工作，“全科网格”治理模式不断完善，被省信访联席办专函认定符合创建国家信访工作示范县标准，潭江镇大胜村获评全国民主法治示范村，汤坑镇黎峰村、石联村和八乡山镇滩良村获评省级民主法治示范村。

（二）抓防控，快处置，疫情防控顺利转段。坚持“外防输入、内防反弹”总策略和“动态清零”总方针，坚持人民至上、生命至上，举全县之力坚决筑牢疫情防控防线，建立健全及时发现、快速处置、精准管控、有效救治的常态化防控机制，先后果断精准处置“9·4”“10·23”“11·20”等外地输入疫情，有效保护人民群众的生命安全和身体健康。国家二十条、新十条优化措施出台后，我县坚决按照省市部署要求，因时因势完善防控措施，优化核酸检测、调整隔离方式、分级分类救治、加快疫苗接种、强化个人防护，以科学精准的手段尽量延峰、有效削峰、平稳度峰，最大程度保护人民群众生命安全和身体健康，最大限度减少疫情对经济社会发展的影响。

（三）抓项目，促投资，实体经济稳中有进。坚持把发展经济的着力点放在实体经济上，强化“发展思维”“产出思维”，把资源要素优先用到“打粮食”项目上，千方百计稳住经济基本盘，预计全年实现地区生产总值119.21亿元，比增0.2%。坚持以经营城市的理念经营产业园区，园区自建标准化厂房一期全面完工，万洋众创城签约进驻中小企业32家，国际声谷商业综合体及人才公寓项目加快建设，电子电声智慧产业聚集园项目有序推进。成功引进立讯智造年产值30亿元项目，从洽谈到投产历时仅8个月，实现产值9.24亿元，创造了新的“丰顺速度”。强化招商引资“一把手”工程，成立2支专业招商队和5大重点行业服务专班，全年完成招商引资签约并动工项目22个、计划投资79.85亿元，超额完成市下达任务。深入实施数字化转型战略，提前完成市下达7家企业数字化转型任务、排名全市第一，丰顺县电声产业集群数字化转型升级项目成功申报2022年全省试点。

（四）抓产业，优环境，乡村振兴扎实推进。全面落实粮食安全党政同责，撂荒耕地复耕复种攻坚完成4.2万亩，超额完成全年粮食生产任务。扎实推进驻镇帮镇扶村，健全防止返贫监测和帮扶机制，扶贫济困日活动募捐2.29亿元，脱贫攻坚成果持续巩固。因地制宜发展茶叶、食用菌、橄榄、红薯等特色现代农业，八乡山镇（红薯）入选全国“一村一品”示范村镇名单，留隍橄榄成功注册国家地理标志证明商标，丰顺金针菇入选全国名特优新农产品名录，成功申报茶叶产业园（提质扩容）项目。积极探索“农光互补”光伏产业增收，带动集体经济年收入10万元以上的村达到211个。深入开展人居环境综合整治和共建洁净美好家园行动，持续抓好厕所、垃圾、污水、自来水、农贸市场“五大革命”，美丽圩镇、美丽乡村建设稳步推进，全国水系连通及水美乡村试点县建设成效明显。完成1.04万亩高质量水源林建设，生态优势得到提升。

（五）抓改革，扩开放，发展动力持续激活。全县50项年度重点改革任务扎实推进，2项国家级、2项省级试点工作落地见效。深化“放管服”改革，优化政务服务“一网通办”，推动行政审批事项100%网上受理、100%网上办结。深入开展农村重点领域改革，农村集体产权制度改革全国试点经验巩固拓展，供销系统“三位一体”综合合作全国试点建设有序推进。积极“融湾入海”，主动对接“双区”、两个合作区建设，积极承接大湾区产业梯度转移，成功举办丰顺立讯智造年产值30亿元项目投产活动，让更多的企业了解丰顺、选择丰顺、投资丰顺。

（六）抓保障，提质效，民生事业全面进步。千方百计扩大就业容量、提升就业质量，深入实施“粤菜师傅”“广东技工”“南粤家政”工程，新增就业2352人，城镇登记失业率控制在2.53%。落实义务教育“双减”任务，新增公办学前学位630个，嘉应学院紫琳学院首期12栋主体建筑全部封顶。加快创建省卫生强县，县域医共体建设成效明显，县级医院规范建设持续加强，乡镇中医馆实现全覆盖。社保、医保等服务和底线民生保障水平稳步提高。深入推进县镇村“三级文明联创”，建立完善2个新时代文明实践省级示范所和34个省级示范站，新认定3个省级人文社会科学普及基地，坚真纪念馆入选全国妇女爱国主义教育基地。着力完善城市功能、提升城市品质，新区供水一期工程顺利通水，乡贤捐建近8亿元的坚真文体中心加快建设，总投资4.92亿元的汤坑镇东山片区、南市场片区、狮山片区、湖下片区等老旧小区改造及周边基础设施配套项目有序推进，城区路面沥青化、截污改造和雨污分流等一批城建项目陆续建成使用、发挥效益。省民生实事3个农村生活污水治理项目全面完成。持续打好防范化解重大风险攻坚战，安全生产形势稳定向好。

一年来，县委坚持统揽全局、协调各方。支持人大、政协依法依章程履行职责，加强法治政府建设，保证司法机关依法独立公正行使职权。支持民主党派、工商联、无党派人士参政议政，加强民族、宗教、港澳台侨等工作，构建大统战工作格局。充分发挥工青妇等群团组织联系群众、服务群众的作用。加强党管武装工作，促进军民融合发展。

这些成绩的取得，根本在于以习近平同志为核心的党中央坚强领导，在于习近平新时代中国特色社会主义思想科学指引，得益于省委省政府和市委市政府的重视关心，饱含着全县各级党组织和广大党员干部的辛勤付出，离不开社会各界的鼎力支持。在此，我代表县委，表示衷心的感谢！

三、认清形势任务，明确发展目标，扎实推动党的二十大决策部署在丰顺落地见效

党的二十大报告指出，高质量发展是全面建设社会主义现代化国家的首要任务，强调这是中国式现代化的本质要求。中央经济工作会议强调，要坚持发展是党执政兴国的第一要务，坚持稳中求进工作总基调，着力推动高质量发展，为全面建设社会主义现代化国家开好局起好步。省委十三届二次全会报告指出，全省上下务必提高认识、凝心聚力，切实把高质量发展作为广东现代化建设的首要任务和总抓手，把聚焦高质量发展作为强烈共识和重要方法论，体现在经济、政治、文化、社会、生态等各领域各方面，落实到具体的规划、政策、举措、项目上，以高质量发展的步步推进，赢得现代化建设的节节胜利。省委经济工作会议强调，要拿出走在前列的精气神，强化当好示范的历史主动，探索新路径，激发新动能，实现新突破，勃发新气象，在高质量发展中走出一条新路来；要以稳定的预期提振信心，稳定政策支持，稳定社会大局，稳步提升质量效益，为经济发展注入更多确定性。省委黄坤明书记来梅调研时要求，梅州要切实把思想和行动统一到党的二十大精神上来，对照省委全会部署要求，找准新起点上现代化建设的着力点、突破口，抓住用好对接融入粤港澳大湾区等机遇，以时不我待的精神加快振兴发展步伐，强调要坚持以制造业当家夯实发展根基、大力推进强县促镇带村、努力在生态建设上走在前列、用心用情保护好历史文化资源、更好统筹疫情防控和经济社会发展，努力把短板变为潜力板，在新征程上展现梅州锐意进取、奋发有为的新面貌新气象。市委八届五次全会报告指出，全市上下要以党的二十大精神为指引，按照省委全会的部署和黄坤明书记来梅调研要求，紧密联系梅州实际，把高

质量发展作为梅州现代化建设的首要任务和总抓手，找准出发点、着力点、突破点，更好地前瞻性思考、全局性谋划、战略性布局，整体性推进各项工作。市委八届六次全会报告强调，今日梅州政策空前利好，机遇前所未有，前景一片光明；我们必须用好总书记教给我们的世界观和方法论，坚持实事求是、尊重规律、系统观念、底线思维，把《梅州方案》从“纸面”到地面，将政策红利落到具体项目，转化为发展优势，把美好蓝图变为美好现实。

这些要求为我们推进高质量发展和现代化建设提供了具体行动方案和“施工图”。全县各级党组织和党员干部要进一步把思想和行动统一到党的二十大精神上来，统一到省委、市委的工作部署上来，坚持守正创新、凝心聚力、踔厉奋发、勇毅前行，以新思路、新举措、新担当、新作为推动丰顺苏区高质量振兴发展。

今年工作的总体要求是：以习近平新时代中国特色社会主义思想为指导，全面贯彻落实党的二十大精神和中央经济工作会议部署，深入贯彻习近平总书记对广东系列重要讲话和重要指示精神，按照扎实推进中国式现代化，坚持稳中求进工作总基调，完整、准确、全面贯彻新发展理念，构建新发展格局，着力推动高质量发展的要求，认真落实省委、市委工作部署，坚定不移狠抓发展第一要务，全面激发内生动力，全力助推先行区建设，牢牢扭住实体经济、乡村振兴两大重点，扎实抓好改革开放、绿美丰顺、文化强县、重点民生、人民民主、安全发展和党的建设工作，力促经济实现质的有效提升和量的合理增长，保持社会大局稳定，推动丰顺苏区高质量振兴发展，为丰顺全面建设社会主义现代化开好局起好步。

今年全县的发展目标是：地区生产总值增长5.5%，一般公共预算收入增长5%，全体居民人均可支配收入增速与经济增速基本同步。这些指标经县委常委会研究，认为符合中央、省委经济工作会议精神和市委经济工作部署，符合丰顺实际，有利于引导预期。我们要鼓足干劲、确保完成，力争完成得更好。重点做好九个方面工作。

（一）突出先行区建设，跑出融湾“丰顺速度”。建设赣闽粤原中央苏区对接融入粤港澳大湾区振兴发展先行区是当前梅州最重大的发展机遇，也是丰顺最重大的发展机遇。丰顺拥有对接潮汕揭、融入沿海经济带的独特优势，拥有良好的生态、产业基础和营商环境，拥有众多热心支持家乡事业发展的乡贤，经济发展后劲足、潜力大。我们要把先行区建设作为“一把手”工程，主动发挥优势，围绕与大湾区产业协作、交通互联、人文交融、规则衔接、资源共享、市场融合、生态共建等，集中资源要素助推先行区建设，牵引带动全县高质量发展。一要抓好政策对接，争取项目落户。深入学习研究、全面落实好国家发改委、财政部联合印发的《支持梅州对接融入粤港澳大湾区加快振兴发展总体方案》，以及省市出台的若干措施和实施方案，抓紧制定丰顺具体的行动方案，主动加强与中央部委、省市部门对接，争取更多资金和项目落户丰顺。二要承接产业转移，壮大县域经济。瞄准珠三角产业梯度转移项目，加强以商引商、以链引商、以侨引商、联合招商，深入实施乡贤回乡投资兴业工程，探索“以投代引”资本招商模式，力争引进一批大项目好项目，特别是总投资超50亿元的先进制造业项目，助推县域经济提质增效。三要优化营商环境，激发市场活力。学习借鉴、复制推广大湾区先进经验，推进政府职能转变，推动投资、贸易、金融、综合监管等制度创新，促进生产要素优化配置，完善市场化、法治化、国际化营商环境，落细落实各项惠企政策，让国企敢干、民企敢闯、外企敢投。

（二）突出制造业当家，发展壮大实体经济。坚持发展第一要务，坚持项目为王、工业强县，扭紧产业项目、工业投资、产业平台等重点关键，加快发展以先进制造业为主体的实体经济。一要做强发展平台。用好海珠丰顺对口帮扶机制，高起点规划、高标准建设“一园三平台”。以经营城市的理念经营海珠（丰顺）产业园，加快推进投资20多亿元的园区标准化厂房、商业综合体及人才公寓、配套服务中心、工人文化宫和园区道路等配套设施建设，全方位提升园区综合承载力。加快推进国际声谷项目建设，打造智能电声终端产业高地。加快推进万洋众创城招商平台建设，力促32家签约企业尽快投产，推动更多中小企业规模化发展。加快推进电子电声智慧产业聚集园建设，推动电声产业整合和资源优化配置。二要壮大主导产业。培育和支持智能制造、电子电声、绿色饲料、生物医药、钢铁等主导产业做强做大，推动立讯智造年产值30亿元项目尽快达产满产、发挥最大效益，做好电子电声和五金产业配套园（电镀园）申报工作，加快打造集聚度更高、竞争力更强、品牌度更响的现代产业集群。实施“个转企、小升规、规改股、股上市”市场主体培育计划，培育更多“专精特新”企业。坚持“招工即招商、稳工即稳企”理念，深入开展暖企行动，帮助企业解决好实际问题。三要主攻重点项目。把招商引资作为“一把手”工程，积极发动乡贤回乡投资兴业，面向国内外行业龙头企业，培育引进一批税收大、就业多、成长性好的大项目好项目，加快推动新签约计划总投资79.85亿元的22个产业项目建设，增强产业发展后劲。全力抓好汕梅高速改扩建征地拆迁工作，积极配合大丰高速规划建设，加快推进总投资28.33亿元的2个国道、3个省道、11个县乡道重点交通项目建设，谋划实施一批水利、能源、环保、新基建等基础设施建设项目，为丰顺发展实体经济提供强力支撑。四要推动科技创新。强化企业科技创新主体地位，依托省级电声产业集群数字化转型试点建设，支持盈联、培英、泰昌、万圣等电声企业开展技术攻关，推动更多科技成果转化为现实生产力，以科技创新驱动经济高质量发展。深入实施人才强县战略，落实好市“人才振兴16条”，做好“引育留用”文章，全面激发创新创造活力。

（三）突出一体化发展，全面推进乡村振兴。突出创建抓党建促乡村振兴示范县引领，深入落实省“百县千镇万村高质量发展工程”，大力推进强县联镇带村，把县镇村发展短板转化为高质量发展的潜力板，促进城乡区域协调发展。我们要发扬“马上干”精神，一天当做两天用、两步并作一步走，力争短时间内建设强富绿美新县域取得新突破。一要建设特色鲜明的品质县城。推进以县城为重要载体的新型城镇化，高起点规划、高标准建设、滚动发展，以“绣花功夫”管理城市。统筹抓好总投资4.92亿元的汤坑镇东山片区、南市场片区、狮山片区、湖下片区等老旧小区改造及周边基础设施配套项目建设，加快建设穿城段206国道4.2公里、235国道17公里风貌整治项目和总投资2.79亿元的榕江北河水环境综合治理工程，全力推进坚真文体中心、嘉应学院紫琳学院尽快建成启用，打造独具客潮风韵、功能完善的品质县城。二要建设功能较强的美丽圩镇。坚持规划引领、分类指导、全面推进，大力提升圩镇生产生活条件、社会服务功能、公共秩序管理，加大教育、卫生、文化、体育等社会事业投入，提升人口和经济承载能力，突出抓好汤坑、留隍、丰良、潭江中心镇和附城乡镇建设，有序推进特色镇、专业镇、建制镇建设，强化乡镇联城带村的功能作用，建设干净整洁、功能完善、管理有序、宜居宜业、特色鲜明的美丽圩镇，把乡镇打造成为乡村治理中心、农村服务中心、乡村经济中心。三要建设富有特色的和美乡村。守牢粮食安全和不发生规模性返贫两条底线，加快推进特色蔬菜产业园建设和茶叶产业园扩容提质，抓好汤坑、留隍、潭江、埔寨等一批乡村产业社区试点建设，支持代米、马山等龙头企业发展壮大，扶优扶强高山茶、特色蔬菜、橄榄、红薯等特色现代农业，助力农民增收致富。大力发展“农光互补”光伏绿色产业，确保今年行政村集体经济年收入全部超过10万元。深入实施乡村建设行动，扎实开展城乡人居环境整治，抓好农房管控和乡村风貌提升，依托乡村本土红色资源和旅游资源规划打造10条乡村振兴示范带，积极打造留隍镇社会力量助力乡村振兴全省示范，以点带面推动乡村全域美丽、全面振兴。

（四）突出系统性谋划，持续深化改革开放。坚持目标引领和问题导向，通过改革开放激发市场活力、增强内生动力，进一步破除发展面临的体制机制障碍。一要全面深化改革。强化经济体制改革牵引，扎实推进高标准市场体制建设，衔接大湾区规则机制，深化“放管服”改革，推进数字政府建设，探索“极简审批”改革，深化“一照通行”涉企审批服务改革，实现“行政审批事项100%网上受理、100%网上办结”，重要指标达到或接近大湾区水平。总结推广农村集体产权制度改革、新时代文明实践中心建设全国试点经验，抓好供销系统“三位一体”综合合作全国试点建设，推动一批重点领域、关键环节改革取得新突破。二要持续扩大开放。全力服务融入粤港澳大湾区、深圳先行示范区、横琴前海两个合作区，加强与汕潮揭、厦漳泉对接合作，联动海西区。支持鼓励企业“抱团出海”，借力海内外客属潮属团体、商会等平台，参与“一带一路”建设，积极开拓东南亚、欧美日韩市场，不断扩大外贸规模。

（五）突出生态化建设，奋力打造绿美丰顺。落实省委、市委关于推进绿美广东、绿美梅州生态建设的部署，坚持生态优先、绿色发展，在推动高质量发展中实现高水平保护，努力探索新时代绿水青山就是金山银山的丰顺路径。一要更高品质抓绿化。着力在扩大绿量、提高绿质、增强绿效上下功夫，高标准开展“绿美丰顺”大行动，大力推进林分改造和林相改善，加大野生动植物保护力度，推进山水林田湖草沙一体化保护和修复，狠抓高质量水源林、森林抚育、纯林林分改造、大径材培育、国家储备林等项目建设，持续优化生态廊道、绿道、碧道、古驿道，打造森林城市、森林乡村，从群众身边绿起来、美起来，营造“城在林中、路在绿中、房在园中、人在景中”的绿美人居环境，形成爱绿、植绿、护绿、兴绿的全面绿化氛围。二要更大决心抓治污。落实“三线一单”分区管控，持续深入打好蓝天、碧水、净土保卫战，补齐城乡环保设施短板，扎实开展人居环境整治提升行动，抓好中央环保督察反馈问题整改，加快推进总投资3.4亿元的全国水系连通及水美乡村试点县建设，让丰顺天更蓝、山更绿、水更净。三要更强力度抓“双碳”。积极稳妥推进碳达峰、碳中和，严把新上项目的能耗关和碳排放关，开展碳排放权交易、林业碳汇试点，探索建立生态产品价值实现机制，加快发展有规模有效益的光伏产业，倡导绿色消费、绿色出行、绿色公益，形成绿色低碳生产生活方式。

（六）突出软实力提升，加快建设文化强县。丰顺拥有独特的客潮文化、丰富的红色资源，要着力增强文化自信，用心用情保护好历史文化资源，深入挖掘丰富内涵和时代价值，推动优秀传统文化创造性转化、创新性发展。一要保护传统文化。配合市高质量建设客家文化（梅州）生态保护区、东亚文化之都，深入挖掘客潮特色文化，扎实做好非物质文化遗产的系统性保护，实施文艺“双精”工程，打造名副其实的文化强县。二要传承红色基因。保护利用好东江苏维埃政府和红十一军成立、红四军进驻马图等红色资源，讲好红色故事，大力弘扬伟大建党精神、苏区精神和坚真大姐革命精神，铭记光辉历史，赓续红色血脉。三要全力争创“国文”。一体推进文明城市、文明村镇、文明单位、文明家庭、文明校园“五大创建”，建好用好新时代文明实践中心、所、站，大力弘扬社会主义核心价值观，不断提高人民道德水准和文明素养。四要推动文旅融合。充分发挥红色、温泉、生态、人文等资源优势，大力发展红色游、温泉游、生态游、乡村游，加快建设韶隍国家级旅游度假区、八乡山五星级旅游名镇，支持韩山、龙归寨、粤东大峡谷、大宝山、铜鼓峰等景区建设，积极创建国家全域旅游示范区。五要发展全民健身。加大全民健身场地设施供给，扎实推进县体育公园（一期）建设，促进群众体育和竞技体育全面发展，加快建设体育强县。

（七）突出基础性保障，不断增进民生福祉。坚持以人民为中心的发展思想，采取更多惠民生、暖民心的举措，着力解决好人民群众急难愁盼问题。一要强化就业优先政策。深入实施提升就业服务质量工程，完善重点群体就业支持体系，促进高质量充分就业、稳定增收，确保实现新增城镇就业、城镇登记失业率控制目标。二要办好人民满意教育。落实立德树人根本任务，深化教育领域综合改革，推进教育强县十条措施，优化调整教育资源布局，加快推进汤南实验小学等一批新建项目建设，促进城乡教育优质均衡发展，加快建设广东教育研究院教育现代化实验区。三要深化健康丰顺建设。认真抓好疫情防控，按照“乙类乙管”总体方案要求，围绕“保健康、防重症”目标，做好新阶段疫情防控工作。推动县人民医院创建“三甲”医院，推进特色中医医院建设，统筹抓好县级医院规范管理，提升乡镇卫生院基本医疗服务能力，加强应急能力建设，健全公共卫生体系，加快建设省卫生强县。四要筑牢社会保障体系。推动社会保障从“制度全覆盖”转向“人群全覆盖”，进一步完善城镇职工和城乡居民养老、医疗等保险制度，建立完善租购并举住房政策，全面落实困难群众救助帮扶措施，落实生育支持政策，积极应对人口老龄化少子化。

（八）突出全过程民主，广泛凝聚智慧力量。坚定不移走中国特色社会主义政治发展道路，坚持人民主体地位，发展全过程人民民主。一要坚持和完善人民代表大会制度。支持和保证人大及其常委会依法行使职权、开展工作，加强对“一府一委两院”的监督，积极发展基层民主，更好地发挥人大代表作用，促进决策科学化民主化法治化。二要加强协商民主建设。支持政协履行政治协商、民主监督、参政议政职能，发挥协商民主在推动全县经济发展、环境保护、民生改善等方面的重要作用。三要健全大统战工作格局。加强同民主党派和无党派人士的团结合作，做好党的民族、宗教和港澳台侨工作，深化工青妇等群团组织改革和建设，巩固和发展最广泛的爱国统一战线。

（九）突出常态化治理，着力构建新安全格局。坚持统筹发展和安全，加快推进治理体系和治理能力现代化，建设更高水平的平安丰顺、法治丰顺，努力把丰顺建设成为全国最安全稳定、最公平公正、法治环境最好的地区之一。一要贯彻落实总体国家安全观，有效防范化解政治、经济、意识形态、公共安全等十大风险隐患，常态化开展扫黑除恶斗争，严厉打击各类违法犯罪，用心用情用力抓好安全生产和应急管理工作。二要推动市域社会治理现代化试点工作走深走实，坚持和发展新时代“枫桥经验”，做好信访维稳和矛盾纠纷排查化解工作，充分运用“综合网格+综治中心+平安丰顺云平台”工作体系，强化569个网格服务管理，让基层治理更聪明、更智慧、更精细。三要实施法治建设“一规划两纲要”，深化“三级同创”，加快法治政府建设，深化司法体制综合配套改革，健全公共法律服务体系，深化“八五”普法，以法治建设新成效为丰顺高质量发展保驾护航。

四、加强党的建设，全面从严治党，为丰顺苏区高质量振兴发展提供坚强政治保证

全面落实新时代党的建设总要求，深入推进党的自我净化、自我完善、自我革新、自我提高，努力把全县各级党组织锻造得更加坚强有力。

（一）强化忠诚核心的政治定力。坚持把“两个维护”作为最根本的政治纪律和政治规矩，认真贯彻《中共中央政治局关于加强和维护党中央集中统一领导的若干规定》，严格执行省委坚决落实“两个维护”十项制度机制，时时事事处处向总书记、党中央看齐，始终在政治立场、政治方向、政治原则、政治道路上同以习近平同志为核心的党中央保持高度一致。严格贯彻执行民主集中制，不断提升党内政治生活质量。

（二）坚持科学理论的正确引领。深化落实第一议题、常设议题制度，坚持用习近平新时代中国特色社会主义思想凝心铸魂，常态化长效化开展党史学习教育，引导党员干部持续在学懂弄通做实上下功夫，不断推进理念创新、手段创新和工作创新，自觉做习近平新时代中国特色社会主义思想的坚定信仰者、积极传播者、忠实实践者。全面落实意识形态工作责任制，及时防范化解风险隐患，健全敏感信息闭环反馈机制，把牢舆论阵地的领导权、管理权、话语权。

（三）打造坚强有力的战斗堡垒。筑牢上下贯通、执行有力的严密组织体系，一体推进各层级各领域党组织建设，不断增强党组织政治功能和组织功能。坚持大抓基层的鲜明导向，深入实施基层党建三年行动计划，持续抓好党建引领基层治理和抓党建促乡村振兴工作，完善落实平急转换机制，扎实推进“头雁工程”和党员先锋工程，加强和改进党员教育管理，推动基层党组织全域提升、全面进步、全面过硬。

（四）锻造全面过硬的干部队伍。坚持新时代好干部标准，坚持德才兼备、以德为先、五湖四海、任人唯贤，打造一支堪当苏区振兴发展重任的过硬队伍。组织开展“竞标争先”活动，实施亮诺亮绩亮牌行动，采取现场会点评、“比武打擂”述职等方式，互看互比互学，比精神状

态，学攻坚克难，推动全县各级领导干部比学赶超、赛龙夺锦，聚精会神谋发展、抓落实。健全完善“全科网格”管理机制，着重从经济建设、改革创新、乡村振兴、维护稳定、征地拆迁等重点工作和基层一线选人用人，形成“用结果说话、以实绩论英雄”的鲜明导向。健全干部担当作为激励和保护机制，坚持“三个区分开来”，推动干部能上能下、能进能出，激发干部担当作为、干事创业的精气神。坚持党管人才原则，深化人才发展体制机制改革。

（五）形成风清气正的良好氛围。持续深化纠治“四风”，持之以恒加固中央八项规定精神堤坝，深入整治形式主义官僚主义和不担当不作为问题，健全基层减负长效机制。全面提升机关效能和办事效率，积极打造“零投诉”机关、无信访单位，以良好的党风政风带动社风民风。突出加强对“一把手”和领导班子的监督，深化运用监督执纪问责“四种形态”。坚持“三不”一体推进，以零容忍态度反腐惩恶，更加有力清除存量、遏制增量。坚持受贿行贿一起查，惩治新型腐败和隐性腐败。扎实推进巡察审计全覆盖，探索开展“巡审结合”，深化审计监督与纪检监督、巡视巡察等各类监督的贯通协同，推动形成监督合力。加强新时代廉洁文化和家庭家教家风建设，健全常态化开展警示教育长效机制。

在第二次全体会议上的总结讲话

中共丰顺县委书记 张志锋

（2023年1月12日）

经过大家的共同努力，县委十四届三次全会已完成各项议程，即将胜利闭幕。会议期间，大家围绕深入贯彻党的二十大精神，以及省委、市委全会部署，畅所欲言、集思广益，为丰顺高质量发展和现代化建设建言献策。会议开得很成功，达到了预期效果。

蓝图已绘就，奋进正当时。全县各级党组织和广大党员干部要全面贯彻落实党的二十大精神，按照省委、市委、县委全会的工作部署，万众一心、团结奋斗，撸起袖子加油干，风雨无阻向前行，一步一个脚印地把党的二十大作出的重大决策部署付诸行动、见之于成效，汇聚起推进丰顺苏区高质量振兴发展的磅礴力量。

下面，就落实好全会部署，我讲四点意见。

第一，旗帜鲜明讲政治。讲政治是做好一切工作的根本保证。要坚持把党的政治建设摆在首位，自觉把讲政治、铸忠诚作为第一遵循、第一标准、第一要求，不断提高政治判断力、政治领悟力、政治执行力，深刻领悟“两个确立”的决定性意义，增强“四个意识”、坚定“四个自信”、做到“两个维护”，始终在政治立场、政治方向、政治原则、政治道路上同以习近平同志为核心的党中央保持高度一致。要把学习宣传贯彻党的二十大精神作为当前和今后一个时期的首要政治任务和全部工作的重心，坚持以习近平新时代中国特色社会主义思想为指导，结合贯彻落实中央经济工作会议，中央农村工作会议，省委十三届二次全会、省委黄坤明书记来梅调研指示要求，省委经济工作会议，市委八届五次、六次全会精神，不断深化对省情市情县情的认识，把准方向、完善思路、强化举措，切实把党的二十大作出的重大战略部署落实到丰顺改革发展的全过程各方面。

第二，一心一意谋发展。发展是硬道理，是解决一切问题的基础和关键。全县各级党组织和广大党员干部要切实增强推动丰顺苏区高质量振兴发展的责任感使命感紧迫感，抢抓“融湾先行区”建设这个当前最大的发展机遇，用好“苏区+湾区”的叠加政策，找准新起点上现代化建设的着力点和突破口，努力把短板变为潜力板，在新征程上展现新作为、干出新气象。要紧紧围绕党的二十大提出的重大战略部署和省委、市委、县委全会部署的各项任务，精心研究、科学谋划，制定“路线图”“时间表”，实行项目化管理、清单式推进、销号制落实，确保各项工作可感知、可衡量、可评价，形成更多推动发展的实物工作量。要激发改革创新的活力和潜能，坚持“人无我有、人有我优、人优我特”，健全完善政策体系和工作机制，着力营造有利于高质量发展的制度环境、干事环境，努力把创新这个最大变量转化为最大增量，在现代化建设道路上赢得主动、赢得优势、赢得未来。要大力发扬久久为功的“钉钉子精神”，一锤接着一锤敲、一件接着一件干，不抓到底不松手、不获全胜不收兵，加快推动县党代会描绘的宏伟蓝图变为美好现实。

第三，迎难而上敢斗争。当前，丰顺苏区正处在振兴发展的关键时期，面临的重大机遇和风险挑战并存，要充分认识伟大斗争的长期性、复杂性、艰巨性，下好先手棋、打好主动仗，全力克服前进道路上各种可以预料和难以预料的困难和挑战。要增强斗争意识，树牢底线思维、极限思维，做好应对各种困难复杂局面的思想准备和工作准备，妥善防控各种重大风险，牢牢把握工作主动权。要坚定斗争意志，摒弃畏难情绪，主动走出“舒适圈”，知难而进、迎难而上，破除制约高质量发展的体制机制障碍，啃下最难啃的硬骨头，依靠顽强斗争打开事业发展新天地。要提升斗争本领，坚持问题导向、目标导向、结果导向，抓主要矛盾、抓矛盾的主要方面，在原则问题上寸步不让，在策略问题上灵活机动，在斗争中学会斗争、在斗争中成长提高，努力使自身素质能力跟上时代步伐、跟上事业发展需要。

第四，求真务实转作风。好的作风是事业成功的基石。推动丰顺苏区高质量振兴发展，需要大力弘扬唯实求真、务实为民之风，苦干实干、敢干善干，一级带着一级干，一级干给一级看，决不能把说了当做了，把做了当成做好了，真正做到言必行、行必果。要树立和践行正确政绩观，涵养“功成不必在我”和“功成必定有我”的境界，不慕虚荣、不务虚功、不图虚名，多做补短板、打基础、利长远的好事，切实做到为官一任、造福一方。要认真践行新时代党的群众路线，坚持眼睛往下看、重心往下移、资源往下投，多做让老百姓得实惠的实事，用心用情解决群众的急难愁盼问题。要坚持实效导向，决不做自以为领导满意却让群众失望的蠢事，决不搞劳民伤财的“形象工程”“政绩工程”“标志性工程”，确保把有限的资源用在刀刃上，推动资源要素向“打粮食”项目集聚。

同志们，当前正处于年度收官的冲刺阶段，各项工作时间紧、任务重。各级各部门要准确把握目标任务，聚焦重点难点，不遗余力做好各项收官工作。一要科学做好新阶段疫情防控工作，按照第十版防控方案要求，稳妥有序推动“乙类乙管”在我县落地实施，确保实现平稳转段和稳定接续，加强全人群特别是老年人免疫接种，最大程度保护人民生命安全和身体健康。二要多措并举稳住经济基本盘，加强分析调度，研究解决制约经济发展的突出问题，提前谋划好全年经济工作，力争一季度实现开门红。三要统筹安全生产、食品药品、森林防火、民生保障和市场保供等工作，关心关爱困难群众生产生活。四要筑牢思想防线，落实纪律要求，确保廉洁过节。五要做好值班值守，让广大市民过上一个欢乐祥和的新春佳节。同时要积极筹备县人大、政协“两会”，确保各项工作衔接紧密、有序推进。

政府工作报告

——2023年2月15日在丰顺县第十六届人民代表大会第三次会议上

丰顺县人民政府县长 罗达祥

一、2022年工作回顾

2022年是党和国家历史上极为重要的一年，也是丰顺发展进程中极为不易的一年。一年来，在市委、市政府和县委的坚强领导下，我们坚持以习近平新时代中国特色社会主义思想为指导，全面落实“疫情要防住、经济要稳住、发展要安全”重要要求，迎接和学习宣传贯彻党的二十大精神，克难攻坚、承压前行，有力应对超预期因素冲击，全县各项事业发展取得新进步。

这是同心抗疫显担当的一年。坚持“人民至上、生命至上”，快速处置多轮输入性疫情。特别是“10·23”疫情期间，面对抗疫三年来我县出现最复杂最严峻最艰难的局面，广大干部群众、医护人员、公安干警、教职员工、志愿者等临危不乱、众志成城、奋战一线，凝聚起命运与共、守护家园的强大力量。面对疫情防控进入新阶段，全面加强医疗资源储备，全速扩容发热门诊、急诊急救、病房收治、重症救治能力，全力确保发热和重症患者应收尽收、应治尽治，最大程度保护全县群众生命安全和身体健康。

这是稳住经济强筋骨的一年。坚持每月研判和监测调度，落实国家和省市稳经济一揽子政策措施。全县地区生产总值119.29亿元，同比增长0.2%。2.43亿元留抵退税精准助企纾困，新增市场主体3203户，其中企业533户。招商引资成绩突出，成功签约项目22个，实际投入资金与任务完成率、亿元以上工业项目数均居全市第一。年产值30亿元的立讯智造8月顺利投产，刷新重大产业项目引进投产的“梅州速度”“丰顺速度”。海大生物、机电实业等竣工投产，新增规上企业11家，规上工业增加值增长9.4%，排名全市第二。统筹4000万元支持重点企业技术改造、新兴产业培育和传统产业转型升级，在全市率先完成数字化转型企业7家，电声产业成功入选全省2022年产业集群数字化转型试点。新增专精特新企业4家、高新技术企业11家、科技型中小企业24家。

这是狠抓项目固根基的一年。强化项目要素保障，争取中央预算内资金8.46亿元、国家债券资金9.58亿元、涉农资金4.57亿元、山水林田湖草沙一体化保护和修复项目资金1.31亿元，处置批而未供土地717.15亩、闲置土地158.56亩。全国水系连通及水美乡村试点县建设取得阶段性成效，群众期盼已久的榕江北河一河两岸建设及水环境综合治理、汕梅高速改扩建、教堂水库等项目开工建设。坚真文体中心基本建成，嘉应学院紫琳学院12栋主体建筑封顶内装。标准厂房（一期）14.5万平方米交付使用，万洋众创城建成15万平方米、引进企业32家，国际声谷商业综合体及人才公寓等配套设施项目破土而出。

这是美丽家园提颜值的一年。县城品质有提升，改造10个老旧小区、2个农贸市场，开创全省县城老城区整体连片改造示范，城区生活污水收集处理基本实现全覆盖，生活垃圾实现“全焚烧、零填埋”。推进驻镇帮镇扶村，代表梅州接受乡村振兴省考核。改善提升丰良美丽圩镇人居环境，老县城焕发新光彩。建成875个“四小园”，所有圩镇达到宜居圩镇标准，汤坑镇、留隍镇达到示范圩镇标准。全县完成粮食播种面积34.39万亩、撂荒耕地复耕复种4.2万亩，新建成高标准农田6500亩。3个乡村产业社区试点稳步推进，211个村集体经济年收入达到10万元以上。韩山、八乡山大峡谷成功创建国家4A景区。新增茶叶（扩容提质）省级现代农业产业园，八乡山镇（红薯）入选全国“一村一品”示范村镇，留隍橄榄成为国家地理标志证明商标，丰顺金针菇入选全国名特优新农产品名录。广东供销农产品配送丰顺子平台获评全省第一个“省级示范平台”。7个山水修复项目有序推进，建成高质量水源林1.04万亩，八乡山镇获评全国绿化先进集体。

这是心系群众办实事的一年。坚持把80%以上财力用于民生领域，省、市、县十件民生实事全面兑现。“粤菜师傅”“广东技工”“南粤家政”三项工程培训1946人次，新增就业2352人。新区供水工程正式通水运行，水质各项指标达到国家地表Ⅰ类水标准，完成农村道路硬底化建设62.35公里，群众饮水更安全、出行更顺畅。县人民医院纳入全国首批“千县工程”示范医院，门诊综合大楼竣工投用。丰顺中学中考成绩8门学科平均分均居全市第一，成立丰顺中学教育发展基金，新增公办学位630个。新建和改扩建居家养老服务站8间，医保报销特定病种增加至56个。坚真纪念馆成为广东首个全国妇女爱国主义教育基地。潭江镇大胜村成功创建“全国民主法治示范村”，汤坑镇黎峰村、八乡山镇滩良村成功创建“省级民主法治示范村”。深入排查整治危化品、非煤矿山、自建房、地质灾害等安全隐患，安全生产形势稳定向好。加强206国道城区路段和涉摩电问题专项整治，交通事故数、伤亡人数实现两位数下降。抓好防汛防风和森林防火工作，未发生较大以上火灾事故。以“四个最严”筑牢食药安全每一道防线，群众“舌尖上的安全”更有保障。常态化推进“扫黑除恶”，持续开展电信诈骗、涉众金融等领域强力整治，全县刑事和诈骗立案数实现“双降”。

这是自身建设更严实的一年。坚持和加强党的全面领导，忠诚拥护“两个确立”，坚决做到“两个维护”，把旗帜鲜明讲政治自觉贯穿于政府工作各方面全过程。自觉接受人大、政协和社会各界监督，办理人大代表议案16件、政协提案66件。深入推进法治政府建设，全面完成中央依法治国办督察反馈问题整改。勇于自我革命，政府作风持续转变，班子更团结、干部更齐心、工作更实干。锲而不舍落实中央八项规定精神，整治纠治了一批“四风”问题。全面落实决策、执行和重点领域信息公开，审计监督不断增强。同时，国防动员、人民防空、民族宗教、退役军人、侨务、工会、青年、妇女儿童、科协、统计、工商联、文联、侨联、残联、烟草、供电、气象、史志、档案等工作取得新进展。

各位代表！成绩来之不易，值得倍加珍惜。这是习近平新时代中国特色社会主义思想科学指引的结果，是省委省政府、市委市政府和县委坚强领导的结果，是全县上下团结奋斗的结果。在此，我代表县人民政府，向各位代表、全县人民表示崇高敬意和衷心的感谢！

各位代表！我们清醒认识到，我县发展与先进地区、兄弟区县仍有差距，这既有外部因素冲击的影响，也反映出自身存在的不足和问题：一是经济总量小、人均水平低，我县GDP总量和人均GDP长期处于全省末位。二是实体经济不强，没有一家年产值10亿元以上企业，企业创新能力较弱，转型升级亟待加快。三是稳投资压力大，房屋、汽车、旅游、餐饮等消费缓慢复苏，外贸进出口连续三年下降。四是收支矛盾突出，公共服务设施欠账较多。五是部分干部落实工作、破解难题的精神状态、能力素质与高质量发展要求不相符，作风建设需进一步加强。以上这些问题，我们已采取了系列措施，今年要以更大力度加以解决。

二、2023年工作安排

2023年是全面贯彻落实党的二十大精神的开局之年，做好政府工作责任重大。党的二十大擘画了中国式现代化的宏伟蓝图，为新时代新征程党和国家事业发展指明了前进方向。习近平总书记和党中央、国务院高度重视革命老区振兴发展，从国家层面出台《梅州方案》，支持梅州全域建设赣闽粤原中央苏区对接融入粤港澳大湾区振兴发展先行区。县委十四届三次全会立足丰顺实际，动员全县上下奋起直追、竞标争先，争当融湾先行区建设主力军。我们要全面学习、全面把握、全面落实党的二十大精神，牢牢抓住机遇，扛起使命担当，沿着高质量发展之路奋勇前行。

各位代表！高质量发展是全面建设社会主义现代化国家的首要任务，也是丰顺未来5年、10年、30年的首要任务。这些年，我们抓经济促发展取得了显著成效，但识变的自觉和求变的主动也要进一步加强。我们要找准差距、不躺不卷。把县情镇情村情放在现代化建设的新坐标系当中去审视，尤其是认真对照两步走战略安排和到2035年及未来5年目标任务，对照5个方面的中国特色，把差距与不足一一辨清楚、看明白，分门别类、分类施策。只有正视问题、找准差距，解决的思路和办法才能随之而来。推进丰顺现代化建设的过程，在一定意义上，就是缩小差距、弥补不足的过程。差距缩小一分，目标就接近一步；不足改进一处，基础就夯实一层。我们要坚定信心、不等不靠。做好丰顺的工作，首先要自信，不是等靠要、守株待兔，也不是小富即安、小进则满，而要全面激发内生动力，坚持一流、创造一流，善于学习借鉴其他地区发展的成功经验，在比较中奋进、在奋进中赶超。要主动出击、敢抢敢拼，到省进京跑项目、要资源、争资金、做试点，实现赢得上级支持与加快自身发展的良性循环。我们要聚焦用力、不折不挠。倾全县之力，把苏区融湾先行区建设作为事关全局的大事来做，抓紧出台县实施方案，强化重点工作谋划，特别是要瞄准高水平产业转移主平台、国家重大项目清单、生态产品资源化价值化、省级乡村振兴示范带等，加快争取和申报改革试点示范，务实推进一批重大事项、重大项目、重大平台落地。要增强危机感、紧迫感、责任感，展现出干现代化建设的样子，形成热火朝天的建设局面，不断收获实实在在的建设成果。

今年工作的总体要求是：以习近平新时代中国特色社会主义思想为指导，全面贯彻落实党的二十大精神和中央经济工作会议部署，深入贯彻习近平总书记对广东系列重要讲话和重要指示精神，按照扎实推进中国式现代化，坚持稳中求进工作总基调，完整、准确、全面贯彻新发展理念，构建新发展格局，着力推动高质量发展的要求，认真落实省市工作部署，坚定不移狠抓发展第一要务，全面激发内生动力，全力助推先行区建设，牢牢扭住实体经济、乡村振兴两大重点，扎实抓好改革开放、绿美丰顺、文化强县、重点民生、人民民主、安全发展工作，力促经济实现质的有效提升和量的合理增长，保持社会大局稳定，推动丰顺苏区高质量振兴发展，为丰顺全面建设社会主义现代化开好局起好步。

今年我县经济社会的主要预期目标是：全县地区生产总值增长6%；固定资产投资增长12%，社会消费品零售总额增长6%；地方一般公共预算收入增长5%；规上工业增加值增长12%；全体居民人均可支配收入增速与经济增速基本同步。这些目标的设定，既统筹考虑了稳经济、防风险的需要，又综合比较了去年基数偏低和今年有利因素增多的态势。行政贵在力行！全县上下要团结一致同心干、心无旁骛快发展，在实际工作中争取更好结果。

围绕上述目标任务，重点要在五方面勃发新气象。

（一）在走好工业强县之路上有新气象

狠抓制造业当家和招商引资两个“一把手”工程，做厚做实制造业这份家当，速效兼具、量质齐升，挺起高质量发展“脊梁”。

建设园区“主战场”。以经营城市的理念经营产业园区，推进扩园强园优园工程。抓好工业配套，6月底建成“县县通”天然气接收门站，加强热电联产项目论证，让企业早日用上“便宜气”。抓好环境配套，加快235国道综合提升、埔寨美丽圩镇建设，确保上半年见到大成效。抓好基础配套，加快推进文明大道、创业大道、顺兴路等8条道路和污水处理、消防应急等配套设施建设，尽早拉通新区供水（二期）园区管网。抓好生活配套，优化城区到园区公交线路，上半年建成人才公寓，年底建成工人文化宫、园区配套服务中心，满足园区吃住行娱等需求，提升园区吸引力。统筹推进三大产业平台建设，力争万洋众创城新增8万平方米厂房，标准化厂房（二期）竣工交付，为企业落地“筑好巢”。赶早做好表面处理循环经济产业园专家论证、环评批复、规划设计、用地报批工作，力促上半年动工。持续开展低效工业用地整治，确保要素的保障力、可及率、到位率，力争今年储备800亩以上土地保障企业落地，让工业用地多“产金”。

壮大工业“生力军”。聚焦壮大电子电声、装备制造、食品加工及制造产业，坚定走拓存创增培新之路。推动立讯智造布局消费类电子、汽车线束生产线，加快双十科技（二期）、佳丰等22个产业项目建设。支持代米生物、代米食品、瑞丰粮油、穗丰食品等企业扩大生产、加快发展，打造“丰味品牌”。深入实施“丰声计划”，推进电子电声智慧产业聚集园建设，抓好电声产业集群数字化转型省级试点。深化与工信部电子五所、深圳电声协会等交流合作，在工业设计、新品研发上借鉴湾区智慧，在自主音响品牌上取得更多突破。瞄准布局生产高利润、高附加值环节，抓好绿色饲料企业扩能增效。继续实施高新技术企业树标提质，推进“个转企”“小升规”，力争新增10家以上规上企业、5家“专精特新”企业、2家以上高新技术企业。实施数字赋能工程，加快建设5G大数据核心节点机房和一体化体验展示中心，打造2个以上5G智慧工厂标杆案例。推动更多中小企业“上云用云”，加快制造业数字化转型。

打好招商“主动仗”。招商引资是县域经济发展的生命线，要掀起新一轮大招商、招大商热潮。绘制产业链招商图谱，围绕立讯精心开展“引大引强行动”，推动电子电声、装备制造、食品加工及制造产业强链延链补链。深入实施“乡贤回乡投资兴业”工程，引进3个投资超10亿元的工业项目。用好“客”“侨”资源，努力在对外合作上取得新突破。实施招商合作伙伴计划，借力“省属+”“广州+”，筹备参加经贸交流会，政企联合设立产业引导基金，落实以投代引模式。加强与大湾区政府间、产业园区间、重点企业间合作，力争大型国有企业和相关行业龙头企业在丰顺布局“飞地园区”，在珠三角城市设立产业、科创等“反向飞地”。邀请产业招商专家培训，选派优秀干部充实驻点招商队、驻外学习锻炼，培养一支业务精通、作风过硬、善于谈判的高素质招商队伍。紧贴产业链布局人才链，加强人才需求摸查，支持重点产业、骨干企业引进一批实用型、研发型、管理型高层次人才，支持教育、医疗等重点民生领域引进一批急需紧缺人才。

跑出投资“加速度”。坚持“项目为王”，抓好大项目、大平台谋划储备，争取更多项目放进国家和省的“盘子”。按照“三年工程瞄准两年干”要求，推进资源要素向重大项目集中，成立重大项目攻坚专班，实体化运作“前期办”，做细做深做透前期工作，以项目成熟度的提升争取专项债、一般债、中央预算内资金、加快支出、扩大投资。落实压实县领导包抓项目制度，争分夺秒推动全年24个省市重点项目建设，完成投资19亿元以上。扎实做好汕梅高速改扩建丰顺段征拆和大丰高速、206国道县城段改建前期工作，保障项目顺利实施。大力推进教堂水库、235国道丰埔桥至三合段改建、韩江东留段堤岸整治、潮客特色小镇等一大批重点项目建设，形成更多实物工作量。

（二）在优化提升营商环境上有新气象

启动“优化营商环境攻坚年”行动，让良好营商环境成为丰顺的金字招牌，让每一颗投资丰顺的“种子”生根发芽、长成大树。

全面优化政务环境。树牢“人人都是营商环境”理念，狠抓政府效能提升，成立企业服务办，马上就办、真抓实干。推行规划审批“一件事”办理模式，开展“一照通行”涉企审批服务改革，将更多政务服务事项“一网通办”“一网通管”。深入推进数字政府建设，构建电子证照、电子签章综合应用体系，不断提升“粤系列”应用覆盖面。落实好县领导挂点重点企业和政企“双月”沟通制度，做到亲而清，与投资者和企业家站在一起、想在一起、干在一起，无事不扰企、有难快出手，全力打响“一起益企”营商品牌。

培育壮大市场主体。坚持“两个毫不动摇”，提振民营企业信心，推动更多市场主体立起来、活起来、强起来。推动国有资产资源整合和企业重组，解决县属国有企业体量小、投融资能力弱、信用评级低等问题，提升国有资本和国有企业整体运营效益。优化中小企业扶持政策，在减税降费、融资担保、项目申报、技改资金等方面予以支持，让企业该享受的全部享受，该兑现的分批分期兑现到位。引导高校毕业生、退役军人等群体返乡创业，培育电子商务、网络直播、快递配送等行业市场主体。

着力提升居民消费。加大政企联合促消费力度，鼓励引导汽车、家电、餐饮、商超百货企业让利促销，让升腾的“烟火气”越来越旺。加快地标性商业综合体建设，推动鹏泰、大润发、佳百惠等区域商圈高质量发展。推动住宿餐饮、批发零售、物流交通等行业加快复苏，培育亲子研学、露营经济等新兴消费模式。完善旅游公共服务配套，支持景区景点“织新衣、换新颜”提质升级，谋划创建国家全域旅游示范区。加强潮客文化、旅游美食的传播策划推广，促进文旅消费。加快布局农村电商网络体系，多途径搭建农特产品供需对接平台，促进线上线下消费双向提速。

（三）在全面推进乡村振兴上有新气象

高标准落实“百县千镇万村高质量发展工程”，一体推进农业农村现代化建设，推动全县区域协调发展向更高质量迈进。

大力推动产业振兴。全面落实耕地保护和粮食安全党政同责，坚决守住耕地红线，新增高标准农田7500亩。抓好特色蔬菜产业园建设和茶叶产业园扩容提质，推动汤坑、留隍、埔寨、潭江等一批乡村产业社区试点走深走实。大力发展“一镇一业、一村一品”，推动茶叶、食用菌、红薯、橄榄等特色产业扩规模、提品质、深加工、拓市场，促进形成产业集群，培育更多“粤字号”和地理标志产品。鼓励发展乡村旅游、休闲农业等新业态，促进农业“接二连三”融合发展。深入实施供销社联农扩面五项工程，建成天业冷链物流产业园。鼓励发展光伏、林下经济，培育发展生态低碳农业，把产业发展的增值收益更多留给农民，进一步壮大农村集体经济。今年要实现263个行政村集体收入10万元以上，已经达到10万元的要努力向前迈进。落实农业龙头企业奖励和农业项目投资补助，建成更多农业产业化龙头企业、示范合作社和家庭农场。

大力推进乡村建设。深化拓展驻镇帮镇扶村，发挥好“保尚保”等防返贫致贫救助保障基金作用，坚决守住不发生规模性返贫底线。持续推进圩镇品质提升，强化乡镇联城带村功能，打造成为乡村治理中心、农村服务中心、乡村经济中心。高质量抓好“两区六村”等一批精品乡村振兴示范带建设，加大产业导入，强化风貌整治，做出示范、树立标杆。深入实施农村人居环境整治提升五年行动，规范农村建房，强化农房管控和乡村风貌提升，推进农村厕所革命，开展村庄清洁行动，建设宜居宜业和美乡村。扎实做好农村供水“三同五化”改造提升，补齐乡村道路、通信设施、冷链物流等短板。加强农田水利设施建设，推进山塘清淤加固和病险水库除险加固。积极推进农村改革试验，探索开展全域土地综合整治、农村集体经营性建设用地入市等试点，盘活农村林地、耕地、闲置宅基地等资源资产。大力培养扶持乡土人才、实用人才，有序引导大学毕业生到乡、能人回乡、农民工返乡、企业家入乡。完善村规民约，促进移风易俗，建设良法善治乡村。

大力构建绿美丰顺。深入践行绿水青山就是金山银山重要理念，用心描绘丰顺“山水画”。出台绿美丰顺2023年度行动计划，以国省道两侧山体为重点开展林分改造、林相改善1.4万亩，大力营造乡土阔叶混交林，打造高质量林分和优美林相。落实好林长制，抓实水源林建设、森林抚育、虫病防治、国家储备林建设、违法图斑查处整改。规划建设和提升一批体育公园、郊野公园，严格保护古树名木，从群众身边绿起来、美起来。统筹推进全国水系连通及水美乡村试点县、生态保护修复和水土流失综合治理、榕江北河一河两岸建设及水环境综合治理等项目，让丰顺青山常在、绿水长流。加强“三线一单”分区管控，扎实推进国家重点生态功能区县域生态环境质量考核。持续抓好生态环保督察反馈问题整改，巩固提升环境污染防治攻坚战成果，确保国考断面水质全年达标，空气质量优良率保持99%以上。高站位推进“双碳”（碳达峰、碳中和）行动，探索生态产品价值实现路径，着力在石料、河砂、矿泉水等资源领域实现突破，把更多生态资源转化为经济资产。

（四）在提升群众生活品质上有新气象

坚持以民之所望为施政所向，从最薄弱处最困难处最细微处，加大投入、久久为功，让群众看到变化、看到未来、充满希望。

推进县城扩容提质。下足“绣花”功夫，加快城市更新，扎实推进内岭片区和市政大道雨污分流工程、锦绣路等市政项目建设。实施城中村改造试点，全力推进狮山片区、湖下片区等15个老旧小区改造及周边基础设施配套工程建设。结合改造规划建设一批市场，启用新世纪农贸市场，启动太平寺农贸市场和城西公园项目。推动坚真文体中心、嘉应学院紫琳学院尽快建成启用。聚焦创建全国文明城市，提升城市精细化管理水平，集中开展重点区域、重点路段铁皮瓦、户外广告示范整治，科学管理占道经营、车辆乱停放、道路拥堵等行为，常态化治理背街小巷脏乱差等“城市病”，建设一批“小绿地”“口袋公园”，扩大居民幸福半径。

增进公共服务共享。用心用情用力办好每一件民生实事。深入实施教育强县十条措施，推进县职业技术学校改扩建、汤南实验小学等项目建设，促进城乡教育优质均衡发展。硬件软件双管齐下，建好县人民医院内科大楼、传染科大楼，推进县人民医院向“三甲”迈进，力争通过3年时间打造成全市最好县级人民医院。加快县中医院康复综合大楼建设，支持特色发展和服务创新，提升中医药服务能力。推动砂田卫生院迁建、八乡山卫生院医养结合大楼等项目尽快立项报批、落地建设，提升农村医疗卫生服务水平。科学精准落实新冠病毒感染“乙类乙管”措施，全方位提升医疗救治能力，抓好合并基础性疾病群体防治，守护群众生命安全和身体健康。办好高水平自行车体育赛事等活动，推进全民健身、竞技体育和体育产业协同发展。大力推进红色遗址、革命文物、文化遗产保护，保护修复种王上围、龙上古祠、蓝田书院、建桥围等古民居、古建筑宝贵资源，留住更多丰顺历史记忆。

提高社会保障水平。全面落实支持就业创业政策，稳定高校毕业生、农民工、退役军人等重点群体就业。持续推进“粤菜师傅”“广东技工”“南粤家政”三项工程，全年新增城镇就业2200人以上。持续深化社保领域改革，引导灵活就业人员、新业态从业人员等重点人群参保。强化城乡低保特困人员、孤儿、残疾人、部分优抚对象等保障，稳步提高底线民生保障水平。推动更多药品和耗材集中带量采购，使群众就医用药更加便利。聚焦“上孝老、下育小”，大力发展养老事业和养老产业，多元化增加普惠性托幼服务，提升养老托幼服务供给能力，确保少有乐长、老有颐养。

营造和谐社会环境。加大基层应急管理能力建设投入，加强燃气、自建房、危化品、道路交通等重点领域的隐患排查和专项整治，提高防灾减灾救灾和应急保障处置能力。深化矛盾纠纷排查化解，常态化推进扫黑除恶，重拳整治电信诈骗，保持黄赌毒高压打击态势，让群众真切感受“看得到的平安”。健全信访工作机制，集中化解一批信访问题，继续走在全国信访工作前列。深入开展餐桌安全治理行动，实现从田头到餐桌的食品安全全流程管控、全方位监督，让群众买得放心、吃得安心。严格政府债务管控，全力抓好金融、房地产等领域风险防范化解。完善共建共治共享的社会治理体系，强化全县569个网格服务管理，推行网络化+网格化基层治理模式，加快推进县域社会治理现代化。

同时，支持工会、共青团、妇联、科协等群团组织发挥党和政府联系广大群众的桥梁纽带作用。认真求实做好统计调查、外事、人防、气象、档案、老年教育、关心下一代等工作。

（五）在建设人民满意政府上有新气象

牢记政府前面的“人民”二字，勤勤恳恳为人民服务，真真切切为百姓着想，打造更加奋发有为的实干型政府。

坚决拥护核心。坚持不懈用习近平新时代中国特色社会主义思想凝心铸魂，深刻领悟“两个确立”的决定性意义，把践行“两个维护”作为最高政治原则和根本政治责任。牢记“国之大者”，不断提高政治判断力、政治领悟力、政治执行力，不折不扣把党中央决策部署、省委省政府、市委市政府和县委的工作要求落到实处。

坚持依法行政。深入学习贯彻习近平法治思想，自觉用法治思维和法治方式推动工作。践行全过程人民民主，自觉接受人大监督、政协民主监督、社会舆论监督和群众监督，高质量办好建议提案。严格执行重大行政决策程序规定，深化行政执法体制改革，推动政府行为全面纳入法治轨道。深入推进“八五”普法，提升全民法治素养，努力使尊法学法守法用法在全社会蔚然成风。

坚守廉洁底线。深抓党风廉政建设，以严的基调推进政府系统全面从严治党，纠正一切损害群众利益的腐败和不正之风。严格落实中央八项规定精神，深化纠治“四风”，严格执行为基层减负各项规定，让新风正气在新征程上不断充盈。坚持政府过“紧日子”，深入推进审计监督全覆盖，加强财政预算绩效管理，严控“三公”经费，把有限的资金用到发展紧要处、民生急需时。

各位代表！新征程呼唤新担当，新使命要有新作为。全县各级各部门要务实务实再务实，以不甘人后、勇立潮头的全新姿态主动去闯、主动去创、主动去干。要争当“赤脚医生”，把“诊所”搬到项目现场、企业车间、群众身边，深入基层、深入一线、深入“最后一公里”，认真倾听“八面来风”，把问题一个一个解决掉、把项目一个一个建设好。要乐当“裁缝工匠”，亲自上手亲自抓、靠前指挥做示范，牢记“致广大而尽精微”的成事之道，力戒形式主义、官僚主义，做到掌握情况要准、分析问题要细、工作落地要实，兢兢业业干好每项工作，精益求精做好每件事情。要甘当“铺路工人”，以“功成不必在我、丰顺发展有我”的精神境界和历史担当，时刻保持政治上、战略上、行动上的定力，坚持一张蓝图绘到底，一级带着一级干、一级干给一级看，以钉钉子精神抓落实，把我们手中的“施工图”转化为丰顺大地的“实景画”。

大事记

1月

1日 县委书记张志锋率队到汤坑镇、埔寨镇、龙岗镇、大龙华镇调研名人故居（旧居）、森林防灭火、疫情防控、红色资源保护和乡村振兴等工作。

4日 丰顺县组织收听收看市委人才工作会议。

8日 丰顺县革命委员会、丰顺县苏维埃政府成立旧址揭牌仪式在丰顺县大龙华镇叶华村举行。市委副书记王庆利，市政府原市长、市关工委主任何正拔，市人大常委会原副主任、市关工委副主任陈林荣，县领导张志锋、罗达祥、梁玉辉出席活动。

15日 由丰顺杰出乡贤许应裘捐资30亿元建设的丰顺县坚真大湖天池项目举行开工仪式。广州凯源房地产实业有限公司、深圳凯南房地产开发有限公司董事长许应裘，许应裘好友田伟，梅州市委常委、市委秘书长曾永祥，副市长、市文广旅局局长谢钦文，广州凯源房地产实业有限公司、深圳凯南房地产开发有限公司副总经理许桦，丰顺县委书记张志锋、县长罗达祥等参加活动。

16日 县委书记张志锋、县长罗达祥率队到留隍镇督导检查疫情防控和调研推进重点项目建设工作。

20日 中国共产党丰顺县第十四届委员会第二次全体会议在县会展中心召开。会议的主要任务是：坚持以习近平新时代中国特色社会主义思想为指导，深入学习贯彻党的十九届六中全会和中央经济工作会议精神，认真学习贯彻落实省委十二届十五次全会、市第八次党代会、市委八届二次全会和县第十四次党代会精神，总结2021年工作，部署2022年工作，以史为鉴、开创未来，埋头苦干、勇毅笃行，在更高起点上推动丰顺苏区高质量振兴发展，以优异成绩迎接党的二十大胜利召开。会议书面传达省委十二届十五次全会和市委八届二次全会精神。县委书记张志锋代表县委常委会向全会作工作报告，县委副书记、县长罗达祥就经济工作作专题讲话。

21日 市委常委、政法委书记梁维到丰顺县督导检查疫情防控、安全生产、社会稳定等工作。市检察院党组书记、检察长吴文志，县领导张志锋、梁玉辉、石远平、罗小天、李炎飞等参加督导检查。

24日 市委常委、副市长刘晋生到丰顺县开展春节走访慰问活动，为困难群众和困难职工送上党和政府的亲切关怀和温暖祝福。县领导张志锋、石远平、陈少洲、马扬闲等参加活动。

是日 县委书记张志锋率队到汤南镇走访慰问老党员和督导检查农村人居环境整治工作。

25日 县委书记张志锋率队检查春节前疫情防控、安全生产、食品安全、节日市场供应等工作。

是日 县委书记张志锋率队到县公安局、汤坑镇象钩应急取水点、城北环卫所、县疫情防控指挥部看望慰问一线干部职工。

26日 县委书记张志锋率队到留隍镇东留口铺村东堤路调研重点项目建设情况。

27日 丰顺县组织收听收看梅州市党史学习教育总结会议。

是日 丰顺县召开2022年老干部迎春茶话会。

是日 丰顺县党史学习教育总结会议在县城召开。县委书记、县委党史学习教育领导小组组长张志锋出席会议并讲话，县委副书记、县长、县委党史学习教育领导小组副组长罗达祥主持会议，市委党史学习教育第六巡回指导组到会指导。

28日 县委书记张志锋率队到梅州军分区开展春节慰问活动。

2月

4日 县委书记张志锋率队检查疫情防控等工作并看望慰问坚守岗位有关人员。

6日 市委常委、副市长刘晋生到丰顺县督导检查疫情防控工作。

7日 市委副书记、市长王晖到丰顺县督导检查疫情防控工作。

是日 县委书记张志锋、县长罗达祥率队调研疫情防控工作和工业实体经济发展情况。

8日 市委副书记、市长王晖到丰顺县调研，深入学习贯彻党的十九届六中全会精神和习近平总书记对广东系列重要讲话、重要指示批示精神，全面落实市第八次党代会和市“两会”部署要求，调研产业发展、企业生产经营、园区建设等情况。

15日 中国共产党丰顺县第十四届纪律检查委员会第二次全体会议召开。会议坚持以习近平新时代中国特色社会主义思想为指导，深入贯彻落实习近平总书记在十九届中央纪委六次全会上的重要讲话和中央纪委全会精神，认真贯彻落实省纪委十二届七次全会和市纪委八届二次全会精神。总结全县2021年纪检监察工作，部署2022年工作任务。县委书记张志锋出席会议并讲话，县长罗达祥传达了十九届中央纪委六次全会、十二届省纪委七次全会及八届市纪委二次全会主要精神；县人大常委会主任邱翠茂，县政协主席黄建斐出席会议；县委常委、县纪委书记、县监委主任张学鹏主持会议。

17—18日 在县城会展中心召开中国人民政治协商会议第十一届丰顺县委员会第二次会议。黄建斐代表政协第十一届丰顺县委员会常务委员会，向大会报告工作，陈新化向大会作提案工作情况报告。会议听取政协第十一届丰顺县委员会第二次会议提案情况报告（书面），通过政协第十一届丰顺县委员会第二次会议决议。

18—19日 在县会展中心召开丰顺县第十六届人民代表大会第二次会议。县长罗达祥代表县人民政府向大会作工作报告。会议书面审查县2021年国民经济和社会发展计划执行情况与2022年计划草案；书面审查县2021年预算执行情况和2022年预算草案；书面审议县人民政府2022年民生实事候选项目；表决民生实事项目票决办法(草案)。会议表决通过丰顺县人民政府工作报告的决议、丰顺县2021年国民经济和社会发展计划执行情况与2022年计划草案的报告决议草案、丰顺县2021年预算执行情况和2022年预算草案的报告的决议、丰顺县人大常委会工作报告的决议、丰顺县人民法院工作报告的决议、丰顺县人民检察院工作报告的决议。投票表决丰顺县人民政府2022年民生实事项目。

22日 丰顺县召开干部廉政谈话会议。县委书记张志锋出席会议并讲话，县委常委、县纪委书记、县监委主任张学鹏作廉政谈话。县委常委、组织部部长徐晓东主持会议。

28日 丰顺县组织收听收看全省深入打好污染防治攻坚战推进会。

3月

3日 全县促进实体经济高质量发展大会在县会展中心举行。县委书记张志锋出席会议并讲话，县长罗达祥主持会议。

是日 副市长蒋鲲率队到丰顺县调研贯彻落实全市促进实体经济高质量发展大会精神情况和重点工业项目建设工作。县委书记张志锋，市委副秘书长刘洪洲，副县长李吉祥等参加调研。

4日 县委书记张志锋率队调研丰顺县钢铁行业产业发展情况。

7日 县委书记张志锋率队到县妇联、团县委开展走访慰问活动。

是日 丰顺县召开纪念“三八”国际妇女节112周年座谈会。县妇联通报丰顺县过去一年妇女儿童工作的有关情况及2022年的工作计划；来自企业、教育、基层等各行各业的优秀妇女代表结合工作实际，分别作发言。县委书记张志锋出席会议并讲话。

9日 省财政厅党组成员、总会计师刘华伟率队到梅州开展财政运行情况调研，并在丰顺县召开座谈会。市政府副秘书长黎清华，县领导罗达祥、林剑，以及梅州市、五华县、丰顺县相关单位负责人等陪同调研或参加座谈会。

10日 全县重点项目建设暨乡村振兴工作推进会在县会展中心召开。县委书记张志锋出席会议并讲话，县长罗达祥主持会议。

是日 县委书记张志锋率队到县委办调研，并以一名普通党员身份，参加县委办秘书党支部组织生活会。

11日 县委书记张志锋，县长罗达祥率队参加全民义务植树活动，号召全县上下一起行动起来，认真贯彻落实习近平生态文明思想，牢固树立“绿水青山就是金山银山”的理念，走好生态优先、绿色发展之路，科学推进国土绿化，建设美丽幸福丰顺。

12日 丰顺县收听收看全省传达贯彻习近平总书记重要讲话精神暨全国“两会”精神干部大会。

14日 县委书记张志锋率队督导检查福利院、敬老院等“八类”特殊场所疫情防控工作。

15日 县委书记张志锋率队督导检查森林防灭火工作。

21日 市委书记马正勇到丰顺县，深入工厂车间和基层一线，就深入学习贯彻习近平总书记系列重要讲话和重要指示批示精神，认真落实市第八次党代会、市委八届二次全会精神和市“两会”工作部署，抓好实体经济和乡村振兴两大重点工作等进行调研。

22日 丰顺县组织收听收看全市深入打好污染防治攻坚战推进会。

23日 县委书记张志锋率队调研县财税工作。

25日 县委书记张志锋调研春耕春种、撂荒耕地复耕复种、乡村振兴等工作。

29日 县委书记张志锋调研防洪防汛、地质灾害治理、河长制工作情况并开展巡河。

是日 丰顺县组织收听收看省委农村工作会议暨全省实施乡村振兴战略工作推进会。

30日 市委常委、宣传部部长张运全到丰顺县调研宣传思想文化工作。

31日 县委书记张志锋主持召开传达贯彻市委书记马正勇来丰顺调研精神专题会议。会议深入学习贯彻习近平总书记系列重要讲话和重要指示批示精神，认真落实市第八次党代会、市委八届二次全会精神和市“两会”工作部署，狠抓发展第一要务，全面激发内生动力，抓好实体经济和乡村振兴两大重点工作。县长罗达祥、县人大常委会主任邱翠茂、县政协主席黄建斐出席会议。

是日 丰顺县召开深入打好污染防治攻坚战推进会。会议坚持以习近平新时代中国特色社会主义思想为指导，深入学习贯彻习近平生态文明思想，认真贯彻落实全省、全市深入打好污染防治攻坚战推进会精神，通报丰顺县污染防治攻坚战工作情况并部署下一步工作。县委书记张志锋主持会议并讲话，县长罗达祥、县人大常委会主任邱翠茂、县政协主席黄建斐参加会议。

4月

1日 丰顺县召开深入打好污染防治攻坚战推进会。县委书记张志锋主持会议并讲话。

是日 县委书记张志锋率队调研教育教学和校园疫情防控、校园安全等工作。

2日 市委副书记、市长王晖到丰顺县，就深入学习贯彻党的十九届六中全会精神和习近平总书记对广东系列重要讲话、重要指示批示精神，全面落实市第八次党代会、市委八届二次全会、市“两会”和全市促进实体经济高质量发展大会部署要求，调研经济运行、招商引资和乡村振兴工作。市领导蒋鲲，县委书记张志锋，县长罗达祥等参加调研。

5日 县委书记张志锋率队督导检查高速公路出口和国省道市际入口疫情防控工作。

6日 县委书记张志锋到韩山历史文化生态区调研

文旅发展和疫情防控工作。

7日 丰顺县召开债券资金支出工作推进会。会议认真贯彻落实中央和省关于专项债券工作的部署要求，以及全市加快推进债券支出专题工作会议精神，进一步统一思想认识，强化责任担当，加快债券资金支出使用进度，推动丰顺县债券资金规范管理，促进经济平稳运行。县委书记张志锋参加会议并讲话，县委常委、常务副县长林剑主持会议。

11日 县委书记张志锋调研督导工业实体经济发展、园区规划建设、招商引资、疫情防控等工作。

12日 县委书记张志锋率队到县卫生健康局、县妇幼保健院、县中医院老院区等地调研卫生健康和疫情防控工作。

19日 丰顺县召开县重点项目规划设计评审会议，贯彻落实县第十四次党代会、县委十四届二次全会和县“两会”精神，统筹谋划加快推进民生项目建设，强化对县城范围内提质改造、综合治理项目的把关，进一步完善功能配套、改善人居环境，增强城市综合承载能力，促进产城融合联动发展，提升人民群众获得感、幸福感。县委书记张志锋主持会议并讲话。

20日 丰顺县委人大工作会议在县会展中心召开。会议深入学习贯彻习近平总书记关于坚持和完善人民代表大会制度的重要思想，贯彻落实中央、省委、市委人大工作会议精神，牢牢把握人大工作正确政治方向，全面加强和改进党对人大工作的领导，研究部署当前和今后一个时期全县人大工作。县委书记张志锋出席会议并讲话，县委副书记、县长罗达祥主持会议。

是日 丰顺县委保密委员会全体会议暨全县保密工作会议召开，深入学习贯彻落实习近平总书记关于保密工作的重要指示批示精神，认真贯彻落实中央、省委和梅州市委关于保密工作的决策部署，全面总结2021年保密工作，部署2022年保密工作。县委副书记、政法委书记、县委保密委员会主任梁玉辉出席会议并讲话。

是日 县委书记张志锋调研交通公路建设和疫情防控等工作。

24日 广州凯源房地产实业有限公司、深圳凯南房地产开发有限公司总经理许桦回乡考察坚真文体中心项目建设推进情况。县领导张志锋、林剑、吴伟明、马扬闲等参加。

25日 县委书记张志锋到县农业农村局、县供销社和农业龙头企业调研，深入了解乡村振兴、农业龙头企业联农带农、撂荒耕地复耕复种、疫情防控等工作情况。

26日 2022年全县一季度经济形势分析暨重点项目促投资工作会议召开。

28日 全县党管武装工作会议召开。会议深入学习贯彻习近平强军思想，按照党中央决策部署和省委、市委工作安排，传达贯彻梅州军分区党委六届四次全体（扩大）会议精神，总结2021年党管武装工作，部署2022年工作，统一思想认识、明确目标任务、狠抓工作落实，奋力开创全县党管武装工作新局面。县委书记、县人武部党委第一书记张志锋出席会议并讲话。

29日 全县劳模代表座谈会在县总工会召开。县委书记张志锋出席会议，并代表县委看望慰问工会职工和劳模代表，同时通过他们，向全县各行各业、各条战线的广大职工和劳动群众致以节日的问候和美好的祝福。

30日 县委书记张志锋率队到县疫情防控指挥办、丰顺县鸿宝实业有限公司等地督导检查节假日值班、安全生产、疫情防控等工作并看望抗疫一线工作人员。

5月

1日 县委书记张志锋率队到铜鼓峰生态旅游度假区调研景区文旅产业发展并督导疫情防控和安全生产工作。

是日 县委书记张志锋率队到瑞丰粮油食品有限公司督导疫情防控和安全生产工作。

7日 丰顺县组织收听收看全国和省、市自建房安全专项整治电视电话会议后，随即召开自建房安全专项整治工作会议，迅速传达贯彻落实会议精神。县委书记张志锋参加会议并讲话，县长罗达祥主持会议。

10日 在收听收看全省、全市强降雨防范视频调度会议后，丰顺县立即召开全县强降雨防范工作视频调度会议，深入学习贯彻习近平总书记关于防汛救灾工作重要指示批示精神，认真贯彻落实省、市对本轮强降雨的部署要求，对近期强降雨天气防御工作进行再安排、再部署、再细化。县委书记张志锋主持会议，县长罗达祥出席会议。

11日 丰顺县组织收听收看全市干部大会电视电话会议。

12日 县委书记张志锋率队到汤坑、汤南、丰良等地检查强降雨防范工作和督导人居环境卫生整治工作。

是日 丰顺县组织收听收看全市强降雨防御工作视频调度会议后，随即召开全县强降雨防范工作会议。会议传达了市委、市政府主要领导的批示和工作要求，并强调，各级各部门要充分认识当前面临的严峻形势，持续奋战抓好后续强降雨防御工作，强化底线思维，充分吸取郑州“7·20”特大暴雨事故灾害教训，以如履薄冰的心态抓细抓实防御工作。

13日 全县乡村振兴暨农村人居环境整治工作推进会在县会展中心召开，深入学习贯彻习近平总书记关于“三农”工作的重要论述，认真学习领会省委书记李希、省长王伟中来梅调研讲话精神，总结回顾2022年以来乡村振兴暨农村人居环境整治工作，针对当前普遍存在的突出问题，研究改进措施、倒排工作进度、补齐短板弱项，以更大决心、更严要求、更强力度、更实举措推进乡村全面振兴。县委书记张志锋参加会议并讲话，县长罗达祥主持会议。

18日 县委书记张志锋到县委宣传部调研并召开座谈会。

31日 县委书记张志锋率队赴深圳开展招商引资工作。

6月

2日 县委书记张志锋率队到留隍镇茶背村督导违法占用林地案件查处整改工作。

6日 县委书记张志锋率队到丰顺中学、实验中学考点调研检查2022年高考准备工作。

13日 县委书记张志锋率队到留隍镇、潭江镇、小胜镇、潘田镇、丰良镇等地调研检查三防、地质灾害防治工作。

14日 省农业农村厅二级巡视员黄孟欣率省农村综合改革调研组一行到丰顺县调研发展新型农村集体经济专项改革试点、扶持村级集体经济试点等改革工作。县委书记张志锋，副县长谢定雄，以及市、县相关单位负责人等陪同调研。

15日 收听收看完全市防汛工作调度会议后，丰顺县随即召开全县防御强降雨工作会议，贯彻落实全市防汛工作调度会议精神，研究部署防汛工作。县委书记张志锋主持会议，县长罗达祥参加会议。

是日 水利部珠江委珠科院党委书记蔡尚途率水利部工作组到丰顺县督导检查强降雨防御工作。县委书记张志锋、副县长谢定雄陪同督导检查。

是日 市人大常委会副主任刘锐清到丰顺县走访联系市人大代表、村（社区）“两委”干部。县委书记张志锋、县人大常委会主任邱翠茂、县人大常委会副主任廖若旦陪同调研。

16日 县委书记张志锋率队到汤南镇、汤西镇、八乡山镇检查督导防汛救灾、地质灾害防治、安全生产等工作，看望慰问防汛一线工作人员。

是日 丰顺县组织收听收看全市防汛工作调度会议。丰顺县随即召开全县防汛救灾工作会议。会议深入学习贯彻习近平总书记关于防汛救灾工作的重要指示精神，认真落实全市防汛工作调度会议部署要求，分析研判丰顺县三防工作形势，对全县防汛救灾工作进行再部署、再落实。县委书记张志锋出席会议并讲话。县长罗达祥在黄金镇应急指挥中心以视频连线的方式参加会议。

17日 县委书记张志锋率队深入到留隍镇、潭江镇、黄金镇等地，督导检查防汛救灾等工作。

22日 丰顺县召开丰顺公园建设工作会议，听取丰顺公园建设工作推进情况汇报，研究部署下一步规划建设工作。县委书记张志锋、县长罗达祥出席会议。

23日 县委书记张志锋主持召开嘉应学院紫琳学院项目建设推进会，听取项目建设进展情况汇报，研究部署下一步工作。

28日 丰顺县组织收听收看全市学习贯彻省第十三次党代会精神省委宣讲团宣讲报告会。

29日 丰顺县2022年广东扶贫济困日暨全社会助力乡村振兴活动仪式在县会展中心举行。会议宣读《2021年度丰顺县扶贫济困奖获奖单位和个人的通报》，并举办颁奖仪式。现场举行丰顺县2022年度广东扶贫济困日活动举牌认捐仪式，罗达祥代表县委、县政府接受捐款，认捐金额2.29亿元。

30日 县委书记张志锋率队开展“七一”走访慰问党员活动。

是日 县委书记张志锋、县长罗达祥率队调研检查重点项目建设。

7月

1日 市委书记马正勇、市长王晖率队到丰顺县，就深入学习贯彻习近平总书记关于“疫情要防住、经济要稳住、发展要安全”的重要指示要求，贯彻落实省第十三次党代会精神，抓好重点民生项目建设等工作进行调研督导。市领导陈金銮、曾永祥、陈伶俐、陈亮，嘉应学院党委书记吴琦，县委书记张志锋，县长罗达祥等参加调研。

5日 全国妇女爱国主义教育基地揭牌仪式在丰顺县坚真纪念馆举行。省妇联副主席罗敏、市委副书记王庆利出席并作讲话。仪式上，省妇联宣传部部长陈文飞宣读全国妇联同意命名的复函。随后，罗敏、王庆利、丘晓红、张志锋共同为全国妇女爱国主义教育基地揭牌。徐晓东代表县委、县政府致辞。省、市、县相关单位负责人，县妇联全体干部及部分镇妇联主席等参加揭牌仪式。

6日 广州市海珠区委书记蔡澍一行到海珠（丰顺）产业转移工业园区综合服务中心、万洋众创城项目现场、标准厂房项目建设现场、埔寨镇采芝村等地调研。县委书记张志锋、县长罗达祥等参加调研。

是日 海珠·丰顺对口帮扶工作党政联席会议在丰顺县召开。广州市海珠区委书记蔡澍，县委书记张志锋出席会议并讲话。会议听取对口帮扶和驻镇帮镇扶村工作情况汇报。会上举行了海珠区·丰顺县对口帮扶捐赠仪式。

7日 省政协副主席、省住房和城乡建设厅厅长张少康率队到丰顺县宣讲省第十三次党代会精神和调研自建房安全专项整治工作。市政府副市长、秘书长、办公室主任陈亮，省建筑科学研究院党委书记、董事长陈少祥，县领导张志锋、罗达祥、曾小丽，以及专家团队，市、县相关单位负责人等参加活动。

10日 县委书记张志锋率队到留隍镇、潭江镇检查督导乡村振兴工作。

18日 县委书记张志锋到县委政研室、县机关事务中心调研。

19日 市委常委、统战部部长崔毅率队到丰顺县调研民营经济统战工作，检查宗教活动场所规范管理、疫情防控、安全生产等工作。县委书记张志锋，县委常委、统战部部长廖月芝等陪同调研。

是日 县委书记张志锋主持召开丰顺县学习贯彻省第十三次党代会精神宣讲报告会。市委宣讲团成员、市委宣传部讲师团团长廖坚作专题宣讲。县人大常委会主任邱翠茂，县政协主席黄建斐，县委副书记、政法委书记梁玉辉出席会议。

21日 省水利厅党组书记、厅长王立新一行到丰顺县调研教堂水库、水系连通及水美乡村试点县建设工作。市委副书记王庆利陪同调研。

是日 市人大常委会党组副书记、副主任余其豹，市人大常委会副主任刘锐清率领调研组到丰顺县开展河道采砂管理立法调研。县委书记张志锋、县人大常委会主任邱翠茂参加调研活动。

22日 丰顺县新区供水工程正式通水。粤东重点供水工程举行集中通水仪式，仪式采取“云”端视频连线、同步异地的方式进行，主会场设在潮州市，丰顺县新区供水工程设分会场。梅州市副市长陈亮，丰顺县委书记张志锋、县长罗达祥，粤海水务代表黄建平出席梅州丰顺分会场活动。

是日 嘉应学院党委副书记罗任权率调研组一行到丰顺县开展红色资源与振兴发展专题调研。县委书记张志锋，县委常委、宣传部部长古孟青，以及县直相关单位负责人等陪同调研。

26日 2022年全县上半年经济形势分析暨重点项目建设推进会召开，通报上半年经济运行情况，分析当前经济形势，研究部署下一步工作。县委书记张志锋主持会议并讲话。县长罗达祥就做好全县经济工作进行具体部署。

是日 2022年县委农村工作会议暨全县实施乡村振兴战略工作推进会召开。会议深入学习贯彻习近平总书记关于“三农”工作重要论述，贯彻落实中央一号文件和中央农村工作会议、省委、市委农村工作会议暨全省实施乡村振兴战略工作推进会会议精神，全面总结上半年全县乡村振兴重点工作落实情况，研究部署推进乡村全面振兴各项工作。县委书记张志锋出席会议并讲话，县长罗达祥主持会议。

27日 县委书记张志锋率队督导检查市政项目建设、自建房安全整治、老旧小区改造、疫情防控等工作，到县住房和城乡建设局、县市政公用事业管理中心调研。

是日 县委书记张志锋率拥军慰问团到梅州军分区开展“八一”慰问活动，向广大部队官兵致以节日的祝福和崇高的敬意。市委常委、军分区政委陈煜昌出席活动。

8月

1日 县委书记张志锋调研检查市政项目建设、自建房安全整治、老旧小区改造并督导疫情防控等工作。

是日 省供销社党组书记、理事会主任叶梅芬到丰顺县调研深化供销合作社综合改革和重点项目建设等工作。市供销社党组书记、理事会主任丘孝东，县委书记张志锋，县委常委、副县长、留隍镇党委书记张晓山陪同调研。

2日 县人大常委会组织在丰全国、省、市人大代表，围绕推进爱国卫生和疫情防控工作，结合“更好发挥人大代表作用”主题活动开展专题调研。县委书记张志锋、县人大常委会主任邱翠茂参加活动。

是日 县委书记张志锋率队到海珠（丰顺）产业转移园调研园区基础设施建设和重点招商引资落户企业投产准备工作。

4日 省老促会会长陈开枝率调研组到丰顺县调研乡村振兴和红色文化传承工作。县领导张志锋、罗达祥、徐晓东，以及市、县相关部门负责人等陪同调研。

5日 市人大常委会副主任张达宏到丰顺县开展镇村规划建设情况和垃圾填埋场整治情况调研。县领导张志锋、谢仕华、李吉祥陪同调研或参加座谈会。

8日 县委书记张志锋到挂点服务重点企业丰顺县培英电声有限公司和广东省双十智能科技有限公司调研，张志锋一行通过进厂房、下车间、听汇报等方式，深入了解企业生产经营状况，以及助企纾困政策落实成效，协调解决实际困难问题。

10日 丰顺县组织收听收看“客家讲坛·优化营商环境”专题报告会。

12日 县委书记张志锋到县公安局调研公安系统基层建设和夏季治安打击整治“百日行动”等工作。

是日 县委书记张志锋率队到韩山历史文化生态区调研文旅产业并开展巡林活动。

16日 县委书记张志锋到海珠（丰顺）产业转移园调研基础设施、空间拓展及产业项目建设等工作情况。

17日 市委常委、政法委书记梁维到丰顺县，调研督导平安建设、重点项目建设、挂点企业生产经营、疫情防控等工作。市委政法委常务副书记李庆明，县领导张志锋、梁玉辉、石远平、吴伟明、罗小天、罗炳元等参加活动。

18日 县委书记张志锋主持召开丰顺县重点信访事项专题研判会。

22日 丰顺县组织收听收看全省、全市三防工作电视电话会议，丰顺县随即召开全县三防工作会议。研究部署第9号台风“马鞍”的防御工作。县委书记张志锋出席会议并讲话，县长罗达祥主持会议。

23日 丰顺县举行景田（丰顺）饮用水生产基地项目签约仪式，该项目计划总投资8亿元，将打造成为粤东地区最大规模的天然饮用水生产基地。县委书记张志锋、县长罗达祥、广州市广露饮用水有限公司董事长、丰顺县润景饮用水有限公司法人代表陈俊超、丰顺县千江集团总经理黄振标等出席签约仪式。

28日 县委书记张志锋率队到海珠（丰顺）产业转移工业园检查丰顺立讯智造年产值30亿元项目投产活动筹备工作情况。

29日 丰顺立讯智造年产值30亿元项目正式投产活动在海珠（丰顺）产业园举行。丰顺立讯智造项目于2022年8月16日正式签约落户海珠（丰顺）产业园自建标准化厂房，计划投入3栋共计11.76万平方米厂房。市委书记马正勇，市委副书记、市长王晖，市政协主席戚优华，市领导陈金銮、曾永祥、余其豹、蒋鲲，立讯精密工业股份有限公司副董事长王来胜，立讯精密工业股份有限公司董秘办特别助理余壮恩，县委书记张志锋等出席活动。县长罗达祥主持仪式。

9月

1日 县委书记张志锋率队到丰顺中学、实验小学督导检查2022年秋季中小学校开学和疫情防控工作情况。

是日 县委书记张志锋率队到县发展和改革局、县统计局调研发展改革和统计工作。

9日 县委书记张志锋督导检查疫情防控工作并看望慰问一线防疫工作人员。

15日 县委书记张志锋率队到汤坑镇调研乡村振兴、污水处理和老旧小区改造等工作，督导检查疫情防控工作。

16日 省水利厅党组成员、副厅长陈仁著率调研组到丰顺县调研教堂水库及水美乡村试点建设工作。市水务局局长陈海燕，县领导张志锋、谢定雄、彭水利陪同调研或参加座谈会。

20日 丰顺县召开全县土地工作会议。动员全县上下聚焦土地供需矛盾，系统破解用地难题，推动土地要素跟着项目走，向重点项目、重点企业、重点领域集约，加快资源全面节约和循环利用，更好地服务保障丰顺苏区高质量振兴发展。县委书记张志锋参加会议并作讲话。

21日 市委常委、副市长赵东率队到丰顺县调研文广旅体相关工作。县委书记张志锋，县领导古孟青以及市、县相关单位负责人等参加调研。

22日 市民政局党组书记、局长王健率队到丰顺县调研检查失能、半失能人员集中供养等工作情况。市民政局副局长曾宪鑫，县委书记张志锋，县民政局主要负责人等参加调研。

是日 县委书记张志锋到丰良镇调研督导乡村振兴、美丽圩镇建设、重点项目建设、疫情防控、推行林长制和森林防火等工作。

23日 丰顺县组织收听收看2022年“百名法学家百场报告会”梅州市委理论学习中心组专场暨南粤法治报告会。

26日 市委副书记、市长王晖到丰顺县，就深入学习贯彻习近平总书记对广东系列重要讲话和重要指示精神，全面落实“疫情要防住、经济要稳住、发展要安全”重要要求，贯彻落实省第十三次党代会、省委省政府主要领导来梅调研讲话要求和市委市政府工作部署，围绕招商引资、土地管理和统计纳统等工作开展调研。市政府副市长、秘书长陈亮，市政府副秘书长张德汪，市自然资源局局长郭惠华，市商务局局长李敏，市统计局局长姚志华，县领导张志锋、林剑、石远平、李吉祥等参加调研座谈。

30日 县委、县政府在东山公园革命烈士纪念碑举行2022年烈士纪念日公祭活动。

是日 县委书记张志锋率队检查国庆节前疫情防控

和安全生产工作。

10月

4日 县委书记张志锋率队检查指导国庆节期间疫情防控、社会治安和森林防火等工作，并看望慰问值班值守一线工作人员。

7日 丰顺县召开森林防灭火指挥部工作会议。会议深入学习贯彻习近平总书记关于防灾减灾救灾的重要指示精神，全面落实“疫情要防住、经济要稳住、发展要安全”重要要求，传达贯彻全省秋冬季森林防灭火工作电视电话会议、全市森林防灭火工作会议和复盘视频会议精神，分析研判森林防灭火形势，对当前和党的二十大期间森林防灭火工作进行再动员、再部署。县委书记张志锋参加会议并讲话。

8日 丰顺县坚真文体中心工程建设推进会召开，县委书记张志锋，广州凯源房地产实业有限公司、深圳凯南房地产开发有限公司董事长许桦参加会议。

是日 县委书记张志锋率队调研走访县工商联和新阶联会员企业。

11日 市委常委、政法委书记梁维到丰顺县就政法综治、社会治理等相关工作进行调研督导。市委政法委常务副书记李庆明，县委书记张志锋，县委副书记、政法委书记梁玉辉，县法院院长邹宇平，县检察院检察长李炎飞等参加相关活动。

是日 省农业农村厅党组副书记、省委农办常务副主任、省乡村振兴局常务副局长黎明率队到丰顺县调研督导防止返贫监测和帮扶工作。市政府副秘书长梁志坚，市农业农村局、市乡村振兴局局长罗伟纯，县领导张志锋、石远平、张晓山、谢定雄、彭水利，以及市、县相关单位负责人等陪同调研督导。

12日 县委书记张志锋率队到韩山历史文化生态区调研文旅产业发展工作。

是日 市委副秘书长隋斌率队到丰顺县调研档案工作。县委书记张志锋，县委常委、办公室主任石远平，市、县档案馆相关负责人等参加调研。

14日 县委书记张志锋主持召开丰顺县全面推行林长制工作会议。会议通报了丰顺县全面推行林长制工作情况，研究部署丰顺县林长制和森林防灭火工作。县人大常委会主任邱翠茂、县政协主席黄建斐参加会议。

是日 丰顺县组织收听收看全省疫情防控和安全稳定工作电视电话会议。

16日 丰顺县县领导集中收听收看党的二十大开幕盛况，全县各级各部门党员干部也在各自单位收听收看了党的二十大开幕盛况。

17日 丰顺县召开工人文化宫和园区配套服务中心项目规划评审会。县委书记张志锋出席会议并讲话，县领导石远平、马扬闲、李吉祥以及县直相关单位负责人等参加会议。

20日 省住房城乡建设厅副厅长杨清淦率调研组到丰顺县调研。县领导张志锋、张晓山、曾小丽，以及市县相关单位负责人等参加相关活动。

是日 丰顺县召开235国道综合提升工程和汤坑镇乡村振兴示范带项目建设推进会，听取相关项目规划及推进情况汇报，对项目建设中涉及的具体问题进行研讨，部署下一步工作。

27日 县委书记张志锋率队督导检查疫情防控社会面管控工作。

11月

2日 丰顺县组织收听收看学习贯彻党的二十大精神中央宣讲团宣讲报告会暨全省市厅级主要领导干部学习贯彻党的二十大精神专题研讨班开班式。

12日 丰顺县召开传达贯彻党的二十大精神大会，传达学习宣传贯彻党的二十大精神，动员全县上下全面贯彻习近平新时代中国特色社会主义思想，坚定信心、同心同德，埋头苦干、奋勇前进，以党的二十大精神为指引，奋力推动丰顺苏区高质量振兴发展，为梅州苏区加快振兴、共同富裕，广东在新征程中走在全国前列、创造新的辉煌，全面建设社会主义现代化国家、全面推进中华民族伟大复兴作出丰顺贡献。县委书记张志锋主持会议并讲话。

13日 县委书记张志锋率队督导调研疫情防控工作，并看望慰问坚守岗位、日夜奋战在抗疫一线的工作人员。

18日 丰顺县组织收听收看学习贯彻党的二十大精神省委宣讲团宣讲报告会暨梅州市县处级领导干部学习贯彻党的二十大精神专题研讨班开班式。

是日 县委书记张志锋深入企业督导疫情防控工作和调研工业经济运行。

21日 县委书记张志锋率队到丰顺县专用隔离场所项目现场督查施工建设情况。

23日 全县经济形势分析会暨重点项目攻坚推进会召开。县委书记张志锋在会上强调，要深入学习贯彻习近平总书记关于“疫情要防住、经济要稳住、发展要安全”的重要指示要求，按照党中央、国务院决策部署和省委省政府、市委市政府的工作安排，统筹抓好疫情防控和经济发展，以“时不我待”的紧迫感，更加扎实的举措，千方百计把疫情耽误的时间抢回来、把造成的损失补回来，以最大努力争取经济稳步发展，以实际行动贯彻落实党的二十大精神。

28日 县委书记张志锋深入到汤坑镇、汤南镇督导检查疫情防控网格管理落实情况和“落地检”工作，并看望慰问一线工作人员。

29日 县委书记张志锋深入到汤南镇，为全体镇干部、村（社区）党组织书记及新楼村“两委”干部，作党的二十大精神专题辅导宣讲。

12月

13日 县委书记张志锋到县政务服务数据管理局调研丰顺县政务服务工作。

是日 县委书记、县委全面依法治县委员会主任张志锋到县司法局参加县第五届国家机关“谁执法谁普法”履职报告评议活动并调研司法行政工作。

15日 县委书记张志锋主持召开丰顺县全面推行河长制工作领导小组会议。会议深入学习贯彻习近平生态文明思想，听取丰顺县全面推行河长制工作情况汇报，部署下一步工作。

16日 共青团丰顺县第十九次代表大会开幕。县委书记张志锋出席开幕式并讲话，共青团梅州市委书记廖琼慧代表团市委到会指导。

是日 丰顺县档案馆新馆建成启用揭牌仪式举行。县委书记张志锋、市委副秘书长隋斌共同为“丰顺县档案馆”揭牌。县委常委、办公室主任石远平主持揭牌仪式。市档案馆馆长巫万忠，县领导吴伟明、曾小丽参加活动。

23日 丰顺县举办学习贯彻党的二十大精神市委宣讲团宣讲报告会暨丰顺县科级领导干部学习贯彻党的二十大精神专题研讨班开班式。县人大常委会主任邱翠茂、县政协主席黄建斐出席开班式。受县委书记张志锋委托，县委副书记、政法委书记梁玉辉主持开班式并作开班动员讲话。

是年 丰顺县发生“9·4”“10·23”和“11·20”输入性新型冠状病毒肺炎疫情，丰顺县委县政府加强医疗资源储备，扩容发热门诊、急诊急救、病房收治、重症救治能力，确保发热和重症患者应收尽收、应治尽治，最大程度保护全县群众生命安全和身体健康。

概 览

基本情况

【位置面积】 丰顺县位于广东省东部、梅州市南端。地处北纬23°36′~24°13′、东经115°30′~116°41′。东南接潮安，南接揭东、揭西，西连五华、兴宁，东北接大埔，西北接梅县区、梅江区。东西长84千米、南北宽68千米，总面积2710.22平方千米。县城汤坑镇。丰顺县地处潮、揭、梅交通要冲，是梅州市以及赣南、闽西通往潮汕沿海的必经之地，素有梅州“南大门”之称。

【建置沿革】 丰顺县境春秋战国时为百越地。秦属南海郡揭阳县。赵佗自立为南越王，揭阳县属南越。汉武帝元鼎六年（公元前111），统一南越，丰顺县地仍属南海郡揭阳县。三国属孙吴地。东晋咸和六年（331）分南海郡立东官郡，揭阳隶东官郡。安帝义熙九年（413），分东官郡立义安郡，废揭阳县并设五县：绥安（今福建省漳浦县）、海宁（今福建省龙溪县）、海阳（今潮州市、潮安、揭阳、揭西、澄海、饶平、南澳及丰顺大部）、潮阳（今潮阳、普宁、惠来）、义招（今梅县、大埔）。宋齐梁陈时建制无大变动。隋文帝开皇十一年（591）废义安郡置潮州。此后几经改易，丰顺大部地域属潮州海阳县。唐天宝初一度改潮州为潮阳郡，乾元初复潮州。宋宣和三年（1121），割海阳县部分地域置揭阳县，仍隶潮州。元世祖至元十七年（1280）改潮州为潮州路，海阳、揭阳仍属之。明太祖洪武二年（1369），改潮州路为潮州府，领海阳、揭阳等八县。

清乾隆三年（1738），置丰顺县，地域户口大部割自海阳及揭阳县。置县后隶属两广总督广东巡抚潮州府惠潮嘉兵备道。民国时丰顺县先后隶属广东省潮循道，第五、第八行政督察专员公署。

1949年10月，丰顺全县解放。县城由丰良迁汤坑镇，属兴梅专区专员公署。1953年属粤东行政公署，1956年属汕头专员公署。1958年12月奉文撤销丰顺建置并入大埔、揭阳两县。1961年1月恢复建置，属汕头地区。1965年属梅县地区，1987年后属梅州市。

【地貌】 丰顺是地处莲花山中段与凤凰山、释迦崠之间的一个山区县，平原与溪谷平地共323平方千米，占全县总面积的12%，山地为941.22平方千米，丘陵为1426平方千米（其中台地13平方千米），分别占总面积的35%和53%。山体庞大，地势高峻，海拔千米以上的山峰有57座，500～1000米的山峰有547座。北部的铜鼓嶂海拔1559.5米，为全县最高点，也是粤东第一高峰。

【气候】 丰顺县属亚热带季风气候区，县境山脉纵横、层峦叠嶂，非地带性气候明显，全县可划分为四个不同的气候区：边缘山区气候区、中部丰良气候区、韩江沿岸气候区和南部汤坑气候区。边缘山区气候区包括八乡和潭山等地，海拔多在400米以上，山高，雾露浓重，气温较低，秋凉早，偶有下雪天气。中部丰良气候区，海拔多在100~400米，气温比南部低，冬季霜冻明显，雨量偏少。韩江沿岸气候区，气温与南部差别不大，易遭洪涝灾害。南部汤坑气候区，海拔多在40米以下，北有韩山山脉横卧于建桥、丰良和北斗等镇，气候温和；南距汕头海岸线近，台风影响明显，房屋和各种农作物易遭台风破坏。县境气候分春夏秋冬，春季气温逐渐回升，夏季炎热多雨，秋季气温渐凉，冬季出现低温霜冻。2022年年平均气温22.6℃，较常年平均偏低0.5℃，极端最高气温38.8℃，极端最低气温4.6℃。年总降水量2086.3毫米，较常年偏多13.8%，年日降水量最大为107.8毫米。年日照时数为1927.3小时，与常年比较偏多73.9小时。

【行政区划】 丰顺县辖16个镇和1个国营农场，有261个行政村、20个社区和2个管理区。

【水力资源】 丰顺县河流分属韩江及榕江两大水系，河川径流主要由降水补给。降水量多，相对湿度大，蒸发量较少，地表水资源丰富。全县多年平均径流量27.36亿立方米（不包括韩江过境水量），单位面积产水量101.7万立方米，耕地亩均水量为9326立方米，人均水量为5049立方米，均大于全国、广东省及梅州市的平均水平。丰顺县水能资源较丰富，全县水能资源理论蕴藏量为20.57万千瓦，其中可开发装机容量12万千瓦，平均40千瓦每平方千米，0.2千瓦每人，均高于广东省的平均水平（分别为30.2千瓦每平方千米和0.10千瓦每人）。

丰顺县是全国地热资源丰富的县份，素有“九汤十八礤”之称，是著名的温泉之城，地热活动区遍布8个镇、24处，日动储量2.2万立方米，最高水温92℃，硅、氟、氡等元素含量符合医疗用热矿水标准，具有分布广、储量大、水温高、水质好、高端开发价值高等特点，主要用于发电、旅游服务业、养殖业、公共汤湖洗浴、家庭洗浴等方面。

【矿产资源】 丰顺县地下矿产资源品种较多，主要有磁铁矿、赤铁矿、黄铁矿、钨矿、铅锌矿、锡矿、辉钼矿、铜矿、伴生金、银、砂金、叶腊石，高岭土、陶瓷土、钾长石、石英石及稀土等矿产；有遍布全县的花岗岩，种类达20多种，其中黑色辉绿岩和翡翠红花岗岩藏量可观，是具有极大开采价值的高级建筑装饰材料。

【旅游资源】 丰顺县旅游资源丰富，有众多的温泉、瀑布、奇峰异石、文物古迹，主要旅游景点有大宝山旅游度假区、千江温泉度假区、龙鲸河漂流、龙归飞瀑、揭岭飞泉、铜鼓峰高山旅游区、黄花村乡村游、八乡山大峡谷、韩山生态旅游区及太平寺、济公殿、西岩寺、丰顺公园、坚真公园，有国家级非物质文化遗产“埔寨火龙”和省内独特的畲族风情。保留着水乳交融的潮客文化、历史悠久的宗教文化和红色激扬的老区文化特色。

【人口民族】 2022年末丰顺户籍人口72.22万人，比2021年减少5.4‰。民族主要是汉族，有少数民族畲族（总人口数百人，主要聚居在凤坪村），丰顺也是梅州地区唯一拥有原住少数民族的县。

【丰顺方言】 丰顺县境内通行客家话和潮州话两种汉语方言。东部黄金镇还有数千操福建漳州“福佬话”的居民。全县使用客家话的人约占居民总数的80%，讲潮州话和漳州“福佬话”的人约占居民总数的20%。除此之外，在东部的潭江镇还有数百名畲族同胞，操本民族语言，但他们中的绝大多数人均能操客家话、潮州话或两者都能讲。其民族语畲语，当地客家人称之为“畲佬话”。

根据彼此间的细微差异，丰顺县境内的客家方言大体可以分成几个小片：汤坑片、八乡片、丰良片和潘田片。潮州话也可分为两小片：隬隍片和汤南片。操潮州话的人主要分布在县域的东部和南部，有许多纯潮州话居民点，还有一些客潮混居的乡镇，有相当部分人能操客、潮两种方言。

【丰顺名人】 丰顺县著名人物有晚清洋务运动领袖丁日昌，民族英雄徐名鸿，华夏女杰李坚真，数学大师李国平，国民革命军中将吴逸志、少将陈勉吾等，中国人民解放军将军胡军、黄锦容、林才文，爱国侨领丁家骏、何侨生、郑明如、陈修试、罗锦碟、徐廷侨等，国内实业家有地产大王朱拉伊、朱孟依和朱庆伊兄弟，中南五省糖王冯小华、李国辉，自行车大王谭伟龙等。是泰国前总理他信、英拉的祖居地。

社会经济发展

【概况】 2022年丰顺实现地区生产总值119.29亿元，同比增长0.2%。其中第一产业增加值26.99亿元，增长4.5%；第二产业增加值42.37亿元，同比下降6.1%；第三产业增加值49.93亿元，同比增长3.2%；三次产业结构比重为22.6∶35.5∶41.9；人均地区生产总值2.48万元，与2021年持平。全年城镇新增就业2371人，城镇失业人员实现再就业1453人。年末城镇登记失业率为2.53%，与2021年持平。全年一般公共预算收入完成6.73亿元，同比下降15.0%；其中税收收入完成3.57亿元，同比下降17.5%。全年一般公共预算支出完成49.18亿元，同比下降3.4%。

【农业】 2022年，粮食作物种植面积2.29万公顷，与2021年持平；粮食总产量11.93万吨，同比下降0.1%。在主要经济作物产量中：全年花生总产量5033吨，同比增长1.0%；蔬菜总产量23.29万吨，同比增长4.6%；园林水果总产量6.83万吨，同比增长4.4%；茶叶总产量4552吨，同比增长11.4%。全年肉类总产量4.81万吨，同比增长3.4%，其中，猪肉产量1.31万吨，同比增长1.1%；禽肉产量3.35万吨，同比增长4.7%。全年水产品总产量1.09万吨，同比下降0.1%。

【工业和建筑业】 2022年，实现规模以上工业总产值92.95亿元，同比增长4.4%；全年完成规模以上工业增加值16.42亿元，同比增长9.4%。全年规模以上工业企业实现主营业务收入95.18亿元，同比增长10.8%；实现利润总额2.13亿元，同比增长47.5%。全年规模以上工业企业完成出口交货值7.09亿元，同比下降19.3%。全年实现资质以上建筑业总产值126.33亿元，同比下降15.1%；全年完成建筑业增加值23.17亿元，同比下降18.3%。

【固定资产投资】 2022年，完成固定资产投资同比下降29.5%，其中工业投资同比下降53.6%，工业投资中技改投资同比下降65.0%；房地产开发投资6.68亿元，同比下降52.1%。商品房销售面积20.94万平方米，同比下降27.3%，销售总额11.40亿元，同比下降37.5%。

【交通和邮电业】 2022年，旅客周转量2551万人千米，同比增长31.5%；货物周转量5.23亿吨千米，同比下降17.0%。全年完成邮政业务总量5985万元，同比增长4.0%。

【国内贸易】 2022年，实现社会消费品零售总额55.15亿元，同比下降1%。按经营地分，城镇实现社会消费41.84亿元，同比下降0.7%；乡村实现社会消费13.30亿元，同比下降2.1%。按消费类型分，商品零售实现49.34亿元，同比下降0.8%；餐饮收入实现5.80亿元，同比下降2.9%。

【对外经济贸易和旅游业】 2022年，外贸进出口总额1.10亿美元，同比下降23.7%。其中出口1.09亿美元，同比下降23.8%。全年实际利用外资152万美元，同比下降80.8%。全年接待游客57.81万人次，同比下降71.7%。全年旅游营业收入3.93亿元，同比下降63.1%。

【金融和保险业】 2022年末，全县各项贷款余额128.87亿元，同比增长2.1%；各项存款余额237.43亿元，同比增长5.1%，其中住户存款余额198.55亿元，同比增长11.0%。全年保费收入2.96亿元，同比增长3.9%。其中人寿险保费收入1.07亿元，同比下降12.6%；财产险保费收入1.89亿元，同比增长16.2%。全年保险赔款支出1.02亿元，同比增长8.5%，其中人寿险赔款支出1399万元，同比增长1.1%；财产险赔款支出8809万元，同比增长8.1%。

【科学技术和教育】 2022年末，全县事业单位和抽样企业各类专业技术人员7467人。其中，正高级专业技术人员19人，副高级专业技术人员1270人，中级专业技术人员2227人，初级专业技术人员3951人。全县有幼儿园118所，在园幼儿1.80万人；小学168所（完全小学77所、教学点91个），在校学生4.43万人；初中学校26所（初级中学14所、九年一贯制12所），在校学生2.25万人；高中学校7所（高级中学1所、完全中学6所），在校学生9251人；职业技术学校1所，在校学生1661人；特殊教育学校1所，在校学生30人。

【文化、卫生和体育】 2022年末，全县有文教体育服务中心16个，文化馆、图书馆、纪念馆各1个，博物馆2个，电影院3家；有广播电视台1座，播映内容丰富，节目多彩。全县年末有卫生机构330个，实有床位2204张，在职人员3133人，其中卫生技术人员2548人。7个医院，实有床位1565张，卫生技术人员1243人；基层医疗卫生机构中镇级卫生院16个，实有床位555张，卫生技术人员871人，村卫生站264个，卫生技术人员112人；专业公共卫生机构5个，床位84张，卫生技术人员248人；其他卫生机构1个，卫生技术人员0人。年末全县有面积大小不等的体育活动场所1137个。全年组织镇以上体育活动竞赛7次。

【人民生活和社会保障】 2022年，住户抽样调查结果显示，全年全体人均可支配收入2.47万元，比2021年增长4.3%，全年城镇人均可支配收入3.04万元，比2021年增长3.3%；全年农村人均可支配收入1.81万元，比2021年增长4.9%。2022年城乡居民医疗保险参合率96.2%，基本实现全覆盖。

【资源和环境】 2022年末，全县共有环境监测站1个。共有城市（县城）生活污水处理厂1座，城市（县城）生活污水处理能力达到4万吨/日，城市（县城）生活污水集中处理率达到100%。城市生活垃圾无害化处理率达到100%。全年规模以上工业综合能源消费量6.98万吨标准煤，比2021年下降13.2%。规模以上工业单位增加值能耗下降18.5%。全社会用电13.62亿千瓦时，同比下降10.2%，其中工业用电量6.41亿千瓦时，同比下降21.0%。

中共丰顺县委员会

综 述

【丰顺县委第一季度主要事项】

1月8日，丰顺县革命委员会、丰顺县苏维埃政府成立旧址揭牌仪式在丰顺县大龙华镇叶华村举行。市委副书记王庆利，市政府原市长、市关工委主任何正拔，市人大常委会原副主任、市关工委副主任陈林荣，县领导张志锋、罗达祥、梁玉辉出席活动。

1月15日，由丰顺杰出乡贤许应裘捐资30亿元建设的丰顺县坚真大湖天池项目举行开工仪式。广州凯源房地产实业有限公司、深圳凯南房地产开发有限公司董事长许应裘，许应裘挚友田伟，梅州市委常委、市委秘书长曾永祥，副市长、市文广旅局局长谢钦文，广州凯源房地产实业有限公司、深圳凯南房地产开发有限公司副总经理许桦，丰顺县委书记张志锋、县长罗达祥等参加活动。

1月16日，县委书记张志锋、县长罗达祥率队到留隍镇督导检查疫情防控和调研推进重点项目建设工作。张志锋强调要深入学习贯彻习近平总书记关于疫情防控工作的重要指示精神，严格落实疫情防控措施，始终绷紧疫情防控这根弦，全力以赴守护人民群众生命健康安全。同时，要立足发展所需、群众所盼，突出规划引领，全力推动重点项目建设，早谋划、早准备、早动手，确保按照时间节点完成建设目标任务。县委常委、办公室主任石远平，县委常委、副县长、留隍镇党委书记张晓山参加调研。

1月20日，中国共产党丰顺县第十四届委员会第二次全体会议在县会展中心召开。会议的主要任务是：坚持以习近平新时代中国特色社会主义思想为指导，深入学习贯彻党的十九届六中全会和中央经济工作会议精神，认真学习贯彻落实省委十二届十五次全会、市第八次党代会、市委八届二次全会和县第十四次党代会精神，总结2021年工作，部署2022年工作，以史为鉴、开创未来，埋头苦干、勇毅笃行，在更高起点上推动丰顺苏区高质量振兴发展，以优异成绩迎接党的二十大胜利召开。会议书面传达了省委十二届十五次全会和市委八届二次全会精神。县委常委会主持会议。县委书记张志锋代表县委常委会向全会作工作报告，县委副书记、县长罗达祥就经济工作作专题讲话。会议还书面报告了县委常委会2021年传达学习贯彻落实习近平总书记重要讲话和重要指示批示精神情况、抓党建工作情况。中国共产党丰顺县第十四届委员会第二次全体会议在圆满完成各项议程后胜利闭幕。县委书记张志锋代表县委常委会作总结讲话。会议以举手表决的方式通过《中国共产党丰顺县第十四届委员会第二次全体会议决议（草案）》。

1月21日，市委常委、政法委书记梁维到丰顺县督导检查疫情防控、安全生产、社会稳定等工作。梁维一行先后到丰顺县富丽烟花爆竹有限公司烟花爆竹仓库、千江温泉酒店、汤南镇206国道治安检查点、丰顺县社区矫正基地、丰顺火车站广场临时核酸采样点等地，检查企业安全生产、疫情防控、社会稳定等相关工作，并听取情况汇报。市检察院党组书记、检察长吴文志，县委书记张志锋，县领导梁玉辉、石远平、罗小天、李炎飞等参加督导检查。

1月24日，市委常委、副市长刘晋生到丰顺县开展春节走访慰问活动，为困难群众和困难职工送上党和政府的亲切关怀和温暖祝福。刘晋生一行首先来到广东穗丰食品有限公司，看望慰问企业困难职工郭祖纯、温为秀。座谈中，刘晋生和企业困难职工和企业负责人亲切交谈，详细询问了困难职工的身体状况和家庭生活情况；详细了解了企业生产经营、疫情防控、安全生产等情况，以及企业运营过程中遇到的困难和问题。刘晋生对企业职工为促进县域经济发展做出的贡献表示感谢，鼓励他们要树立克服困难的信心，积极乐观地面对生活。同时，勉励企业在新的一年，要抢抓机遇、做大做强，并继续做好困难职工帮扶工作，为推动丰顺经济发展再立新功。县委书记张志锋，县领导石远平、陈少洲、马扬闲等参加活动。

1月27日，丰顺县党史学习教育总结会议在县城召开，会议坚持以习近平新时代中国特色社会主义思想为指导，深入学习贯彻党的十九届六中全会精神，认真贯彻落实习近平总书记关于党史学习教育的重要论述和重要指示精神，按照中央和省、市党史学习教育总结会议要求，全面总结丰顺县党史学习教育情况，对巩固和拓展党史学习教育成果、推动党史学习教育常态化长效化进行安排部署。县委书记、县委党史学习教育领导小组组长张志锋出席会议并讲话，县委副书记、县长、县委党史学习教育领导小组副组长罗达祥主持会议，市委党史学习教育第六巡回指导组到会指导。

1月28日，县委领导班子召开党史学习教育专题民主生活会。会议坚持以习近平新时代中国特色社会主义思想为指导，深入学习贯彻党的十九届六中全会精神，大力弘扬伟大建党精神，坚持和发展党的百年奋斗历史经验，坚定历史自信，践行时代使命，厚植为民情怀，勇于担当作为，团结带领人民群众走好新的赶考之路为主题，结合工作实际，开展批评和自我批评，认真查摆问题，深入剖析根源，明确整改措施。县委书记张志锋主持会议；市委党史学习教育第六巡回指导组组长钟立强及指导组成员到会指导；县委副书记、县长罗达祥出席会议，县人大常委会主任邱翠茂、县政协主席黄建斐列席会议，县领导梁玉辉、林剑、罗小平、石远平、张晓山、廖月芝、张学鹏、钟凌玮、徐晓东、陈少洲、郑奕雄参加会议。

2月6日，市委常委、副市长刘晋生到丰顺县督导检查疫情防控工作，并看望慰问坚守岗位的一线工作人员。刘晋生先后到丰顺县疫情防控指挥部、集中隔离点、火车站广场临时核酸采样点、丰顺县中医院等地督导检查，详细了解疫情防控指挥体系建设运行、隔离场所建设、核酸检测等疫情防控工作，向节日期间坚守岗位的一线工作人员致以诚挚问候和新春祝福。县委书记张志锋，县领导石远平、曾小丽、谢定雄参加督导检查。

2月7日，县委书记张志锋、县长罗达祥率队调研疫情防控工作和工业实体经济发展情况。张志锋、罗达祥强调，各相关部门要立足新起点，进一步强化服务保障，聚焦企业开工后存在的困难和需要解决的问题，主动为企业发展和项目建设排忧解难、出谋划策，持续优化营商环境，不断激发企业创新创造活力；要拿出新状态，因地制宜做好规划，加强环境整治，完善园区相关配套设施，吸引更多优秀人才继续扎根，在各自的行业和岗位深耕细作；要谋求新发展，把心思和精力聚焦到发展上来，着力推动资源要素向高效益、高产出、高技术、高成长性企业和“打粮食”项目集聚，千方百计打基础、搭平台、育产业、强招商、优环境，不断提高科技创新能力，不断释放“吸引力”、构建“强磁场”、跑出“加速度”。

2月7日，市委副书记、市长王晖到丰顺县督导检查疫情防控工作。王晖强调，要深入学习贯彻习近平总书记关于疫情防控的重要论述和重要指示批示精神，落实好省委省政府和市委市政府的部署要求，查摆问题、补齐短板，坚决守好守牢“外防输入、内防反弹”的严密防线。要坚持党政同责、压实责任，各级党委政府和各部门主要负责同志要亲自上手、靠前指挥，确保组织领导和指挥体系高效协同、上下贯通、快速响应，各项工作都落实到位。要统筹疫情防控和经济社会发展，按照市第八次党代会的部署要求，狠抓发展第一要务，坚定不移发展实体经济，做到两手抓、两手硬。副市长陈伶俐、谢钦文、陈亮，丰顺县委书记张志锋、县长罗达祥参加活动。

2月8日，市委副书记、市长王晖到丰顺县调研实体经济发展情况。王晖强调，要突出抓好工业经济，推动资源要素向高效益、高产出、高技术、高成长性企业和项目集聚，加快发展以先进制造业为主体的实体经济。要建好园区，完善功能配套，统筹资源要素，加快引进一批龙头企业。要壮大产业，推动电声产业振兴，擦亮“中国电声之都”品牌；用好钢铁产能置换政策，实现钢铁产业产能整合、转型升级；支持装备制造业企业提升高附加值产品研发能力，延伸产业发展链条。要优化服务，用心用情用功解决好企业用工难等问题；要利用丰顺乡贤众多的优势，发动乡贤回乡投资兴业，培育引进一批税收贡献大、亩均效益高、成长性好、劳动力就业多的优质项目。副市长陈亮，丰顺县委书记张志锋、县长罗达祥参加活动。

3月3日，副市长蒋鲲率队到丰顺县调研贯彻落实全市促进实体经济高质量发展大会精神情况和重点工业项目建设工作。蒋鲲一行到梅州丰顺国际声谷小镇项目展厅，了解项目的规划建设情况。随后召开座谈会，听取丰顺县2022年第一季度、全年及“十四五”时期工业目标预测情况汇报，详细了解发展过程中遇到的困难问题，与丰顺县各相关单位讨论交流今后发展工业经济的思路和想法。县委书记张志锋，市委副秘书长刘洪洲，副县长李吉祥等参加调研。

3月9日，省财政厅党组成员、总会计师刘华伟率队来梅开展财政运行情况调研，并在丰顺县召开座谈会。调研组一行先后前往BPW（梅州）车轴有限公司、嘉元科技股份有限公司等地开展调研，随后就调研情况召开座谈会，详细听取梅州市、丰顺县、五华县财政运行有关情况。通过现场调研、听取汇报，调研组对各地全力做好财政收支、库款保障、暂付款清理、直达资金管理等工作，努力提升财政管理的科学化精细化水平，为经济社会持续健康发展提供坚强保障表示充分肯定，表示下来将对收集到的意见建议进行认真研究、及时反馈，争取最大限度在政策、资金等方面给予地方支持。市政府副秘书长黎清华，县长罗达祥，县领导林剑，以及梅州市、五华县、丰顺县相关单位负责人等陪同调研或参加座谈会。

3月21日，市委书记马正勇来到丰顺县，深入工厂车间和基层一线，就深入学习贯彻习近平总书记系列重要讲话和重要指示批示精神，认真落实市第八次党代会、市委八届二次全会精神和市“两会”工作部署，抓好实体经济和乡村振兴两大重点工作等进行调研。马正勇先后来到海珠（丰顺）产业转移工业园、广东省双十智能科技有限公司、广东万圣科技有限公司、广东新南方青蒿药业股份有限公司等地，详细了解企业生产经营、产业园区规划、增资扩产项目建设、招商引资等情况，并主持召开座谈会，听取丰顺县相关工作汇报，对丰顺县近年来的发展变化和未来的发展思路举措表示肯定。市领导曾永祥、县委书记张志锋、县长罗达祥等参加调研。

3月30日，市委常委、宣传部部长张运全到丰顺县调研宣传思想文化工作。张运全强调，要深入学习贯彻习近平总书记关于党的宣传思想工作的重要论述，坚持正确政治导向，加强党对宣传思想工作的全面领导，把党管宣传、党管意识形态、党管媒体落到实处。要切实扛起防范化解意识形态领域风险的政治责任，加强网络舆论阵地管理，守牢意识形态安全“南大门”。要建好队伍，践行“四力”，不断增强本领，努力打造一支政治过硬、本领高强、求实创新、能打胜仗的宣传思想工作队伍。县委书记张志锋，市委宣传部常务副部长梁放，县领导林剑、石远平、吴伟明，以及县相关部门负责人等陪同调研。

【丰顺县委第二季度主要事项】

4月2日，市委副书记、市长王晖到丰顺县，就深入学习贯彻党的十九届六中全会精神和习近平总书记对广东系列重要讲话、重要指示批示精神，全面落实市第八次党代会、市委八届二次全会、市“两会”和全市促进实体经济高质量发展大会部署要求，调研经济运行、招商引资和乡村振兴工作。王晖强调，一要在经济运行方面下狠功夫。二要在招商引资方面下狠功夫。三要在乡村振兴方面下狠功夫。市领导蒋鲲、县委书记张志锋、县长罗达祥等参加调研。

5月31日—6月1日，县委书记张志锋率队赴深圳开展招商引资工作，拜访深圳市喜德盛自行车股份有限公司、深圳市威富集团、深圳市兆威机电股份有限公司、深圳市朗诚科技股份有限公司等在深乡贤企业，与企业家们畅叙乡情，推介丰顺优势，协调项目加快落地，助推丰顺县实体经济高质量发展。县委副书记、政法委书记梁玉辉，副县长李吉祥，县招商和企业服务中心负责人等参加活动。

6月14日，省农业农村厅二级巡视员黄孟欣率省农村综合改革调研组一行到丰顺县调研发展新型农村集体经济专项改革试点、扶持村级集体经济试点等改革工作。调研组表示，农村集体经济是乡村振兴战略实施的重要抓手。希望丰顺县下来一要立足自身资源优势，大力发展特色蔬菜产业园建设、茶叶产业园扩容提质等，加快打造“一镇一业、一村一品”现代农业产业布局。二要抓好驻镇帮镇扶村工作，整合盘活土地资源，推进撂荒耕地复耕复种，提高土地利用效率，拓展土地增值空间，实现村级集体经济创收增收。三要加大宣传推广力度，做大做强特色农业品牌，提升农产品附加值，带动农民增收致富。县委书记张志锋、县领导谢定雄，以及市、县相关单位负责人等陪同调研。

6月15日，水利部珠江委珠科院党委书记蔡尚途率水利部工作组到丰顺县督导检查强降雨防御工作。工作组强调，要深入学习贯彻习近平总书记关于防灾减灾救灾重要论述精神，始终坚持人民至上、生命至上，全力以赴做好强降雨防御各项工作，确保人民群众生命财产安全。要提高思想认识，时刻保持高度警觉和防汛“实战”状态，毫不松懈抓好当前洪水防御工作。要强化责任落实，严明防汛纪律，继续紧盯流域雨情、水情、险情、灾情“四情”变化，加密监测预报预警，科学实施水库群联合调度，加强水库调度运行监管，确保严格执行调度指令。要深入开展度汛安全隐患排查，督促地方落实防御措施，压紧压实防汛责任。要认真落实应急度汛方案，加密巡查防守，提前做好突发情况应急处置准备工作。要加强信息报送，动态掌握流域汛情及防御工作情况，确保及时准确报送信息。县委书记张志锋、副县长谢定雄陪同督导检查。

6月15日，市人大常委会副主任刘锐清到丰顺县走访联系市人大代表、村（社区）“两委”干部。刘锐清先后前往丰顺县鸿宝实业有限公司、丰顺永顺连铸厂，与企业负责人座谈交流，并深入生产一线现场察看，详细了解企业生产经营发展状况，倾听企业诉求和需求，协调解决企业生产经营中遇到的困难和问题。县委书记张志锋、县人大常委会主任邱翠茂、县人大常委会副主任廖若旦陪同调研。

6月29日，丰顺县2022年广东扶贫济困日暨全社会助力乡村振兴活动仪式在县会展中心举行。活动深入学习贯彻习近平总书记关于扶贫和“三农”工作重要论述，认真贯彻落实党中央关于巩固脱贫成果、助力乡村振兴的决策部署和省市工作安排，广泛凝聚社会力量，进一步巩固拓展脱贫攻坚成果，接续推动乡村全面振兴。县委书记张志锋，县长罗达祥，县人大常委会主任邱翠茂，县政协主席黄建斐，广东珠江投资股份有限公司董事副总裁郑伟健，广州凯源房地产实业有限公司、深圳凯南房地产开发有限公司董事长许桦等领导嘉宾参加活动。县委副书记、政法委书记梁玉辉主持活动。

【丰顺县委第三季度主要事项】

7月1日，市委书记马正勇、市长王晖率队到丰顺县，就深入学习贯彻习近平总书记关于“疫情要防住、经济要稳住、发展要安全”的重要指示要求，贯彻落实省第十三次党代会精神，抓好重点民生项目建设等工作进行调研督导。在丰顺新区供水工程（一期工程）项目建设现场，马正勇、王晖详细了解项目建设进度，听取城乡饮用水有关工作情况汇报。马正勇、王晖强调，供水工程事关千家万户，对丰顺县经济社会高质量发展具有重要意义，希望建设运营单位抢抓工期，在保证质量和安全的前提下，全力推进项目建设，力争早日建成投产，以高质量的供水服务助力地方经济社会发展。各地要解放思想、实事求是，坚持以问题为导向，科学论证城区老旧供排水管网更新工作，抓住国家适度超前投资建设基础设施的政策机遇，加快谋划城市供排水设施更新工作，着力提升传统基础设施水平。在嘉应学院紫琳学院项目建设现场，马正勇、王晖现场察看项目建设情况，并召开座谈会研究协调解决项目建设过程中遇到的困难问题，对下一步重点工作进行再部署、再落实。马正勇、王晖强调，嘉应学院紫琳学院作为省重点项目，近年来在省委、省政府关心指导下，在梅州市、丰顺县、嘉应学院和珠江投资公司的共同努力下，项目建设粗具雏形，为下一步顺利开学奠定了良好基础。下来，希望各方激发工作内生动力，抓住工作主要矛盾，进一步吃透政策、厘清问题，加强与省直有关部门的沟通联系，以专业化态度推进问题逐项解决，努力把民生实事好事办实办好，确保紫琳学院按既定时间节点招生开学。市领导陈金銮、曾永祥、陈伶俐、陈亮，嘉应学院党委书记吴琦，县委书记张志锋，县长罗达祥等参加调研。

7月5日，全国妇女爱国主义教育基地揭牌仪式在丰顺县坚真纪念馆举行。仪式上，陈文飞宣读了全国妇联同意命名的复函。随后，罗敏、王庆利、丘晓红、张志锋共同为全国妇女爱国主义教育基地揭牌。徐晓东代表县委、县政府致辞。省妇联副主席罗敏，市委副书记王庆利出席并讲话。省妇联宣传部部长陈文飞，市委副秘书长邓冠明，市政府副秘书长、市妇儿工委副主任黄伟华，市妇联党组书记、主席、市妇儿工委副主任丘晓红，县委书记张志锋，县领导石远平、徐晓东，以及省、市、县相关单位负责人，县妇联全体干部及部分镇妇联主席等参加揭牌仪式。

7月6日，广州市海珠区委书记蔡澍一行到海珠（丰顺）产业转移工业园区综合服务中心、万洋众创城项目现场、标准厂房项目建设现场、埔寨镇采芝村等地调研并召开海珠·丰顺对口帮扶工作党政联席会议。会议听取了对口帮扶和驻镇帮镇扶村工作情况汇报。会上还举行了海珠区·丰顺县对口帮扶捐赠仪式，捐赠金额达200万元。蔡澍表示，海珠、丰顺两地合作共建九年，共同学习、密切交流、互相启发，结下了弥足珍贵的兄弟情谊。2022年是党的二十大召开之年、“十四五”关键之年，稳住农业基本盘、做好“三农”工作具有特殊重要意义，海珠要乘势而上、再接再厉，助力丰顺乡村振兴工作取得更好成绩。广州市海珠区委书记蔡澍，县委书记张志锋出席会议并讲话。海珠区委副书记、区委政法委书记、区委党校校长卢兆华，海珠区政府副区长庄承汶，县长罗达祥，县领导梁玉辉、石远平、陈少洲、谢定雄，以及海珠区、丰顺县直有关部门和海珠区对口帮扶工作队有关负责人等参加会议或有关活动。

7月7日，省政协副主席、省住房和城乡建设厅厅长张少康率队到丰顺县宣讲省第十三次党代会精神。张少康强调，要深入学习贯彻习近平总书记重要讲话重要指示批示精神，坚决落实“疫情要防住、经济要稳住、发展要安全”的要求，认真贯彻落实省第十三次党代会精神，以实际行动迎接党的二十大胜利召开。市政府副市长、秘书长、办公室主任陈亮，省建筑科学研究院党委书记、董事长陈少祥，县委书记张志锋，县长罗达祥，副县长曾小丽，以及专家团队，市、县相关单位负责人等参加活动。

7月7日，省政协副主席、省住房和城乡建设厅厅长张少康来丰调研自建房安全专项整治工作并主持召开自建房安全专项整治工作座谈会。会议详细听取相关工作情况汇报，就存在的问题提出指导意见，并深入到汤坑镇金湖路段等地，对自建房进行了现场查勘。张少康要求，丰顺县要深刻吸取湖南长沙“4·29”事故教训，以“时时放心不下”的责任感，加强组织领导，紧盯目标任务，突出工作重点，坚持长短结合，强化培训管理，加大宣传和支持力度，着力提升科技水平，积极探索长效机制，以最坚决的态度、最迅速的行动、最有力的措施，集中抓好“百日行动”和自建房安全专项整治工作，确保不落一户、不落一房，及时消除房屋安全隐患，切实保障人民群众生命财产安全。市政府副市长、秘书长、办公室主任陈亮，省建筑科学研究院党委书记、董事长陈少祥，县委书记张志锋，县长罗达祥，副县长曾小丽，以及专家团队，市、县相关单位负责人等参加活动。

7月19日，市委常委、统战部部长崔毅率队到丰顺县调研民营经济统战工作，检查宗教活动场所规范管理、疫情防控、安全生产等工作。崔毅强调，当前疫情防控形势严峻复杂，要把全力做好当前宗教领域疫情防控工作和安全管理作为全市宗教工作的重中之重，按照省委、省政府和市委、市政府和省民族宗教委的部署要求，坚决克服松懈、麻痹思想，不能有任何侥幸心理和厌战情绪，坚决筑牢全市宗教领域安全防线，以实际行动确保全市宗教领域安全稳定。县委书记张志锋，县委常委、统战部部长廖月芝等陪同调研。

7月21日，省水利厅党组书记、厅长王立新一行到丰顺县调研教堂水库、水系连通及水美乡村试点县建设工作。调研组一行先后前往丰良镇、
隍镇等地，现场调研教堂水库、军塘湖生态公园、潘田河（
隍镇段）水系综合整治工程棋盘公园节点、凤凰溪古河道综合整治工程等项目工作情况，听取教堂水库、丰顺县水系连通及水美乡村试点县建设等相关工作汇报。王立新指出，教堂水库是《广东省水利发展“十四五”规划》中群众呼声高、意愿强，能解决当地丰良镇几万人饮水安全的重点民生工程，应高度重视，紧抓时间节点落实到位，加快开工建设。市委副书记王庆利陪同调研。市水务局局长陈海燕，县委书记张志锋，县长罗达祥，县领导石远平、谢定雄、彭水利，以及市县相关单位负责人参加相关活动。

7月21日，市人大常委会党组副书记、副主任余其豹，市人大常委会副主任刘锐清率领调研组到丰顺县开展河道采砂管理立法调研。调研组先后前往韩江干流河道试点船舶停泊区、韩江东山水利枢纽工程等地进行实地察看，并召开座谈会，听取市县相关部门关于河道采砂相关情况汇报以及对立法工作的意见建议。余其豹强调，要提高立法认识，深入贯彻落实习近平法治思想和习近平总书记关于立法工作、地方立法工作的重要指示要求，切实提高对河道采砂管理必要性和重要性的认识，加强沟通，密切配合，认真抓好立法各项工作任务落实；要突出问题导向，紧扣当前河道采砂管理和水环境保护工作中面临的突出问题，致力以法规条文构建协调顺畅的监管机制，努力以良法促善治；要坚持开门立法，把全过程人民民主贯穿立法工作全过程，充分发挥人大代表联络站、基层立法联系点等平台载体作用，广泛收集各方面意见建议，力促所制定的法规接地气、有特色、真管用，切实为梅州红色苏区绿色发展提供法治保障。县委书记张志锋、县人大常委会主任邱翠茂参加调研活动。

7月22日，粤东重点供水工程集中通水仪式分别在潮州主会场和梅州、揭阳分会场举行，仪式采取“云”端视频连线、同步异地的方式进行。丰顺县新区供水工程是广东省重点工程，工程总投资6.74亿元，日产14.26万吨。工程分两期实施，当前一期工程投资额为4.97亿元。自2020年6月开工以来，丰顺粤海水务有限公司及中建三局集团有限公司、长江岩土工程总公司（武汉）、广东省水利电力勘测设计研究院有限公司等参建各方攻坚克难，比原计划提前2个月完成通水。该供水工程受水区覆盖汤坑、汤西、汤南、埔寨、北斗和埔寨农场6个镇（场），将是丰顺县32.5万人口的长期稳定、安全可靠的供水系统，满足新区快速建设、扩能增效发展需求。副省长孙志洋在主会场宣布工程正式通水。梅州丰顺分会场举行了丰顺县新区供水工程通水仪式。副市长陈亮，市水务局局长陈海燕，县委书记张志锋，县长罗达祥，粤海水务代表黄建平等出席梅州丰顺分会场活动。

7月22日，嘉应学院党委副书记罗任权率调研组一行到丰顺县开展红色资源与振兴发展专题调研。调研组一行先后深入到丰顺县坚真纪念馆、海珠（丰顺）产业园区综合服务中心、广东省双十智能科技有限公司、黄金镇李坚真故居、大龙华镇叶华村宝田庐、龙岗镇马图村等地，详细了解丰顺县在挖掘和用好红色资源，做大做强产业集群，推进苏区振兴发展以及对接融入粤港澳大湾区振兴发展先行区等方面情况。调研组指出，近年来丰顺县在大力推进红色资源保护与开发利用，打造红色阵地、擦亮红色名片、发挥红色效应等方面取得了显著的成效。希望丰顺县要继续认真贯彻落实中央关于推动老区苏区振兴发展的决策部署以及省委、市委工作要求，坚持以党建为引领，大力弘扬苏区精神，在红色土地上实现绿色经济崛起，不断提升革命老区红色文化影响力和知名度。县委书记张志锋，县委常委、宣传部部长古孟青，以及县直相关单位负责人等陪同调研。

8月1日，省供销社党组书记、理事会主任叶梅芬来丰调研深化供销合作社综合改革和重点项目建设等工作。叶梅芬一行先后前往广东供销农产品直供配送丰顺服务中心、丰顺县供销社助农服务综合平台、新供销天润放

心粮油省县共建示范点、广东供销（丰顺）天业冷链物流骨干网建设项目现场等地，实地察看项目建设推进情况，并听取丰顺县深化供销合作社综合改革和冷链物流项目建设情况介绍。市供销社党组书记、理事会主任丘孝东，县委书记张志锋，县委常委、副县长、留隍镇党委书记张晓山陪同调研。

8月4日，省老促会会长陈开枝率调研组到丰顺县调研乡村振兴和红色文化传承工作。调研组一行先后来到八乡山大峡谷、八乡山镇滩良村、汤南镇种王上围、坚真纪念馆等地，调研并听取丰顺县乡村振兴和传承红色文化工作情况，对振兴发展过程中遇到的困难问题，提出相关意见建议。陈开枝充分肯定了丰顺县在老区苏区乡村振兴发展方面所做的努力和取得的成效。同时，希望丰顺县要进一步学深悟透有关政策文件精神，主动作为、努力对接，用足用好用活各项扶持政策，争取更多的资金和政策支持。要进一步扩大宣传，弘扬老区精神，做好革命遗址的保护、开发和利用，深入挖掘红色故事，传承红色基因，激励老区人民凝心聚力推动振兴发展。县委书记张志锋，县长罗达祥，县委常委、组织部部长徐晓东，以及市、县相关部门负责人等陪同调研。

8月5日，市人大常委会副主任张达宏到丰顺县开展镇村规划建设情况和垃圾填埋场整治情况调研。张达宏一行先后到丰良镇三山村、丰良圩镇、留隍镇砂汤村和丰顺县生活垃圾填埋场等地进行实地察看，听取丰顺县美丽乡村规划、宜居示范圩镇建设，以及生活垃圾填埋场地下水超标原因、整治等情况介绍，并就相关问题与相关单位、市人大代表进行座谈交流。县委书记张志锋，县领导谢仕华、李吉祥陪同调研或参加座谈会。

8月17日，市委常委、政法委书记梁维到丰顺县，调研督导平安建设、重点项目建设、挂点企业生产经营、疫情防控等工作。在汤南镇，梁维一行调研政法综治、疫情防控“三人小组”机制建设、市域社会治理、基层综治中心规范化建设、森林资源保护等工作，并在东方村开展人大代表联络站履职活动。在丰顺县坚真文体中心项目、紫琳大道和学院路项目、广东华于科技股份有限公司、广东省双十智能科技有限公司、海珠（丰顺）产业园标准化厂房项目等地，梁维一行深入了解项目建设进展、企业生产经营等情况。市委政法委常务副书记李庆明，县委书记张志锋，县领导梁玉辉、石远平、吴伟明、罗小天、罗炳元等参加活动。

8月23日，丰顺县举行景田（丰顺）饮用水生产基地项目签约仪式，该项目计划总投资8亿元，将打造成为粤东地区最大规模的天然饮用水生产基地。张志锋、罗达祥表示，水是生命之源、发展之本。当前，丰顺县坚持“面上保护、点上开发”理念，积极探索“绿水青山就是金山银山”的有效路径，依托得天独厚的水资源优势，水产业集群蓄势崛起，发展势头好、潜力巨大。希望政企双方不断加强沟通合作，同频共振、携手同行，共同努力做大做强水产业，实现互惠共赢。各级各部门要狠抓发展第一要务，以此次签约仪式为新起点，全力做好服务保障，着力解决项目推进中遇到的困难和问题，推动项目尽快落地建设，吸引带动更多优质企业落户、深耕，助推丰顺经济高质量发展。县委书记张志锋，县长罗达祥，广州市广露饮用水有限公司董事长、丰顺县润景饮用水有限公司法人代表陈俊超，丰顺县千江集团总经理黄振标等出席签约仪式。

8月29日，丰顺立讯智造年产值30亿元项目建成投产活动在海珠（丰顺）产业园举行。丰顺立讯智造项目于2022年8月16日正式签约落户海珠（丰顺）产业园自建标准化厂房，计划投入3栋共计11.76万平方米厂房，主要生产和销售电线、电缆、连接线、连接器、电脑周边设备、塑胶五金制品、智能穿戴、智能附件、智能家居、智能电子设备、智能机器人、通信类产品等。项目共分两期建设，投产的为一期项目，主要生产汽车线束、汽车摄像模组、消费电子等。预计2022年可实现产值8亿元，达产后预计可实现年产值30亿元、年税收1亿元以上，并提供就业岗位2500个。二期正有序加快推进，将分别于2022年底和2023年底各启用1栋3.92万平方米厂房。两期项目全面达产后，预计可实现年产值50亿元、年税收1.5亿元以上，提供就业岗位5000个以上。仪式结束后，与会领导嘉宾还参观了丰顺立讯智造年产值30亿元项目生产车间。市委书记马正勇，市委副书记、市长王晖，市政协主席戚优华，市领导陈金銮、曾永祥、余其豹、蒋鲲，立讯精密工业股份有限公司副董事长王来胜，立讯精密工业股份有限公司董秘办特别助理余壮恩，县委书记张志锋等出席活动。县长罗达祥主持仪式。

9月16日，省水利厅党组成员、副厅长陈仁著率调研组到丰顺县调研教堂水库及水美乡村试点建设工作。陈仁著一行先后前往388隍镇多个项目建设点，现场调研水美乡村项目建设情况，随后在丰良镇政府召开座谈会，听取教堂水库、水系连通、水美乡村试点县建设等相关工作情况汇报。陈仁著强调，教堂水库作为《广东省水利发展“十四五”规划》中群众呼声高、意愿强，能解决当地几万群众饮水安全的重点民生工程，各级各部门应高度重视，丰顺县要成立县领导牵头工作专班，紧抓时间节点落实到位，在确保安全的前提下，加快开工建设。设计单位要把初步设计方案做实做优做细，确保这项重点民生工程早日动工建设，早日惠及百姓。市水务局局长陈海燕，县委书记张志锋，副县长谢定雄，县政协副主席、丰良镇党委书记彭水利陪同调研或参加座谈会。

9月21日，市委常委、副市长赵东率队到丰顺县调研文广旅体相关工作。赵东一行先后到丰顺体育公园、坚真纪念馆、丰顺县坚真文体中心、大宝山温泉度假区、龙归寨瀑布景区等地调研，通过实地走访、听取汇报等方式，详细了解丰顺县公共文化服务能力提升、全民健身服务体系建设及全域旅游发展等工作情况。县委书记张志锋，县领导古孟青以及市、县相关单位负责人等参加调研。

9月22日，市民政局党组书记、局长王健率队到丰顺县调研检查失能、半失能人员集中供养等工作情况。王健一行先后前往丰顺县顺康养老院、丰顺县社会福利中心等机构进行实地调研检查，详细了解丰顺县失能、半失能人员集中供养等工作情况。随后召开座谈会，听取丰顺县基层社区治理相关情况汇报。市民政局副局长曾宪鑫，县委书记张志锋，县民政局主要负责人等参加调研。

9月26日，市委副书记、市长王晖到丰顺县，就深入学习贯彻习近平总书记对广东系列重要讲话和重要指示精神，全面落实“疫情要防住、经济要稳住、发展要安全”重要要求，贯彻落实省第十三次党代会、省委省政府主要领导到梅州调研讲话要求和市委、市政府工作部署，围绕招商引资、土地管理和统计纳统等工作开展调研。王晖认真听取了丰顺县工作情况汇报，对丰顺县委、县政府团结带领全县干部群众认真落实省、市工作部署，积极克服困难，实现经济社会保持平稳向上发展态势给予充分肯定。王晖表示，2022年只剩下3个多月的时间，要完成全年既定的目标任务，时间紧、任务重。丰顺县要更加重视稳增长工作，强化项目谋划，注重长效机制建立，加快工作节奏，尽最大努力把疫情造成的损失夺回来，争取第四季度有更好表现，为实现全年目标任务和2023年经济增长打下良好的基础。市政府副市长、秘书长陈亮，市政府副秘书长张德汪，市自然资源局局长郭惠华，市商务局局长李敏，市统计局局长姚志华；县委书记张志锋，县领导林剑、石远平、李吉祥等参加调研座谈。

【丰顺县委第四季度主要事项】

10月11日，市委常委、政法委书记梁维到丰顺县就政法综治、社会治理等相关工作进行调研督导。梁维一行前往县公安局调研督导，并看望一线工作人员。随后，召开座谈会，听取丰顺县相关工作情况介绍。梁维强调，丰顺县要深入学习贯彻习近平总书记重要指示精神，贯彻省委省政府、市委市政府部署要求，坚决扛起防风险、保安全、护稳定的政治责任，以“时时放心不下”的责任感，全力以赴做好政法综治、社会治理各项工作。要强化风险隐患排查，有力有效推进安全隐患动态清零。要强化社会面治安巡防管控，保持对涉黑涉恶等突出违法犯罪打击高压态势，不断增强群众安全感、满意度。要完善突发事件应急预案，强化资源力量预置，不断提升应急处突能力。要压实责任，确保各项工作落实到位，以实际行动迎接党的二十大胜利召开。市委政法委常务副书记李庆明，县委书记张志锋，县委副书记、政法委书记梁玉辉，县法院院长邹宇平，县检察院检察长李炎飞等参加相关活动。

10月11日，省农业农村厅党组副书记、省委农办常务副主任、省乡村振兴局常务副局长黎明率队到丰顺县调研督导防止返贫监测和帮扶工作。黎明一行先后来到留隍镇葛布村、广东代米生物科技有限公司、丰良镇西厢村等地，通过入户走访、实地考察、座谈交流、听取汇报等方式，详细了解丰顺县防止返贫监测和帮扶工作、脱贫劳动力稳岗就业、脱贫人口兜底保障工作进展等情况，并对下来工作提出了具体意见。市政府副秘书长梁志坚，市农业农村局、市乡村振兴局局长罗伟纯，县委书记张志锋，县领导石远平、张晓山、谢定雄、彭水利，以及市、县相关单位负责人等陪同调研督导。

10月12日，市委副秘书长隋斌率队到丰顺县调研档案工作。调研组一行先后深入县坚真文体中心、县档案馆等地进行实地调研，随后召开座谈会，详细了解档案馆新馆建设进展及丰顺县档案工作情况，对丰顺县档案业务工作给予充分肯定。县委书记张志锋，县委常委、办公室主任石远平，市、县档案馆相关负责人等参加调研。

10月20日，省住房城乡建设厅副厅长杨清淦率调研组到丰顺县调研。调研组先后前往汤坑镇、汤西镇、汤南镇、埔寨镇、留隍镇，就建筑工地安全生产、疫情防控、经营性自建房排查整治，液化气灌装站安全管理，城镇老旧小区改造、历史文化街区保护利用、乡村振兴和驻镇帮镇扶村工作等情况进行现场调研督导。县委书记张志锋，县领导张晓山、曾小丽，以及市、县相关单位负责人等参加相关活动。

12月16日，共青团丰顺县第十九次代表大会开幕。这是丰顺县共青团的一次盛会，也是全县团员青年政治生活中的一件大事。肩负着全县团员青年的重托，来自各条战线的152名团代表参加了该次盛会。县委书记张志锋出席开幕式并讲话，寄语全县各级共青团组织团结带领广大青年，更加紧密地团结在以习近平同志为核心的党中央周围，不忘初心、牢记使命，锐意进取、砥砺奋进，为推动丰顺苏区高质量振兴发展汇聚磅礴的青春力量、作出新的更大贡献！团市委书记廖琼慧到会指导。县人大常委会主任邱翠茂，县领导徐晓东、谢定雄、陈美琼以及县总工会、县妇联、县工商联、县科协、县文联、县侨联、县残联主要负责同志等参加开幕式。

12月16日，丰顺县档案馆新馆建成启用揭牌仪式举行，标志着丰顺档案事业迈上新台阶。县委书记张志锋、市委副秘书长隋斌共同为“丰顺县档案馆”揭牌。揭牌仪式结束后，参加活动的领导还到新馆参观，详细了解新馆功能布局、馆藏档案、信息化管理综合系统等情况。县委常委、办公室主任石远平主持揭牌仪式。市档案馆馆长巫万忠，县领导吴伟明、曾小丽参加活动。

【丰顺县委主要会议】 2022年丰顺县委主要会议列表如下。

2022年丰顺县委主要会议一览表

表1

召开时间	会议内容
1月9日	丰顺县新冠肺炎防控领导小组（指挥部）会议
1月15日	丰顺县疫情防控指挥部工作会议
1月16日	县委常委会会议
1月17日	丰顺县新冠肺炎疫情防控指挥部（扩大）工作会议
1月20日	中国共产党丰顺县第十四届委员会第二次全体会议开幕
1月20日	中国共产党丰顺县第十四届委员会第二次全体会议闭幕
1月20日	县领导班子和领导干部2021年度考核测评暨干部选拔任用工作“一报告两评议”会议
1月20日	丰顺县干部任职集体谈话暨廉政谈话会议
1月24日	丰顺县新冠肺炎疫情防控指挥部工作会议
1月26日	县委常委会会议

续表1

召开时间	会议内容
1月26日	县委理论学习中心组集体学习会暨党史学习教育专题民主生活会会前学习研讨会
1月27日	2022年老干部迎春茶话会
1月27日	丰顺县党史学习教育总结会议
1月28日	县委领导班子召开党史学习教育专题民主生活会
2月1日	丰顺县新冠肺炎疫情防控指挥部工作会议
2月3日	丰顺县新冠肺炎疫情防控工作会议
2月9日	县委常委会（扩大）会议
2月9日	县新冠肺炎防控工作领导小组（指挥部）会议
2月15日	中国共产党丰顺县第十四届纪律检查委员会第二次全体会议召开
2月17日	中国人民政治协商会议第十一届丰顺县委员会第二次会议开幕
2月18日	丰顺县第十六届人民代表大会第二次会议开幕
2月18日	中国人民政治协商会议第十一届丰顺县委员会第二次会议闭幕
2月19日	丰顺县第十六届人民代表大会第二次会议闭幕
2月22日	丰顺县干部廉政谈话会议
2月23日	县委理论学习中心组2022年第二次学习会暨专题民主生活会前学习研讨会议
2月23日	县委常委会（扩大）会议
2月25日	县党政领导班子联席会议
2月26日	开展县委领导班子以案为鉴以案促改专题民主生活会集中阅看警示教育材料
2月27日	县委领导班子以案为鉴以案促改专题民主生活会
3月2日	县委常委会会议
3月2日	县新冠肺炎防控工作领导小组（指挥部）工作会议
3月3日	全县促进实体经济高质量发展大会
3月7日	丰顺县纪念“三八”国际妇女节112周年座谈会
3月10日	全县重点项目建设暨乡村振兴工作推进会
3月10日	丰顺县召开贯彻落实省、市疫情防控工作电视电话会议精神
3月14日	丰顺县召开疫情防控工作会议，同时套开县新冠肺炎防控领导小组（指挥部）会议
3月17日	县新冠肺炎疫情防控工作会议
3月17日	县委常委会会议
3月19日	县新冠肺炎疫情防控工作会议
3月31日	县委常委会会议
3月31日	县新冠肺炎防控领导小组（指挥部）会议
3月31日	丰顺县深入打好污染防治攻坚战推进会
4月7日	丰顺县债券资金支出工作推进会
4月15日	县委常委会（扩大）会议
4月15日	县委统一战线工作领导小组会议
4月19日	县重点项目规划设计评审会议

续表1

召开时间	会议内容
4月20日	县委人大工作会议
4月26日	2022年全县一季度经济形势分析暨重点项目促投资工作会议
4月28日	县委常委会（扩大）会议
4月28日	县新冠肺炎防控领导小组（指挥部）会议
4月28日	县委理论学习中心组举行2022年第四次学习会
4月28日	全县党管武装工作会议
4月28日	丰顺县疫情防控和安全生产工作会议
5月7日	丰顺县自建房安全专项整治工作会议
5月9日	县委常委会（扩大）会议
5月10日	全县强降雨防范工作视频调度会议
5月12日	全县强降雨防范工作会议
5月13日	全县乡村振兴暨农村人居环境整治工作推进会
5月16日	县委常委会（扩大）会议
5月26日	县委书记专题会议
5月30日	县委常委会（扩大）会议
5月30日	县新冠肺炎防控领导小组（指挥部）会议
5月30日	县委党的建设工作领导小组会议
5月30日	县委全面深化改革委员会第七次会议
6月2日	全县干部大会
6月15日	全县防御强降雨工作会议
6月15日	县委常委会扩大会议
6月16日	全县防汛救灾工作会议
6月22日	丰顺公园建设工作会议
6月23日	嘉应学院紫琳学院项目建设推进会
6月24日	县委常委会（扩大）会议
6月24日	县委理论学习中心组举行2022年第五次学习会
6月24日	县委、县政府专题工作会议
6月29日	丰顺县2022年广东扶贫济困日暨全社会助力乡村振兴活动仪式
7月5日	全国妇女爱国主义教育基地揭牌仪式
7月6日	海珠·丰顺对口帮扶工作党政联席会议
7月8日	县委常委会（扩大）会议
7月8日	县新冠肺炎防控领导小组（指挥部）会议
7月19日	丰顺县学习贯彻省第十三次党代会精神宣讲报告会
7月22日	丰顺县新区供水工程通水仪式
7月22日	县委常委会（扩大）会议
7月22日	县新冠肺炎疫情防控领导小组（指挥部）会议

续表1

召开时间	会议内容
7月26日	2022年全县上半年经济形势分析暨重点项目建设推进会
7月26日	2022年县委农村工作会议暨全县实施乡村振兴战略工作推进会
7月28日	县委审计委员会第五次会议
8月9日	县委常委会（扩大）会议
8月9日	县新冠肺炎疫情防控领导小组（指挥部）会议
8月9日	疫情防控和三防工作会议
8月18日	县委常委会（扩大）会议
8月18日	县新冠肺炎疫情防控领导小组（指挥部）会议
8月18日	县委理论学习中心组召开2022年第七次集体学习会
8月21日	全县疫情防控工作会议
8月22日	全县三防工作会议
8月23日	丰顺县举行景田（丰顺）饮用水生产基地项目签约仪式
8月26日	县委常委会（扩大）会议
8月29日	丰顺立讯智造年产值30亿元项目建成投产活动
9月1日	全县疫情防控工作会议
9月2日	县委理论学习中心组2022年第八次学习会
9月6日	丰顺县召开贯彻落实全省、全市疫情防控和安全生产会议
9月16日	县委常委会（扩大）会议
9月16日	县新冠肺炎疫情防控领导小组（指挥部）会议
9月16日	县委全面依法治县委员会第五次会议
9月20日	丰顺县疫情防控和安全稳定工作会议
9月20日	全县土地工作会议
9月21日	县委常委会（扩大）会议
9月21日	县委理论学习中心组2022年第九次学习会
9月28日	全县疫情防控和安全稳定工作会议
9月28日	县委基层治理领导小组会议
9月29日	县委常委会扩大会议
9月29日	县委理论学习中心组举行2022年第十次学习会
9月29日	县新冠肺炎防控领导小组（指挥部）会议
10月5日	全县疫情防控和安全稳定工作会议
10月7日	丰顺县森林防灭火指挥部工作会议
10月8日	丰顺县坚真文体中心工程建设推进会
10月14日	县委常委会（扩大）会议
10月14日	县新冠肺炎疫情防控领导小组（指挥部）会议
10月14日	丰顺县全面推行林长制工作会议
10月17日	丰顺县召开工人文化宫和园区配套服务中心项目规划评审会

续表1

召开时间	会议内容
10月20日	丰顺县召开235国道综合提升工程和汤坑镇乡村振兴示范带项目建设推进会
10月24日	全县疫情防控工作会议
11月10日	县委常委会（扩大）会议
11月11日	丰顺县召开贯彻落实全国新冠肺炎疫情防控工作电视电话会议精神
11月12日	丰顺县传达贯彻党的二十大精神大会
11月14日	全县疫情防控工作会议
11月23日	全县经济形势分析会暨重点项目攻坚推进会
11月24日	县委常委会（扩大）会议
11月24日	县新冠肺炎防控领导小组（指挥部）会议
11月24日	县委理论学习中心组举行2022年第十一次学习会
12月5日	县新冠肺炎疫情防控工作领导小组（指挥部）会议
12月9日	县委常委会（扩大）会议
12月15日	县委常委会（扩大）会议
12月15日	县新冠肺炎疫情防控领导小组（指挥部）会议
12月15日	丰顺县全面推行河长制工作领导小组会议
12月16日	共青团丰顺县第十九次代表大会
12月16日	丰顺县档案馆新馆建成启用揭牌仪式
12月21日	县委常委会（扩大）会议
12月21日	县委全面深化改革委员会第八次会议
12月23日	丰顺县举办学习贯彻党的二十大精神市委宣讲团宣讲报告会暨丰顺县科级领导干部学习贯彻党的二十大精神专题研讨班开班式

2022年度丰顺县委、县委办主要文件目录一览表

表2

（一）2022年度丰顺县委（丰发）发布文件目录	
丰发〔2022〕2号	中共丰顺县委　丰顺县人民政府关于县党政领导分工的通知
丰发〔2022〕3号	中共丰顺县委关于认真学习贯彻党的二十大精神的通知
（二）2022年度丰顺县委（丰委）发布文件目录	
丰委〔2022〕1号	中共丰顺县委关于邀请市有关领导同志出席丰顺县革命委员会、丰顺县苏维埃政府成立旧址揭牌活动的请示
丰委〔2022〕2号	中共丰顺县委　丰顺县人民政府　关于邀请市有关领导同志出席梅州市丰顺县坚真大湖天池项目开工仪式的请示
丰委〔2022〕4号	关于王象山同志任职的通知
丰委〔2022〕5号	关于同意召开丰顺县第十六届人民代表大会第二次会议的批复
丰委〔2022〕6号	中共丰顺县委　丰顺县人民政府关于丰顺县2021年全面推行河长制工作情况的报告
丰委〔2022〕7号	关于同意召开政协第十一届丰顺县委员会第二次会议的批复
丰委〔2022〕10号	丰顺县委十四届二次全会召开情况报告
丰委〔2022〕11号	中共丰顺县委2021年工作情况报告
丰委〔2022〕12号	中共丰顺县委2021年党建工作情况报告
丰委〔2022〕13号	关于呈报《中共丰顺县委以案为鉴以案促改专题民主生活会工作方案》的请示

续表2

丰委〔2022〕14号	中共丰顺县委领导班子党史学习教育专题民主生活会综合报告
丰委〔2022〕15号	关于成立中共丰顺县第十六届人民代表大会第二次会议临时委员会和下设八个临时党支部的通知
丰委〔2022〕16号	丰顺县2021年法治政府建设年度报告
丰委〔2022〕17号	中共丰顺县委领导班子以案为鉴以案促改专题民主生活会召开情况综合报告
丰委〔2022〕18号	关于钟凌玮免职的通知
丰委〔2022〕19号	关于邱翠茂同志任职的通知
丰委〔2022〕20号	关于曾命城、郭春山同志任职的通知
丰委〔2022〕22号	关于给予徐奕禄开除党籍开除公职处分的请示
丰委〔2022〕23号	关于古孟青同志任职的通知
丰委〔2022〕24号	中共丰顺县委关于终止徐奕禄第十四届县委委员职务的报告
丰委〔2022〕25号	关于同意给予罗伟根开除党籍开除公职处分的批复
丰委〔2022〕26号	中共丰顺县委　丰顺县人民政府关于丰顺县顺鹏石业公司违法占用林地案件查处整改工作情况的报告
丰委〔2022〕27号	中共丰顺县委　丰顺县人民政府关于2022年上半年实施乡村振兴战略情况的报告
丰委〔2022〕30号	中共丰顺县委　丰顺县人民政府关于邀请市领导出席丰顺立讯智造年产值30亿元项目投产活动的请示
丰委〔2022〕31号	关于同意召开共青团丰顺县第十九次代表大会的批复
丰委〔2022〕32号	关于丰顺县“9·4”本土疫情处置情况的报告
丰委〔2022〕33号	关于陈诺文同志免职退休的通知
丰委〔2022〕35号	关于同意召开丰顺县残疾人联合会第八次代表大会的批复
丰委〔2022〕36号	中共丰顺县委　丰顺县人民政府关于丰顺县2022年食品安全工作的情况报告
丰委〔2022〕37号	丰顺县2022年法治政府建设年度报告
（三）2022年度丰顺县委办公室（丰委办）发布文件目录	
丰委办〔2022〕1号	关于调整中共丰顺县委机构编制委员会组成人员的通知
丰委办〔2022〕2号	关于调整丰顺公园建设委员会成员的通知
丰委办〔2022〕3号	关于印发《丰顺公园建设捐赠管理暂行办法》的通知
丰委办〔2022〕4号	中共丰顺县委办公室　丰顺县人民政府办公室关于印发《“十四五”丰顺县档案事业发展规划》的通知
丰委办〔2022〕5号	中共丰顺县委办公室关于印发《学习宣传贯彻党的二十大精神总体工作方案》的通知

组织工作

【概况】　2022年，全县组织系统贯彻落实新时代党的建设总要求和新时代党的组织路线，贯彻落实全国、全省、全市组织部部长会议和老干部局长会议精神，聚焦主责主业、服务中心大局，守正创新、扎实作为，为丰顺苏区加快振兴提供坚强组织保证。

【学习教育】　2022年，丰顺县把学习贯彻党的二十大精神作为首要政治任务，制订深入开展党的二十大精神专题学习培训实施方案，发挥好县镇党校主阵地作用，统筹谋划全县科级干部全员集中培训，全覆盖抓实全县各级党组织和党员干部教育培训，教育引导全县各级党组织和广大党员干部忠诚拥护“两个确立”、坚决做到“两个维护”，切实把思想和行动统一到党中央的决策部署上来。坚持把学习贯彻习近平新时代中国特色社会主义思想作为头等大事，立足丰顺经济社会发展需要，突出政治引领和需求导向，制订2022年干部教育培训工作实施方案，面向全县党员干部开展多形式、分层次、全覆盖的大学习、大培训，选派49名科级以上干部参加上级调训，举办选调生综合能力提升、“两新”党组织书记、村（社区）党组织书记和驻村第一书记推进乡村振兴等专题班12期、参训3068人，积极推进新时代基层干部主题培训行动计划落地落实。

【基层党建工作】 2022年，丰顺县实施基层党建三年行动计划，开展抓党建促乡村振兴示范县创建。狠抓党支部标准化、规范化建设，深化模范机关创建，提升“两新”组织“两个覆盖”（组织覆盖、工作覆盖），围绕农村、社区、机关、两新、卫生、教育等领域打造一批党建示范点，推动乡镇“五小”（小食堂、小厕所、小澡堂、小图书室、小文体活动室）场所和周转房建设，推动汤坑镇11个社区“大党委”有力有效运作。整顿7个软弱涣散的村党组织，完成农村发展党员违规违纪问题排查整顿。实施“头雁工程”，对全县261名村党组织书记精准画像，及时调整充实村级后备干部1181人，组织村（社区）“两委”干部558人报读大专中专学历提升班，有序推进村“两委”交叉任职。实施“党员先锋工程”，优化完善基层党组织“平急转换”机制，组建415支基层党组织党员突击队和524支党群志愿服务队，让党旗在疫情处置、乡村振兴、防汛救灾等基层一线高高飘扬。开设线上线下擂台，完成16期《书记抓党建促振兴》访谈栏目摄制刊播，倒逼乡镇党委书记亮承诺亮行动。选派第一书记和驻镇帮镇扶村干部，推动“农光互补”光伏产业，助推211个村的集体经济收入达到10万元以上。建强“网格党员+综治网格员+文明实践员+驻村（社区）干部+各类志愿者等”全科网格综合服务团队，全县设综合网格569个，推动各类事项及时发现、就地解决，基层治理效能进一步提升。

【队伍建设】 2022年，丰顺县委组织部坚持新时代好干部标准，坚持以实绩论英雄，聚焦县委、县政府中心工作，落实干部“全科网格”责任管理，注重在重大任务、重大斗争一线发现、培养、选拔干部，树立鲜明选人用人导向。持续选优配强乡镇和县直单位领导班子，统筹做好优秀年轻干部、女干部、党外干部培养选拔工作，稳步推进干部交流轮岗和职级晋升。强化干部日常监督管理，全面推进在全县干部中深入开展谈心谈话活动工作，扎实推进违规兼职取酬问题专项整治和在企业兼职问题专项清理工作，对十四届县委第一、二轮巡察单位开展选人用人工作专项检查。加强干部人事档案管理，妥善解决干部档案遗留问题。配合上级开展“人民满意的公务员”“人民满意的公务员集体”推荐工作，扎实开展公务员平时考核、年度考核、绩效考核、奖励、分类管理等工作，招录公务员75名（含选调生10名）。

【人才工作】 2022年，县级和16个镇级乡村振兴人才驿站全面建成，投资2亿元的人才公寓动工建设。引进急需紧缺人才5名（含博士1名），新增技能人才260人，专技人才新晋职称851人。落实大学生志愿服务山区计划、“三支一扶”（支农、支教、支医、扶贫）招募等项目，招聘教育人才87人、卫生人才112人、社工194人，招募大学生志愿者43人、“三支一扶”人员26人。推动“三项工程”（“粤菜师傅”“广东技工”“南粤家政”）落地见效，培训“粤菜师傅”228人、“广东技工”105人、“南粤家政”540人。组织技能人才参加梅州市南粤家政技能大赛，荣获优秀团体第一名。落实引进人才津补贴、奖励政策，发放2021年人才津补贴45人次41万元，2022年63人次116.5万元的人才津补贴也在审核落实中。

【老干部工作】 2022年，丰顺县贯彻《关于加强新时代离退休干部党的建设工作的意见》。聚焦精准服务，建立离休干部“一人一策”台账。做好医疗保健工作，组织老干部健康检查，完善老干部“凭卡就医”制度。2022年，上门看望慰问老干部505人次、慰问因病住院老干部85人次。开展县离退休干部特殊困难帮扶，发放补助资金6万多元。抓好县老年人活动中心阵地建设，老干部（老年）大学办12个教学班、招收学员384人。组织老干部参加“建言二十大”“我看中国特色社会主义新时代”专题调研访谈，开展歌舞、书画展、座谈会等“喜迎二十大”系列活动，引导老干部在青少年教育、农村青年创业等方面发挥作用。

（何夏生 丁伟倡）

党的建设

【概况】 2022年，丰顺县党的建设工作以习近平新时代中国特色社会主义思想为指导，学习贯彻党的二十大精神，全面贯彻新时代党的建设总要求和新时代党的组织路线，落实党中央决策部署和省委、市委工作要求，以党的政治建设为统领，推进全面从严治党，推进新时代党的建设新的伟大工程，把全县各级党组织锻造得更加坚强有力，全县党建工作取得新成效。2022年底，丰顺县有基层党组织765个（其中党委38个，党总支部34个，党支部693个），党员总数22940名。

【党的政治建设】 2022年，丰顺县严格执行省委坚决落实“两个维护”十项制度机制，引导广大党员干部深刻领悟“两个确立”的决定性意义，增强“四个意识”、坚定“四个自信”、做到“两个维护”，不断提高政治判断力、政治领悟力、政治执行力。自觉担负起“两个维护”重大政治责任，开展政治监督1850次，发现并纠正问题396个，否决有关单位“三重一大”（重大决策、重要人事任免、重大项目安排，大额资金使用）事项27件，确保党中央和省市县委政令畅通、令行禁止。严守党的政治纪律和政治规矩，完善政治要件闭环落实机制，严格落实重大事项请示报告制度，及时向市委请示报告推进老区苏区振兴发展、年度工作情况等重大事项。严格执行党章和党内政治生活准则，贯彻民主集中制，在各级党委（党组）全覆盖召开专题民主生活会，大力发展积极健康的党内政治文化。强化政治监督，持续巩固肃清李嘉、万庆良恶劣影响成果，着力解决“七个有之”（一些人无视党的政治纪律和政治规矩，为了自己的所谓仕途，为了自己的所谓影响力，搞任人唯亲、排斥异己的有之，搞团团伙伙、拉帮结派的有之，搞匿名诬告、制造谣言的有之，搞收买人心、拉动选票的有之，搞封官许愿、弹冠相庆的有之，搞自行其是、阳奉阴违的有之，搞尾大不掉、妄议中央的也有之，如此等等）问题，营造风清气正的政治生态。

【党的思想建设】 2022年，丰顺县深入学习宣传贯彻党的二十大精神。组织全县收听收看党的二十大召开现场直播，先后召开县委常委会会议、全县干部大会、县委理论学习中心组学习会等进行传达学习。专门印发通知、总体工作方案和学习培训、专题调研、宣传宣讲三个配套工作方案，精心部署学习宣传贯彻工作。县四套班子领导深入到所在党支部和挂钩联系镇村讲专题党课，形成一级带一级、全县上下一起学的良好局面。围绕“探索全面建设社会主义现代化的丰顺实践”主题，由县四套班子领导牵头，分10个课题33个专题带头开展调研，推动形成现代化建设的行动方案和施工图，把党的二十大精神落实到丰顺县改革发展各方面全过程。深化理论武装，把学习贯彻习近平新时代中国特色社会主义思想作为首要政治任务，坚持第一议题、常设议题等制度，全面部署落实习近平总书记系列重要讲话、重要指示批示精神，召开县委常委会会议35次、县委理论学习中心组学习会12次。推进党史学习教育常态化长效化，教育引导广大党员干部不断坚定历史自信、增强政治自觉，弘扬伟大建党精神和苏区精神，更加信心满怀地奋进新征程、建功新时代。抓实党员教育，采取“请进来、走出去”的方式，围绕实体经济、乡村振兴、基层治理、疫情防控等方面，依托县、镇党校和丰顺县丰富的红色文化资源，全覆盖开展党员教育培训。持续加强对东江苏维埃政府和红十一军成立、红四军进驻马图、大龙华宝田庐革命旧址群等红色遗址遗迹开发保护利用工作，大龙华镇叶华村党校分教点获评梅州市星级镇街党校分教点，坚真纪念馆入选全国妇女爱国主义教育基地。

【党的组织建设】 2022年，丰顺县持续织密组织体系。深入开展“党委+”“支部+”“党员+”的组织力提升工程，深化“双报到、双服务”［单位党组织和在职党员到村（社区）报到；服务城乡基层治理、服务基层群众］工作机制，在“9·4”“10·23”疫情处置工作中，全县各级党组织和党员干部迅速完成“平急转换”，为快速有效阻断疫情传播发挥重要作用。组建415支基层党组织党员突击队和524支党群志愿服务队共8000多人，让党旗在疫情处置、乡村振兴、防汛救灾等基层一线高高飘扬。持续规范基层组织建设。扎实开展新一轮基层党建三年行动，推动“五好六有”（支部班子好、党员队伍好、活动开展好、制度建设好、作用发挥好；有方案、有阵地、有制度、有载体、有成果、有特色）模范机关创建工作，公立医院党委领导下的院长负责制运行质量不断提升，中小学校党组织领导的校长负责制稳妥推进，新建“两新”（新经济组织、新社会组织）党组织5个。深入实施南粤党员先锋工程，完成384名年度发展党员指导性计划，颁发“光荣在党50年”纪念章227个。落实“四个一”（每个软弱涣散基层党组织由1名县领导班子成员联村、1名乡镇领导班子成员包村、1名第一书记驻村、1个县级以上机关单位结对）措施整顿软弱涣散村党组织7个，高质量完成农村发展党员违规违纪问题排查整顿。持续提升党员队伍整体素质。深化“头雁”工程，巩固村党组织书记“三个一肩挑”（党组织书记、村委会主任、村级集体经济组织负责人“三个一肩挑”）成果，精准选派第一书记和驻镇帮扶干部，打造过硬基层干部队伍。组织村（社区）“两委”干部报读大中专学历提升班，建立村（社区）干部正常退出机制，全年调整村（社区）党组织书记9名，储备后备党组织书记549名、村级后备干部1181名。加强对45名驻村第一书记和16支驻镇帮镇扶村工作队的日常管理和平时考核，充分调动他们参与乡村振兴的积极性和主观能动性。规范做好选人用人工作。坚持新时代好干部标准，持续选优配强乡镇和县直单位领导班子，打造一支忠诚干净担当的高素质专业化干部队伍。稳步推进干部交流轮岗和职级晋升，注重从经济建设、改革创新、乡村振兴、维护稳定、征地拆迁和基层一线培养选拔优秀干部，重点抓好年轻干部、女干部、党外干部培养储备使用。从严做好干部教育管理工作。加强干部教育培训，积极推动新时代基层干部主题培训行动计划落地落实，全年调训培训县镇村三级干部7917人次。加强干部监督管理，对“一把手”和关键岗位持续强化监督，扎实推进违规兼职取酬问题专项整治和在企业兼职问题专项清理工作，做好干部因私出国（境）管理、领导干部个人有关事项填报、违规选人用人突出问题专项整治等工作。扎实做好人才工作。加快推进市“人才振兴16条”、《中共梅州市委　梅州市人民政府关于加快新时代人才振兴发展的实施意见》、“青梅计划”（梅州市实施“青梅计划”集聚优秀青年人才的若干措施）等人才政策落实，全方位做好“引育用留”（引进、培育、用好、留住）工作。成功引进急需紧缺人才5名（其中博士1名），县、镇乡村振兴人才驿站全面建成，人才公寓建设稳步推进，不断开创人才工作新局面。

（县委组织部）

宣传工作

【理论武装】 2022年，丰顺县坚持“第一议题”制度，县委理论学习中心组召开12次学习会，切实用“关键少数”带动“绝大多数”。推动各级党委（党组）理论学习中心组围绕党的二十大精神等主题深入开展学习研讨，试点开展党委（党组）理论学习中心组学习列席旁听工作，推动理论学习制度化常态化。围绕党的二十大精神、《习近平谈治国理政》第四卷、省第十三次党代会精神等主题，邀请市委宣讲团成员开展示范宣讲，组建县委宣讲团深入开展巡回宣讲127场次。开展“听党话、感党恩、跟党走”等主题宣讲活动，教育引导农民群众坚定信心跟党走、努力奋进新征程。做好《习近平谈治国理政》第四卷等理论书籍的征订发行。做好“学习强国”学习平台推广使用工作。开展重大主题理论征文活动，上送一批高质量理论文章。

【舆论宣传】 2022年，丰顺县坚持围绕中心、服务大局，推动媒体深度融合。全年融媒体中心采集新闻2507条，丰顺电视频道播出新闻20056条次；丰顺人民广播电台播出新闻20056条次。“丰顺发布”微信公众号推送发布新闻2370多条，阅读量420余万，被上级媒体平台采用的新闻104条；“财丰民顺”微信公众号推送发布新闻1430多条，阅读量

305万，被上级媒体平台采用的新闻95条；“丰顺发布”App移动客户端已开通丰顺电台、丰顺综合两个频道同步直播，下载用户近10万，推送发布新闻4000多条，被省市主流媒体采用新闻59条，阅读量80万+。《悦读丰顺》编辑出版23期（92版），其中，在重要版面、主要新闻节目、重要位置开设“喜迎二十大”“疫情防控”“人居环境整治在行动”等30余档专栏，制作发布《书记抓党建促振兴》《丰顺是个好地方，打工不用去远方》《喜迎二十大 履职守初心》等各类专题片100多期。推送丰顺融媒视频号175期，其中创新举措摄制推送《书记抓党建促振兴》专题访谈专栏节目16期；《等你・在丰顺》《为耕地代言》等7期微视频浏览量突破“10万+”，单期最高浏览量达75.7万次；及时摄制疫情防控工作动态视频《共克时艰！丰顺加油！》《抗疫路上 感恩有您》《欢送援丰英雄回家》等20期。启动应急广播（乡村大喇叭）每天2个时间段播放疫情防控、疫苗接种、森林防灭火、天气预报、安全生产、防灾减灾等应急信息，主动对接“学习强国”App，播放习近平总书记每日金句和习近平总书记重要讲话精神及丰顺新闻信息。

【意识形态】 2022年，丰顺县落实意识形态工作责任制，推动县委书记与各镇（场）党委书记签订责任书，开展意识形态工作责任制落实监督检查和督查考核，结合县委巡察工作派出专项检查组开展意识形态工作专项检查，不断压实各级党组织主体责任。开展2022年度防范化解意识形态领域重大风险工作，开展党的二十大前后意识形态风险排查整治工作，强化“涉疫”等方面舆论引导管控，加强政治谣言和有害信息清理整治，为党的二十大胜利召开营造积极有利的舆论环境。加强宣传思想文化阵地管理，开展政治性错误信息排查整治，排查出表述不完整、不准确等错误信息199处并完成整改。全年召开4次意识形态工作联席会议，分析研判并及时解决各领域各阵地苗头性倾向性问题，加强宣传、政法、统战、公安、文广、网信、出版等部门工作落实力度，加强思想理论、新闻媒体、互联网、宗教、文化、学校等各领域各阵地的管控力度，加强预判、主动作为。

【精神文明建设】 2022年，丰顺县开展创建全国文明城市工作，印发《丰顺县2022年创建全国文明城市台账资料任务分解表》，将创文工作与经济发展、城市建设、社会进步等统筹考虑，坚持创建为民、创建利民、创建惠民，推动县镇村“三级联创”，进一步提升创建的覆盖面和实效性，推动创文工作常态化、长效化、制度化，进一步彰显文明新风。以提升群众素质和城乡文明程度为目标，以道德建设为主线，激发创建全国文明城市内生动力，引领五大创建深入开展。评选表彰47个县级文明村，1个村被确认为全国“民主法治示范村（社区）”创建单位，2个村被确认为2022年广东省“民主法治示范村（社区）”创建单位。4所学校获评第六届梅州市“文明校园”。充分发现发掘身边先进典型，1人获评“广东好人”，1人获评“梅州好人”，评选16位丰顺县“身边好人”。抓好未成年人思想道德建设工作，1人获评广东“新时代好少年”称号，6人获评梅州“新时代好少年”称号，选树12名丰顺“新时代好少年”，2022年度未成年人思想道德建设工作获市级考评优秀等次。

【文化建设】 2022年，丰顺县推进城乡公共文化服务体系一体建设，县文化馆图书馆建设1个总馆、16个分馆、48个服务点，

▲2022年6月24日，梅州社会科学普及周主题日活动现场 （丰顺县委宣传部供图）

县级文化馆、图书馆、坚真纪念馆各1个，博物馆2个，乡镇综合文化站16个，行政村综合性文化服务中心261个，均实行免费开放。每万人拥有公共文化设施面积1667.13平方米，覆盖城乡的县、镇、村三级公共文化体育惠民服务体系基本建成。推进坚真文体中心建设，提升公共文化服务效能。有序推进八乡山镇东江苏维埃政府陈列馆暨红十一军成立旧址群、丰良镇九龙村柑子窝红色遗址、八乡山镇小溪村、龙岗镇马图村红色革命遗址群和汤南崇德善堂——八一南昌起义军汤坑战役旧址项目实施、验收，并常态化做好项目工程督查检查。丰顺县革命烈士碑、见龙居——红四军军部旧址、东江工农兵第一次代表大会遗址成功申报第五批市级爱国主义教育基地。完成广东省文物保护单位种王上围修缮工程勘察设计方案并通过省文物局批复；推荐申报广东省第二批革命文物名录166件（处）；成功申报县级非遗项目丰良山歌传承人为梅州市第八批市级传承人；美协8幅漆画作品参加第二届广东省青年漆画作品展，1幅特邀收藏，3幅荣获优秀奖，4幅入选；《丰顺：东江革命根据地　红色热土八乡山》《丰顺青蒿：红色土地上的绿色希望》《丰顺马图村：当年“红军茶”　如今“致富叶”》等宣传片在央视《走进老区看新貌》栏目播出；县美协主席蔡潮阳获批正式加入中国摄影家协会，成为中国摄影家协会会员；圆满承办2022梅州社会科学普及周主题日活动，全年组织举办各项群众文化惠民活动600余场次；丰顺县嘉洪农林研学基地等3个市级社科普及示范基地获省社科联认定为“广东省社科普及基地”。

【文明实践】　2022年，丰顺县印发丰顺县关于拓展新时代文明实践中心（所、站）建设的工作方案，进一步健全工作体系机制，整合多方资源，明确目标任务，采取“四个打破”（打破机构藩篱、打破人才分隔、打破资金分散、打破项目分置）策略，打造“15分钟文明实践圈”。聚焦示范带动作用，打造北斗镇新时代文明实践示范所和邓屋村、庆瑶村、新兴村、大罗村、新楼村5个新时代文明实践站，推进新时代文明实践工作的走深走实。统筹志愿力量，依托丰顺县志愿服务促进中心，聚焦党员、未成年人和社会志愿者三大群体，构建起“1+1+30+283+N”［成立1支由县委书记担任总队长的新时代文明实践志愿服务总队，1支党员志愿服务总队，30支县直单位和镇（场）专业志愿队伍，283个村（社区）志愿服务小队，并将若干支社会志愿服务队伍纳入进来］的志愿服务队伍体系。助力疫情防控，丰顺县“9·4”新冠肺炎疫情发生后，新时代文明实践中心（所、站）积极发挥文明实践阵地作用，组织各级志愿队伍结合当地实际，参与疫情防控。创新理论传播，重点打造10个红色教育基地示范点，以及开展文明实践“古围德祠育新人”等特色活动，推动党的创新理论进教材、进课堂。

【网信工作】　2022年，丰顺县围绕迎接服务保障和学习宣传贯彻党的二十大精神这条主线，印发《丰顺县2022年网信工作要点》《关于进一步做好我县党的二十大网络安全保障工作的通知》《丰顺县突发敏感网络舆情全流程闭环管理工作机制》等文件，要求各镇（场）各单位进一步强化网络安全管理和防护措施，全面排查问题隐患，提高应急处置能力，防范网络安全重大风险。每季度召开丰顺县网络安全工作会议，通报丰顺县阶段性网络安全工作情况，研究部署各季度工作重点，提高舆情分析水平，加强应急指挥统筹，稳妥处置敏感案事件，严密防范各类安全风险向政治领域传导。组织开展全县网络安全攻防演练活动，联合县直有关单位开展2次网络安全宣传活动，普及网络安全知识，提高人民群众网络安全风险识别和自我保护能力，发放宣传资料3500多份、解答群众疑惑700多条次。开展清风、清朗等行动，全年转办《丰顺县舆情通报处置表》193份，约谈县内网络媒体5家。组织网评队伍积极拓展网络阵地，持续深化网上舆论斗争，得到市委宣传部充分肯定。

【出版版权工作】　2022年，丰顺县委宣传部聚焦迎接宣传贯彻党的二十大精神这条主线，集中人员、集中力量，有重点、有目的地开展“扫黄打非”集中行动和专项治理，全面清理非法有害出版物及信息，扫除各类文化垃圾，取得良好成效，为宣传贯彻党的二十大精神，营造良好的文化环境氛围。结合“4·23”世界读书日、版权宣传周、“六一”儿童节、党的二十大等时间节点，5次协调文广、公安、市场监管等相关职能部门出动执法人员58人次，对全县印刷业、出版物、中小学校园周边文化市场等经营场所开展检查38家次。组织开展2022年“绿书签行动”系列宣传活动，共举办活动100多场次，参加人员3000多人，发放赠送书籍1000多本，书签1200余张。借力网络安全宣传周、社会科学普及周等活动，广泛开展“扫黄打非”宣传教育，动员和鼓励群众积极参与“扫黄打非”行动，累计发放宣传手册500多份、海报200多份、宣传小礼品1000多份。

【队伍建设】 2022年，县委宣传部坚持把党的政治建设摆在首位，拥护“两个确立”，不断增强“四个意识”、坚定“四个自信”、做到“两个维护”。学习宣传贯彻党的二十大精神，学习贯彻习近平总书记关于宣传思想工作的重要思想，深化“四力”教育实践，持续在学懂弄通做实上下功夫，不断增强干部把握正确方向导向、巩固壮大主流思想文化、管理意识形态阵地、开展网上舆论宣传和斗争、建网用网管网治网、处理复杂问题和突发事件的能力。抓好干部队伍管理和监督，贯彻落实中央八项规定及其实施细则，推进党风廉政建设和反腐败斗争，推动全面从严治党向纵深发展。

（郑婉君）

县委办公室工作

【办文办会】 2022年，丰顺县委办公室精细办文，按照《党政机关公文处理工作条例》规定，严把起草关、审核关、收发关，进一步提高以文辅政水平。2022年，拟发县委（县政府）文件50号，拟发县委办（县府办）文件156号，拟发县委常委会会议纪要50号、县委工作纪要27号、其他文件通知400多号，办理各种公文6000多件。落实印信管理，实行印信管理登记制度。高效办会，精心筛选会议议题、认真把关会议材料、及时传达会议精神，进一步提升会议服务能力。圆满完成县委十四届第二、第三次全会，全县促进实体经济高质量发展大会，丰顺县新区供水工程通水仪式，丰顺县2022年广东扶贫济困日暨全社会助力乡村振兴活动仪式，丰顺立讯智造年产值30亿元项目投产活动等一系列重大会议活动。全年承办各类会议190多场次。

【干部人事】 2022年，丰顺县委办公室贯彻落实新时代党的组织路线，坚持党管干部原则，落实好干部标准等一系列制度要求。组织公务员教育培训和在线学习工作，做好全体干部网络学院学习任务、“学习强国”、普法学习和能力素质提升教育，确保学习培训全覆盖；抓好公务员平时考核工作，加强干部日常监督和管理，按照《中共丰顺县委办公室公务员平时考核办法实施方案（试行）》，加强日常考核、分类考核、近距离考核的知事识人体系建设；执行《党政领导干部选拔任用工作制度》，完成选人用人工作，全年完成11人次的调动手续，完成12人次干部职工晋升提拔任用程序；持续深入开展在职干部职工档案审核和办公室人员、工资年度统计工作，对有变化的进行及时更新，为组织工作科学化决策提供有力支撑。

【新闻报道】 2022年，丰顺县委办公室对党的二十大精神学习贯彻、疫情防控全面加强、党史学习教育常态化、实体经济稳步发展、乡村振兴持续推进、基础设施不断完善、治理效能有效提升、民生事业全面进步、党的建设不断加强等内容进行系列宣传报道，全方位、多角度宣传全县重点工作。认真策划丰顺县2022年广东扶贫济困日暨全社会助力乡村振兴活动仪式、丰顺县新区供水工程通水仪式、县委农村工作会议暨全县实施乡村振兴战略工作推进会、梅州丰顺立讯智造年产值30亿元项目建成投产等重要活动的宣传报道，全年转发新闻305条，在《南方日报》《梅州日报》等省市媒体发表新闻500多条，其中《丰顺汤坑镇红旗社区充分凝聚党员力量，发挥网格化治理优势，提升社区疫情防控质效》稿件被中共中央宣传部主管的党建网转载。

【督查督办】 2022年，丰顺县委办公室贯彻落实省主要领导到梅州调研的讲话精神、市第八次党代会情况、省市县重点项目推进，细化督查督办工作的目标任务、工作方式，全面推进全县中心工作和县委决策部署的贯彻落实。做好第二轮中央生态环境保护督察案件、县委大督查的统筹协调、疫情防控、疫苗接种、乡村振兴、光伏发电、地质灾害排查、森林防火、春季粮食生产和撂荒地复耕复种、2021年绩效考核等方面的督查工作，全年累计上报市级材料45篇，开展实地督查75场次，报送县主要领导和县级部门材料35篇，向县疫情防控指挥办报送督查日志160份。

【机要保密】 2022年，丰顺县委办公室做好核心密码和密码设备的核对、接收、清退、销毁工作，按时完成密码通信主渠道、电子政务内网密码设备的密钥更换工作，全年办理电报3895份，派发2000本密码法相关书籍。坚持总体国家安全观，全面加强党管保密原则，理顺机构改革后保密工作的管理体系，扎实推进国家秘密治理体系和治理能力现代化，开通国家保密专栏，完善涉密领域国产化替代工程，加强对各单位保密工作的监督管理，组织开展2022年全民国家安全教育日、密码法宣传教育、保密法宣传和保密培训等活动，全方位提升党政机关、企事业单位和社会公众的密码、保密安全意识。

【后勤保障】 2022年，丰顺县委办公室做好会务保障，重点保障县委全会、人大、政协等重大会议的后勤服务，全年完成各类大、中、小型会议及其他活动任务900多场次；强化安保措施，加强对外来人员和车辆的检查登记，做好防疫安保工作；规范公务用车，确保公务用车安全；加强膳食管理，做到食品安全与勤俭节约两不误；做好设施设备的维护维修、升级改造和办公会议场所的日常维护工作；做好卫生保洁工作，为各机关单位提供干净整洁的工作环境。做好疫情期间服务保障工作，保障疫情防控相关会议约250场次，开展会场清洁、消毒约430次，协调17家酒店、公寓、学校宿舍等作为疫情防控工作人员住宿点，为汤坑镇各网格和70多个工作点和住宿点提供膳食保障，送餐量最高达20000多人次。

【档案管理】 2022年，丰顺县委办公室强化党对档案工作的领导，组织编制《“十四五”丰顺档案事业发展规划》，全面提高档案工作质量和服务水平。加强监督指导，完成2021年度档案事业统计调查、单位档案进馆、党史学习教育及疫情防控等重大活动的档案归档工作。加强业务培训，组织动员档案工作人员参加省市档案工作线上培训，鼓励、支持各单位派员到本组学习档案业务，培训90多人次。加强法治宣传，以“6·9”国际档案日宣传为契机，利用《梅州日报》、热点平台公众号、视频号、微信朋友圈等渠道，大力宣传档案法律法规，为丰顺县实现依法治档营造了浓厚的社会氛围。

【值班值守】 2022年，丰顺县委办公室落实24小时值班制度和全县“一盘棋”应急响应机制，加强值班队伍建设和督促检查，进一步提升突发事件信息报送的时效性，全力做好新形势下党办值班工作。2022年向市委值班室、市政府总值班室上报突发事件信息专报25期，向县委县政府领导发送值班信息131条，落实回复省、市领导批示件101份，接收并处理上级文件8份，安排节假日值班31批次，督促检查各单位、各镇（场）值班情况343次。

【服务接待】 2022年，丰顺县委办公室执行《中央八项规定实施细则》和《中共丰顺县委办公室公务接待管理实施方案》的通知要求，以热情周到、厉行节约、安全卫生为原则，在细致服务上下功夫，做到来宾接待、环境卫生、会场服务三细致，不断提高接待和会场服务水平。全年接待上级来宾及外出乡贤517批次8465人，参加食堂及外出接待服务10多场次。

（李逊浩　黄明敏）

机关事务管理

【概况】 2022年，丰顺县机关事务中心做好疫情应急处置后勤服务保障工作，助力打赢疫情防控攻坚战。多措并举全面整治违规占用顺景小区公有住房问题，做好来访单位、人员的接待服务工作，做好会务保障工作，加强机关大院的安全生产、安全保卫、卫生保洁和后勤服务保障等工作。

【疫情防控】 2022年，丰顺县机关事务中心为防疫一线的工作人员做好会务、物资、住宿、膳食、用车、安保等后勤服务工作。疫情处置期间，保障疫情防控相关会议约250场次，开展会场清洁、消毒约430次；协调17家酒店、公寓、学校宿舍等作为疫情防控工作人员住宿点；为汤坑镇各网格和酒店、公寓、气膜方舱实验室等70多个工作点和住宿点提供膳食保障，每天送餐最高峰达20000多人次；在中心管理的车辆不能满足疫情防控用车需要的情况下，租用29辆车，用于全县域工作人员转运、物资运输、一线医护人员和网格送餐。组织工作人员加入志愿服务队，做好单位内部及大院内机关单位人员核酸采样工作，完成核酸采样2100多人次。

【顺景小区公有住房整治】 2022年，丰顺县机关事务中心对顺景小区违规占用公有住房问题全面整治。从摸底自查、书面通知、直接联系和集中座谈等多方面入手，使得需腾退住房的31户异地调动（退休）租户全部解除房屋租赁协议并腾退住房。

【接待工作】 2022年，丰顺县机关事务中心严格落实中央八项规定精神和省市县关于公务接待的有关规定，做好来访单位、人员接待服务工作。接待各级领导、来宾467批次。

【后勤保障】 2022年，丰顺县机关事务中心做好会务保障工作，重点保障县委全会、人大、政协等重大会议的后勤服务，全年完成各类会议及其他活动任务900多场次；强化安保措施，加强对外来人员和车辆的检查登记，做好防疫安保工作；规范公务用车，确保公务用车安全；加强膳食管理，做到食品安全与勤俭节约两不误；做好设施设备的维护维修、升级改造和办公会议场所的日常维护工作；做好卫生保洁工作，为各机关单位提供干净整洁的工作环境。

▲2022年1月18日，丰顺县机关事务中心进行日常安全用电检查

（丰顺县机关事务中心供图）

【安全隐患排查整治】 2022年，丰顺县机关事务中心常态化开展安全生产和消防安全隐患集中排查整治，加强电、水、气、楼房建筑和消防设施等安全检查，对发现的问题第一时间整改落实到位。开展废旧车辆认领和清理专项行动，联合交警部门将大院内长期停放、破损以及无人认领的车辆进行清理，规范机关大院秩序，消除安全隐患。按照公安部门要求成立最小应急单元，进一步提高应对突发事件的先期处置能力。

（罗 斌 蓝银花）

县直机关工委

【机关党组织概况】 2022年，丰顺县直属机关工作委员会（简称县直机关工委）直辖71个县直机关、企事业单位和“两新”组织党组织，其中设机关党委（基层党委）14个，党总支15个，党支部42个（34个县直企事业单位党支部和8个“两新”组织党支部），207个党支部；党员总数4058名；新发展党员41名。

【机关党建管理】 2022年，县直机关工委制订并印发《加强党的基层组织建设三年行动计划2022年工作要点》，将全年重点工作分为六大方面十二项具体内容。制订县直机关工委2022年重点工作安排，明确工作任务、责任领导和责任人、完成时间，并定期跟踪落实情况，确保各项工作落到实处。调整县直机关工委联系基层党组织工作制度，由县委常委、县委办主任、县直机关工委书记石远平同志总负责，县直机关工委分管日常工作副书记谢淑娟同志具体负责，成立3个工作组分别联系71个基层党组织，加强对基层党组织建设的规划、指导、监督和检查。要求工作组每年至少一次对联系基层党组织进行实地检查督导。制定督导清单，各工作组更好掌握联系基层党组织党员人数、班子成员、组织关系转接等基本情况，更能精准有效发现存在问题，将检查督导情况向党组织书记进行书面反馈，并对整改情况进行回访。实地督查71个单位党组织，做到对县直单位检查全覆盖，督促完善组织设置、按时换届、规范发展党员、党费收缴等工作。6月，开展党务工作三方面专项排查整治工作。督促县直党组织严格执行非党员不得从事党务工作，排查出9个非党员从事党务工作并落实整改完毕。开展民主评议党员，督促指导县直各党组织2046名党员参与评议，评选在疫情防控、创建全国文明城市、乡村振兴等县委县政府中心工作中表现优秀党员797位。

【机关品牌建设】 2022年，县直机关工委组织县人社局、县农业农村局等7个县直党组织参加梅州市第二届党建工作创新大赛，其中县人社局取得一等奖，由市直机关工委向省直工委推荐参赛。向县委组织部推荐县人社局、县中医院党建工作模式为基层治理优秀案例，并通过组织部预审。9月，组织61家单位参加县直机关模范机关创建工作推进会，制订下发《关于开展“党建引领添动力奋勇争先促发展”模范机关创建主题实践活动的实施方案》，要求县直党组织按时报送调整后的模范机关创建领导小组、本年度创建落实工作方案，做到持续督促县直党组织做好模范机关创建工作。2022年，重点打造县财政局、县人社局、县农业农村局、县应急局、县委办、县审计局、县中医院等7个县直单位党组织创建模范机关示范点。

▲2022年3月16日，举行2021年度县直单位党组织书记抓基层党建工作述职评议会

（丰顺县直属机关工作委员会供图）

【机关考核】 2022年，县直机关工委做好2021年度县直机关、企事业单位党组织书记抓基层党建述职评议考核工作。县直机关工委对所辖61个县直机关、企事业单位党组织书记采取现场述职评议（12个单位）和书面述职评议（49个单位）形式进行评议考核（分“好”“较好”“一般”“差”四个等次，其中“好”等次控制在单位总数的二分之一左右）。落实党组织书记抓基层党建工作情况综合评价未达到等次“好”的，其年度考核结果不得确定为优秀等次。组织开展2021年度党建工作绩效考核。组成5个考核组对纳入绩效考核的59个县直机关事业单位全覆盖考核。

【机关队伍建设】 2022年，县直机关工委关心关爱基层党员干部，精准做好关怀帮扶工作，慰问县直困难党员、老党员和老干部165人，因公牺牲家属9人，发放慰问金近9万元。2022年，对23位党龄超过50年的党员颁发“光荣在党50年”纪念章。规范基层党组织设置。督促县直党组织按期换届。2022年年初梳理2022年需换届基层党组织并印发按期换届提醒函64份，到期需换届的64个基层党组织完成换届。2022年，督促指导成立国防教育训练基地党支部；指导县纪委监委改设为机关党委；督促指导县人大党支部改设为机关党总支；指导县中医院设立党委；指导公安局成立机关党委。从严规范党费收缴使用管理。及时上缴2022年度71个县直机关、“两新”党组织党费，按规定返拨2021年县直机关离退休党支部、“两新”组织党组织党费2.77万元，作为机关离退休党支部、“两新”组织党组织开展活动的经费。

（钟　伟）

机构编制工作

【概况】 中共丰顺县委机构编制委员会办公室（简称县委编办），是中共丰顺县委机构编制委员会（简称县委编委）常设办事机构，受县委编委领导，承担县委编委日常工作，列县委办事机构序列，归口县委组织部管理。设综合股、机构编制管理股、监督股、事业单位登记管理股（丰顺县事业单位登记管理局）4个内设机构，核定行政编制15名，实有12人。下设事业单位丰顺县电子政务中心，核定事业编制3名，实有3人。

【机构改革情况】 巩固深化党政机构改革　2022年，增设县委审计委办公室秘书股和配备专门编制，加强审计工作完善监督体系。围绕加强党的全面领导，持续完善县委议事协调机构办事机构设置和运行机制。调整优化县委农办机构设置，将中共丰顺县委农村工作办公室更名为中共丰顺县委农村工作领导小组办公室。按照中央、省关于加强文物保护和考古工作机构编制保障的部署和要求，进一步强化丰顺县文物保护工作力量，在县文化广电旅游局加挂县文物局牌子，规范设置丰顺县文物管理部门机构。在县卫生健康局加挂县疾病预防控制局牌子，加强对疾病防控的领导。明确县交通运输局作为县人民政府行政主管部门，按权限承担铁路建设工程安全生产监管、工程质量监督管理等职责，加强铁路安全管理。贯彻落实《国务院关于实施动产和权利担保统一登记的决定》，明确县市场监管局不再承担“管理动产抵押物登记”职责。成立县国防动员办公室，在县发展和改革局挂牌。

纵深推进乡镇体制改革　2022年，出台《丰顺县深化乡镇体制改革完善基层治理体系实施方案》，并印发《丰顺县乡镇党政机构岗位设置、与县级部门对应表》《丰顺县乡镇五大统一指挥协调工作平台运行规则》《丰顺县加强乡镇执法能力建设工作方案》等，落实部门责任，积极推动改革，促进基层治理共建共治共享机制初步形成。在县委编办的协调下，县直相关部门采取请上来、走下去等方式，加强对各镇综合行政执法人员的培训，使乡镇综合行政执法能力得到提升。2022年3月，在县委编办牵头下，联合县司法局、县政务服务数据管理局等部门组织3个工作组对全县16个乡镇体制改革落实情况开展调研督导。9月，再次组织开展乡镇体制改革存在问题整改落实情况“回头看”专项督导。经过2次督导检查，各镇基层治理格局得到优化完善，行政执法能力进一步加强，机构机制运行进一步顺畅，乡镇体制改革工作有新的提升。自下放职权以来，乡镇实施行政检查2057宗、行政处罚464宗、行政强制9宗。全县镇级综合行政执法取得较好的成效，走在全市前列。2022年《中国机构编制》杂志第八期刊登《全面推进乡镇体制综合行政执法体制改革》文章，推介丰顺县好经验好做法。

▲2022年8月30日至9月2日，由县委编办牵头，对全县16个乡镇体制改革存在问题整改落实情况开展“回头看”专项调研督导（丰顺县机构编制委员会办公室供图）

【优化机构编制资源】 2022年，县委编办贯彻落实习近平总书记关于推动乡村人才振兴的重要指示精神，增加工作力量保障县、镇两级乡村振兴人才驿站的工作开展。贯彻落实习近平总书记对供销合作社工作的重要指示，通过规范领导职务名称、增加机构编制为丰顺县供销合作社开展生产、供销、信用“三位一体”全国试点改革提供坚实保障。设立县林长制事务中心，配备专门力量保护发展丰顺县森林生态资源。理顺县国防教育训练基地隶属关系，将其纳入丰顺县机构编制实名制管理系统。满足教育发展的需要，通过调整管理体制加大内部挖潜力度，增加部分中心小学教学人员编制规模。深入县教育局和所属教育事业单位调研教育系统机构运行情况和人员配备情况，对教育系统申请的机构撤并，人员内部调整文件进行分析研判，同步确认各幼儿园、特殊学校、职业技术学校的教职工编制数，为全县教育教学工作提供机构编制保障。将13个乡镇卫生院纳入紧密型县域医疗卫生共同体，整合县域内医疗卫生资源为群众提供更加优质、方便、经济的服务。

盘活用好机构编制资源 清理规范部分事业单位，盘活编制资源。撤销职责任务逐步减少、职能不饱满的县属国有资产运营办公室，人员编制采取分流的方式划入职能强化部门，用于加强科技创新、招商服务等领域机构，保障重要领域和关键环节编制需求。规范事业单位名称设置。将县财务总监办公室进行更名，县节能监察中心、县效能监察监控中心等单位进行更名并调整主要任务，保障公益事业的健康发展。对标对表中央部署，贯彻落实统筹使用各类编制资源和严控总量、统筹使用、有减有增、动态平衡、保证重点、服务发展以及引进高层次人才的要求，建立县急需紧缺人才用编周转池，规范管理和使用。做好事业单位编制内部挖潜、创新管理和服务发展，确保集聚更多优秀人才来丰工作、创新创业，为丰顺县经济社会发展引进人才提供编制保障。

【机构编制监督检查】 2022年9月，县委编办组织对党政机构改革落实情况开展全面评估。成立由县纪委监委、县委组织部、县委编办、县财政局、县人力资源和社会保障局、县审计局等部门组成的县机构改革评估核查组，在34个政府工作部门自查的基础上分工负责实地核查、综合评估。通过查阅部门年度工作总结和计划、机关人员名册、干部任免文件等台账，对“三定”执行情况进行督查调研，并开展问卷调查，探索机构改革取得的初步成效，挖掘改革中存在的问题和不足，对下一阶段改革完善也形成切实可行的意见和建议，以确保机构履职顺畅，推进各项改革任务落细、落实，进一步巩固丰顺县机构改革成果。做好广东省机构编制实名制管理系统的新版本更新运行和数据维护工作，并统筹推进2022年度机构编制统计工作。按照省、市委编办“严格控制编外聘用人员，从严规范适用岗位、职责权限和各项管理制度”的精神，对编外人员进行进一步清理和规范管理，并要求各单位在实名制管理系统中实行统一管理并建立长效管理机制。加强机构编制日常监督管理及机构编制问题整改工作，及时向市委编办报送实名制系统统计报表、问题台账和事业编制变动情况等材料，做好编制卡发放与归档，承办“12345”政府服务热线、“12310”举报电话受理工作。

【事业单位登记管理和电子政务中心工作】 2022年，县委编办贯彻落实省委编委、市委编委有关完善事业单位章程管理的文件精神，印发《关于转发中共广东省委机构编制委员会〈关于完善事业单位章程管理的指导意见〉的通知》，分类梳理摸清丰顺县事业单位法人章程备案情况，明确丰顺县推进时间和要求。紧扣单位改革工作和组织人事干部任免文件精神，指导机关统一社会信用代码赋码发证和事业单位登记管理工作。受理统一社会信用代码证发证变更信息发证24个，撤销7个、证书换领1个。受理事业单位法人变更登记50个，注销登记2个、拟注销公告4个、证书换领4个。开展事业单位法人年度报告公开和公示信息核查工作，认真指导170个事业单位法人按时主动提交年度报告并公开，随机抽取4个事业单位法人开展实地核查工作。落实省委编办有关加强网络安全和信息化管理的部署，全面核查“广东事业单位登记管理平台”中丰顺县事业单位法人登记基础信息、年报、章程，核查登记基础信息290个、年报5080份、章程48份，发现整改年报50份。做好政务事项省检国考评估工作，对标省统筹标准完善事业单位法人登记行政许可事项和公共服务事项的办事流程、办事指南。加强网站标识管理，在“国家网络安全宣传周”开展党政机关网站统一标识推广活动，普及党政机关网站安全管理等知识。

【机构编制法治建设】 2022年，以《中国共产党机构编制工作条例》（以下简称《条例》）为基本遵循，不断增强法治思维，提升法治理念，运用法治方式，依法依规管好用活机构编制资源，加强机构编制法治化建设。深化机构编制法规政策文件学习。以《条例》为根本遵循，把学习贯彻《机构编制监督检查工作办法》《机构编制违规违纪违法行为处理和问责规则（试行）》纳入《县委编办2022年度理论学习中心组学习计划》，组织机关全体干部认真学习，并开展学习交流研讨；印制300多本《机构编制法规政策文件汇编》，发送至全县副处级以上领导干部、县委编委成员、县直各部门和各乡镇组织学习宣传；坚持县委常委会、县委编委会带头学习机构编制法规政策文件，示范引领全县各级各部门深入学习《条例》，严格执行《条例》。落实机构编制法规政策各项规定。对照《条例》及其配套法规文件精神，进一步完善《县委编委工作规则》《县委编办工作细则》，严格按照机构编制法规政策推进机构编制各项工作，确保机构编制管理提质增效。规范审批程序，坚持党管机构编制原则，严格按照《条例》规定的动议、论证、审议决定、组织实施各环节的程序要求，审核审批机构编制事项。积极配合县纪委巡察、审计等部门做好机构编制违规问题的查处，严肃机构编制纪律。齐抓共管推进法制建设。“一把手”认真履行推进法治建设第一责任人职责，切实承担起法治建设领导者、执行者、推动者的角色，将法治建设工作纳入重要议事议程，常态化召开室务会会议研究部署法治建设工作。充分发挥班子在推进法治建设中的领导作用，按照“一把手负总责、班子成员联动配合”原则，严格落实普法责任制，聚力形成“主要领导亲自抓、分管领导具体抓、各（股）中心人人参与”的工作格局。制定《2022年县委编办普法依法治理工作计划》，依托全省国家工作人员学法考试系统和各类新媒体平台，开展党内法规学习宣传及学法考试，定期组织开展“宪法宣传周”等普法宣传活动，推动普法依法治理工作有力有序开展。

（张荣楷）

统战工作

【概况】 2022年，中共丰顺县统一战线工作部（简称县委统战部）调整充实县委统战工作领导小组和民族宗教工作协调小组成员，召开2次县委统战工作领导小组会议，及时分析研判统战工作，进一步凝聚大统战工作格局新合力。突出思想政治引领，与民主党派开展支部共建活动，举办“喜迎二十大，同心跟党走”党外知识分子座谈会和统一战线学习贯彻中共二十大精神宣讲报告会，引导民主党派、无党派人士、党外知识分子和各条战线人士发挥自身优势，在增进共识、促进发展、服务民生、维护稳定方面贡献党外力量。走访民营企业，为企业纾困解难，全力服务保障经济社会发展。凝聚统战力量共同抗击疫情，发展公益事业助力乡村振兴。加快少数民族特色村寨建设，依法管理宗教事务，促进民族和睦、宗教和顺，维护社会和谐。

【多党合作】 2022年，县委统战部党支部联合梅州民兴医药党支部、丰顺农工党支部开展主题党日活动，到丰良镇九龙嶂中共丰顺临时县委旧址“永昌居”参观学习。举办“喜迎二十大，同心跟党走”党外知识分子座谈会，引导党外知识分子发挥自身优势，在增进共识、促进发展、服务民生、维护稳定方面贡献党外力量。配合做好市党外知识分子联谊会换届工作，考察推荐7位优秀的党外知识分子成为市知联会会员。党外干部进一步得到培养使用，2位副科职党外干部提任为部门正职。组织非公有制经济人士、港澳同胞、新阶联成员、宗教界人士收听收看党的二十大开幕式。举办统一战线学习贯彻中共二十大精神宣讲报告

▲2022年9月10日，丰顺“9·4”疫情期间，发动县工商联、县电声行业商会等捐款捐物抗击疫情

（丰顺县委统一战线工作部供图）

会，向各条战线的代表系统解读党的二十大精神的丰富内涵和精神实质。

【非公经济领域统战】 2022年，县委统战部走访调研非公有制企业，详细了解企业经营状况，认真听取企业的诉求和建议，指导企业做好疫情防控工作，协调相关部门解决实际困难问题。

【新的社会阶层人士统战】 2022年，新阶联组织会员参与丰顺县“爱暖童心”困境儿童关爱守护行动，走访慰问困难老兵、百岁老人、特困供养人员，举办“饮”领健康——第二届广药白云山星群夏桑菊凉茶文化节暨关爱户外工作者公益活动（梅州站），携手平远县举办“凝聚新力量·筑梦新时代”喜迎二十大主题教育活动，承办丰顺县赋能乡村振兴“复耕、认耕一亩地”主题活动等各种活动近20场，充分发挥丰顺县新阶联新时代新力量，以实际行动彰显新阶层人士的责任与担当。

【民族宗教工作】 2022年，县委统战部做好少数民族发展资金的指导使用和监督管理工作，加快推进凤坪畲族村文化旅游驿站、民俗文化展示中心、凤凰山北麓高山茶文化推广中心项目建设。开展“推广普通话铸牢中华民族共同体意识”主题宣传活动，通过县融媒体中心向社会广泛展播，助力乡村振兴。与各镇（场）签订2022年宗教工作责任书，切实做好宗教活动场所“双暂停”（暂停开放场所、暂停一切集体宗教活动）和有序开放工作。全年对全县宗教场所消防安全、疫情防控、房屋安全等工作情况检查督查995人次，督促落实安全工作要求，及时整改安全隐患，筑牢场所安全阵地。开展境外宗教和非法宗教渗透排查整治工作5次，进一步团结引导信教群众自觉抵御境外宗教渗透。进一步完善宗教活动场所的财务管理制度，不断促进宗教活动场所财务监督管理规范化。

【港澳台及归侨侨眷工作】 2022年，县委统战部常态化联系服务重点港澳台及侨资企业，帮助台港澳同胞和侨胞解决涉及疫苗接种、复工复产等方面的问题。走访慰问归侨侨眷，宣传侨法，做好信访调处答复工作，落实归侨侨眷政治待遇。向侨眷比较集中的行政村党支部赠阅《人民日报》（海外版），为归侨侨眷和山区人民发放省侨心慈善基金会赠送的1000件棉背心和1200件棉衣。促成亚泰经济交流总商会捐赠1辆救护车给县人民医院、广东省侨心慈善基金会赠送1辆救护车给砂田镇卫生院。

【助力疫情防控】 2022年9月，县委统战部发动民营企业家助力抗击疫情，80多家爱心企业捐入丰顺县慈善会的抗疫善款225.5万元。县新阶联为丰顺县“一老一小”（养老服务机构和儿童福利院）民政服务机构捐赠逾10万元疫情防控爱心物资，临时组建“抗疫志愿服务队”，在核酸检测点协助做好测温、扫码、登记等工作。10月，发动海外侨胞、香港同胞、各地乡贤捐款捐物帮助家乡抗击疫情。泰国丰顺会馆捐款200万元，亚泰经济交流总商会捐款17万元，新加坡丰顺会馆捐款16万元，香港丰顺同乡会捐款43万元，珠海市丰顺商会捐款32万元，东莞市丰顺商会、河源市丰顺商会各捐款20万元，广州、深圳、佛山、惠州、汕头、中山、江门等各地社团及乡贤也捐款捐物，展现“相亲相爱一家人、心手相牵共抗疫”的家国情怀。

（中共丰顺县委统一战线工作部办公室）

政策研究

【概况】 中共丰顺县委政策研究室（简称县委政研室，中共丰顺县委深化改革委员会办公室设在县委政研室并加挂牌子）作为县委工作机关，内设人秘股（加挂改革办秘书股牌子）、党建和社会股、经济和农村股3个股级行政机构，县发展研究中心1个股级事业单位。县委政研室围绕县委中心工作，当好参谋助手，完成文稿服务、调查研究、改革协调等相关工作。

【以文辅政】 2022年，县委政研室起草、把关各类文稿300多万字，完成县委十四届二次、三次全会报告，县人大政协“两会”政府工作报告，全县性会议党政领导讲话材料等一大批重要文稿起草工作。县委政研室坚持把全室力量、资源、精力向文稿服务集中，为县党政领导提供优质高效的资料服务，编辑出版《丰顺调研》刊物4期。

【调查研究】 2022年，县委政研室参与各类调研、视察活动90多次，撰写调研报告20多份。县委政研室紧紧围绕县委“八个聚焦、八个提质”思路举措，深入基层开展调查研究，针对经济社会关键问题、企业发展难点问题、群众急难愁盼问题、社会稳定重点问题，摸清情况、厘清思路、把握规律，找到解决问题的办法和措施，提出更加科学精准、务实管用、富有创新的对策建议；认真筹划组织、配合市直部门在本县开展农产品加工业发展情况等专题调研，向上级部门报送调研报告10篇。

【全面深化改革】 2022年，全面深化改革委员会办公室协调召开县委全面深化改革委员会第七次、第八次会议，协调开展乡镇综合行政执法、乡村产业社区、基层治理、疫情防控等专题调研4次，扎实推进50项年度重点改革任务，2项国家级、2项省级试点工作落地见效，深入推进重点领域和关键环节改革走深走实。

【队伍建设】 2022年，县委政研室提拔正股级干部1名、副股级干部2名，从基层单位调入优秀年轻干部3名、招录公务员1名，培育发展对象1名、积极分子2名，党员占比70.6%。2022年末，全室有干部16名，其中领导班子成员3名，一般公务员5名，事业单位工作人员8名，队伍不断发展壮大。

（洪翠妮）

党校工作

【概况】 中共丰顺县委党校（简称县委党校）主要承担干部培训和理论研究等工作。2022年，县委党校坚持党校姓党，全年举办培训班次14期1213人次，开展宣讲81场次，受众4757人次，扎实做好办学质量评估工作，加强党校教学点建设，积极开展特色教学。

【干部培训】 2022年，县委党校坚持把习近平新时代中国特色社会主义思想作为办班培训的核心课程，党的理论教育和党性教育课程内容占干部教育培训总课时70%以上。全年共举办培训班次14期1213人次。统筹推进疫情防控和办班培训工作，在全市率先创新采取“分会场办班、线下线上齐发力、全员覆盖培训”的方式。线下组织汤坑、汤南、汤西、北斗、埔寨、八乡山、埔寨农场等7个镇（场）学员在县

▲2022年9月26日，中共丰顺县委党校举行丰顺县村（社区）党组织书记和驻村第一书记推进乡村振兴专题培训班开班仪式

（丰顺县委党校供图）

委党校集中培训，线上通过会议直播的形式，实现集中培训现场同步高清直播到剩余的10个乡镇。

【特色教学】 2022年，县委党校学习贯彻党的二十大精神，推动新时代党校事业高质量发展，打造富有本土特色的教学模式，学校成立特色教学工作领导小组，印发《中共丰顺县委党校特色教学工作方案》，教学内容主要包括红色教学、乡土教学、精品教学和线上教学，领导班子成员率先垂范，讲好特色教学示范课，全校教师围绕党的二十大精神精心准备授课专题，全员参与试讲点评。

【宣传宣讲】 2022年，由副校长、教研骨干教师组成的5名同志入选成为县委宣讲团成员，扎实开展《习近平谈治国理政》第四卷和党的二十大精神等宣传宣讲工作，面向全县各单位宣讲81场次，受众4757人次。做好《丰顺学刊》编发工作，努力提升办刊质量和宣传效果。及时更新宣传内容，用好“一刊两屏三栏”（一刊指《丰顺学刊》，两屏指门口和学员住宿楼的电子屏，三栏指三处宣传栏），全面准确宣传党的二十大精神。

【教研工作】 2022年，县委党校扎实开展教研工作，召开教学教研工作会议12场次，认真研发专题课程，全年开发新专题课程29门，申报2个市级课题，发表3篇教研论文。调研和挖掘各镇的红色资源开展党员教育，全年下乡调研60余次，为教学研究提供丰富的素材。

【队伍建设】 2022年，县委党校新上任1名常务副校长，调进1名副校长，提拔1名教学骨干为专职校委委员，配强充实领导班子，招录1名硕士研究生。重新对领导班子成员进行分工，明确工作职责。开展谈心谈话活动，做到既分工又团结合作。在具体行动上，对重要的教学专题实行领导领学和督学机制，以上率下，注重“以老带新、传承经验”，努力锻造一支政治强、业务精、作风好的新时代党校干部队伍。

【党校教学点】 2022年，县委党校聚焦党校教学点建设，打造“1+17+X+Y”教学点辐射联动机制。以县委党校为核心，加强对17个镇级党校的业务指导，重点建设了滩良村分教点、叶华村分教点、九龙村分教点等X个党校分教点。充分利用现有的红色资源，新打造了坚真纪念馆、宝田庐、五姓祠、崇德善堂等Y个现场教学点。精心培养现场教学点的讲解员，提升现场教学效果。

【办学质量评估】 2022年，县委党校根据《市县党校（行政院校）办学质量评估办法（试行）》的通知要求，制定《评估工作方案》，先后10余次主持召开班子（扩大）会和专题研究会，形成近100盒900项评估支撑材料，得到了省、市办学质量评估工作领导小组的一致好评。

【乡村振兴建设】 2022年，县委党校协助带动汤西镇双湖村广湖寨建设村道、广湖寨文体广场、五姓祠以及广湖中路等，村容村貌焕然一新。广湖寨已成为全县爱国主义教育基地和新时代文明实践新亮点和乡村治理、乡风文明、家风家教新的党校现场教学点。

（黎　强）

史　志

【概况】 2022年，丰顺县史志办公室（简称县史志办）依法编史修志，强化“资政、存史、育人”的使命担当，开展红色文化宣传、党史书籍编写、年鉴编纂和地情资源挖掘研究等工作，为推动丰顺苏区高质量振兴发展提供史实支撑。

【打造红色新地标】 2022年，县史志办完成“丰顺县革命委员会、丰顺县苏维埃政府成立旧址”等展馆史料布展审核工作。其中，“丰顺县革命委员会、丰顺县苏维埃政府成立旧址”展馆于2022年1月8日开馆。开馆当天，举行丰顺县革命委员会、丰顺县苏维埃政府成立旧址展陈揭幕仪式；做好汤西广湖农会旧址史料布展工作，协助打造集村民文体娱乐和开展新时代文明实践活动、传承红色基因于一体的爱国主义教育基地，为全县乃至周边市县区的广大干部群众打造中共党史教育、爱国主义教育场所。

▲2022年5月27日，丰顺县史志办公室到丰顺县第一小学作党史宣讲

（丰顺县史志办公室供图）

【地方党史书籍编写】 2022年，县史志办推进《中共丰顺县地方历史第二卷（1949.10—1978.12）》编纂工作，根据市委党史研究室的反馈意见，再次进行校对修改。

【党史宣讲和送书活动】 2022年，县史志办到丰良镇、汤坑镇城西社区、汤坑镇第一中心小学、汤西和安小学等地，开展党史宣讲活动，面向干部群众开展党史宣讲活动6场次，受教育人数约300人次。开展送书进乡镇、进企业、进机关、进社区、进学校、进军营活动，前往基层开展送书活动11次，送出红色书籍、地情书籍及宣传手册1200多册。

【宣传报道】 2022年，县史志办先后在新华网、《南方日报》、《梅州日报》等中央、省市级媒体发表新闻报道10多篇，向省、市上报工作简讯6篇。所撰《丰顺县苏维埃成立旧址展陈揭幕》材料经市委党史研究室推荐，被中共中央党史研究室采用。

【红色革命遗址挂牌】 2022年，县史志办加强革命遗址保护、管理、修缮和利用，发挥革命遗址爱国主义教育和革命传统教育作用，分批次开展全县红色革命遗址挂牌保护工作。按照规范有序、逐步实施、分级负责原则，蓝田书院——丰顺县青抗会成立旧址等12处第一批红色革命遗址完成挂牌。挂牌后，按属地管理原则进行日常维护。

【自然村落历史人文普查】 普查工作涉及全县17个镇场1422个自然村，经过县、镇、村三级联动，共同努力，2022年自然村落历史人文普查工作基本完成，《全粤村情》（丰顺卷）一、二册已于8月出版，三、四册均已送出版社，待印刷出版。

【《丰顺年鉴（2022）》编纂】 2022年，县史志办按照年鉴编纂要求，做到科学性、连续性、年度性、全面性、特色性，执行一年一鉴的工作要求，集中力量，精心编辑，规范条目。《丰顺年鉴（2022）》于3月开始统稿编纂，年底方志出版社印刷出版。

【指导编修志书】 2022年，县史志办发挥“存史、资政、育人”职能，利用地方志资源服务经济社会发展，加快地方志资源开发利用，指导编修部门志书。《丰顺县历史文化名人录》正在抓紧编撰中，指导县档案局编修的《丰顺档案志》已基本完成。

【地方志数字化工作】 2022年，县史志办抓好存量图书数字化入库及历史已数字化入库图书的审核校对工作，按时按质完成《丰顺年鉴》等书籍的入库工作。

【开发利用地情资源】 2022年，县史志办利用史志工作成果，服务于社会发展和经济建设。开展地情资料征集和咨询服务，为各级领导决策提供资料；以志书、年鉴为媒，宣传丰顺，扩大丰顺的知名度，为人文资源、旅游资源开发和城镇规划、项目规划等提供科学的历史依据和史料。

（叶铭杰）

档　案

【概况】 2022年，丰顺县档案馆推进新馆建设，做好档案接收、开放鉴定工作，筑牢档案安全防线，加强档案宣传和信息化建设工作。2022年，已进馆113个全宗号，馆藏档案3.68万卷又10.65万件，馆藏照片6486张，馆藏资料5458册，实物106件。

【新馆建设】 县档案馆新馆位于县坚真文体中心综合楼7～9楼、10楼部分区域和负一楼部分区域。丰顺县坚真文体中心综合楼主体工程于2021年1月竣工封顶，2022年6月底移交给丰顺县档案馆进行内部装修，2022年7月启动新馆装修立项，8月下旬进场施工，12月1日在政府网站发布闭馆公告，并着手清点整理馆藏档案，2022年12月16日举行新馆建成启用揭牌仪式，县委书记张志锋、市委副秘书长隋斌共同为丰顺县档案馆揭牌，县委常委、办公室主任石远平主持揭牌仪式，市档案馆馆长巫万忠，县领导吴伟明、曾小丽参加活动。新馆建筑面积4750平方米，其中档案库房面积1200平方米，按县级一类综合档案馆标准建设，具备现代国家综合档案馆爱国主义教育基地、档案安全保管基地、档案利用服务中心、政府信息公开中心、电子文件管理中心“五位一体”功能布局，馆内各档案业务功能用房齐全，能满足丰顺县未来30年档案保管利用需求。

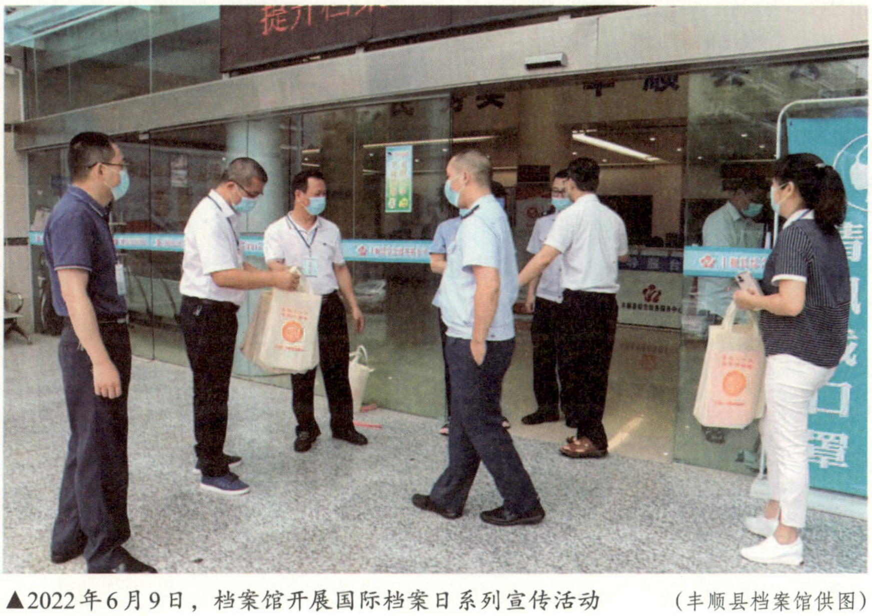

▲2022年6月9日，档案馆开展国际档案日系列宣传活动　（丰顺县档案馆供图）

【档案资源体系建设】 2022年，县档案馆新增接收20个单位的文书档案7905件，专门档案228件，照片210张，实物1件，资料85册。其中，党史学习教育档案228件，2021年度疫情防控档案228件，照片57张。所有接收的档案同步录入电子目录数据库。征集丰顺县知名作家的文学作品7本、族谱2册，进一步丰富馆藏。

【档案信息化建设】 2022年，县档案馆推进“存量数字化、增量电子化”，2022年开展前五期档案数字化校核与建库工作，检核后的目录数据与扫描数据达到100%挂接建库率。

【档案安全体系建设】 2022年，县档案馆修订应急预案，成立档案安全应急处置工作领导小组，落实工作责任。开展档案安全风险隐患排查整治工作，实行专人检查和重大节假日前全面排查的大检查措施，全年排查并整改安全隐患2处。建立档案库房安全检查记录表、档案库房温湿度测量记录表等标准化台账。强化档案安全宣传教育，定期组织干部职工学习档案安全管理知识，严防档案安全事故的发生。

【档案利用服务】 2022年，县档案馆做好档案服务工作，完善查阅利用设施，优化查档环节，做好现场查档、电话查档、来函查档等档案查阅利用服务。2022年累计接待阅档人员191人次，复印文书档案2433页，满足查阅者的各种档案需求。

【档案开放鉴定】 2022年，县档案馆贯彻落实新修订的档案法关于档案开放的相关规定，加大档案开放审核力度。2022年，经档案开放鉴定小组对中共丰顺县委员会、丰顺县人民政府、中共丰顺县纪律检查委员会、丰顺县人民法院等4个全宗1816卷1.96万条目进行鉴定，并征求档案形成单位意见，其中暂不开放档案为1173卷中的8312条目，经市档案局审批后向社会公开。

【档案宣传】 2022年，开展“6·9”国际档案日“喜迎二十大·档案颂辉煌”主题宣传活动，深入县政务服务中心、坚真公园等地“送档案知识下乡”，宣传档案法律法规，宣传档案工作的核心价值和重要地位，宣传档案馆工作的主要内容和重大作用，增强广大群众的档案法治意识和依法利用档案资源意识。

（吴 清 廖贵涛）

关心下一代工作

【概况】 2022年丰顺县关心下一代工作委员会（简称县关工委）坚持“急党政所急、想青少年所需、尽关工委所能”的工作方针，发挥“五老”（老干部、老战士、老专家、老教师、老模范）的优势作用，加强和改进青少年思想道德教育，促进青少年健康成长，推进丰顺县关心下一代工作的发展。县关工委宣传工作2004—2022年连续19年被中国关工委评为先进集体。

【思想引领】 2022年，县关工委采取多种形式深入学习宣传十九届五中、六中全会和二十大精神，学习贯彻习近平总书记系列重要讲话精神和对关心下一代工作的重要指示精神，贯彻落实中办国办〔2021〕46号文件精神，以及全国关工委工作会议和全省关工委工作会议精神，开展“大学习、深调研、真落实”活动，把学习党史教育活动引向深入。10月16日在党的二十大召开期间及召开后，县关工委采取收听收看开幕会、微信群朋友圈等线上学习交流以及加强调研多种形式，深入学习党的二十大精神，推动关工委工作再上新台阶。深入开展专题宣传活动，编印学习宣传材料下发至基层关工委，出版大型专题宣传栏，张贴挂图等，先后到丰良镇中心小学、汤坑镇第二中心小学、三友联合中学、小胜镇中心小学等学校调研，指导各中小学校深入开展党史教育、革命传统教育、德育和法制教育，组织和参与汤坑镇第二中心小学、汤西镇中心小学等110多所中小学校举行德育、法制教育报告会、学习会。

【主题教育活动】 2022年，县关工委在丰顺县青少年中开展“传承红色基因、争做时代新人”以及“中华魂”主题教育等活动，扣紧活动的主题，结合该地的实际，采取多种形式，将培育和践行社会主义核心价值观推向更广泛、更深层次。5月26日，县关工委到革命老区小胜镇慰问镇中心小学“爱心之家”留守儿童，并组织部分留守儿童代表到该镇坚真纪念馆开展“传承红色基因”教育活动。10月13日，县关工委在联合梅州八乡农嫂生态科技有限公司举办“农村创业青年‘普及科技农业 助力乡村振兴’培训班”期间，组织创业青年到位于八乡山镇滩良村的东江革命根据地史料陈列馆开展“喜迎党的二十大、赓续红色基因”助力乡村振兴学习交流活动。指导配合各镇、单位、学校关工委开展教育活动，如汤坑、丰良、砂田、留隍等镇利用清明节、青年节、建党节等节日，组织青少年学生、党员干部到烈士纪念碑缅怀瞻仰革命烈士，到坚真纪念馆、马图和八乡山革命遗址、大埔三河坝革命旧址等参观学习。县关工委组织学生参加省、市关工委举办的“弘扬苏区精神、劳动创造幸福”征文活动，其中被省关工委评为优秀奖5篇，被市关工委评为一等奖1篇、二等奖1篇、三等奖4篇、优秀奖4篇。

【宣传工作】 2022年，县关工委根据各时期的工作出版宣传栏，开设学习园地，悬挂宣传横额等，采取多种形式开展关心下一代宣传工作。2022年全体通讯员在《中国火炬》《秋光·关心下一代》等刊物、网站和中国关工委、省关工委微信公众号发表文章信息60多篇。在丰顺县电视台等媒体发表30多篇。县关工委在2023年度订刊工作中，得到县财政局、县教育局、县卫生健康局、县农商银行和汤坑镇、丰良镇、留隍镇等单位的大力支持，完成订阅《中国火炬》238份、《秋光·关心下一代》320份，实现征订任务“稳中有增”，县关工委宣传工作2004—2022年连续19年被中国关工委评为先进集体。县关工委办公室江智强2022年12月被《中国火炬》杂志社评为优秀通讯员。

【发放助学金】 2022年，县关工委根据市关工委发放叶剑英基金助学金的工作部署，在深入调查核实、确定受助学生对象的基础上，于8月26日举行发放仪式，向27名家庭贫困的高中生发放助学金5.4万元，每名学生受助2000元。

【农村留守儿童“爱心之家”】 2018年12月底18家镇级中心小学“爱心之家”全面挂牌成立。2022年，县关工委对全

▲2022年10月13日，丰顺县关工委联合梅州八乡农嫂生态科技有限公司举办“农村创业青年‘普及科技农业 助力乡村振兴’培训班”

（丰顺县关心下一代工作委员会供图）

县“爱心之家”建设及开展活动情况进行调研，查漏补缺，健全各项制度，促使“爱心之家”活动常态化。2022年“六一”儿童节和其他重要节日期间，汤坑、汤西、丰良、小胜等镇中心小学“爱心之家”结合实际，开展丰富多彩的关爱留守儿童活动。5月26日，县关工委到革命老区小胜镇慰问镇中心小学“爱心之家”留守儿童，向30名留守儿童代表赠送书包、学习用品等慰问品，并组织他们到该镇坚真纪念馆开展“传承红色基因”教育活动。

【培训和帮扶】 2022年县关工委以普及农产品电子商务知识和打造农业特色品牌为重点，努力培养造就一批“新农人”。6月28日，县关工委联合梅州市尚锋电子商务有限公司，在该公司会议室举办“农村创业青年‘新农人’品牌知识培训班”。各镇（场）的农村创业青年、农民企业家和镇（场）关工委常务副主任80多人参加培训。10月13日，县关工委联合梅州八乡农嫂生态科技有限公司，在该公司举办农村创业青年“普及科技农业、助力乡村振兴”培训班。全县各镇（场）的农村创业青年、农民企业家和部分镇（场）关工委常务副主任40多人参加培训。为深入学习贯彻省关工委召开全省农村创业青年电视电话会议精神，推动丰顺县农村创业青年培训工作再上新台阶，县关工委根据本县实际，成立丰顺县关工委农村青年创业技术指导组，聘请了何火球、钟带生等8名在农业技术方面有特长有经验的技术员、老农为技术指导员，颁发了聘书，为农村青年创业提供技术指导，助力乡村振兴。

（江智强）

老促会工作

【概况】 2022年，丰顺县老促会被中国老促会、省老促会评为宣传工作三等奖。8月4日，省老促会会长陈开枝到丰顺县调研老区发展情况，调研李坚真纪念馆等地。

【政治思想建设】 2022年，丰顺县老促会制定老干部定期学习制度，全年累计集中学习8次以上。结合重大时事、要事，认真学习党的十九届六中全会精神，学习《中共中央关于党的百年奋斗重大成就和历史经验的决议》等。学习广东省委《关于新时代支持革命老区和原中央苏区振兴发展的实施意见》，学习党报、党刊、老区主流媒体的报道文章，学习老促会系统的材料简报等。

【撰写《我们与新时代变化发展的革命老区同行》】 2022年，为纪念梅州市、县（区）老促会成立30周年，丰顺县老促会回顾历程，撰写了《我们与新时代变化发展的革命老区同行》一文，比较系统地回顾老促会走过的难忘历程。2022年底，梅州市老促会在《情系老区》一书中，刊用该文。

【发放助学金】 2022年，全县为22位就读各级学校的烈士后裔，每人发放3200元助学金，共计7.04万元。并对学生和广大青少年，开展革命英雄主义和爱国主义教育，组织受助学生写体会、谈感想。

【征订发行老区期刊】 2022年，《中国老区建设》《源流》在丰顺县分别发行180份和300份，实现老区期刊在全县老区行政村全覆盖。2022年，组织通讯员队伍，上送信息稿件，在《源流》发表稿件18篇。

（黄光心）

丰顺县坚真老干部（老年）大学

【概况】 丰顺县坚真老干部（老年）大学创办于2004年10月，开设老年保健专业、医疗气功、养生按摩、音乐、舞蹈、弦乐、太极拳、扇、剑、书法、美术、大锣鼓12个专业。

【教学情况】 2022年，学校学员报名人数有334人、609科人次，开设有12个专业班。开学初，学校正常上课。3月下旬，因新冠疫情，转换教学形式为分散学习，离校不离教，进行网上教学。

【举行庆祝“七一”文体演出活动】 2022年7月1日，学校在教室大厅举行以“喜迎二十大、永远跟党走”为主题，庆祝“七一”文体演出活动，演出的节目有舞蹈、太极拳、太极扇、太极刀等10多个节目，最后在大合唱《没有共产党就没有新中国》的歌声中结束活动。

【举行学习党的二十大精神座谈会】 2022年12月9日，学校在教室大厅举行学习党的二十大精神座谈会。会议学习党的二十大召开的背景、大会的主题、十年来取得重大成就以及党的中心任务和总体目标等内容。学校校务委员、教师、班队室干部80多人出席大会。

【学校晨运队】 2022年，坚真老干部（老年）大学有11个晨运队，在坚真公园内活动的有6个队，在新世纪广场活动的有一队和二队2个队，以及东山公园队、金溪小公园队、汤南小广场队。他们以队为单位、在队长带领下进行锻炼，有太极拳、太极扇、太极刀等文体活动。

（徐名鑫）

▲2022年，学员在晨练 （丰顺县坚真老干部大学供图）

丰顺县人民代表大会

主要会议

【县十六届人大二次会议】2022年2月17—19日，丰顺县举行第十六届人民代表大会第二次会议。会议应到会代表276人，实到会258人，符合法定人数。根据疫情防控的要求，不是本届县人大代表的县委、县人大、县政府、县政协、县纪委监委、县法院、县武装部领导和其他市管领导干部，县政府组成人员，县直正局以上单位和部分省、市驻丰单位主要负责人，县人民法院副院长、县人民检察院副检察长，镇长、镇人大副主席，县人大常委会机关副科职以上干部列席会议；工作居住在丰顺县的十三届全国、省十三届和市八届人大代表、曾任正处职和县人大常委会常务副主任在丰居住的老同志应邀列席但不出席会议。出席政协丰顺县十一届二次会议的全体委员在分会场列席2月18日上午的大会。

会议期间，代表们履行宪法和法律赋予的职责，听取和审议县长罗达祥所作的政府工作报告，审查丰顺县2021年国民经济和社会发展计划执行情况与2022年计划草案的报告、丰顺县2021年预算执行情况与2022年预算草案的报告，听取和审议丰顺县人民代表大会常务委员会工作报告、丰顺县人民法院工作报告和丰顺县人民检察院工作报告。会议经过审议，采取无记名投票方式，表决通过以上6个报告，并作出相应的决议。会议以无记名投票方式，表决通过2022年丰顺县人民政府十项民生实事项目。

在审议各个工作报告中，代表们以实事求是的精神肯定2021年丰顺县各个方面工作所取得的主要成绩和基本经验，同时结合实际，就做好2022年工作，提出意见和建议。会议共收到代表10人以上联名提出的议案11件。经大会议案审查委员会初审并提交主席团审议决定，以上11件议案全部转为建议处理。另外，收到代表提出的建议5件，会后一并移送县政府及有关承办单位依法办理。

【县人大常委会会议】2022年，丰顺县人民代表大会党务委员会召开常委会会议8次。（详见“2022年丰顺县人大常委会会议情况表”）

2022年丰顺县人大常委会会议情况表

表3

会议时间	届　次	议　题
1月18日	十六届四次	传达学习市八届人大一次会议精神；审议关于召开县十六届人大二次会议的决定（草案）；审议决定人事任免事项
2月10日	十六届五次	讨论县人民政府工作报告（讨论稿）；审议县人大常委会工作报告（讨论稿）；审议召开县十六届人大二次会议相关事宜
3月25日	十六届六次	传达学习十三届全国人大五次会议精神；传达学习市委人大工作会议精神；审议决定人事任免事项；审议钟凌玮请求辞去丰顺县第十六届人大代表职务的报告
5月12日	十六届七次	听取和审议县政府关于2021年环境状况和环境保护目标完成情况的报告；听取和审议县政府关于医疗保障工作情况的报告；审议决定人事任免事项

续表3

会议时间	届 次	议 题
7月27日	十六届八次	听取和审议县政府关于2022年上半年国民经济和社会发展计划执行情况的报告；听取和审议县政府关于2022年上半年财政预算执行情况的报告；听取和审议县政府关于提请审议2022年县级财政预算调整方案的议案（草案）；审议县政府关于丰顺县存量隐性债务化解“清零”的报告；审议决定人事任免事项
9月30日	十六届九次	听取和审查县政府关于申请批准不编制本级国有资本经营预算的议案（草案）；听取和审查县政府关于2021年县级决算（草案）的报告；听取和审查县政府关于丰顺县2020年度县级预算执行和其他财政收支审计查出问题整改情况的报告；听取和审查县政府关于丰顺县2021年度本级财政预算执行和其他财政收支审计工作的报告；听取和审议县政府关于《退役军人保障法》贯彻实施情况的报告；听取和审议县政府关于乡村振兴工作情况的报告；审议决定人事任免事项
12月7日	十六届十次	传达学习党的二十大精神；听取和审议县人大常委会规范性文件备案审查工作程序规定(修正版)；听取和审议县政府关于开展法律援助工作的报告；听取和审议县政府关于2021年国有资产管理综合报告和金融类国有企业专项报告；听取和审议县政府关于义务教育阶段“双减”工作情况的报告；听取和审议县政府关于县十六届人大二次会议代表建议办理情况的报告；七是审议决定人事任免事项
12月23日	十六届十一次	听取和审议丰顺县人民政府关于2022年县级财政第二次预算调整方案的报告；听取和审议2022年度丰顺县规范性文件备案审查工作情况报告；听取和审议关于补选增选古孟青等同志为县十六届人大代表的议案（草案）

主要工作

【政治自觉】 2022年，县人大常委会把党的全面领导贯穿于人大工作全过程各方面，深刻领悟“两个确立”的决定性意义，进一步增强“四个意识”、坚定“四个自信”、做到“两个维护”。贯彻落实县委指示和会议精神，坚持重大事项重要工作请示报告制度，向县委书面、口头请示报告11件次。县委高度重视人大工作，召开县委人大工作会议，出台关于贯彻落实省委人大工作会议重点任务分工方案，优化人大干部队伍，为县人大常委会依法履职提供坚强的组织保障。2022年，召开人代会1次、常委会8次、主任会议11次，依法任免地方国家机关工作人员79人次，开展视察调研39次，听取和审议专项工作报告17项，作出决议决定4项。

【思想自觉】 2022年，县人大常委会落实“第一议题”制度，通过参加县委理论学习中心组会议和召开党组会议、党支部会议等方式，学习贯彻习近平新时代中国特色社会主义思想和党的二十大精神，学习贯彻中央、省委、市委、县委人大工作会议精神，深入挂钩镇村、代表联络站、企业宣传宣讲，分享学习党的二十大精神的体会，把党的二十大新部署新要求贯彻落实到地方人大的工作实践。认真落实意识形态工作责任制，做到守土有责、守土尽责。

【行动自觉】 2022年，县人大常委会坚持党管干部原则和人大依法任免有机统一，落实法律考试、供职表态、颁发任命书、宪法宣誓等制度规定，依法任免本级国家机关工作人员79人次，接受代表辞职7人次，组织宪法宣誓55人次，任前法律考试48人，圆满实现组织意图。强化常委会党组在人大工作中的领导作用，召开党组会议19次，听取审议重要议题35项，助推县委决策部署和县人大常委会重点工作落地落实。

【重点工作】 2022年，县人大常委会围绕县第十四次党代会和县委十四届二次全会的部署安排，开展视察调研、督办督导，助推重点项目和民生实事落地见效。

助推重点项目落地落实　组织代表调研视察重点项目建设和经济社会发展的热点难点问题。5月份，组织50多名工作和居住在丰顺的全国、省、市、县人大代表集中视察丰顺新区供水工程，促进项目增速提效保质，为县城及周边32.5万人提供优质安

▲2022年5月28日，人大常委会主任邱翠茂率队调研丰顺新区供水工程

（丰顺县人民代表大会办公室供图）

全的饮用水。代表们多次提出意见建议的丰顺教堂水库项目开工建设。配合市人大开展客家菜传承发展、河道采砂管理及高陂水利枢纽水环境保护立法等调研11次，并结合丰顺实际提出意见建议，为市人大决策提供参考。

推动代表履职成果转化 加强对代表建议意见、民生实事的督办，召开县人大常委会与县“一府一委两院”（县政府，县监委，法院、检察院）监督工作联席会议，组织人大代表、人大干部现场督导，强化沟通交流、促进工作落实。县十六届人大二次会议提出的16件建议意见均得到及时研究处理和答复，代表满意率达100%。十件民生实事项目如期完成。

推动重大事项决策科学民主 依法审查批准年度县级财政决算、预算调整方案等4项，强化预算约束，提高财政资金使用绩效。发出爱国卫生和疫情防控等审议意见、视察意见7件，推动政府部门提升科学精准防控水平。

民生实事 人大常委会领导深入挂钩镇、村做好乡村振兴、安全生产等工作，多方筹集资金支持挂钩镇推进基础设施建设，巩固拓展脱贫攻坚成果，挂钩镇的镇域经济稳中向好、镇容镇貌焕然一新、社会治理成效凸显。落实县委关于疫情防控的工作部署，全县人大干部全员投入疫情防控工作。

【依法监督】 2022年，县人大常委会党组充分运用宪法法律赋予的监督权，实行正确监督、有效监督、依法监督，以法治力量护航经济社会的高质量发展。

助推经济平稳运行 强化计划监督，调研国民经济和社会发展、预算执行情况并听取报告，推动县政府及其职能部门进一步坚定信心决心，加强财政收支管理、扩大有效投资、促进城乡融合发展。听取和审议审计工作报告，加强对审计查出问题整改情况的跟踪监督。听取国有资产管理专项报告，强化国有资产管理、防止国有资产流失。加强政府债务监督，对解决政府存量隐性债务提出研究意见，防范化解政府债务风险。

助力民生事业发展 紧盯生态环境保护，加强对2021年环境状况和环境保护目标完成情况的监督，推动环境保护的宣传、城乡环境治理水平和执法能力迈上新台阶。开展义务教育阶段“双减”政策落实情况的调研，促进学校教育教学质量和服务水平进一步提升。围绕群众关心的医疗保障问题，听取审议医疗保障工作情况的报告，促进医保部门强化基金管理，提升保障服务效能。

提供法治保障 修订完善规范性文件备案审查工作程序规定，围绕法制统一，备案审查规范性文件2件。听取审议县政府关于法律援助工作的情况报告，督促县政府及相关部门整合资源，维护弱势群体的利益。听取审议县政府关于退役军人保障法贯彻实施情况报告，推动县政府及其职能部门进一步优化办公场所、强化部门联动、提升服务水平，营造“双拥”（地方拥军优属，军队拥政爱民）良好氛围。

【服务保障】 2022年，县人大常委会突出代表的主体地位，全力支持和保障代表依法履职，加强代表履职培训，引导代表勇于为民发声、善于为民解难、勤于为民办事。争取省人大480万元的资金支持，提升镇村代表联络站“三化”（建站标准化、管理规范化、工作常态化）水平。制订“双联系”（丰顺县人大常委会党组、主任会议组成人员联系县人大代表，县人大代表密切联系人民群众）制度和代表联络站意见建议处理办法，常委会组成人员联系代表60多人次，各级代表联系群众4320多人次，镇村代表联络站收集群众提出的219条意见建议全部解决。协助市人大常委会组成人员联系市人大代表、群众50多人次，更好接地气、察民情、聚民智、惠民生。把提升人大代表履职能力作为一项重要任务来抓，按照“请进来+走出去+沉下力”的思路，邀请专家教授给270多名县人大代表培训；组织县镇人大干部、县人大常委会组成人员、部分市县人大代表到深圳人大干部培训中心进行学习；安排4名县人大常委会机关业务骨干，奔赴16个镇，为1200多名县镇人大代表培训。全年累计开展培训20多场次，培训人大代表、人大干部1620多人次。组织开展“更好发挥人大代表作用”主题活动，1079名各级代表参加活动，占比71.9%，收集群众意见建议77条，已解决73条，解决率94.8%。代表当好政府和群众的桥梁纽带，协助镇政府解决71个信访问题。在疫情防控期间，各级代表积极响应县人大常委会的号召，1150多名代表参与核酸检测、物资派送、医疗救治等，在县人大的动员下，企业界的代表和社会热心人士捐资捐款690多万元。各级代表在招商引资、乡村振兴、助学助教等工作中积极作为，取得显著成效。

【队伍建设】 2022年，县人大常委把党的政治建设摆在首位，提高政治能力，遵守党的政治纪律和政治规矩。落实意识形态工作责任制，把住关口，守好阵地。发挥基层党组织的作用，成立县人大常委会机关党总支并选举产生第一届总支委员会，完成机关党支部和离退休党支部的换届选举。组织党员干部开展“主题党日”、工会活动。落实中央八项规定及其实施细则，履行党组党风廉政建设主体责任和“一岗双责”。开展党纪、法纪、政纪和勤政廉政警示教育，完成党史学习教育及警示教育专题民主生活会的整改，完成十四届县委第一轮巡察发现共性问题的自查自纠。控制人大工作经费支出，执行廉洁从政的各项规定，支持纪检监察机构履行监督责任，推动人大常委会机关党风廉政建设向纵深发展。加强对新修订的党章、地方组织法等法律法规和人大业务知识的学习，提高机关干部依法履职能力和水平。制定县人大常委会及机关保密工作制度等，加强公务用车、公务接待、办公用房的管理，严控“三公”经费和一般性支出，以制度管人、管事。深入各镇人大代表和村代表联络站，加强对镇人代会、代表联络站“三化”建设等工作的督促指导。召开人大工作经验交流会，出台指导性文件，推动乡镇人大工作的提升。埔寨镇建成人大法治公园、大龙华镇 “宝田庐”设立人大党史学习教育基地。省、市人大和梅州日报网站（微信公众号）29次宣传报道丰顺县、镇人大先进事迹或工作动态，人大新闻宣传排在全市各（市、县、区）前列。

（洪陆丰）

表4 **2022年县人大常委会发布的主要文件目录一览表**

序号	文　号	文件名称
1	丰人常［2022］1号	关于接受吴鹏鸟同志辞去县十六届人大常委会委员职务的请求的决定
2	丰人常〔2022〕2号	关于王象山等同志任职的通知
3	丰人常〔2022〕3号	关于朱志林等同志职务任免的通知
4	丰人常〔2022〕4号	关于印发《丰顺县人大常委会2022年监督工作计划》的通知
5	丰人常〔2022〕5号	关于印发《丰顺县人大常委会2022年工作要点》的通知
6	丰人常〔2022〕6号	关于接受钟凌玮辞去县十六届人大代表职务的请求的决定
7	丰人常〔2022〕7号	关于黄海满等同志职务任免的通知
8	丰人常〔2022〕8号	关于廖俊洪等同志职务任免的通知

续表4

序号	文　号	文件名称
9	丰人常〔2022〕9号	关于郑春铃等同志职务任免的通知
10	丰人常〔2022〕10号	丰顺县人大常委会关于贯彻落实市委人大工作会议精神的工作方案
11	丰人常〔2022〕11号	关于谢位城等同志任职的通知
12	丰人常〔2022〕12号	县十六届人大常委会第七次会议审议意见
13	丰人常〔2022〕13号	关于丰顺县新区供水工程（一期工程）建设的视察意见
14	丰人常〔2022〕14号	关于王湘阳同志免职的通知
15	丰人常〔2022〕15号	关于蔡庆省等同志职务任免的通知
16	丰人常〔2022〕16号	关于邹贵鹏同志免职的通知
17	丰人常〔2022〕17号	关于郑建忠同志免职的通知
18	丰人常〔2022〕18号	关于接受郑建忠同志辞去县十六届人大代表和人大常委会委员职务的请求的决定
19	丰人常〔2022〕19号	县十六届人大常委会第八次会议审议意见
20	丰人常〔2022〕20号	关于爱国卫生运动和疫情防控工作的视察意见
21	丰人常〔2022〕21号	关于吴小铧等同志职务任免的通知
22	丰人常〔2022〕22号	关于陈志国等同志职务任免的通知
23	丰人常〔2022〕23号	关于邹学平同志任职的通知
24	丰人常〔2022〕24号	关于吴小垚等同志职务任免的通知
25	丰人常〔2022〕25号	关于接受文广明辞去县十六届人大代表职务的请求的决定
26	丰人常〔2022〕26号	县十六届人大常委会第九次会议审议意见
27	丰人常〔2022〕27号	关于林庆丰同志任职的通知
28	丰人常〔2022〕28号	关于谢碧娟同志任职的通知
29	丰人常〔2022〕29号	关于接受罗丽娜、黎绍庆两位同志辞去县十六届人大代表和人大常委会委员职务的请求的决定
30	丰人常〔2022〕30号	关于接受徐华森、张剑两位同志辞去县十六届人大代表职务的请求的决定
31	丰人常〔2022〕31号	县十六届人大常委会第十次会议审议意见

丰顺县人民政府

政务服务数据管理局

【概况】 2022年，县政务服务数据管理局（简称县政数局）围绕中心工作，紧扣“优政、惠民、兴业”目标，推动“放管服”改革向纵深发展，推进“数字政府”建设，多措并举促进政务服务提质增效，持续优化丰顺县营商环境。

【党建引领】 2022年，县政数局组织召开党组理论学习中心组会议17次，支委会13次，党员大会6次，主题党日会议12次，党课6次，开展谈心谈话50余次。2022年4月，县委第三巡察组对局党组进行巡察，并于7月反馈巡察意见。根据反馈意见，制定《中共丰顺县政数局党组关于落实县委第三巡察组反馈意见的整改方案》，针对巡察发现的四大方面21个问题，制定30条具体的整改措施，建立健全完善15项制度。

【主责主业】 *完善大厅服务建设* 2022年成立办税、退役军人、残疾人联合会、车辆管理、出入境管理、就业和人才、民政等7个政务服务分厅并实现政务服务事项集中进驻。完成县级政务服务中心各类系统、设备的联调联试和安装上线，同时启用“老年人、残疾人绿色通道”，稳步推进政务服务中心适老、适残化改造。印发《丰顺县“证照联办”改革工作方案》，设立“证照联办”专窗，累计办件量79件。4月召开“工建+水电气”“不动产过户+水电气”系统联调联办协调会，10月实现“工建+水电气”和“不动产过户+电”的系统对接联调。

加强数字政府建设，加快政府数字化转型 提前完成市部署的“双百”重点工作任务，1891项政务服务事项实现100%网上受理、100%网上办结，并发布《丰顺县政务服务事项目录及申请办理渠道（2022年第二版）》。全力推进政务服务“全市通办”工作，全年实现1633项政务服务事项全市通办，其中，100项可实现异地代收代办，1533项实现指尖办和终端办，全年办件量26359件。全面提升“粤系列”应用，其中“粤政易”全县累计开通用户1.4万，日均活跃率82%，“粤省事”用户53.62万，“粤商通”用户3.21万，“粤智助”自助机投放至283个行政村（居）委，全年业务量11万笔、服务群众5.2万人次。推动县农村集体财务管理服务平台、政协委员会网站等2个系统上云，分批有序开展云资源缩容（撤销）工作，提高云资源整体使用率。

推动“放管服”改革 9月印发《丰顺县“一件事”主题集成服务改革实施方案》，全面优化业务办理，形成24件“一件事”主题集成服务在县级实施。对全县16个镇开展调研督导，深入了解下放镇级的498项政务服务事项承接情况并梳理出10点任务清单。10月印发《关于报送〈村（社区）政务服务事项目录〉的通知》，进一步拓宽服务范围，提升服务水平，深入推动“放管服”改革。牵头组织24个县直部门对丰顺县实施的省级以上层面设定的行政许可事项进行梳理，并于12月底公布丰顺县行政许可事项267项。完成丰顺县村（社区）政务服务事项清单梳理，共梳理出村（社区）政务服务事项25项、“粤智助”平台服务事项114项，涉及县人社、民政、市场监督、卫健、农业5个部门，事项包括行政许可、行政奖励、行政给付、其他行政权力

和公共服务等5大类。

强化平台建设　为进一步发挥中介服务超市在优化营商环境中的作用，丰顺县131个单位入驻中介服务超市，率先超额完成市下发的目标任务。将惠民信息公开平台“新农村建设”功能板块升级为“基层小型工程建设项目”，对未公开招投标的工程项目强化社会监管。2022年共公布594项，使用建设资金2亿多元。

强化效能监管　政务服务“好差评”全年平均主动参评率98.2%，受理差评工单7件，整改率100%；受理政务服务效能投诉1宗，比2021年下降87.5%。设立“办不成事”反映窗口，建立问题处置机制，为企业群众办事提供便捷反映渠道。“12345”政务服务便民热线全年受理工单10752件，按时办结率100%，群众满意率99.87%。

【队伍建设】　2022年，县政数局立足岗位实际需求，选拔2名优秀干部充实政数队伍；对政治素质好、基层工作经验丰富、工作踏实肯干的2名优秀干部进行职员等级晋升和职级晋升。面对丰顺县2022年的几次疫情，局领导干部组织开展疫情防控信息化系统安全运行保障、参与高风险地区降级工作领导小组审核工作专班和舆论投诉组等工作，组织18名干部职工下沉一线。随后成立核酸采样志愿者、党员突击队以及党群志愿者服务队，加强志愿者队伍建设，抓好疫情防控等工作。

（刘小明　杨丹红）

县政府办公室工作

【概况】　2022年，县政府办公室围绕县委、县政府的工作部署，履行参谋助手、统筹协调、办文办会、督查督办、服务保障等五大职能，完成县委、县政府交办的各项工作任务，为丰顺县经济社会平稳发展作出积极贡献。

【党的建设】　2022年，县政府办公室召开党组会议15场次、学习理论中心组7场次。召开党风廉政建设专题会议2场次，开展日常谈话15人次。定期召开意识形态工作专题会议，分析研判意识形态领域情况。组织在职党员干部职工就地转化为志愿者，配合做好疫情防控工作。

【办文办会】　2022年，县政府办公室紧紧围绕办公室的职能，落实办文岗位责任制，加强OA现代化办公系统使用管理，严格执行收文登记、传阅、交办及发文审核、签发、印刷等公文处理程序，进一步严把“依据关、内容关、格式关”，建立高效快捷、协调统一的运行机制，保证机关各项工作规范、有序、高效运转。2022年，收到并办理市OA、传真及信件7000多份，三密件399份、机要件181件、内部文件195件，印发县府文件75号、丰府函101号、县府办文件8号、丰府办函274号，县政府常务会议纪要15期，县政府工作会议纪要47期。

【会议筹备】　2022年，县政府办公室贯彻落实中央、省、市、县关于精简、压缩会务的有关精神，组织各类重大会议活动，推进产业园区建设、实体经济发展、民生实事、安全生产等各项重点工作。全年召开县政府常务会议15次，承办县政府工作、专题、协调和视频会议450多场次，保证县政府决策事项及政务工作的贯彻落实和正常开展。协助做好中央、省、市、县疫情防控会议保障工作，确保丰顺县疫情防控各项工作有序开展，建立健全疫情防控常态化工作体制机制。

▲2022年3月2日，在丰顺县县政务服务数据管理局党员活动室举行丰顺县“粤智助”政府服务自助机业务培训会

（潘永福摄）

【督办联络】 2022年，县政府办公室督办督促县有关单位办理公文落实情况3500次；对未按时办理、办结的个别单位进行跟进催办200次；实地督查检查30余次，落实县交办事项17件；发出18份文件；转办“互联网+督查”42件；负责办理报送相关文件8件，跟踪跟进重点工作120余项，参加相关会议63场。

【综合协调工作】 2022年，县政府办公室树立全县工作“一盘棋”的思想，围绕决策制定与落实抓好协调，围绕落实县委、县政府的中心工作和解决突出问题的综合协调，理顺基层单位之间工作关系，使各项工作齐抓共管，形成合力，确保政府各项工作的高效运转。

【金融服务】 2022年，县政府办公室在金融服务实体经济方面，积极引导金融机构对标对表贯彻落实《扎实稳住经济一揽子政策措施》系列政策，深化推进金融服务经济稳增长工作。2022年末，全县各项存款余额237.43亿元，同比增长5.12%；各项贷款余额128.87亿元，同比增长2.05%；存贷比为54.28%。在企业上市挂牌方面，协助市金融局做好上市后备企业半年评估工作，细致做好县级资本市场知识培训会前准备工作并结合疫情等要求适时召开。在金融支持乡村振兴方面，会同人行部门共同推进县移动支付示范镇建设，推动农业保险深度和密度逐步提高。在防控金融风险方面，辖区金融运行总体平稳，系统性风险总体可控，未发生重大金融风险事件，具体包括：常态化做好涉非涉稳风险排查，重点做好二十大召开前及过程中的金融稳定情况每日监测工作，做好台账记录；制定出台涉众金融工作方案，各工作专班分工协作达成共治，负责做好市对县涉众金融考核工作；配合开展防范非法集资宣传月活动，常态化做好宣传普及；配合做好防范和处置虚拟货币交易炒作风险工作；及时协调人行部门组织召开房地产金融座谈会，研究部署金融支持房地产市场健康平稳发展工作，主动采取措施维持金融秩序稳定；对典当行业开展综合治理，对典当企业进行协调沟通及实施监管、督促整改。

【港澳台工作及外事工作】 2022年，县政府办公室继续加强与县委统战部、县侨联等部门沟通合作，强化侨务资源共享，依托香港丰顺同乡联谊会、泰国丰顺会馆、新加坡丰顺会馆等海外侨团和其他专业协会，进一步搭建梅州和丰顺推进“一带一路”建设和主动融入粤港澳大湾区建设平台。

【信访工作】 2022年，县政府办公室加强学习宣传贯彻《信访工作条例》，加强重要信访事项办理工作督导跟进，各重要时段信访安全保障工作富有实效，县群众信访诉求综合服务中心高效运行，重视抓好初次信访件办理，治理重复信访和化解信访积案扎实推进。2022年，全县接待走访群众约250批、920人次，同比下降8%；办理网上系统转送交办信访事项约350宗，同比上升11.1%，完成办结省转第二批重复信访事项9宗、重复信访“倒流件”（第一、二批）3宗和重点信访事项“百日攻坚”行动交办案件8宗；责任单位满意度评价件约240宗，参评率、满意率分别为99%、94%。

【乡村振兴】 2022年，县政府办公室支持推动乡村振兴发展，选派优秀年轻干部到村级党组织担任第一书记，协助村党组织加强基层组织建设，不断深化党建引领，助推乡村振兴，全年下拨党建工作经费2万元、驻镇帮镇扶村工作经费6万元。

（综合股）

中国人民政治协商会议丰顺县委员会

主要会议

【县政协十一届二次会议】 中国人民政治协商会议第十一届丰顺县委员会第二次会议，于2022年2月17日至18日在县城举行。

会议审议通过黄建斐同志代表十一届县政协常务委员会所作的工作报告、陈新化同志所作的提案工作情况报告，表彰县政协2021年优秀提案和承办提案先进单位。委员们列席丰顺县第十六届人民代表大会第二次会议开幕大会，听取并讨论县长罗达祥所作的政府工作报告及其他报告。

县政协副主席陈美琼、县政协主席黄建斐分别主持开幕大会和闭幕大会。县委书记张志锋，县委副书记、县长罗达祥，县人大常委会主任邱翠茂，县委副书记、政法委书记梁玉辉，县委、县人大常委会、县政府领导班子成员，县二级调研员郑奕雄，县人民法院院长，县人民检察院检察长，县三级调研员朱报正，县纪委副书记（监委副主任），全体政协委员出席开幕和闭幕大会。历届县政协主席，部分市政协委员，没有安排县政协委员的县直正局以上单位和省、市属驻丰单位主要负责同志，县委办、县府办、县纪委办、县纪委派驻县委办纪检组和县政协机关科室有关负责同志列席会议。

【县政协常委会会议】 2022年，中国人民政治协商会议广东省丰顺县委员会（简称政协丰顺县委员会）党组书记、主席黄建斐主持召开4次常委会议。

2月10日，县政协十一届二次常委会会议召开，听取县政府工作报告，并讨论县政府工作报告；审议县政协十一届常委会工作报告和提案工作报告；确定增补徐江生、李魁胜为十一届县政协委员；审议通过刘集贤因退休、田伟平因被提名为市政协委员人选辞去十一届县政协委员的事项；审议通过县政协专门委员会正、副主任人选；审议通过县政协十一届二次会议议程、日程（草案），秘书长、副秘书长（草案），执行主席、会议主持人名单（草案），秘书处机构组成及职责分工（草案），各专门委员会设置、人员名单（草案），会议决议（草案）。

5月15日，县政协十一届三次常委会会议召开，围绕“科学施工、严把质量，推进新区供水工程项目建设”进行专题议政；郑金方、王吉欣、黄姗三位常委作议政发言；审议通过陈洁华为县政协农业和农村委主任的事项；审议通过张炽礼因退休、张莉因个人原因辞去十一届县政协委员的事项。

8月26日，县政协十一届四次常委会会议召开，传达学习习近平总书记在庆祝香港回归祖国二十五周年大会暨香港特别行政区第六届政府就职典礼上、在中央工作会议上、在庆祝中国人民解放军建军90周年大会上的重要讲话精神，并讨论其他事项。

11月18日，县政协十一届五次常委会会议召开，传达学习贯彻党的二十大精神；传达学习习近平总书记在参加党的二十大广西代表团讨论时、在陕西延安考察时、在河南安阳考察时的重要讲话精神，并讨论其他事项。

主要工作

【党的建设】 2022年，县政协召开政协全体会议1次，党组（扩大）会议16次，主席会议11

次，理论学习中心组会议专题学习10次。制订《中共丰顺县政协党组2022年工作要点》《2022年县政协机关党支部工作计划》。完成机关支部换届工作。落实意识形态工作主体责任，把政协机关网站打造成宣传党的政策方针和习近平新时代中国特色社会主义思想的重要阵地。召开2次县政协党风廉政专题工作会议，层层签订党风廉政建设责任书，落实中央八项规定，纠正“四风”问题。开展纪教月活动，组织观看《清除国企蛀虫——“靠企吃企”典型案件警示录》等3部警示教育纪录片，开展日常谈话提醒71人次。

【议政协商】 2022年，县政协完善以县政协全体会议为龙头，以专题议政会议为重点的协商议政格局，围绕“推进新区供水工程项目建设”等主题开展专题议政协商，撰写高质量专题调研报告呈县主要领导审阅，为增强县城水安全保障建言献策；聚焦“保护修缮他信英拉祖居”“加快配套园区建设”“加强食品药品安全监管”“加快农业农村现代化建设”等方面开展对口协商、界别协商，形成建议意见20条，为有关部门推进工作出实招。全年组织全会协商1次、常委会协商2次、主席会协商6次，重点调研10项，常委走访视察2次，为高效推进全县重要工作贡献政协智慧。

【民主监督】 2022年，县政协执行县领导挂点乡镇、联系企业等制度安排，县政协领导班子成员率队开展疫情防控、安全生产、森林防火、“五谈一看”[1．到镇开展“五谈一看”回访调研参考内容（谈领导班子建设、谈抓重点工作思路举措、谈工作作风转变、谈廉洁自律意识、谈镇党委抓村党组织书记的具体举措，看领导班子成员工作成效）。2．到村开展“五谈一看”回访调研参考内容（谈村情村貌、谈村级党组织建设情况、谈村党组织书记自身情况、谈村党组织抓班子带队伍履职情况、谈制度执行情况，看村级党组织发展成效。）]回访等工作，开展督导督查共56场次，督促有关部门落实县委、县政府工作部署，改进工作。组织7名政协委员受聘为县人民检察院首届听证员，组织16名委员参加公开听证会等全县公检法司主题活动，促进丰顺县司法行政工作规范化。充分发挥提案办理的监督功能，围绕饮水保障、校园食品安全等热点难点，深入开展民主监督活动。县政协十一届一次、二次会议，立案审查的政协委员提案66件，所有提案已全部办理完毕，办复率、满意率均为100%。

履职为民 坚持以人民为中心的发展理念，把解决人民群众关心的现实问题放在履职首位，一大批民生实际问题得到妥善解决。丰顺县疫情期间，县政协党组动员广大县政协委员慷慨解囊，捐款捐物合计超810万元，组织126名政协委员和机关干部奔赴抗疫一线助力抗疫。弘扬雷锋精神，动员100人次参与“两美”（美丽梅州、美好家园）、“文明交通”等志愿服务活动。发挥驻镇帮镇扶村工作队力量，筹集资金74万元支持北斗镇村产业发展、脱贫（监测）户慰问、人居环境整治、河道管理、安全饮水、道路建设等。

凝聚共识 落实走访政协委员、政协委员联系界别群众等机制，深入丰顺县鸿润电子有限公司、丰顺佳丰电子有限公司、丰顺中燃城市燃气发展有限公司等企业调研8场次，共谋发展。重视与非公有制经济人士、新的社会阶层人士、宗教界人士、少数民族等各团体、各界别的经常性联系，做好团结凝聚、引领工

▲2022年5月17日，县政协组织在城政协委员前往汤西镇大罗村调研新区供水工程项目

（丰顺县政协办公室供图）

作。发挥委员在界别群众的引领示范作用，引导开展“扶贫帮困”“爱心助学”“关爱老人”等志愿服务活动，服务社会。协助做好省、市政协来丰调研实体经济、乡村振兴工作，吸取先进经验，凝聚发展合力。

【能力水平建设】 2022年，县政协把自身建设作为基础性工作，着力夯基础、补短板、强弱项、硬自身。举办丰顺县政协委员履职能力提升专题培训班，通过理论授课和现场教学相结合的方式，使政协委员和政协干部深刻感悟“延安精神”“梁家河精神”。抓好十四届县委第一轮巡查发现共性问题自查自纠工作，立行立改查摆出的问题，完善县政协机关网站信息内容发布机制，规范公务卡管理使用，做好保密、档案管理等工作，加强机关内部管理。深入学习宪法、民法典和习近平法治思想。深入开展模范机关、无烟机关建设，加强年轻干部教育培养，改进工作作风，提升工作质效。

（刘伟鑫）

丰顺县纪委监委

综 述

【概况】 2022年，丰顺县纪委监委在强化正风肃纪、维护群众利益中担当作为，在一体推进不敢腐、不能腐、不想腐中持续净化政治生态。发挥监督保障执行、促进完善发展作用。围绕党中央、省委、市委和县委重大决策部署开展监督检查。持续纠治“四风”（形式主义、官僚主义、享乐主义、奢靡之风）。落实中央八项规定精神及其实施细则，开展惠民利民补贴、乡村振兴、营商环境、粮食购销等重点领域专项整治，巩固深化扫黑除恶专项斗争和政法队伍教育整顿成果，持续深挖彻查涉黑涉恶案件背后腐败和“保护伞”，深入整治群众身边腐败和作风问题。全面铺开新一届县委巡察工作，组织开展2轮巡察，完成对112个党组织政治巡察。

【丰顺县纪委十四届二次全会】 中国共产党丰顺县第十四届纪律检查委员会第二次全体会议，于2022年2月15日在县城举行。县委书记张志锋出席全会并讲话，县委副书记、县长罗达祥传达习近平总书记在十九届中央纪委六次全会上的重要讲话和中央纪委全会精神、省委书记李希在十二届省纪委七次全会上的讲话和省纪委全会精神以及市委书记马正勇在八届市纪委二次全会上的讲话和市纪委全会精神。全会审议通过县委常委、县纪委书记张学鹏代表县纪委常委会所作的《坚定不移深化全面从严治党，为丰顺苏区高质量振兴发展提供坚强保障》工作报告。

▲2022年2月15日，召开中国共产党丰顺县第十四届纪律检查委员会第二次全体会议

（丰顺县纪委监委供图）

主要工作

【政治监督】 2022年，丰顺县纪委监委自觉担负起“两个维护”重大政治责任，围绕党的理论和路线方针政策、党中央决策部署，聚焦统筹疫情防控和经济社会发展、防范化解重大风险等重点任务，围绕损害营商环境突出问题等，加强监督检查，确保党中央、省市县委政令畅通、令行禁止。快速处置梅州市顺鹏石业有限公司非法占用林地，被国家林业和草原局挂牌督办，林业、森林公安等职能部门失职失责问题，推动彻底拆除违法占用林地建筑并进行复绿。2022年，全县纪检监察机关开展政治监督1850次，发现并纠正问题396个，否决被监督单位“三重一大”事项27件；出具党风廉政查询意见413人次，提出暂缓使

用、不宜使用意见12人次。

【日常监督】 2022年，丰顺县纪委监委加强对“一把手”和领导班子落实全面从严治党主体责任、履职用权等情况的监督。优化调整并印发《镇党委落实党风廉政建设主体责任清单及年度考核工作方案》，推动镇党委主动落实党风廉政建设主体责任。2022年，全县开展提醒谈话241人次，其中乡科级235人次，县处级6人次；函询25人次，其中乡科级14人次。

【基层监督】 2022年，丰顺县纪委监委完善村务监督委员会工作机制，发挥村务监督委员会在乡村治理中的监督作用，从源头上遏制群众身边的不正之风和腐败问题，促进农村和谐稳定。升级完善惠民信息公开平台功能，拓展公开监督事项，用好“互联网+监督”、大数据比对等科技手段，搭建方便群众参与监督的有效平台。重点在惠民信息平台上增设“基层小型工程建设项目”公开板块，及时督促各镇（场）常态化公开项目名称、项目内容、建设方、施工方、投资额等主要项目内容，进一步拓宽群众知情权、提升监督质效。2022年底，丰顺县惠民信息平台访问量449.97万、App下载量6.48万，公众号关注量6.44万，公众号关注量占户籍人口比例排名全市第三。平台累计发布惠民补贴信息1504.46万条，监管资金114.54亿元；监管小型工程建设项目594个，监管资金2.03亿元，受益人群1498.37万人次，发送惠民补贴短信151.62万条，受理咨询件765件，投诉件269件，咨询、投诉回复率100%。

【巡察监督】 2022年，丰顺县纪委监委把巡察工作纳入县委工作大局中去谋划部署，制订《中共丰顺县委巡察工作规划（2022—2026年）（试行）》，4个巡察组计划以每年2～3轮巡察进度，在一届任期内用九轮常规巡察完成对丰顺县74个县直副科以上单位、17个镇（场）和283个村（社区）党组织的巡察全覆盖。2022年，组织开展2轮巡察，完成对112个党组织巡察，占全覆盖目标任务的29.9%，发现问题392个、线索25条，形成专题报告4份。

2022年，丰顺县纪委监委建立“当下改”的举措和“长久立”的机制，通过“五个坚持”抓好巡察整改工作。坚持压实整改主体责任。完善巡后协同整改联动机制，督促被巡单位落实整改主体责任，组织县领导参加被巡单位党组织巡察反馈会等。坚持“三重审核”整改机制。巡察整改做到“三重审核、四不放过”（由县纪委监委、县委组织部、县委巡察机构共同参与审核巡察整改全过程。做到整改措施不具体不放过、整改时限不明确不放过、整改责任不落实不放过、违纪违规资金应退未退不放过），由派驻纪检监察组、巡察组、巡察办共同参与审核巡察整改全过程。做到整改措施不具体不放过、整改时限不明确不放过、整改责任不落实不放过、违纪违规资金应退未退不放过，确保问题“条条要整改、件件有着落”。坚持落实整改日常监督机制。建立纪检监察、组织部门日常监管机制，制订《关于加强巡视巡察整改日常监督的实施办法（试行）》，统筹整合县纪委监委、县委组织部监督力量，推动巡察整改工作，并把落实巡察整改纳入派驻组日常监督清单、乡镇党委落实党风廉政建设主体责任考核重要指标之一，把督促整改作为加强日常监督的重要抓手。坚持落实整改督查督办机制。巡察办每月定期与县纪委监委案管室、审理室对接，及时掌握巡察移交线索办理进展情况。针对仍有不少被巡察单位存在“资金管理使用审核把关不严，违规发放津补贴”问题，发函建议县财政局牵头，会同县审计局等单位对丰顺县各单位分管财会的领导以及财会人员开展业务培训，提高有审批权限领导的财经管理水平以及财会人员的业务能力，完善各单位财经管理制度。坚持共性问题自查自纠整改。围绕“三个聚焦”（一是聚焦党中央各项决策部署在基层的落实情况；二是聚焦群众身边腐败问题和不正之风以及群众反映强烈的问题；三是聚焦基层党组织建设）、“一个加强”（加强对巡察、审计等发现问题整改情况的监督）对十四届县委第一轮巡察发现的问题进行梳理分析，梳理出14项共性问题，列出共性问题的具体表现并提出参考整改措施。以县委办名义发出《关于对照十四届县委第一轮巡察发现共性问题开展自查自纠工作的通知》，要求全县各单位对标对表认真开展自查自纠整改，并督促职能部门解决巡察发现的共性问题和行业普遍性问题，推动全县行业领域建立健全各项制度。

【审查调查】 2022年，县纪委监委处置问题线索240件，立案193件193人，其中科级干部36人，同比上升44%，采取留置措施1人，移送司法起诉4人，挽回经济损失674.32万元，同比上升113.4%，结案率93.3%。重点查处徐某某、罗某某等严重违纪违法案件。

【廉政教育】 2022年，县纪委监委利用丰顺县纪检监察网站、“客都清风”“财丰民顺”微信公众号等载体平台，通过廉政讲座、专题党课、辅导报告等方式，开展纪法宣传教育活动。活用身边案例，深化以案为戒，对已查处的违纪腐败案件，总结背后的规律性特征，制作廉政微视频、警示教育片，在全县范围内常态化开展警示教育；在春节、中秋、国庆等重要节点，及时通报曝光典型案例，将纪律挺在前面，筑牢拒腐防变的思想防线。2022年，被上级媒体采用宣传教育类稿件16篇次，参与制作拍摄廉政微视频、警示教育片6场次，到县直单位开展廉政辅导7场次。

【作风建设】 2022年，县纪委监委做好群众来电、来信、来访处置工作，全年接收信访举报161件，其中检举控告类104件。重点化解汤坑镇东里村群众重复举报反映诉求问题。印发《丰顺县纪委监委2022年深入整治群众身边腐败和作风问题的工作方案》，围绕惠民利民补贴、乡村振兴、营商环境、粮食购销等重点领域开展专项整治。巩固深化扫黑除恶专项斗争和政法队伍教育整顿成果，持续深挖彻查涉黑涉恶案件背后腐败和“保护伞”。督促行业主管部门深化农村乱占耕地建房、学生营养餐、假药师证等14项专项整治，重点督促推动全县惠民惠农“一卡通”突出问题专项整治。全年查处群众身边不正之风和腐败问题27起，批评教育帮助88人，给予党纪政务处分54人，其中，查处农村乱占耕地建房失职失责案件3起，给予党纪政务处分3人；查处乡村振兴领域问题2起，批评教育帮助5人，给予党纪政务处分4人；查处涉黑涉恶腐败和“保护伞”问题5起，批评教育帮助23人，给予党纪政务处分17人；查处政法干警案件11件11人；查处涉粮腐败和作风问题3件3人。

2022年，县纪委监委深入整治形式主义、官僚主义，严肃查处在巩固拓展脱贫攻坚成果、民生保障、帮扶救助、安全生产、政务服务、维护社会稳定、疫情防控等领域不作为、慢作为、乱作为问题。严肃整治享乐主义、奢靡之风，坚决纠治违规发放津补贴、收送电子红包、私车公养、公务接待中“吃公函”、“不吃公款吃老板”等问题。全年查处形式主义、官僚主义问题31个，批评教育帮助和处理94人，其中给予党纪政务处分64人；共查处享乐主义、奢靡之风问题13个，批评教育帮助和处理56人，其中给予党纪政务处分24人；通报违反中央八项规定精神典型案例2起8人。

【深化改革】 2022年，县纪委监委树立“一盘棋”思想，全面整合县镇两级纪检监察干部力量，制订印发《丰顺县纪委监委纪检监察室、派驻（出）机构和镇级纪委监督检查审查调查“室组地”联动制度》，将7个纪检监察室、12个派驻（出）机构和16个镇纪委划分为7个监督检查审查调查联动区，形成上下贯通、左右衔接、系统集成工作格局。

县纪委监委积极探索“巡察+线索处置+审查调查”联动机制，出台《关于建立“边巡边移边查”联动工作机制的实施办法（试行）》，对巡察中一经坐实的问题线索，纪检监察机关第一时间派专案人员进驻核查处置、协同作战，充分利用巡察组内专业人员优势和掌握的线索，对发现的线索深挖快查快立快结，实现专案组与巡察组资源共享、优势互补，增强巡察震慑力。

优化调整并印发《镇党委落实党风廉政建设主体责任清单及年度考核工作方案》，通过“组织领导”“宣传教育”“风险防控”“审查调查”四大方面19项内容，对镇党委抓党风廉政建设工作进行考核，并将考核结果作为镇党政班子成员特别是“一把手”新一年度提拔重用出具廉政意见的重要依据，以此推动镇党委落实主体责任和加强对镇纪委工作的领导、推动、支持、督促。

【队伍建设】 2022年，县纪委常委会带头深学细悟习近平新时代中国特色社会主义思想，带领纪检监察干部以理论上的清醒保证政治上的坚定。加强机关党的建设，培养发展年轻党员，通过加强理论学习，参加志愿活动等，进一步增强党员干部队伍的生机和活力。结合工作实际，谋划成立机关党委机关纪委，强化党建统领作用，提高政治判断力、政治领悟力、政治执行力，做好县委统一安排的机关挂镇帮镇扶村等工作。

县纪委监委组织全县纪检监察干部深入学习贯彻《中国共产党纪律检查委员会工作条例》《中华人民共和国监察法实施条例》，完善监督执纪执法权力运行内控机制，严格权力、手段、措施界限规定。用好党风、案管、审理等工作提示，深入学习借鉴执纪执法指导性案例。加大业务培训，突出实践锻炼，坚持“以老带新”，强化“以案代训”，做到既交任务、压担子，又教思路、传方法。坚持正确用人导向，加大干部选拔、培养力度，将工作力量向监督执纪执法一线倾斜，促进优秀年轻干部脱颖而出、健康成长。加强纪检监察信息化建设，为监督执纪执法提供技术支持。2022年，抽调镇级干部跟班学习两批30多人次，招录、选调优秀年轻干部加入县纪检监察机关8人。

县纪委监委落实干部监督层级管理，发挥案管、审理、干部监督部门内控管理机制，修订印发《丰顺县纪委监委制度汇编》，督促纪检监察干部遵守制度规定、习惯在制度法规下开展工作，一旦发现纪检监察干部存在跑风漏气、执纪违纪、执法违法、失职失责行为，将严肃查处。用好纪检监察干部典型案件忏悔录，常态化开展谈心谈话活动，引导干部少说多干、务实担当。加强纪检监察干部家庭家教家风建设，自觉净化“朋友圈”，防止被不法人员“围猎”“围剿”。坚持严管厚爱相结合，激励纪检监察干部担当尽责，做党和人民的忠诚卫士。

（刘振威）

民主党派·群众团体

中国农工民主党梅州民兴医药有限公司支部委员会

【概况】 中国农工民主党（简称农工党）是以医药卫生、人口资源和生态环境以及相关的科学技术、教育领域高、中级知识分子为主，具有政治联盟特点的中国特色社会主义参政党，是接受中国共产党领导、同中国共产党通力合作的亲密友党。农工党梅州市民兴医药公司支部成立于2006年，2022年，党员17人，支部主任王吉欣，支部副主任吴晓莲。党员中有梅州市政协委员1人，丰顺县人大常委1人，丰顺县政协常委2人，丰顺县政协委员1人。农工党梅州市民兴医药公司支部秉承农工党优良传统，始终与中国共产党同心同向、砥砺前行，不断加强思想政治学习，提高政治站位，扎实履职尽责，积极参政议政，围绕中心大局、社会民生实事建言献策，发挥自身界别优势，做好社会服务工作。

【参政情况】 2022年5月30日，农工党参加市干部大会、学习省第十三次党代表大会精神。2022年7月11日参加市政协联合农工党民兴支部调研小胜镇、砂田镇经济建设活动。2022年7月25日参加广东省农工党梅州市经济调研会。2022年10月27日参加市政协学习二十大精神会议。2022年12月2日参加县党外人士学习中共二十大精神宣讲报告会。2022年12月8日参加县委会专题民主生活会。

【政治交接主题教育活动】 2022年，农工党梅州市民兴医药公司支部开展“矢志不渝跟党走，携手奋进新时代”政治交接主题教育活动。该支部农工党员到丰顺县丰良镇九龙嶂中共丰顺临时县委旧址永昌居参观学习，认真学习中共党史，深刻领会农工党同中国共产党想在一起、站在一起、干在一起的伟大革命实践。

【捐赠物资】 2022年，农工党积极开展社会服务，为梅州市委统战部组团结对帮扶镇砂田镇和小胜镇捐赠价值约3万元的物资，助力当地疫情防控和乡村振兴。在丰顺县发生新冠疫情期间，党员王吉欣及民兴医药有限公司捐赠药品、物资等价值11万多元；农工党员陈惠堂捐款现金1万元。在丰顺县“广东扶贫济困日”表彰会上，梅州民兴医药有限公司荣获铜奖。

（王吉欣）

工商联

【概况】 2022年县工商联有副主席38人、副会长35人、常委33人，基层商会6个，行业协会4个。工商联会员涵盖商贸、金融、文化、科技、服务以及制造业等领域，县工商业联合会注重从行业商协会中发现挖掘热心工商联事业、守法经营的非公有制经济人士吸收到工商联队伍中来。2022年度吸收9名优秀代表进入工商联队伍，进一步优化工商联领导班子，全力促进民营经济高质量发展。

【交流合作】 2022年，梅州市、五华县、揭西县、惠州市惠阳区等地工商联先后到丰顺县进行创新发展考察调研活动，丰顺县工商联与各地工商联加强交流合作，为丰顺县民营企业家建立专职联络员机制。开展2022年全市工商联系统互学互促交流活

▲2022年7月21日，丰顺工商联组织到平远县开展“互学互促”交流活动

（丰顺县工商业联合会供图）

动，丰顺县与平远县工商联联合开展“互学互促”交流活动，丰顺县、平远县两地工商联相关负责人、部分企业家代表50多人参加活动。

【乡村振兴】 2022年，县工商联组织引导全县重点非公企业继续参与扶贫工作，实施以“万企兴万村”、村企共建为主题的帮扶工程，通过产业帮扶、就业帮扶、公益捐赠帮扶等途径，推进乡村振兴建设，形成“典型引路、示范带动、整体推进”的乡村振兴建设新格局。通过企业走访、召开座谈会等形式宣传省、市、县有关“万企兴万村”行动各项决策部署，引导民营企业、商（协）会组织主动融入国家乡村振兴战略，积极投身“万企兴万村”行动。将企业发展与农村发展、个人富裕与农民富裕有机结合，以多种方式与农村形成经济共同体，与村集体经济组织建立适应市场需求的产业合作关系。丰顺县262个行政村，已对接186个行政村，注册企业51家。工商联执委企业投入乡村振兴捐款21.7万元。

【暖企行动】 2022年，县工商联通过调研走访、座谈会、微信群收集意见等形式，加强与非公经济代表人士的联系，及时了解和掌握他们的思想状况、听取意见建议和利益诉求，积极引导他们增进政治共识，将搜集到的意见和建议进行梳理和上报，同时与金融、税务、法院、检察院等部门保持密切联系，协调相关单位帮助解决民营企业发展中遇到的资金、人才、技术、纠纷调解等方面问题。与县税务局联合开展2022年助力小微市场主体发展“春雨润苗”专项行动，通过开展宣传活动，借助各类渠道，做好税收政策微视频解读、税费优惠政策指引的发布，针对餐饮业、旅游业等受疫情影响较大的行业，做好分类别的税收优惠指引宣传，提升小微市场主体税费优惠政策享受的便利度，共同打造常态化、长效化、精细化服务，为小微市场主体持续健康发展保驾护航。全年县工商联走访调研商协会与会员企业15次。为做好非公有制企业合法权益的维权工作，完善维权投诉机制，充分发挥工商联民营企业权益服务中心的作用，切实维护非公有制企业的合法权益，接受企业投诉1宗，处理或解释1宗，结案率100%。

【助力抗疫】 2022年，丰顺县疫情期间，县工商联向广大工商联会员企业、工商业者发放疫情防控捐款倡议书，发动广大民营企业家捐款捐物助力抗击疫情。全县广大民营企业家慷慨解囊，多方筹措物资，直接捐助的善款和物资价值684万余元，为丰顺县疫情防控工作提供有力支持。

【普法宣传】 2022年5月，县工商联组织民营企业家代表集体学习习近平法治思想、宪法、民法典和高质量发展有关政策和法律法规。8月，与公检法司等单位共同举办“同心助企法律护航促发展”主题活动。活动在电声大厦六楼会议室举行，参加活动的企业代表达100余人。活动以习近平法治思想为统领，将学习宣传宪法、民法典与学习贯彻落实习近平法治思想有机结合起来，邀请法官、检察官、警官、律师等法律专业人士结合实际案例，进行法律的科普宣传，加强企业合规建设，推动企业合规管理。联合县检察院在丰顺县经济开发区综合服务中心揭牌启用法律服务点，通过召开座谈会和走访企业的方式，精准对接企业司法需求，将该服务点打造成倾听民意、服务工业园区、维护企业和员工合法权益的“零距离”平台。

（王燕媚）

总工会

【概况】 2022年，丰顺县总工会履行工会职责，发挥工会组织优势，服务中心大局和服务职工，各项工作取得显著成效。

【疫情防控和乡村振兴】 2022年，县总工会开展“情暖农民工·留丰过大年”“抗疫有你，关爱有我”等工会品牌慰问活动，筹措疫情防控专项资金50多万元为抗疫一线医务人员送上慰问金及慰问物资；开展新业态劳动者温暖行动，为丰顺县众诚物流有限公司等多家新业态建会企业职工送去工会的温暖和关怀；继续落实对受疫情影响的困难中小微企业返拨工会经费优惠政策，为丰顺县符合条件的困难中小微工会经费返拨补助累计43.39万元。联合县文旅体局开展“帮文旅促消费——丰顺人游丰顺”活动，助力丰顺县文旅产业纾困解难。继续开展消费帮扶措施，鼓励基层工会优先通过扶贫平台购买农副产品。疫情期间，县总工会全体干部职工下沉到防控网格点、挂钩村抗疫一线开展志愿服务457次。持续落实“我为群众办实事”活动，到创文网格化挂钩内岭村开展送医送健康下乡、卫生大扫除等系列活动，支持内岭村创文经费10万元；积极推进北斗镇乡村振兴驻镇帮镇扶村工作，累计支持乡村振兴项目建设资金12万元。

【思想建设】 2022年，县总工会以“中国梦·劳动美——永远跟党走，奋斗新征程”为主题，充分利用“粤工惠”平台，开展习近平新时代中国特色社会主义思想、党的十九届六中全会精神以及工会法知识等法律法规知识竞赛活动；开展“欢度国庆节·喜迎二十大”主题活动；组织开展2022年“网聚职工正能量·争做南粤好网民”主题活动；组织开展“我心向党”红色经典职工线上诵读等系列活动，夯实意识形态工作责任制。县总党支部持续开展“三会一课”活动、主题活动、现场红色学习等活动，结合宣传贯彻省第十三次党代会精神，召开劳模宣讲会；召开学习《习近平谈治国理政》第四卷、党的二十大精神宣讲报告会；在“五一”劳动节前夕召开全县劳模代表座谈会，通过县电视台，砂田镇、埔寨农场职工之家，面向企业职工群众，播放《客家工匠》微视频，弘扬劳模精神。

【组织建设】 2022年，县总工会做好工会组建。抓好25人以上非公企业民主建会工作，重点推进“八大群体”（货车司机、快递员、护工护理员、家政服务员、商场信息员、网约送餐员、房产中介员、保安员）、“三新”（新产业、新业态、新商业模式）领域的建会入会工作。2022年，新成立工会组织51家，其中机关事业单位工会组织1家，企业建会50家。三新领域建会11家，百人以上企业建会8家。新发展工会会员3650人，其中企业新发展会员3644人；新成立新业态行业工联会1家，覆盖企业13家，会员800多人。全县办理工会法人登记工会组织407家，民主换届55家。以推进“粤工惠”平台数字化赋能工会业务上线为抓手，抓紧抓实“粤工惠”App会员实名认证工作和会员普惠活动。全县基层工会及基层以上工会组织线上登记审核通过372个，会员实名认证达1.81万人，会员数据批量导入2.71万人。全年在“丰顺县总工会”粤工惠号开展会员福利活动3次，共有2300多名会员获得奖励，利用平台发布各类资讯85篇。加强基层工会年度工会经费预决算的编制指导审核，指导基层工会编制预算128家，编制决算120

▲2022年度“安康杯”竞赛活动现场 （丰顺县总工会供图）

家。委托第三方会计公司对30家基层工会开展工会财务审计工作，规范工会经费收支管理。同时，依法依规做好税务代收工会经费工作。继续做好推荐汤西镇企业工联会申报省级“三个一批”[建设一批镇（街）或工业园区工会联合会，建设一批社会化工会工作者队伍，建设一批会、站、家一体化的职工服务中心（站）]示范点；推荐砂田镇、埔寨农场职工服务站申报省级职工服务站；推荐梅州智慧物流有限公司工会申报省级“户外劳动者爱心驿站”；推荐梅州大北农生物有限公司和广东穗丰食品有限公司申报“广东省幸福企业试点单位”；推荐丰顺县中医医院工会申报市级“刘阳劳模工匠创新工作室”和“工会爱心妈妈小屋”。

【文体活动】 2022年，县总工会组织和动员广大职工积极投身“建功‘十四五’、奋进新征程”主题竞赛活动。围绕产业转型升级、安全生产、劳动保护规范化建设，开展“安康杯”竞赛活动，开展推动职工合理化建议、技术革新、发明创造和“五小”（小发明、小创造、小革新、小设计、小建议）活动。发动18家企事业单位参加“安康杯”竞赛活动。联合团县委、县妇联举办“青春相约·缘聚丰顺”青年联谊交友活动，引导基层工会结合传统节日和职工需求开展形式多样的文体活动。

【评优评先】 2022年，罗剑龙获评省五一劳动奖章；广东穗丰食品有限公司生产部获评省工人先锋号；丰顺县中医院刘阳劳模工匠创新工作室获评县级“劳模工匠创新工作室”；县汤西镇工会工作委员会职工书屋获评市级职工书屋；广东省梅州市丰顺城北环卫工人工会爱心驿站，广东省梅州市丰顺农商银行丰城支行工会户外劳动者爱心驿站获评全国最美爱心驿站；（梅州智慧运输有限公司户外劳动者工会爱心驿站）获评新建省级爱心驿站；丰顺县中医院、丰顺县埔寨农场获评申报创建爱心妈妈小屋。

【困难帮扶】 2022年，县总工会成立维护劳动领域和重点企业政治安全专项行动工作专班，全面排查化解影响职工队伍稳定的矛盾风险隐患，深入了解重点企业、新业态新模式新领域和小微企业的企业运营和职工队伍稳定情况。开展“春送岗位、夏送清凉、金秋助学、冬送温暖”等工会品牌活动，使用各级各类帮扶资金85.94万元，惠及职工909人次，帮助解决困难职工医疗、生活、子女上学等方面的困境。推进在职职工医疗互助保障计划，全县有146个单位参加职工互助保障计划，覆盖会员2.1万多人。

【维权维稳】 2022年，县总工会完善协调劳动关系三方机制，推动建立多形式多层级劳资沟通协商机制，在新就业形态领域试点开展协商。抓好职工信访维稳工作，妥善处理各类信访舆情信息事件。推动多元化解劳资纠纷，“法院+工会”“劳动仲裁+工会”等机制逐步健全。全年，县总工会没有收到有关劳资纠纷舆情事件。开展“尊法守法·携手筑梦”公益法律宣传宣讲活动，邀请专业律师为职工解读民法典和《保障农民工工资支付条例》等法律法规，联合县普法办、县科工商务局等部门开展“宪法进企业”主题活动，提高职工法律意识；开展民主管理厂务公开和集体协商工作。各级工会维护职工安全健康权益，职工安全意识、安全技能明显提升。联合有关部门开展安全生产、职业卫生、消防安全、劳动安全等专项检查，积极参与重大生产事故调查处理，维护职工合法权益，促进企业安全发展。

（徐俊森）

共青团

【概况】 中国共产主义青年团丰顺县委员会是丰顺县委领导下负责青年工作的正科级群团机关，设书记1名，副书记2名，机关内设4个职能部室（办公室、组织部、学少部、宣传部），下属1个事业单位青少年活动中心，主管县志愿者联合会1个社会组织。2022年，全县共有团员17078名，团干1140名，基层团组织869个；全区共注册志愿者34793名，志愿组织及团体175个。

【党建引领】 2022年，团县委开展理论中心学习组学习12次、党支部学习会15次、领导干部上党课4人次，组织党员干部到八乡山东江革命根据地、大龙华宝田庐等教育基地开展主题党日活动2场次。召开专题民主生活会和组织生活会1次，民主评议优秀党员1名。指定专人做好党务工作，按照党费收缴标准支部党员按时足额上缴党费，配合做好党报党刊团报团刊等理论学习读物征订。严格落实《干部选拔任用工作条例》，完成新一届团县委领导班子换届工作。

【青年思想引领】 2022年，团县委开展“青春心向党 建功新时代”“红领巾心向党”“喜迎二十大 永远跟党走 奋进新征程”等主题教育实践活动178场次，开展入团入队仪式、“争做新时代好队员”等主题团队日活动145场次；基层团干讲党团课的授课团干285人次；团支部100%完成“党的二十大精神”等专题学习，覆盖团员7.84万人次。开展“优秀共青团员”等推选表彰工作，2022年评选表彰优秀团组织14个、先进个人90名，推选获评省市优秀团组织7个、先进个人18名。落实意识形态工作责任制，发挥团属新媒体矩阵优势，在“丰顺青年”微信公众号设置学习专栏推动学习教育常态化、长效化，全年推送信息99篇、阅读量达6.2万人次。推进“青年大学习”等网上主题团课队课学习，参与学习团员青年达23.54万人次。

【青年服务社会】 2022年，团县委围绕乡村振兴发展大局，实施“广东高校毕业生志愿服务乡村振兴行动”“希望乡村教师计划”“一校一社工”三大项目，新招募20名优秀大学生志愿者开展支教服务、招募43名大学生志愿者参与驻镇帮镇扶村工作。助力创文巩卫，推动志愿者组织的规范化、专业化、多元化、系统化发展，全年新增注册志愿者7025人，累计注册志愿者34799人。组织发动志愿者开展文明交通、垃圾分类、“保护母亲河，争当河小青”和“两美”行动等各类志愿服务活动，助力创文巩卫。全年开展志愿服务培训65场，参与志愿者1980人；发布志愿服务活动2935场，志愿服务时长50.27万小时。

【青少年关爱帮扶】 2022年，团县委开展扶贫助学活动，争取梅州市扶助特困学生上大学助学金15万元资助25名学子。实施“领头雁”农村青年创业培育计划，为62人提供线上线下专业技能培训。

【疫情防控】 2022年，团县委动员广大团员青年及志愿者参与疫苗接种、核酸检测、社区管控等疫情防控志愿服务活动。全年组织开展疫情防控志愿活动1692场次，参与志愿者2.66万人次；联合卫健部门开展核酸采样志愿者招募培训28场848人。

【共青团丰顺县第十九次代表大会】 2022年12月16日，共青团丰顺县第十九次代表大会在县会展中心大会堂召开，大会总结丰顺县第十八次团代会以来丰顺共青团工作取得的成绩，谋划今后五年丰顺共青团事业发展的奋斗目标和主要任务，选举产生团丰顺县委新一届领导班子。徐德林当选为新一届团丰顺县委书记，朱章栋、廖嗣宇当选为副书记，陈彩苹当选为挂职副书记，谢锐、蔡茂莹当选为兼职副书记。

【深化改革工作】 2022年，团县委开展县域共青团基层组织改革工作，成立县委书记任组长的改革工作领导小组，印发《丰顺县县域共青团基层组织改革工作实施方案》，制定丰顺县35条具体贯彻落实举措，召开团县委机

▲2022年12月16日，共青团丰顺县第十九次代表大会在县会展中心召开

（团县委供图）

关和基层团组织书记部署会议。

【团组织建设】 2022年，团县委以“命脉工程2.0”工作为核心，以智慧团建为抓手，从严规范基层团组织建设，召开“命脉工程2.0”工作推进会2次，完成831个团组织、1041名团干部、17228名团员系统在线报道；新建社会领域团组织新增120个，增长率达34.78%，其中县直单位团组织24个、“两新”团组织6个。

【规范化建设】 2022年，团县委加强团员政治教育和日常管理，严格团员组织关系管理，完成1268名毕业生团组织关系转接。加强对各级团组织团费收缴、使用和管理情况的督促指导，全年收缴团费29.24万元。实施分领域调控发展，2022年发展团员783名。履行好全团带队政治责任，全面规范和加强少先队工作，开展推优入团、“红领巾奖章”争章等活动，评选二星章及以上大队37个、中队112个、个人681名。

（办公室）

妇 联

【概况】 2022年，丰顺县有镇妇联16个，村（社区）妇联281个，下属单位妇女儿童活动中心1个。丰顺县坚真纪念馆被命名为“全国妇女爱国主义教育基地”。国家税务总局丰顺县税务局第一税务分局被授予“全国巾帼文明岗”称号。

▲2022年3月7日，丰顺县妇联十四届三次执委（扩大）会暨纪念“三八”国际妇女节112周年会议在会展中心召开

（丰顺县妇女联合会供图）

【思想政治建设】 2022年，县妇联组织红色基地参观学习，接受深刻党性教育。先后召开“三八”国际妇女节112周年座谈会、纪念大会和县妇联第十四届三次执委（扩大）会议，学习贯彻习近平总书记关于妇女和家庭等重要指示批示精神和上级会议精神。聘用第二批丰顺县“巾帼大宣讲”宣讲员13名，推荐2名妇女代表参加县级百姓宣讲员队伍，2名巾帼典型参加梅州市“跟党奋进新征程 巾帼建功新时代”巡回宣讲。成功推荐申报丰顺县信心德育巾帼宣讲团为广东省巾帼志愿示范宣讲队。征集“新思想在我身边”巾帼大宣讲案例、“幸福在我身边”征文、“榜样在我身边”摄影作品等。组织县镇村三级妇联干部、巾帼志愿者、社工等，深入乡村慰问关爱困难老人和儿童。深入村、社区开展“巾帼心向党 喜迎二十大”“学习贯彻党的二十大精神·巾帼志愿者在行动”系列群众性宣传宣讲主题教育活动。专题研究意识形态工作，组织“维护意识形态安全”专题学习，班子成员分组深入各挂钩镇开展意识形态和妇女创业就业等调研。探索完善“扫黄打非”舆论引导机制，提高全社会对“扫黄打非”工作的关注支持。加强新媒体宣传报道，充分发挥“梅州妇女”“丰顺发布”“财丰民顺”等公众号和政府网站，三级妇联系统微信工作群等，加大宣传力度；依托基层党群服务中心、妇女儿童之家、新时代文明实践中心等阵地，让习近平新时代中国特色社会主义思想深入人心，引导广大妇女群众更加坚定不移听党话、跟党走。

【巾帼建功立业】 2022年，县妇联联合县人社局等部门举办2022年“春风行动”暨“乡村振兴”网络招聘行动，为有就业意愿的妇女提供就业帮扶。组织发动有意愿的妇女应聘双十智能科技、立讯精密工业等本土公司，助力帮企暖企。开展电子商务、农产品技术升级等农村妇女技能培训。联合相关部门开展“南粤家政”线上和线下技能培训，举办丰顺县第二届“南粤家政”技能大赛。依托丰顺县丰泰职业培训学校线下培训“妇婴护理”“居家保洁”和“老年患者护理”204人次。联合相关部门持续开展丰顺县妇女创业小额担保贷款贴息项目（2020—2022年），争取上级贴息资金10万元，发放妇女小额贷款130万元，帮助13名妇女创业减负。先后开展走进社区送祝福送春联、“绿满丰顺 巾帼行动”主题植树等活动。选派党员干部参与文明交通志愿者服务活动和社区疫苗接种、核酸检测等工作。发挥基层妇女互助小组、文体活动团队、巾帼志愿者队伍作用，动员组织全县妇女开展“邻里守望，姐妹相助，与爱同行”志愿服务活动，发动妇女和家庭参与创文巩卫、农村人居环境整治行动等全民志愿服务活动。全县成功挖掘申报省三八红旗手1名、梅州市“我心中的三八红旗手”2人、梅州市“我心中的三八红旗集体”1个，梅州市“巾帼文明岗”2个。丰顺县“10·23”疫情以来，县妇联发动女企业家们捐款约66万元，向一线捐赠价值约30万元的抗疫物资，选派6名干部下沉一线支持疫情防控工作。全县妇联干部和执委、巾帼志愿者1.2万多人就地转为抗疫志愿者。

【维权履职服务】 *法律法规宣传* 加强社会化维权渠道，通过线上线下相结合方式，大力做好习近平法治思想、民法典尤其是婚姻家庭编、未成年人保护法、反家庭暴力法的宣传教育。在“三八”维权周等特殊时间节点，畅通“12338”热线服务，倾听妇女心声、关心保护妇女权益，深入社区举行零距离倾听妇女群众心声民生座谈会。利用“12·4”全国法治宣传日契机，开展“宪法进社区、宪法进家庭”活动。开展禁毒与反诈进校园进社区宣传活动和中小学生暑期防溺水知识教育讲座等。

维权服务机制 调整县婚姻家庭纠纷人民调解委员会并设立专家库，推动乡镇建立婚调室，常态化开展婚姻家庭纠纷调解。发挥“妇女议事会”基层议事协调作用，推动妇女参与基层社会治理。继续实施“关爱女童 护苗成长”保护女童人身权益三年行动，开展重点人群排查救助专项行动。发挥妇联信访窗口作用，2022年，接待来信来访来电信访案件21宗，其中立为维权个案3宗，做到件件有落实，事事有回音。

编制出台妇女儿童发展规划 对标对表省、市“两规划”（妇女发展规划、儿童发展规划）的指标要求，结合丰顺实际，编制出台《丰顺县妇女儿童发展规划（2021—2030）》，同时调整县监测组和评估组领导小组，加强“两规划”监测评估工作，推动“两规划”顺利实施。

【妇儿民生】 2022年，县妇联组织开展“把爱带回家”入户慰问活动，各级妇联组织慰问重大疾病妇女、单亲特困母亲家庭、先进典型生活困难妇女、困境儿童、留守儿童、“两类”（智力残疾、精神残疾）女童、挂钩村扶贫户等400多人，为他们送上慰问金和慰问品约32万元。联合丰顺女企业家到县疾控中心关爱慰问坚守一线抗疫的妇女同志。争取梅州市“叶剑英基金”4.5万元，资助45名贫困学生；发放“月安心呵护包”612份，153人受益。争取省援建资金6万元，援建单亲特困母亲安居房3户。各级妇联联动举行暑期“少年儿童心向党 用心用情伴成长”关爱服务活动18场次，走访慰问儿童146人，结对帮扶留守儿童、困境儿童236人。深入村、社区开展城乡妇女健康知识宣传活动，倡导发动全县妇女干部、群众提高健康意识，积极参与妇科普查普治和“两癌”（乳腺癌、宫颈癌）免费筛查。开展“农村母亲关爱工程”和中央专项彩票公益金支持低收入妇女“两癌”救助项目，争取救助款14.4万元，救助“两癌”贫困母亲14名。扩展“两癌”患病妇女救助渠道，持续推动“她健康 家越美”关爱女性公益保险项目，为全县广大妇女送上粉红关爱健康福利3万余份。

【家庭文明建设】 2022年，县妇联举办《家庭教育促进法》——“把爱带回家 让孩子们健康成长 更要学做智慧家长”“‘双减’碰上‘5+2’”“小家之事大国之治”等主题线上线下专题讲座。开展新时代文明实践活动之“少年儿童心向党——亲子共沐书香、强国复兴有我”丰顺县亲子诵读打卡比赛活动，1352户家庭参与，262户家庭获得奖励。深入乡村小学开展“红色文化进校园”活动。联合相关部门开展“青青相约·缘聚”丰顺单身青年专场联谊活动、丰顺县“喜迎二十大　争做好队员”暨庆“六一”迎“端午”等主题活动。常态化开展寻找“最美家庭”活动，在全县范围内寻找出“十大最美家庭”“十大优秀书香家庭”，推荐申报市第七届“自强不息好少年”“孝老敬亲好媳妇”。为推动家庭教育促进法落实落细，联合县检察院挂牌成立“家庭教育指导服务站”，聘请家庭教育指导师5名。妇联与检察机关共同培育支持家庭教育指导资源，以“我管”促“都管”，加强多方联动协作，构建起家庭、学校、社会、网络、政府、司法保护“六位一体”的社会综合保护体系。招募县第二批家庭教育讲师团成员13名。

【妇联改革】　2022年，县妇联巩固村（社区）妇联换届工作，优化调整基层妇联队伍结构。引领女企业家协会通过开展团队志愿服务、交流培训等，提高女企业家的创业实效和凝聚力、影响力。推进“四新”（新领域、新业态、新阶层、新群体）领域妇女组织和“妇女之家”示范点建设，抓好3个省第四期“妇女之家”示范点建设的指导督导工作，通过省、市检查和结项评估。推荐3名基层执委获评梅州市“最美妇联执委”。

（杨藤花）

▲河西村红色稻乡农耕文化科普实践基地　（丰顺县科学技术协会供图）

科　协

【概况】　2022年，丰顺县科协以创建科普基地为抓手，进一步调动社会力量参与科普事业的积极性，发挥科普教育基地在公民科学素质建设中的积极作用，促进乡村振兴发展。

【同心抗疫】　2022年，县科协在汤坑镇第一中心小学以及丰顺县实验中学的两处科普长廊中更新疫情防控的宣传栏。在丰顺县疫情期间，县科协组织党员干部职工下沉一线助力抗疫。

【主题科普活动】　2022年，县科协开展科普宣传活动，推广先进技术。3月22日，县科协联合丰顺县水务局举办“推进地下水超采综合治理　复苏河湖生态”为主题的“世界水日”线上宣传活动。通过采用动画制作、印刷主题海报、微信公众号推文等线上宣传的形式推送“世界水日”“中国水周”的专题活动，同时在办公大楼电子屏上播放宣传口号。开展新时代文明实践活动，参加“丰顺县5·12防灾减灾日宣传活动”。5月12日中国第十四个全国防灾减灾日宣传活动在县城新世纪文化广场举行，县科协工作人员在活动现场设立“科普知识宣传区”，展出科普宣传展板、开展科普知识咨询、向广大群众发放各类宣传资料。9月20日，县科协开展口腔科普公益活动进校园活动，邀请县人民医院口腔科副主任罗泽龙医师在县实验小学举办“口腔健康，全身健康”口腔科普知识主题讲座，活动采取线上直播与线下讲座相结合的方式，听讲的学生1万多人次。12月8—9日县科协在八乡山镇开展2022年科技下乡活动暨番薯优良品种种植管理技术人才培训活动，活动分为讲座培训和现场指导两部分，参加培训人数60多人，发放资料300多份。

【创建“丰顺县科普示范基地”活动】 2022年，县科协组织开展首批“丰顺县科普示范基地”创建活动，授予8家单位“丰顺县科普示范基地”称号。分别是河西村红色稻乡农耕文化科普实践基地，聚丰农业绿色食品科普示范基地，热带生态果园科普示范基地，高质高效油茶、茶叶种植科普示范基地，凤畲单丛茶种植与制作科普示范基地，丰顺国际声谷小镇创新服务中心，马图茶制作技艺科普基地、八乡农嫂番薯科普示范基地。

（胡春娜）

侨联

【概况】 丰顺县归国华侨联合会（简称县侨联）内设人秘股、联络股、经济权益股3个股室。全县有镇级侨联组织17个，基层“侨胞之家”4个。

【协同经济建设】 2022年，县侨联融入中国侨商投资（广东）大会等重要平台，加强与投资促进部门沟通联系，共同做好涉侨项目的台账统计和跟进工作，重点招商项目16个：已签约侨商投资项目7个，拟投资总额9.4亿元；侨商投资意向项目9个，拟投资总额32.5亿元。

【侨界联谊交流】 2022年，县侨联加强与市侨联、兄弟县侨联的交流，创新工作理念，改进工作作风。加强与县直有关部门的联系，挖掘客侨文化资源，在保护的基础上活化利用名人故居（旧居）资源传承。通过微信和邮件等始终保持与海外侨团侨胞的情感维系，增进经济文化合作交流。丰顺县疫情期间，亚泰经济交流总商会会长李胜交先生在商会筹集善款人民币约19万元支持丰顺县抗击疫情。

【侨联关爱服务】 2022年，县侨联加强侨法宣传宣讲，在“侨胞之家”设置侨法宣传展板，推动侨界群众知法守法用法。做好信访维权工作，全年共接访群众30余人，依照归侨侨眷相关政策，为群众答疑解惑。联合县人民法院建立涉侨纠纷多元化解机制，推进涉侨纠纷诉调对接，推动涉侨纠纷在线调解，帮助侨胞侨眷解决问题。全年走访慰问35户贫困归侨，发放春节慰问金和防疫慰问金共3万元；11月，陆续为100名侨界困难群众发放由香港道德会捐赠的爱心棉衣；用足用好华侨事业费，全年为63名贫困归侨下拨扶贫救助补助款31.525万元。

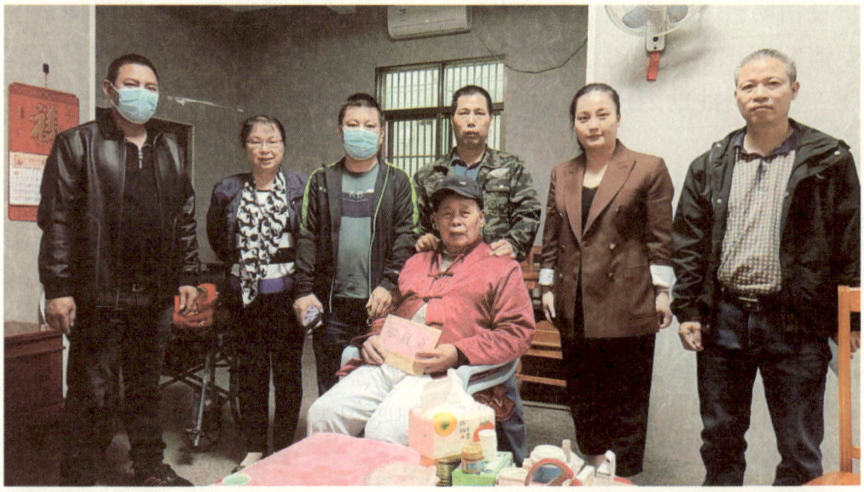

▲2022年11月30日，县侨联走访慰问归侨、侨眷　（丰顺县归国华侨联合会供图）

【公共服务】 2022年，县侨联做好挂钩帮扶丰良镇成东村工作，拨款8000元支持成东村建设河道护坡，春节前夕慰问成东村贫困户15人共4500元。与挂钩汤坑镇向群社区开展结对共建活动，助力创文巩卫，参与城区文明交通志愿服务活动。

【从严治党】 2022年，县侨联坚持党的全面领导，狠抓党风廉政建设和意识形态工作，加强网络安全工作，守牢意识形态安全“南大门”。坚持党管干部和党管人才原则，按期换届，认真落实“三会一课”、组织生活会、民主评议党员等制度。坚持新时期好干部标准，树立鼓励干部担当作为的鲜明用人导向，提拔任用正股级干部1人，职级晋升2人。执行中央八项规定及其细则精神，开展纪教月活动，管好家属子女和身边工作人员。

（人秘股）

文联

【概况】 2022年，县文联丰顺

▲2022年5月14日，以“窥探文学之河的秘密”为主题的长篇小说《流年河》阅读会在梅州市江南新华书店举行

（丰顺县文学艺术界联合会供图）

县文学艺术界联合会下辖县级文艺家协会8个，会员700多名，其中国家级会员2名，省级会员50名，市级会员158名。丰顺县摄影家协会会员蔡潮阳加入中国摄影家协会。

【主题创作】 2022年，县文联举办县委统战部“喜迎二十大”无党派人士党外知识分子座谈会、县委政法线“喜迎二十大 法治伴我行，奋进新征程”主题征文活动，县委宣传口“喜迎二十大 奋进向未来”主题征文活动。

【文艺服务】 2022年1月24日书协书法家在龙岗镇为群众写春联；1月27日书协书法家在汤坑镇为群众免费写春联；1月27日书协组织书法家到丰顺县消防大队开展“迎新春、送春联”活动，为消防救援人员先后送出了近千副春联和100多个“福”字。5月14日上午，以“窥探文学之河的秘密”为主题的长篇小说《流年河》阅读会在梅州市江南新华书店举行。活动由梅州市作家协会、梅州市客家文学院、榕树塘社区联合主办。主办单位负责人和来自梅城、丰顺县的作家代表、文学爱好者60多人参加。

【“本土作家进校园”系列活动】 2022年4月22日，县文联在汤坑中学举行以“不负春光 悦读悦美”为主题的系列读书活动。4月23日，在丰顺中学举办“本土作家进校园”活动。4月28日，在丰顺县实验中学举办“悦读润人心 书香满校园”系列之“本土作家进校园”活动。

【创作成果】 在梅州市2021年度文艺“双精”（精英人才、精品创作）工程奖中，县文联作协会员、美协会员6人获奖。在第二届广东省青年漆画作品展活动中，丰顺美协8幅漆画作品获得参展成绩，1幅特邀收藏，3幅荣获优秀奖，4幅入选。编印《泉乡文艺》，县文联大型年刊《泉乡文艺》涵盖内容丰富，展示各协（学）会文艺工作的亮点。

（徐位诺）

残 联

【概况】 2022年，全县持有第二代“中华人民共和国残疾人证”的残疾人约1.4万人，其中，2022年新办证1612件。新增就业残疾人80人。全县14218名残疾人享受“两项补贴”，其中9855名享受护理补贴、4363名享受生活津贴，共资助6007名重度、精神和智力残疾人购买城乡居民养老保险，为5637名符合政府全额补助的残疾人购买城乡居民医疗保险。

【康复服务】 2022年，县残联与丰顺康明眼科医院联合开展“光明2022——丰顺县白内障复明工程项目”，帮助598名贫困白内障患者实施复明手术，联合丰顺康明眼科医院开展义诊活动，义诊7892人，其中白内障人数2331人。辅助器具服务站免费配发轮椅、拐杖、盲杖、护理床、助听器等各项残疾人辅助器具305件，配发268人次；为4名肢体残疾人提供假肢适配，补贴19000元。社区残疾人康园中心为348残疾人提供康复训练和日间照料，并为他们购买意外险。为367名精神残疾人提供每人450元的医疗救助（服药）补贴。为27名0~6岁残疾儿童提供异地康复训练补助36.8万元。康复中心收训52名脑瘫、智障、孤独症残疾儿童，为他们提供科学有效的康复训练服务。

【扶贫保障】 2022年，县残联与各镇（场）残联均成立乡村振兴战略领导小组，全县有2217名建档立卡残疾人。资助6007名重度、精神和智力残疾人购买城乡居民养老保险，为5637名符合政府全额补助的残疾人购买城乡居民医疗保险，及时为符合条件的中途参保残疾人进行参保。14218名残疾人享受“两项补贴”，其中9855名享受护理补贴，4363名享受生活津贴。为250名贫困智力、精神和重度残疾人发放残疾评定补贴。与公安局、卫健局、民政局联合开展入户核实，丰顺县困难家庭中特殊群体的27名残疾人中，对符合评残标准和有户籍的残疾人进行评残。开展严重精神障碍患者调查核实，调查核实781人。

【教育就业】 2022年，县残联继续实施“南粤助残助学工程”，对10名考取大专及以上的残疾学子给予每人一次性1～3万元的助学补助。对89名适龄残疾儿童少年情况开展逐一调查、核实，并将核实情况反馈至县教育局，保障教育阶段适龄残疾儿童少年接受教育的权利。2022年新增就业残疾人80人。对有就业需求和就业能力的残疾人进行就业登记，成功就业8人，与县人社局联合开展3场线上线下职业介绍活动。17个镇级社区残疾人康园中心为348名残疾人提供辅助性就业。开展未就业残疾人状况调查，调查2215人。组织73名残疾人开展农村实用技术培训、客家菜技能培训。推荐有求职需求的4名残疾人参加全市残疾人“客家腌面（面点）”培训班。为29户自主创业残疾人发放自主创业补贴16.7万元。对121家已落实按比例安排残疾人就业的企事业单位进行就业年审，审核传送218名残疾人用工信息给税务部门。对11名应届残疾人毕业生就业情况进行动态跟踪。

【宣传文体维权】 2022年，县残联利用“爱耳日”“爱眼日”“全国助残日”“残疾预防”等主题宣传日，宣传残疾人事业的法律法规、康复知识、志愿者助残活动等。印制20000份残疾预防和残疾人康复知识等宣传材料，提高残疾人对残疾预防与康复知识的知晓率。开展形式多样的扶残助残和党政领导走访慰问残疾人活动。积极备战全国第十二届残运会暨第九届特奥会，全县召集9名残疾人参与选拔，谭景顺、黄兆豪2名残疾人通过梅州市残疾人运动员选拔，参加11月在清远举行的省残运会。完成202户贫困重度残疾人居家无障碍改造工作，改善贫困残疾人家庭无障碍设施，提高残疾人的生活质量。受理梅州市“12345”政务服务便民热线和惠民平台信息平台咨询信件8件，各类信访件办结率100%。

【业务建设】 2022年，县残联开展组织业务培训，健全规范基层残疾人组织建设，加强县、镇残联和村社区残疾人协会建设，规范基层残疾人组织制度化建设，提高为残疾人服务的水平。加强和改进乡镇残联、村（社区）残协工作，推进镇级残联、村（社区）残协换届，形成以县级残联为主导、镇（场）残联为骨干、村（社区）残疾人协会为基础的三级残疾人组织网络。完成全县持证残疾人基本状况调查工作及数据动态更新，1.4万多名持证残疾人基本信息得到及时更新。加强残疾专干业务培训，建设一支“人道、廉洁、服务、奉献”的高素质残疾人工作人才队伍。

（蔡　婷）

法 治

政法委及综治

【概况】 2022年，丰顺县政法工作聚焦党的二十大安保维稳主线，服务保障丰顺苏区高质量振兴发展，统筹推进疫情防控等各项工作，完成各节点安保维稳工作任务。

【思想政治建设】 2022年，全县政法系统开展中心组学习、专题党课报告、政治轮训200多场次，确保《中国共产党政法工作条例》全面落实，细化重大事项请示报告、政治督查等制度9项，把党对政法工作的绝对领导贯彻到政法工作的各个方面。

【维护社会稳定】 全县政法系统巩固国家政治安全防线。围绕为党的二十大胜利召开创造安全稳定的政治社会环境为全年工作主线，以防范化解风险为首要任务，打好维护政治安全九个专项行动的攻坚战，全方面排查各类风险隐患，严控邪教和境外基督教渗透活动风险，开展打击处置“全能神”3年总体战，进一步开展依法取缔和打击“精神传销”有害培训专项工作，深入推进警示教育宣传活动，坚决依法打击网络反宣滋扰活动，全年排查“五大要素”（以人民安全为宗旨，以政治安全为根本，以经济安全为基础，以军事、文化、社会安全为保障，以促进国际安全为依托）风险隐患526条。圆满完成党的二十大、香港回归祖国25周年庆典等敏感期的政治安全和反邪教维稳安保工作，切实维护丰顺县的国家政治安全和社会大局稳定。

维护全县社会稳定。全县政法部门落实维稳安保部署工作要求，完成各个特殊节点及疫情期间的维稳目标。为迎接省第十三次党代会和党的二十大胜利召开，全面排查化解风险隐患，消除90%以上的风险点，对重点个案、重大隐患，采取有力措施缓解矛盾、降低风险、有效管控，确保各项维稳安保工作顺利开展；“百日攻坚”阶段，各部门全方位、全链条落实各项防护措施，做到确保不出任何差错，实现省委要求的“四个不发生”（不发生危害国家安全和社会稳定的重大政治事件、不发生严重暴力恐怖和个人极端事件、不发生重大群体性事件、不发生重大公共安全事件）目标。

2022年，信访部门受理案件302宗，及时受理302宗，及时受理率100%。信访事项按期答复总数241宗，按期答复241宗，按期答复率100%。

【打击犯法犯罪】 *扫黑除恶常态化* 2022年，贯彻落实党中央决策部署，围绕关于抓实抓好2022年常态化扫黑除恶“十件实事”的要求，实施清单化管理、项目化推进、责任化落实，加大线索核查深挖、铲除黑恶势力滋生土壤。推进八大行业领域专项整治，进一步健全涉黑涉恶线索发现移交、行业管理漏洞通报整改等制度，不断提高日常监管能力水平，发挥“三书一函”［《监察建议书》《司法建议书》《检察建议书》，公安机关的提示（建议）函（也包括监察机关、检察机关的督办函）］监督推动作用，全力整治行业乱象。铲除滋生黑恶的土壤，推动整治工作见实效。全年全县立九类涉恶案件43宗，破案30宗，刑拘70人，逮捕30人，取保候审59人，核查线索17条（其中，市扫黑除恶办转办线索2条），侦破恶势力犯罪集团1个、“裸聊敲诈”涉恶团伙1个。

打击整治养老诈骗专项行

动　贯彻落实上级部署，采取有效措施，守护好老百姓的“养老钱”，维护好老年人的合法权益，让广大老年人安享幸福晚年。全县打击整治养老诈骗专项行动取得良好成效，破获涉养老诈骗5宗（现案3宗，积案2宗），打掉团伙2个，抓获嫌疑人10名，涉案资金379.9万元，有效保护群众的财产安全。

提升打击违法犯罪的质效力　全县政法部门依法从严惩处故意杀人、故意伤害、聚众斗殴等严重暴力犯罪和抢劫、盗窃等多发性侵财型犯罪，重拳打击群众反映强烈的电信诈骗和网络赌博犯罪。2022年，公安部门刑事立案760宗，刑事破案333宗；刑拘237人，逮捕100人，取得“一降两升三个不发生”（刑事立案同比下降20%；破盗窃现案80宗同比上升9.5%，破诈骗现案45宗同比上升18.4%；未发生命案，未发生一次死亡2人以上交通事故，未发生重点人员赴省进京上访事件）。侦破公安部督办的2007年“8·23”命案积案、省目标“2022—12”毒品案等一批大要案。县检察院受理公安机关提请逮捕124件221人，批准逮捕75件108人，受理公安机关及监察委审查起诉219件373人，提起公诉183件278人。县人民法院审结故意伤害、强奸、非法拘禁等暴力犯罪案件21件32人。审结危险驾驶等犯罪案件36件36人，审结电信诈骗、帮助信息网络犯罪活动等案件7件10人，审结涉恶案件1件3人，审结养老诈骗案件2件5人。

专项综合治理　加强严重精神障碍患者的管理服务工作。开全市先河，解决3级以上严重精神障碍患者住院治疗费用由县财政全额兜底问题。拨出专款解决0～2级患者特殊困难家庭的救治救助问题。为全县3310名精神障碍患者购买第三者责任险，实现100%覆盖。推动镇（场）综治中心与2986名精神障碍患者的监护人签订监护协议。完善社会心理服务站（室）建设。全县建成县、镇、村三级社会心理服务室294个，实现全县全域覆盖。为有效防范有暴力倾向的严重精神障碍患者肇事肇祸案事件发生提供强力保障。强化道路交通安全综合治理。扎实推进道路交通事故预防“减量控大”和源头隐患治理，加强国道206线城区路段和涉摩电、停车秩序、摩托车“炸街”问题专项整治。全年查扣摩托车3176辆，查处涉摩电交通违法行为10223起，涉货车交通违法行为761起，酒驾265起，醉驾32起，全县交通事故受伤、死亡人数分别同比下降15.2%、5.5%，未发生较大以上交通事故。

重点人群管控工作　落实省市县重点工作“智慧矫正中心”建设，为粤东西北欠发达地区建设规范化社区矫正基地打造“丰顺样板”。组织召开丰顺县社区矫正委员会第一次会议，实现全县16个乡镇成立镇级社区矫正委员会全覆盖。2022年，丰顺县列管社区矫正对象302人，在册159人。在安置帮教方面，2022年全年接收360人，在册1452人，安置率达100%，帮教率达100%。

【法治建设】　全科网格作用初显　全县设置综合网格569个，实行一网格一员，兼职网格员569人。2022年，省、市、县政法委就“粤平安”系统初始化建设置入粤政易平台工作正在推进中，全县569名网格员账号信息已经导入粤政易工作平台，全科网格“粤平安”举行线上培训2次。2022年综治中心信息化建设全县综治网格员账号活跃度都在90%以上，录入网格事件2.15万件，结案2.13万件，结案率99.28%，其中矛盾纠纷2450件，化解2426件，化解率99.02%，发挥网格员作用，把矛盾纠纷化解在基层，化解在萌芽状态，做到小事不出村，大事不出镇。

乡镇综治中心规范化建设　丰顺县推进乡镇综治中心规范化建设，各乡镇根据实际情况综合设置“五室一厅”（群众接待厅，矛盾纠纷调处室、社会心理服务室、部门进驻工作室、监控研判室），配备通信系统、大屏显示系统、信息处理系统和视频通信系统，装备“粤平安”和“雪亮工程”综治分平台。丰顺县2022年完成6个乡镇（汤坑、汤西、汤南、建桥、埔寨、北斗）综治中心规范化建设，其余11个乡镇按市统一要求更换综治中心和“五室一厅”及“粤心安”标识标牌。

探索基层社会治理新模式　构建“综治网格员+文明实践员+百姓通讯员”（简称“三员”）一体多功能网格管理丰顺模式的平安之乡实践创新项目，为着力打通宣传群众、教育群众、关心群众、服务群众“最后一公里”取得良好效果。汤西镇以“党员+村民理事会+村民+社会人士”自治模式，砂田镇以“坚持党建引领、创新政务管理体制、坚持推进村级小微权力监督体系”，坚持“三治”（自治、法治、德治）深度融合的方式，探索乡村治理的新模式，助推乡村治理现代化走出一条基层治理新模式。县公安局打造“基层片区‘1+5+N’（1指织密‘一张网络’将丰北片规划为1个大片区；5指强化警力紧急调度、统一清查整治、大型活动安保、定期分期研判、内外同步联动五项联动举措；N指平安联创、治安联防、警情联动、重大案件联办、问题联治、纠纷联调、隐患联排等‘N项联动’新模式）社会治理新模式”，通过完善片区联动机制，不断提升社会综合治理水平。

满足群众司法需求 弘扬社会主义核心价值观，发出全市首份家庭教育令，依法予以纠正。为遭受家庭暴力的受害妇女发出人身安全保护令，为家暴受害者撑起法律“保护伞”。依法保障民生权益，审结交通事故损害赔偿、住房、医疗、劳动争议纠纷等涉民生领域案件195件。维护公民、法人的合法财产权益，审结物权确认、土地承包、相邻关系等权属案件49件。维护诚信市场秩序，审结借款合同、信用卡、保险等金融纠纷案件587件。依法处置房地产领域问题楼盘，成功调解40件商品房买卖合同纠纷系列案件。率先在全市成立首家以未检干警个人名字命名的工作室，出台全市首个《关于推进涉未成年人案件侦查监督与协作配合的实施意见》，成立全市检察机关首家家庭教育指导服务站，举办首场家庭教育网络指导课，发出全市检察机关首份《督促家庭教育令》，召开全市首次涉未成年人行政公益诉讼听证会。开启“未检+社工”服务新模式，联合梅州市慈爱社工服务中心对5名帮教对象开展系列观护帮教活动，构建起家庭、学校、社会、网络、政府、司法保护“六位一体”的社会综合保护体系。开展“携手落实‘两法’，共护祖国未来”检察开放日活动，邀请丰顺县实验小学30多名学生参观“丹姐工作室”，用心用情呵护未成年人健康成长。

为乡村振兴注入持久法治动能 大力培育“法律明白人”，全县有1139名“法律明白人”，使法治乡村建设更“明白”，让乡村振兴发展更“蓬勃”，提前3年完成每个行政村培育4名“法律明白人”任务。建成县、镇、村三级299家公共法律服务实体平台。印发《关于加快推进公职律师工作方案》，丰顺县有7名公职律师。结合“做党和人民满意的好律师”主题活动，深入开展法治体检、公益法律服务、疫情防控等各类志愿服务活动48场次。

法律援助民生实事 “为困难群众提供便捷高效的法律援助服务”是2022年省市县民生实事，全年完成689件法律援助事项，完成量同比增加70余件。成功办理全市首宗法律援助申请“市域通办”的案件。在8个县直单位、16个乡镇设立法律援助工作站，做到应援尽援，应援优援。开展法律援助法专题培训2场次，拍摄《法律援助在希望就在》主题宣传片。

（综合调研室）

公 安

【概况】 2022年，丰顺县公安机关聚焦党的二十大安保维稳主线，全力抓好战疫情、防风险、保安全、护稳定各项措施落实，开展常态化扫黑除恶专项斗争、打击养老诈骗、“梅安2022”以及“百日行动”等专项行动，做好疫情防控工作，完成春节春运、全国“两会”、“五一”、省党代会、高考、香港回归二十五周年庆典活动、党的二十大等重大活动的安保维稳任务，确保全县政治、治安持续稳定。

【打击刑事犯罪活动】 2022年，县公安局根据上级公安机关的统一部署，开展常态化扫黑除恶斗争、打击养老诈骗、“梅安2022”以及“百日行动”等专项行动，成功侦破一批大案，打击各类违法犯罪分子，确保全县社会治安持续稳定。2022年，全县立刑事案件760宗、破333宗，刑拘237人，逮捕100人，取得“一降两升三个未发生”良好成效（刑事立案同比下降20%；破盗窃现案80宗同比上升9.5%，破诈骗现案45宗同比上升18.4%；未发生命案，未发生一次死亡2人以上交通事故，未发生重点人员赴省进京上访事件），侦破4宗省以上目标（督办）案件，创历史最好成绩（公安部督办2007年“8·23”命案积案、省目标“2022—12”毒品案、省厅“蓝剑4号”——6·16假冒伪劣商品案、省目标“5·12”生产销售伪劣产品案件）。

【治安管理】 2022年，县公安局打击“胡豆子”“鱼虾蟹”等乡村聚众赌博，落实常态化扫除“黄赌毒”专项整治，净化社会风气。2022年，查处涉黄赌案件17宗，逮捕4人、直诉2人，刑拘21人，行拘48人，罚款5人；破涉毒案件8宗，刑拘12人，逮捕12人，移送起诉12人，行政拘留17人，强制隔离戒毒10人；通过打击整治，全县辖区内的“黄赌毒”等违法犯罪活动得到有效遏制。

【户政管理】 2022年，县公安局户政部门抓好人口信息系统建设等工作，加强户政业务建设，为领导决策提供人口信息依据，为人民群众提供优质服务。2022年，受理居民身份证31311张，审核上传居民身份证41115张（市内异地3147张，省内异地7615张）；受理、制作临时身份证4047张；审核、签发准迁276张；审核、审批出生入户5553人、恢复户口43人、项目变更531人、注销虚假（双重）户口93人、大中专学生毕业迁入32人。

【专项行动】 2022年，县公安局根据省、市开展常态化扫黑除恶专项斗争、打击养老诈骗、“梅安2022”以及“百日行动”等专项行动的统一部署，结合丰顺实际，打击各类违法犯罪活动，取得明显性工作成效，确保全县社会治安持续和谐稳定。2022年，立九类涉恶案件45宗，破案31宗，刑拘77人，逮捕32人，取保候审63人，受理各类线索20条，侦破罗某军寻衅滋事恶势力犯罪集团1个及“裸聊”敲诈勒索犯罪团伙1个；破获涉养老诈骗现案13宗，积案2宗，打掉团伙2个，抓获嫌疑人14人，追赃挽损165万元；破获性侵、猥亵案件11宗，抓获嫌疑人14人；破获电信网络诈骗案件30宗，接触性诈骗8宗，抓获90人，预警劝阻172人，止付金额39万元；破获“双抢”案件5宗，抓获嫌疑人8人，破案率100%；破获盗窃案件59宗，抓获嫌疑人25人，追赃挽损21.2万元；破涉走私案件3宗，抓获嫌疑人10人。

【出入境管理】 2022年，县公安局出入境管理部门深化“放管服”改革，继续落实便民利民措施，提升服务质量和管理水平。2022年，受理各类出入境证件申请共842人次，其中受理护照45人次、往来港澳通行证774人次、往来台湾通行证11人次、前往港澳通行证申请12人次，前往港澳通行证签批面见13人次，前往港澳通行证存疑类面见询问调查12人次、港澳居民来往内地通行证13人次、边境通行证14人次，实质性审查劝阻非紧急非必要出国（境）申请的45人，为7家企业的18名外派人员提供高效便捷的出入境证件办理服务。

【道路交通管理】 2022年，县公安局交警大队在全县开展道路交通事故预防“减量控大”（减少道路交通事故发生数量、减少交通事故死亡人数，控制较大以上交通事故发生，坚决遏制重特大道路交通事故发生）和源头隐患治理，加强206国道城区路段和涉摩电、停车秩序、摩托车“炸街”问题专项整治，全县道路交通安全形势平稳向好。2022年，查处各类交通违法行为35172起；查处（含移交交通运输执法局）违法大货车328辆次，超载罚款14.17万元，对驾

▲2022年7月19日，丰顺县公安局召开“百日行动”工作推进会

（丰顺县公安局供图）

驶人记分701分；查处涉牌涉证违法行为6805起，查处酒驾324宗、醉驾26宗；处理各类交通事故270宗，交通事故死亡20人，受伤288人，直接经济损失约349400元，比2021年同期分别下降24%、7%、36%、45%，未发生一次死亡2人以上交通事故和长时间大范围交通拥堵。

【队伍建设】 2022年，县公安局集中开展《公安机关人民警察内务条令》学习宣传活动，执行新时代政法干警“十个严禁”、省厅《六项纪律规定》等铁规铁纪；联合县检察院设立侦查监督与协作配合办公室，构建更加规范高效的执法司法制约监督体系；开展医疗救助、关爱慰问、表彰奖励等爱警暖警措施，提升队伍凝聚力，1个单位记集体三等功，4个单位被给予集体嘉奖，1人记个人二等功，2人获评“全市优秀人民警察”，1人获评“全市十佳社区民警”，2人获评“全市优秀职工（辅警）”，6人记个人三等功，14人被给予个人嘉奖，1人被给予辅警三级嘉奖；发放防暑降温慰问品共计6.5万元，慰问因公负伤、生病住院、重大疾病民（辅）警45人次，发放慰问金9.9万元。

（徐俊轩 吴志欣）

▲县检察院检察人员日常走访民营企业，了解企业司法需求，帮助企业解决法律难题

（丰顺县检察院供图）

检 察

【概况】 2022年，丰顺县检察院“四大检察”（刑事检察、民事检察、行政检察、公益诉讼检察）、“十大业务”（普通刑事犯罪检察业务、重大刑事犯罪检察业务、职务犯罪检察业务、经济犯罪检察业务、刑事执行检察业务、民事检察业务、行政检察业务、公益诉讼检察业务、未成年人检察业务、控告申诉检察业务）呈现跨越式发展。第一检察部打造未检品牌“丹姐工作室”，开展多个“全市首创”。2名干警在县“喜迎二十大、法治伴我行、奋进新征程”征文比赛中分别获得二等奖和三等奖。在最高检通报的60项质量评价指标中，县检察院业务考评居梅州市基层检察院第一。

【服务发展】 2022年，县人民检察院出台《检察机关服务工业园区工作规定》，在县经济开发区挂牌成立法律服务点。开展“送法入企”活动，先后为15家企业提供法律咨询和帮助50多次，助力“制造业当家”。起诉各类侵犯企业利益犯罪17人。出台《服务和保障乡村振兴战略的若干措施》，积极参与乡村治理，推进乡村治理体系和治理能力现代化。建立完善“河长+检察长”“林长+检察长”联动机制，推动检察监督与生态环境保护改革举措同向发力，全力守护绿水青山，为深入推进绿美丰顺生态建设提供有力法治保障。

【刑事检察】 2022年，县人民检察院保持对“黄赌毒”高压打击态势，惩处电信网络诈骗和网络赌博等涉众型犯罪，批准逮捕各类犯罪嫌疑人108人、起诉278人。落实少捕慎诉慎押刑事司法政策，加大刑事和解、公开听证力度，对社会危害不大的初犯、偶犯、过失犯、未成年犯依法从宽处理，不批准逮捕113人，不起诉66人。常态化推进扫黑除恶工作，依法办理曾某平涉嫌非法拘禁、强迫交易、虚假诉讼等涉恶犯罪案件。对309名被告人依法适用认罪认罚从宽制度，适用率89.57%，向法院提出量刑建议234人，其中确定刑205人，占比87.61%，法院采纳确定刑202人，采纳率98.54%。反映办案效率的刑事“案—件比”优化至1∶1.09，同比下降5%。

【民事、行政检察】 2022年，县人民检察院办理1件民事审判程序监督案件，受理民事执行活动监督案件4件，开展民事执行失信惩戒和限制消费措施专项监督活动，发现2宗不当情形予以监督纠正，促进法律统一正确实施。开展行政非诉执行监督工作，受理行政非诉执行监督案件2件，通过检察建议，督促相关乡镇对非法建筑物进行拆除并将其恢复为农用地，守护耕地资源。开展行政违法行为监督工作，通过检察建议，督促侦查机关吊销8名醉酒驾驶机动车人员的驾驶证，督促职能部门撤销采取弄虚作假方式办理婚姻登记1件，堵塞行政执法漏洞。

【公益诉讼检察】 2022年，县人民检察院受理公益诉讼案件线索68件，立案68件，发出诉前检察建议26份，涵盖生态环境和资源保护、食品药品安全、国有财产保护等领域。开展敬老院食堂食品安全专项监督活动，守护“舌尖上的安全”。紧盯“消”字号抗（抑）菌制剂非法添加问题，保障用药安全。办理无障碍环境建设专项监督案件，助力残疾人出行安全。督促相关职能部门加大对“炸街”“飙车”等交通违法行为的打击力度。办理刑事附带民事公益诉讼案件6件8人，通过诉讼追回生态赔偿金258.46万元。

【未成年人检察】 2022年，县人民检察院批捕侵害未成年人犯罪11件12人，起诉13件15人。成立全市检察机关首家家庭教育指导服务站，发出全市首份《督促家庭教育令》，举办全市首场家庭教育网络指导课，出台全市首个《关于推进涉未成年人案件侦查监督与协作配合的实施意见》，召开全市首场涉未成年人行政公益诉讼听证会，未成年人检察各项办案指标均位居全市前列。

【平安丰顺建设】 2022年，县人民检察院落实最高检“群众来信件件有回复”制度，办理国家司法救助案件18件21人，发放救助金22.3万元，司法救助率居全市第一。开展法治宣传“进学校、进社区、进乡村、进机关、进企业”活动20多场次，覆盖人数5000多人次，在实验中学打造青少年法治教育长廊，与市院在大龙华中学共建青少年法治教育基地，检察长兼任丰顺中学法治副校长。

▲2022年5月26日，来自县实验小学的25名学生代表参加县检察院开展的“携手落实‘两法’共护祖国未来”检察开放日活动 （丰顺县检察院提供）

【主要荣誉】 2022年，县人民检察院第二检察部荣获梅州市“巾帼文明岗”荣誉称号。第四检察部打造党建品牌“公益诉讼先锋号”，被县直工委选送参加梅州市第二届党建工作创新大赛。模范机关建设工作成绩突出，在县直机关模范机关创建工作推进会上作经验介绍。参加丰顺县政法系统辩论赛获第二名，2名干警分别获评“最佳辩手”和“优秀辩手”称号。执行过问或干预、插手司法办案等“三个规定”记录填报制度，围绕纪律作风、司法办案等开展检务督察。

（罗伟坤）

法 院

【概况】 2022年，丰顺县人民法院开展“五项重点工作”（党的建设、服务大局、审判质效、一站式建设、队伍建设）、全面建设“六先”（争当坚决做到“两个维护”、主动服务苏区振兴发展、具有较强司法公信力、司法为民典范、队伍全面过硬、不畏艰险和敢于斗争六方面的先进法院）法院，统筹推进疫情防控和审判执行工作，提升司法为民、公正司法水平。全年受理各类案件3723件，受案同比下降9.76%，结案3544件，结案率95.19%，结案率同比上升1.13个百分点，法定审限内结案率100%。“两升三降”（“两升”是指结收比上升、小额诉讼程序适用率上升“三降”是指收案下降、存案下降、长期未结诉讼案件下降）指标值全部达标。

【刑事审判】 2022年，县人民法院受理刑事案件186件，审结176件，判处罪犯227人。开展常态化扫黑除恶专项斗争，审结涉恶案件1件3人。开展打击整治养老诈骗专项行动，审结养老诈骗案件2件6人。其中，被告人黄某摘利用封建迷信诈骗一案被梅州中院选为打击养老诈骗典型案例。严惩危害群众生命财产安全犯罪，审结故意伤害、强奸、非法拘禁等暴力犯罪案件15件19人，审结抢劫、盗窃、诈骗等多发性侵财犯罪案件29件40人。其中，“维度健身房”股东张某峰、吴某瑞合同诈骗一案，为279名被害人追回全部损失62.8万多元。严惩危害道路交通安全和社会管理秩序犯罪，审结危险驾驶、交通肇事案件52件52人，审结“黄赌毒”案件51件101人。依法惩治腐败犯罪，审结受贿等职务犯罪案件2件3人。贯彻宽严相济刑事政策，对119名被告人适用非监禁刑或免予刑事处罚，认罪认罚从宽适用率96.45%。加强人权司法保障，全面落实律师辩护全覆盖工作，为42名刑事被告人指定辩护人，为184名刑事被告人提供法律帮助。

【民商事审判】 2022年，县人民法院贯彻实施民法典，受理民商事案件2347件，审结2235件，解决诉讼标的7.5亿元。其中，调解撤诉1234件，调撤率56.9%，调撤率在全市法院系统排名第一。弘扬社会主义核心价值观，保护妇女、儿童、老人的合法权益，审结婚姻家庭纠纷案件716件。针对一起离婚纠纷案件中原被告双方怠于履行小孩教育责任的情况，发出全市首份家庭教育令，依法予以纠正。为遭受家庭暴力的受害妇女发出人身安全保护令，为家暴受害者撑起法律“保护伞”。保护劳动者和用人单位的合法权益，审结劳动争议案件8件。维护公民人身权利，审结交通事故、医疗、工伤等人身损害赔偿案件142件。维护公民、法人的合法财产权益，审结物权确认、相邻纠纷等权属案件34件。维护公平交易、诚实守信的市场秩序，审结买卖、借贷、担保等合同案件753件。落实“保交楼”政策，及时处置房地产领域涉诉涉稳风险，妥善调解涉“问题楼盘”纠纷86件。

【兑现胜诉权益】 2022年，县人民法院全面推进“事务集约、繁简分流、团队办案”执行三项机制改革，提升执行质效。受理执行案件1176件，执结1128件，执行到位金额8857万多元。开展“提升质效攻坚战”“涉黑恶财产刑执行攻坚战”等专项行动，审结1宗涉恶刑事案件罚金19万元，执行到位13万元。在司法拍卖不动产清场交付专项行动中，腾退交付涉案房产15处。提高财产处置效率，建立“司法拍卖+网拍辅助”新模式，对被执行人财产进行司法网络拍卖，成交23件，实现财产变现价值3279.8万元。加大对规避、抗拒执行等行为的惩戒力度，将867名被执行人纳入“老赖”名单库，限制被执行人高消费964次，督促被执行人主动履行法律义务。

【法治化营商环境】 2022年，县人民法院在县经济开发区综合服务中心设立诉讼服务点，一把手带头开展“走访企业 服务发展”等活动，助力优化营商环境。继续做好服务“六稳”“六保”工作，贯彻善意文明执行理念，采取活封活扣方式，慎用财产保全和强制措施，杜绝超标的查封、乱查封，尽最大可能保持企业财产运营价值，保护企业合法权益。主动为广东某投资实业有限公司继承人解决公司股权继承的实际问题，保障企业的稳定经营。与邮政储蓄银行、农村商业银行和农业银行等金融机构共同优化办理存款继承工作。组织法官前往潭江镇官溪村和官下村，深入茶园与茶农面对面交流，为当地特色产业的振兴发展提供司法保障。办结涉企案件548件，走访企业24家，解决法律问题28个。

【参与基层社会治理】 2022年，县人民法院全面服务乡村振兴，审结涉土地林地权属纠纷及农民权益案件6件。开展环境资源民事、刑事审判“二合一”改革，审结环境资源案件3件3人。加大山水林田湖草沙一体化司法保护，对环境侵权适用生态修复措施，对1宗非法占用农用地、非法采矿案的被告人判处支付生态服务功能损失费、生态环境修复费54.74万元。进一步延伸司法职能，结合办案向行政单位、企业等发出司法建议32份。民事法官到乡镇为县镇两级人大代表和人民调解员授课，提升化解基层矛盾纠纷能力。深入推进诉源治理，在4个人民法庭、8个诉讼服务站的基础上，分别在潭江镇大胜村、砂田镇砂田村、黄金镇湖田村、丰良镇复兴村、潘田镇综治办设立5个诉讼服务点，形成“庭、站、点”三位一体融合共治格局。诉讼服务站、诉讼服务点调解纠纷21件，开展法律服务116次。

【司法公开】 2022年，县人民法院健全审判流程、裁判文书、执行信息、庭审直播四大公开平台建设，通过网站、微博、今日头条等自媒体，以信息化深化司法公开。开展网络庭审直播370场次，上网裁判文书1188份。落实普法工作责任制，开展民法典、反有组织犯罪法宣传、打击整治养老诈骗等系列普法宣传活动，提高群众的法治意识和识骗防骗能力。在留隍法庭设立球山中学法治教育实践基地，全面提高青少年学生的法治观念和法治素养。加强新闻宣传工作，开展法治宣传活动19场次，在各级主流报纸发表宣传稿件70余篇。

【智慧法院建设】 2022年，县人民法院充分利用人民法院调解平台、人民法院在线服务及“云上法庭”“移动微法院”App等平台，大力开展线上诉讼服务。网上立案864件，网上开庭291件，网上调解679件。与梅州邮政速递公司建立集约送达机制，整合法律文书通过网络集中送达，实现案件各阶段文书送达集约一体化，更好地破解“送达难”问题。深入推进电子卷宗随案同步生成和深入应用，提高阅卷效率，实现远程调卷阅卷。

【队伍建设】 2022年，县人民法院持续巩固党史学习教育和队伍教育整顿成果，开展“两个确立”主题教育。把学习宣传贯彻党的二十大精神作为首要政治任务，分层次多形式实现全员覆盖。由干警自编自演歌曲《复兴伟业定辉煌》，用客家山歌、快板等方式歌颂党的二十大。1名干警在全县政法系统青年干警辩论赛中获评“优秀辩手”。1名干警的绘画作品《光照中华》在省法院“喜迎二十大 建功新时代”系列作品评选中荣获书画作品类二等奖。2名干警分别被评为全市法院“十大办案标兵”和“十大调解能手”。刑事审判庭被评为全市法院“五项重点工作”“十大先进集体”，1名干警被评为“十大先进个人”。持之以恒正风肃纪，开展司法作风突出问题集中整治、政法系统政治督察和纪律作风督察巡查、纪律教育学习月活动。压实全面从严治党治警责任，严格执行防止干预司法“三个规定”、新时代政法干警“十个严禁”等铁规禁令。“三个规定”平台登记报告有效信息28条，班子成员带头有记录报告8条。充分运用线上线下审务督察新模式，对会风会纪、评估招标、窗口纪律作风等开展常态化巡查。开展谈心谈话98人次，常态化巡查24次。

（谢碧娟）

▲2022年7月25日，梅州市市中院民二庭联合丰顺法院到广州海珠（丰顺）产业园开展“送法进企业”活动

（丰顺县人民法院供图）

司法行政

【概况】 2022年，丰顺县有人民调解组织335个，法律援助工

作站308个，人民调解员1395名，其中专职人民调解员35人，全年调处各类矛盾纠纷共2985宗。指导潭江镇大胜村成功创建“全国民主法治示范村”，指导汤坑镇黎峰村、八乡山镇滩良村成功创建“省级民主法治示范村”，累计成功创建全国民主法治示范村3个，全国乡村治理示范村1个，省级民主法治示范村7个，省法治文化建设示范企业10家，青少年法治教育实践基地5所，法治文化主题公园9个。

【依法治县】 2022年，县委依法治县办印发丰顺县《贯彻落实习近平总书记在中央全面依法治国工作会议上的重要讲话精神若干举措》《2022年度学习宣传贯彻习近平法治思想工作方案》，推动习近平法治思想走深走实。印发实施《丰顺县2022年全面依法治县工作要点》《法治丰顺建设规划（2021—2025年）》《丰顺县法治社会建设实施纲要（2021—2025年）》《关于开展法治宣传教育的第八个五年规划（2021—2025年）》。做好中央依法治国办法治政府建设实地督察反馈问题整改工作，对九大类别28个问题清单牵头制定40项具体的整改落实举措，明确整改责任单位和整改时限，督促责任单位落实整改。

【依法行政】 2022年，县委依法治县办印发《丰顺县关于建立综合行政执法监管协同配合工作机制的实施意见》《关于开展县级行政执法职权下放实施情况评估工作实施方案》，成立丰顺县县级行政执法职权下放实施情况评估领导小组，对全县16个乡镇综合行政执法队运行情况开展调研督导及整改落实“回头看”工作，推动乡镇体制改革落地落实。12月启动2022年度行政执法案卷评查工作，全县抽查169宗卷宗，其中评查乡镇已办结的行政处罚案件118宗，做到评查全覆盖。2022年组织参加综合法律知识培训考试250人次。全县各级行政执法主体通过广东省行政执法公示平台共录入行政执法行为1663宗，其中行政处罚251宗、行政检查435宗、行政许可977宗。累计审核证件次数达2500多次，办理行政执法证件756份。

【法制审核】 2022年，丰顺县印发《关于征集丰顺县人民政府2022年度重大行政决策事项和重大行政决策听证事项的通知》《关于2022年重大行政决策目录制定并公布情况督办通知》。2022年完成法律事务和文件审查40件，审查全县各单位征求意见71件。积极参与“无证明城市”创建，指导全县17个县直部门、16个乡镇对政务服务（公共服务）事项及证明材料进行梳理，梳理政务服务（公共服务）事项753项，梳理证明材料1791项。

【行政复议与应诉】 2022年，县委依法治县办印发《丰顺县行政复议决定履行情况监督工作方案》《行政复议决定履行监督规定（试行）》。2022年收到行政复议案件39宗，受理33宗，审结33宗，案件同期增长6倍；经调解撤回申请案件9宗，调撤率达27%。督促相关行政单位出庭应诉27宗，行政诉讼案件7宗，督导行政诉讼溯源规范行政执法5次。

【公共法律服务】 2022年，县委全面依法治县委员会印发《关于加强法治乡村建设的实施方案》，县司法局开展“乡村振兴 法治同行”系列活动，大力培育“法律明白人”，全县有1139名“法律明白人”，提前3年完成每个行政村培育4名“法律明白人”任务。建成县、镇、村三级299家公共法律服务实体平台。印发《关于加快推进公职律师工作方案》，2022年丰顺县有12名公职律师。结合“做党和人民满意的好律师”主题活动，开展法治体检、公益法律服务、疫情防控等各类志愿服务活动48场次。

【法律援助】 2022年，县法援处完成763件法律援助事项，提前超额完成法律援助民生实事项目要求。成功办理全市首宗法律援助申请“市域通办”的案件。在10个县直单位、16个乡镇和282个村社区设立法律援助工作站，做到应援尽援、应援优援。自编自导自制的《法律援助在希望就在》主题宣传片获评广东省2022年法治动漫微视频大赛铜奖。

【公证工作】 2022年，县司法局联合丰顺县检察院建立全市首个刑事赔偿保证金提存制度并成功实践，被《南方日报》等多家

▲2022年8月19日，丰顺县政法系统青年干警辩论赛在丰顺县司法局举行

（丰顺县司法局供图）

媒体宣传报道。2022年办理公证322宗，其中国内公证251宗、涉外公证75宗、涉港澳台16宗。为60周岁以上的老人提供上门服务6次，为群众免费代书文书143件。

【普法宣传】 2022年，印发《丰顺县“八五”普法讲师工作制度》，组建拥有近200人的“八五”普法志愿者队伍。组织开展丰顺县第五届“谁执法谁普法”履职报告评议活动，对县住建局、县发改局、县水务局、汤坑镇人民政府、北斗镇人民政府进行评议。组织全县国家工作人员参加2022年度学法考试，全县参加学法考试人数12592人，参考率99.44%，及格率99.54%，优秀率99.03%，平均分99.41分。建立普法讲师挂点联系机制，安排67名普法讲师挂点联系全县283个村（社区），实现对接全覆盖。展示类采茶戏《春风法雨润茶香》获得第四届广东省法治文化节语言类法治文艺作品入围奖。“法治繁星耀苏区”普法项目获评广东省优秀普法项目。拍摄宣传公益片《“典”亮梦想》、动漫视频《法润乡村》等，联合县电视台推出5期《主播说反诈》系列宣传视频。

【社区矫正帮教】 2022年，县司法局接收新入矫社区矫正对象152人，解除社区矫正144人，开展社会调查评估66宗。在安置帮教方面，2022年接收425人，包括刑满释放人员228名和解除社区矫正对象197名，平均安置率达100%，帮教率100%。认真贯彻落实社区矫正法，2022年对违反监管规定的社区矫正对象给予训诫33人次，书面警告14人次。2022年开展远程会见210人次，会见家属420人次。联合丰顺县公安局对社区矫正对象进行轨迹核查累计351人次。联合社会组织启航帮教中心开展职业技能培训88人次、举办心理健康教育讲座15场183人次；一对一心理个案辅导28人次，线下心理团辅活动13人次，组织节假日前走访慰问6人次。

【人民调解】 2022年，县司法局践行新时代“枫桥经验”推动诉源治理提质增效，制定印发《基层矛盾纠纷大排查实施工作方案》，举办2022年人民调解员培训班。全县调处各类矛盾纠纷2985宗，调解率100%，调解成功率98%以上。

【“喜迎二十大”政法宣传】 2022年，在开展“喜迎二十大 唱响法治颂”政法宣传工作期间，全县政法系统宣传信息稿件被县级以上平台采用197篇，被市级以上平台采用138篇，被省级以上平台采用63篇，被国家级

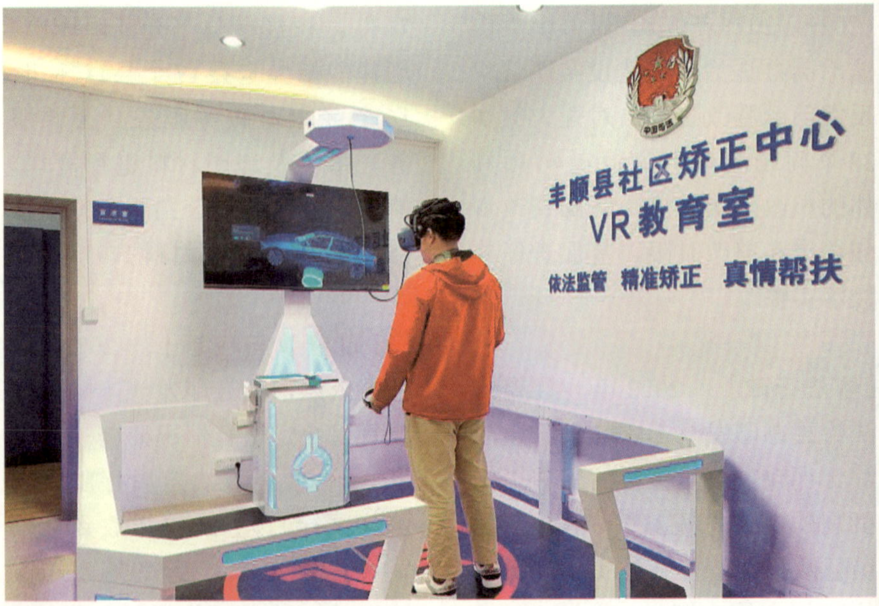

▲2022年，丰顺县社区矫正中心智能化VR教育室

（丰顺县司法局供图）

以上平台采用13篇。推出《政守一线　疫不容辞》《同心战“疫”担使命》《全力以赴保稳定　履职尽责护平安》《在“三个全面”上下功夫　在“政法事业”中建新功》等一批高质量宣传稿件，分别被《梅州日报》《南方日报》等权威媒体刊载报道。组建“喜迎二十大　唱响法治颂”工作专班，联合县融媒体中心举办政法宣传员专题培训班。承办“辩出精彩　助力发展”丰顺县政法系统青年干警辩论赛，司法局干警荣获这次比赛一等奖，南方+、掌上梅州、梅州平安之乡公众号等多家媒体对此次辩论赛进行宣传报道。

【“智慧矫正中心”创建工作】　2022年，丰顺县社区矫正中心被列为全省“智慧矫正中心”第一批创建示范单位和2022年丰顺县委全面深化改革委员会重大改革试点项目。县司法局按照省厅统一部署，推进智慧矫正中心创建工作，完成省级社矫一体化平台的账号申报、应用场景设置和熟悉，对场地升级改造，设立“三区十九室”，配备自助矫正终端、教育学习设备、心理矫正设备、远程视频督察设备、移动执法车和电子定位装置六类装备，实现社区矫正工作全流程智能化，形成实务应用“两个模式”（以社区矫正中心为基础，打造社区矫正工作实战化应用模式；以省级一体化平台为依托，打造社区矫正业务全流程数据管理模式），具备智能化应用“四种能力”（全时空精准化的日常监管能力、全方位智能化的决策分析能力、全过程自主化的教育矫治能力、全天候移动化的社区矫正执法能力），为粤东西北欠发达地区建设规范化社区矫正基地打造“丰顺样板”。

（徐铱曼）

军 事

人民武装

【概况】 2022年，全县武装工作突出“政治之年讲政治”原则，做好思想建设、安全稳定、练兵备战工作。

【党管武装】 2022年，县人武部召开党管武装工作会议，总结工作、部署任务、统一思想、明确要求，宣布县直和16个镇武装部政治教导员任职命令，压紧压实党管武装领导责任。落实县委议军会议，解决驻丰部队实际困难。县、镇、村各级制订工作计划清单并严格执行，有效落实党管武装各项工作。县财政预算列支专项经费，推进基层武装部规范化建设，基层武装部建设面貌一新。选准配强专武干部队伍，加大训练力度，提高能力素质。专武干部每周参加集中办公，定期讲评问题、推进重点工作，提升武装工作质效。

【备战训练】 2022年，县人武部加强与上级对接，修订完善各类方案预案。贯彻上级战备工作法规，狠抓战备教育、机关值班、战备演练等日常战备制度落实，保持正规战备秩序和良好戒备状态。按照要求，加强干部、文职人员基础课程、动员业务与指挥技能训练，开展军事职业教育工作，提升部队谋战打仗和真打实备能力。根据上级下达的年度任务，聚焦应急和应战两个方面，加强军事训练，全年组织9批基干民兵训练，民兵队伍遂行任务能力大幅提高。民兵队伍全年2次参加部队演训活动，参训民兵队伍快速集结、令行禁止，战斗作风受到东部战区主要首长表扬。专武干部和基干民兵每季度参加一次战备拉练活动，进一步做好应对突发事件准备。

【国防动员】 2022年，县人武部健全各类领导机构，明确职责任务。开展民兵工作，根据民兵“十四五”建设要求，先后召开县“十四五”民兵建设研讨会、民兵潜力调查任务部署会、民兵整组任务部署会、民兵系统业务培训。实地调研全县23家适编企业，遴选对口编兵单位，基层武装部先后8次参加集中办公，逐项审核民兵整组数据。优化编组结构，完成应急、支援两类基干民兵和普通民兵的整组任务。严密组织兵员征集工作，完成年度兵员征集任务。

【国防教育】 2022年，乡镇党政领导干部按计划参与军事日活

▲2022年10月20日，丰顺县人民武装部在东海中学开展国防教育授课

（丰顺县人民武装部供图）

动，镇村两级干部同步参加国防教育授课，形成良好的带动效应。结合学生军训和征兵宣传，为辖区8所中学适龄青年和高中学生进行国防教育授课。应急连民兵在全民国家安全教育日期间参加专题“四反”教育和学习反间谍法；在全民国防教育日期间，向全县推送国防教育专题推文和教育视频。

【军民融合】 2022年，县人武部推动双拥工作落实，巩固军政军民团结。把轮驻丰顺县执行战备任务的部队纳入全县“八一”慰问计划，使任务一线子弟兵感受到丰顺人民的关怀。支持驻丰部队战场建设，积极解决土地征用、置换等问题。按照协调发展、军事优先的原则，在县域重要建设规划和重点项目建设前，均认真征求驻军意见，并根据意见及时调整规划计划。妥善处置2宗涉军事设施保护问题，没有引发涉军纠纷。积极稳妥解决老兵反映的历史遗留问题，保障老兵的合法权益。全年安置多名转业军士、随军家属，安置率、上岗率、满意率均达到100%。全县民兵积极参与地方森林灭火、辖区8所中学学生军训和丰顺县抗击新冠疫情工作，完成任务。

（陈智成）

武 警

【概况】 中国人民武装警察部队梅州支队执勤二大队丰顺中队，诞生于中国人民解放军闽粤赣边纵队的摇篮里，成立于1949年10月，此后建制历经多次调整，重新组建于1983年1月，主要担负丰顺县看守所外围武装警戒及驻地反恐处突、抢险救援等任务。

【维护社会稳定】 2022年，丰顺中队开展任务隐患治理，多次协调看守所目标单位配置各类安全防护措施，常态化与公安机关开展联合方案演练召开联席会议，数十次担负押解任务，确保丰顺县看守所外围武装警戒绝对过硬、绝对安全。完成春节、全国“两会”等敏感时期的城区武装巡逻等任务。

（古竞发）

人民防空

【“结建”工作】 2022年，县人防办按照粤府办〔2020〕27号文件要求审批建设项目，做到应建尽建、应缴尽缴、符合减免条件的依法给予减免。2022年，审批防空地下室建设项目及竣工验收备案人防工程，工作有序进行，收取人防工程易地建设费约10万元。

【安全生产】 2022年，县人防办以疫情防控常态化条件下安全生产和专项整治三年行动隐患排查整治工作为重点，查处安全隐患，签订安全生产承诺书10份，检查在建人防工程16个，督导设备安装企业2家，发现问题1个，已落实整改。

【“放管服”改革】 2022年，县人防办优化人防工程建设营商环境，推进联合审批、联合测绘和联合验收工作，统筹推进各项改革任务。开展行政审批工作，完善人防报建、备案的办事流程和资料收集，确保每宗工程办事合法合规，材料规范齐全。

【人防指挥通信警报建设】 2022年，县城规划区范围内基本实现防空警报全覆盖，9月18

▲2022年，武警日常训练 （武警丰顺中队供图）

日，根据《中华人民共和国人民防空法》《广东省实施〈中华人民共和国人民防空法〉办法》等有关规定，组织2022年度防空警报试鸣活动，鸣响率100%，提高丰顺县防空警报快速反应能力和广大群众对警报音响的识别能力，取得预期效果。

【人防宣传】 2022年，县人防办利用多种形式深化人防宣传教育工作，宣传应急救援和自救自护知识，重点加强对城区初级中学学生人防知识教育，并将人防宣传工作延伸到社区、企业和重点乡镇。

（徐建满）

综合管理监督

发展和改革

【概况】 2022年，县发展和改革局推进重点项目建设，加强物价管理，抓好粮食储备监管，促进有效投资，推动丰顺苏区高质量振兴发展。

【统筹规划】 2022年，县发改局监测全县经济运行态势，分析全县主要经济指标完成情况、经济运行存在主要困难和问题等情况，形成《丰顺县2022年国民经济和社会发展计划执行情况报告》，提交县人大十六届三次会议审议。贯彻落实国家、省、市稳住经济一揽子政策措施，起草形成《丰顺县促进经济稳增长若干政策措施》，提交县政府常务会议、县委常委会会议审议后公布实施。

【项目审批服务】 2022年，县发改局落实政务服务“马上办”，全面推行政府投资在线审批。全年办理审批、核准项目94项，总投资额65.99亿元；项目备案302项，总投资额12.63亿元。

【重点项目建设】 2022年，丰顺县列入市重点项目21项，总投资额159.42亿元，2022年投资计划24.71亿元，全年完成投资20.73亿元，占年度任务83.91%。其中省重点项目4项，总投资额76亿元，2022年投资计划9.36亿元，全年完成投资7.24亿元，占年度任务的77.4%。2022年全县固定资产投资项目108项，年度投资计划66.97亿元，全年完成投资36.4亿元。

【争取项目资金】 2022年，县发改局争取到中央预算内投资项目2项资金3475万元。2022年丰顺县通过国家发展改革委地方专项债券项目13项，通过债券额度20.32亿元。全年发行2022年专项债项目9项，发行专项债资金6.23亿元，已开工9项，开工率100%。

【物价调控管理】 2022年，县发改局建立价格监测台账，加强疫情期间市场价格监测，为政府保供稳价提供翔实资料依据。推进水价改革，起草《丰顺县农业水价综合改革实施方案》《丰顺县实行非居民用水超定额超计划累进加价制度和淘汰类限制类企业高额累进加价政策的通知》，报县政府批准后实施。规范教育收费。做好涉案物价格认定工作，全年共受理涉案物价格认定232宗，认定金额172.98万元。

【粮食和物资储备管理】 2022年，县发改局做好政策性粮油库存检查工作。根据省、市关于2022年政策性粮油库存检查自查工作的部署要求，会同县财政局、县农发行等相关部门组成粮油库存检查组，于4月对丰顺县粮食收储有限公司和广东穗丰食品有限公司、丰顺县瑞丰粮油食品有限公司等开展粮油库存检查工作督导。开展政策性粮食销售出库跨区域监管。会同县农业农村局组织粮食监管人员到丰顺海新、梅州海大、丰顺温氏家禽、梅州双胞胎等加工企业了解情况，督促相关企业按照国家相关规定，落实好粮食饲料加工用途，多次开展突击检查，检查企业粮食到库使用、资料台账建立保管等情况。抓好安全生产工作。深入汤西、丰良库点开展安全生产和储粮安全检查行动，开展隐患排查工作，特别是关于企业危险化学品安全管理、消防安全、有限空间作业安全管理和粉尘涉爆安全管理等方面。结合粮

▲2022年8月15日，县发改局到梅州海大生物科技有限公司调研

（丰顺县发展和改革局供图）

食“双安全”（安全生产、安全储存）标准对重点部位、重点设备、重点环节的安全隐患进行排查。做好储备粮轮换工作。经县政府批准，按照相关程序规定，做好2022年县级储备粮轮换工作，完成储备粮出库销售7308吨。抓好涉粮问题专项巡察整改工作。根据涉粮问题专项巡察反馈21条问题，县发改局召开党组会议研究部署，成立巡察整改工作领导小组，制定整改方案，抓好整改工作。至11月，已基本完成反馈问题整改。

【其他工作】 2022年，县发改局推动梅汕高铁项目建设收尾工作，解决梅汕高铁项目建设遗留问题。推进信用体系建设，跟进“双公示”数据录入及修复，推进行政许可和行政处罚等信用信息公开评估工作，推进归集共享涉企信用信息，完成水、燃气信息归集、挂接任务。做好2022年度行政许可和行政处罚“双公示”数据补报工作。配合组织部门做好2022年度公务员录入、调任人选社会信用记录查询工作。抓好油气长输管道、加油站等安全生产督查，对巡查发现的存在问题，及时督促相关单位和企业进行整改。配合省、市开展钢铁产业转型升级调查研究，推动丰顺县钢铁企业转型升级。推动电动汽车充（换）电基础设施建设，电动汽车充（换）电基础设施建设项目备案4项，总投资额87万元。做好虚拟货币“挖矿”活动专项治理工作。

（吴宝平）

自然资源局

【概况】 2022年，丰顺县自然资源局推进规划编丰顺县国土空间总体规划（2020—2035年）工作，县自然资源局推进土地指标使用，加大耕地保护，强化自然资源执法监督，提升自然资源管理水平和能力，为丰顺苏区高质量振兴发展提供坚实有力的自然资源保障。

【空间规划与用途管控】 2022年，县自然资源局推进规划编丰顺县国土空间总体规划（2020—2035年）工作，初步形成国土空间格局，为全县重大战略任务、重大工程项目落地提供空间保障；做好详细规划，推进控制性详细规划编制工作；完成40个项目的修建性详细规划方案审批；完成全县224个行政村村庄规划评估工作，切实提升村庄规划编制质量和后续实施管理效率。严格用地预审和规划选址，做好选址、用地、工程规划等行政审批事项监管工作。出具《丰顺县汤坑镇后安村沙公塘地块用地红线图》等21份用地红线图和21份规划条件；核发丰顺县汤西镇人民政府的“建设工程规划许可证”、丰顺丰良客运站有限公司的“建设工程规划许可证”等33份“建设工程规划许可证”；出具38份“建设工程规划核实凭证”。

【资源开发与市场配置】 2022年，县自然资源局收储8宗约27.77公顷土地，主要为茶背工业园地块土地3.17公顷、邓屋公墓项目用地3.2公顷、邓屋安置项目用地7.27公顷、工业园区闲置土地收回一宗9.4公顷。出让土地6宗，面积27.47公顷，出让金24324万元。落实自然资源安全生产责任，加强日常巡查监管，未发生越层越界等矿产资源违法行为；依法实施采矿权审批登记，完成采矿权出让项目2个（汤西枫柯矿区建筑用凝灰岩采矿权、留隍小东矿区综合利用）。

【生态保护与生态修复】 县自

然资源局落实卫片执法图斑整改，2022年1—11月份土地卫片执法新增违法建设用地扣减国家、省重点工程项目和批而未供后图斑238宗（2022年12月土地卫片执法图斑正在外业核查上报），总面积42.06公顷，其中耕地4.4公顷、基本农田3.08公顷。经整改后，整改到位10.28公顷，其中耕地3.27公顷；尚未整改到位31.78公顷，其中耕地1.13公顷。以“零容忍”的态度坚决遏制新增违法用地行为，按时保质完成2022年土地卫片执法违法用地查处整改工作。2022年市局下达丰顺县“三旧”改造任务为全县新增实施改造面积9.33公顷以上、完成改造面积6.67公顷以上，至年底超额完成年度任务。稳步推进垦造水田工作，落实2021年度垦造水田任务60公顷，已立项9个面积65.82公顷，其中8个已通过市级验收，1个八乡山镇贵人村项目已形成水田指标面积2.61公顷；埔寨镇万安村项目正在加快组织验收工作中。落实2022年度垦造水田46.67公顷任务，已立项5个面积22.67公顷。

【优化服务与民生保障】 2022年，汤坑镇金汤村金瓯组崩塌地质灾害治理工程完成竣工验收终验；小胜镇三坑村滑坡群特大型地质灾害治理工程——地表排水（应急处置工程）完成主体工程建设。黄金镇5处地质灾害治理工程完成竣工验收初验。中小型地质灾害隐患点129处，其中39处完成工程治理；88处完成专业监测；推进自然资源领域扫黑除恶工作，做好信访和纠纷调处工作，确保全县自然资源信访形势总体平稳。提升“不动产登记”服务水平。全面实现不动产交易、缴税、登记“一窗受理”，实现“不动产过户登记+用电、用水、用气一并过户”，实现“交房即交证”常态化。

（邹春林）

▲2022年丰顺县废弃矿山生态恢复项目 （丰顺县自然资源局供图）

市场监督管理

【概况】 2022年，全县各类市场主体总量3.05万户，全县新增各类市场主体3203户；其中企业新增533户。进一步完善“一网通办”平台，提升企业登记注册效率。实现企业设立、变更、注销及相关许可事项实现“一网通办”，全年有260户企业通过一网通办平台成功申办。推进“广东省放心肉菜超市”创建工作。丰顺县丰顺惠丰华超市商贸有限公司于2022年8月2日顺利通过省级“放心肉菜示范超市”审核验收。注重专利培育，推动专利量质并进。2022年，丰顺县发明专利授权20件，发明增长率81.82%，实用新型专利授权量318件，外观设计专利授权量217件，专利授权量合计555件，比增23.61%，专利授权量比增全市第一。加大案件查处力度，重点围绕钢材、知识产权、广告、打私、食品药品、医疗器械、化妆品等领域做好执法工作，全年全系统立案163宗，罚没金额72.4万元。牵头推进“双打”（打击侵犯知识产权，打击制售假冒伪劣商品）工作，召开全县“双打”工作会议，进一步加大对侵权假冒违法犯罪活动的打击力度，全县出动执法人员2538人次，检查相关经营户2134户次，查处侵权假冒案件105宗，罚没金额28.97万元，查处“双打”案件22宗，罚没入库26.32万元，“打私”案件2宗，罚没入库4.42万元。

【进口冷链食品监管】 2022年，县市场监管局充分发挥“冷库通”追溯系统支撑作用，做好源头管控及全程可追溯，加强督促经营者规范使用“冷库通”，严格账号注册、信息录入、每周核酸检测全覆盖等相关事项的落实，加强冷冻肉制品和水产品等进口冷链食品监管。2022年，监督检查进口冷链食品冷库384家次，进口冷链食品销售终端40家次，完成重点场所从业人员核酸检测1308人次，产品监测1360份次，环境监测575份次，监测结果均为阴性。

【农贸市场监管】 2022年，县市场监管局加强农贸市场从业人员健康管理，对全县6个农贸市场建立市场团体码，每天由市场管理者监控管理。落实专人驻场监管制度、活禽经营市场“1110”制度（活禽市场一日一清洗、一周一消毒、一月一休市，过夜零存栏制度），保持农贸市场每日清洁消毒全覆盖。推进全县农贸市场升级改造工作，丰顺县2022年列入市三年综合整治升级改造任务的5个市场（汤西农贸市场、59隍东留农贸市场、潭江圩日市场、砂田肉菜市场、汤南宜居综合市场）全部完成改造。

【零售药店“哨点”工作】 2022年，县市场监管局督促零售药店发挥前沿岗哨把关作用，提高“哨点”监测敏感性，对全县辖区内181家零售药店开展全覆盖监督检查，及时准确登记退热类药品信息，与医疗保障部门建立联合惩戒机制，对疫情防控措施落实不到位的药店从严处理。全年抽查零售药店次数374家次，责令限期整改115家次、停业整顿3家，通报医保部门1家。

▲2022年9月1日，丰顺县市场监管局联合县教育局开展秋季校园及周边食品安全检查
（丰顺县市场监管局供图）

【食品安全监管】 丰顺县丰顺惠丰华超市商贸有限公司于8月2日顺利通过省级“放心肉菜示范超市”审核验收。推进创建食品安全示范县工作，根据省食安办新细则要求，逐一对标对表做好资料及现场准备工作。全年完成农贸市场食用农产品快检1.83万批次，完成工作进度100.22%，合格率99.1%，销毁不合格产品102.86千克，对不合格产品均采取无害化处理。全年完成千人5批次食品抽样2161批次，完成率86.44%，不合格发现率2.27%；针对元旦、春节、端午、中秋开展应节食品专项抽检，开展节日食品抽检89批次。

学校食堂食品安全监管 开展春、秋两季校园食品安全守护行动，对辖区内学校全覆盖检查。利用已建成的互联网+明厨亮灶系统进行网上巡查全覆盖，全力保障全县师生的饮食健康安全。

开展“查餐厅”活动 全年完成“湿米粉”查餐厅活动及“社会餐饮”查餐厅活动。随机抽取餐饮服务提供者，邀请县人大代表、政协工作人员、梅州日报社与执法人员一同开展实地监督检查，全程以“视频+图文”形式向社会公开检查情况。开展食品生产安全隐患排查治理，对食品生产企业和小作坊开展日常监督检查，组织开展固体饮料、压片糖果、代用茶等食品专项整治、开展“吸食（固体）”类食品专项整治、“湿粉统一查”、食品生产环节标签标识等专项整治，检查食品生产企业54家次，要求5家企业限期整改。

食品从业人员培训考核 落实餐饮服务从业人员学习培训，考核覆盖率达到100%。落实食品销售风险分级动态管理工作，实现对辖区内全部食品销售者风险分级动态管理。2022年6月底全面完成食品销售风险分级动态管理工作。丰顺县率先在全省开展农村食品经营店规范化建设试点工作，2022年确定建设培育对象为“丰顺县新天运粮油贸易有限公司”。

【药化械监管】 2022年，县市场监管局完成药品不良反应（ADR）检测报告上报286例，医疗器械不良反应（MDR）检测报告上报183例，化妆品不良反应39例。全覆盖完成药化械监督抽检工作。药品抽检任务批数20批，化妆品任务数6批，医疗器械任务数5批，检验合格率100%，均已完成任务，保障公众用药用械安全。开展打击制售假劣药品“利剑行动”，打击利用互联网违法销售药品、医疗器械、化妆品“云剑行动”和打击儿童类、染发类等化妆品非法添加及擅自变更配方生产“亮剑行动”三大专项整治等工作。

【特种设备安全】 2022年，县市场监管局健全特种设备安全风险分级管控和隐患排查治理，全年检查特种设备使用、充装单位145家次，检查发现一般隐患148处，重大隐患34处，下达特种设备安全监察指令书32份，已全部完成整改，并开展整改“回头看”，实现隐患治理闭环管理。开展燃气安全“百日行动”，加强燃气充装单位安全监管。召开全县燃气充装单位集中约谈会，组织对5家充装单位开展明察暗访，对于充装企业违法违规行为予以打击。加强燃气具质量安全监管。开展全县燃气具销售单位全面摸查，对于存在问题，根据处罚与教育相结合原则开展整改。抓好节假日等重要节点安全防范工作，防范旅游安全风险。针对旅游景区、酒店等场所大型游乐设施、观光车、电梯等特种设备的使用和管理情况，督促企业落实安全主体责任。防范隔离场所安全风险，排查隔离酒店等单位特种设备，充分发挥智慧监管效能核对设备使用登记、维保、检验记录等信息，通过现场检查、电话提醒等多种监管手段实现每月一查，强化使用单位主体责任落实。推进特种设备超期未检验专项整治，对丰顺县“飘红”设备逐台检查核实，进一步健全“事前催检、事后查处”的工作制度，有效减少设备检验逾期现象的发生。

【工业产品质量监管】 2022年，县市场监管局对热轧带肋钢筋、钢坯、扬声器、定配眼镜、砂轮等产品进行监督抽查，2022年开展县级专项监督抽检31场次。开展生产领域产品质量监管。加强对县内钢铁企业、电声企业、砂轮厂等企业开展巡查监管，对钢铁企业开展集中约谈，要求企业切实履行产品质量安全主体责任，在依法依规生产的同时确保产品质量安全。加强流通领域质量风险排查，开展危险化学品、钢筋产品、电动自行车、燃气器具、消防产品、电线电缆、塑料袋等产品在流通领域的质量安全排查，出动执法人员300多人次，检查门店110多家次，确保流通领域产品安全稳定。组织开展丰顺县电声行业质量提升行动，覆盖企业60家次；开展检验检测机构和销售燃气用具、电动摩托车等专项整治13场次，覆盖企业57家次，开展对强制性认证和有机产品、绿色产品等自愿性认证工作的监督检查，进一步净化丰顺县认证认可和检验检测市场，有效提升丰顺县质量工作。

【健全信用监管机制】 2022年，县市场监管局推动2021年度企业年报公示工作，全县应报送年报企业3645户，报送公示3524户，年报公示率为97%。协助停产停工企业依法办理注销登记，及时清理长期未经营的“僵尸企业”和“休眠企业”。全年注销企业243户，立案6户，依程序吊销6户。全面推行“双随机、一公开”（在监管过程中随机抽取检查对象，随机选派执法检查人员，抽查情况及查处结果及时向社会公开）监管。2022年，抽取企业户数基数3645户，组织抽查企业151户，抽查率4.14%，完成省、市局下达的总目标。开展全县无照经营专项整治行动工作，专项整治通过重点行业重点区域重点排查摸底，检查市场主体户数604户次，发现无证照经营户数共153户，引导办证照153户。全年查处无照经营案件3户，罚没入库0.93万元。

【网络交易和价格监管】 2022年，县市场监管局检查网站、网店332个次，核查处置“网络交易监测监管五级贯通系统”及市局“6·18”检测下发的16条网络交易违法行为，移交违法线索3条。开展打击非法传销和加强直销监管，全年出动检查人员19人次，检查直销网点3家，保健食品商户78家，商场超市5家，未发现违法行为。开展价格和反不正当竞争执法行动。从严查处未明码标价、哄抬价格、乱收费等违法行为，严厉打击虚假宣传、商业混淆、不正当有奖销售等各种不正当竞争行为，全年查处价格和反不正当竞争类案件1宗，罚没金额800元。

【广告监管】 2022年，县市场监管局加强户外广告巡视，加强食品、保健食品、药品、医疗器械等虚假违法广告监管，严格“三品一械”广告审查，全年处罚4宗虚假广告案件，罚没0.32万元。加强互联网广告治理，遏制移动端、App、自媒体账号等虚假违法广告多发易发态势，全年整改1宗互联网平台移交的案件线索。

【商标、知识产权保护】 2022年，县市场监管局加大对“马图绿茶”“八乡山番薯”地标产品的宣传、使用、保护工作，“留隍橄榄”地理标志证明商标于9月获得初步审定公告。2022年，丰顺县发明专利授权20件，发明增长率81.82%，实用新型专利授权量318件，外观设计专利授权量217件，专利授权量合计555件，比增23.61%，专利授权量比增全市第一。鼓励丰顺县企业和个人提高专利申请的积极性，通过企业群和公众号潮客汇“知识产权专栏”推动开展知识产权质押融资贴息、评估、资助等工作，提升丰顺县专利申请质量数量和自主创新能力。开展知识产权维权援助工作。知识产权维权援助工作站于10月在丰顺县广告行业协会挂牌成立，为区域内企业提供知识产权援助服务。加大对侵犯知识产权案件查处力度，推进知识产权执法“铁拳”行动。聚焦主要任务和重点领域，打击侵犯商标、专利、地理标志知识产权等违法行为，维护公平竞争市场秩序。全年查处知识产权类案件13宗，罚没金额1.57万元。

【标准化建设工作】 2022年6月，丰顺县项目广东省传统优势产业（橄榄）扶贫标准化试点通过广东省标准化试点项目中期评估。协助企业做好商品物品编码续展工作。配合广东省物品编码中心对丰顺县需新办条码、续展的企业开展帮扶，全年续展企业18家，新注册企业8家，制作胶片86条。

【诚信消费建设】 2022年，县市场监管局从各系统平台受理消费者投诉举报案件2247宗，同比增长190%，其中投诉案件827宗，举报案件1420宗，咨询服务648件，为消费者挽回经济损失8.68万元。开展“食品安全宣传周”活动，并结合“质量月”、计量惠民宣传、知识产权进社区等开展宣传。

【免费快检活动】 2022年，县市场监管局到校园周边大型商场超市、临时市场等开展免费快检活动，全年开展15场次，免费为市民开展食用农产品快检170批次，未发现不合格产品。

【免费检定工作】 2022年1—10月，县市场监管局组织计量检定技术人员对全县16个卫生院（247个卫生站）、19个集贸市场的计量器具进行免费检定，免费检定加油机、地中衡、电子秤、血压计、水表等计量器具4820台（套），免征企业计量检定费用75.56万元。

【计量工作】 2022年，县市场监管局做好对货运源头单位、粮食收储公司计量器具使用单位的监督检查。全年检查货运源头企业11家，立案查处货运源头单位计量违法案件3宗。推动钢铁厂、燃气公司、米面制品厂等单位压力表实施周期检定。依托省强制检定管理平台的预警作用，对即将到期未检的企业发出预警，全年推送预警信息20条，企业整改落实率100%。

【食品安全保障工作】 2022年，县市场监管局加强集体聚餐食品安全监管，完成2022年普通中高考、疫情期间食品安全保障等重大活动餐饮保障任务10场次。

【“你点我检”现场监督抽检活动】 2022年，根据民众票选出最关切的食品种类进行抽检，现场抽检样品26批次，其中不合格1批次，已100%核查处置，满足民众的食品安全保障需求，提高了食品安全抽检的公信力。

（陈　韵）

审　计

【概况】 2022年，丰顺县审计

局聚焦财政财务收支真实合法效益主责主业，落实“应审尽审、凡审必严、严肃问责”的审计监督要求，依法全面履行审计监督保障职责，统筹新冠肺炎疫情防控，服务全县经济社会发展大局。

【党建引领】 2022年，县审计局开展理论学习中心组会议17次，支部大会9次，支部委员会16次，党小组会议11次，党课3次，主题党日8次。开展巡察发现共性问题自查自纠工作、纪律教育学习月活动、常态化谈心谈话等，不断改进工作作风，执行审计“四严禁”工作要求和“八不准”工作纪律。

【质量强审】 2022年，县审计局完成审计项目29个，审计查出违规金额1025万元，发现非金额计量问题158个，提出审计建议83条，形成审计专报4篇，移送处理事项2件。其中，丰顺县民政局主要领导履行经济责任情况审计项目获评“2022年梅州市审计机关优秀审计项目一等奖”。做好审计整改监督工作，常态化开展审计整改情况监督检查，2022年3月和6月分别派出检查组，对以往审计项目发现问题整改情况进行现场检查和报送查看，持续跟踪督促被审计单位按规定整改到位，确保审计整改取得扎实成效。

【人才建设】 2022年，县审计局组织干部职工参加审计署2022年度审计机关业务骨干培训班、2022年度投资审计培训以及县组织开展的纪律教育学习月等活动。组织党员干部到大龙华镇叶华村宝田庐等革命教育基地开展学习，积极参与创建全国文明城市、社区服务志愿者、征文比赛等活动，提升审计干部“能说”“能写”“能做”的本领。通过“以审代训”等方式，选派人员参加审计署、审计厅统一组织的审计项目，在工作中锤炼提升业务水平；抽调业务骨干到县纪委监委、市委巡察组参与协助纪检监察、巡视巡察等工作，进一步拓展干部能力和视野。

▲2022年11月10日，县审计局职工在梅汕高速丰顺收费站出口参加新冠疫情防控工作

（丰顺县审计局供图）

【疫情专项审计】 2022年，县审计局组织专项审计组，审核丰顺县新冠肺炎疫情处置工作资金1.89亿元，核减超标准、超范围、重复上报等费用570多万元，提出审计建议4条，促进做好库存物资的分类保管、台账登记和管理使用工作，发挥结存抗疫物资的使用效益。

（郑　坚　陈　琳）

统　计

【概况】 2022年，丰顺县统计局推进基层统计“7个一”规范化建设，加强政府综合统计与部门统计协调联动，强化统计分析和监测，提高数据质量，提升统计服务水平。

【统计基层基础】 2022年，县统计局制定印发《丰顺县加强基层统计“7个一”规范化建设方案》，及时动员部署，按照基层统计规范化建设内容，明确责任部门、责任领导和完成时限，推进全县各级基层统计工作规范化建设工作。县统计局推动县政府围绕重点工作领域，成立农业、工业、固定资产投资、建筑业和房地产业、贸易业和服务业5个行业专班，做到各司其职、各负其责、稳步推进、齐抓共管，巩固提升统计基层基础规范化建设活动成效。增强名录库维护工作力度，明确专人定时维护新增、变更企业的基础资料。强化统计业务指导。全年各专业分别举办至少1次业务培训会，加强对在库统计企业开展统计业务培训，同时深入固投、工业、商贸、建筑、房地产等企业进行“一对一”现场指导30余次。全年对全县各镇（场）辅助调查员、督导员培训开展76人次。对抽中住户样本轮换户开展入户陪访调查、记账户走访30余次，规范原始记录收集，提高基层统计人员能力素质，提升统计数据质量。做好查询工作。统筹各行业主管部门，做好国家、省、市统计部门数据查询工作，涉及查询企业均在规定时间按要求上传支撑材料。

【数据质量】 2022年，县统计局坚守统计“四条红线”，提升统计数据质量。严格进库入口，做到“先入库后报数”，及时指导达规企业（项目）入库纳统。2022年，新增规上工业企业2家、入库43个固定资产投资项目。推动建立丰顺县统计协调联动工作机制，以全县经济运行监测预警为抓手，围绕GDP核算、入库纳统、固定资产投资统计等工作，加强政府综合统计与部门统计协调联动，精准施策，补齐短板，更加有效发挥统计监督职能作用，提升数据质量，推进统计工作更好地服务全县经济社会发展大局。开展统计执法检查和数据质量核查，对发现问题立行立改，限时整改，发挥统计监督的职能作用。全年9家企业接受执法检查，307家企业（项目）接受数据质量核查。

【专项纠治】 2022年，县统计局开展统计造假不收手不收敛问题专项纠治工作。强化统计法治学习。将统计法、习近平总书记对统计工作的重要论述、监督意见等法律法规提交县委常委会、县政府常务会议上进行传达学习。发放《统计法制宣传手册》到各镇（场）和县直相关部门进行集中学或自学，各专业人员深入基层一线、项目一线、企业一线宣讲防范和惩治统计造假、弄虚作假行为，遏制数据源头腐败行为。制定《丰顺县统计局开展统计造假不收手不收敛问题专项纠治工作实施方案》，在全县统计造假不收手不收敛问题专项纠治工作动员大会上发给各镇（场）及发改、住建、科工商务、开发区等部门贯彻落实，同时开展自查，并指导乡镇、企业、部门开展自查，深入部分乡镇、相关部门和企业进行实地核查，确保“四项必查内容”自查到位。

▲2022年7月12日，县统计局会同县开发区到丰顺立讯智造有限公司和丰顺立讯精密工业有限公司调研
（丰顺县统计局供图）

【提高统计服务水平】 2022年，县统计局认真解读数据，及时发布《丰顺县2021年国民经济和社会发展统计公报》《统计月报》，围绕经济运行的特点撰写各类统计分析报告20余篇，加强统计指标数据解读，合理引导社会公众预期，及时回复社会关切和诉求。强化监测预警，按月收集整理国家、省、市及各县（市、区）主要经济指标数据、全县经济增长主要支撑指标数据，对支撑经济增长的行业指标完成进度进行研判分析，对奇异数据及时预警，发挥统计对经济社会运行情况的监测预警作用，及时准确反映全县经济运行的“风向”，做好县委、县政府科学决策的“参谋”。

（吴颖霞）

农业·农村

农业农村工作

【概况】 2022年全县粮食作物播种面积2.29万公顷、总产11.93万吨，其中水稻面积1.82万公顷、总产10.19万吨；玉米面积1180公顷、总产0.48万吨；豆类面积413.33公顷、总产0.11万吨；薯类面积3113.33公顷、总产1.15万吨。生猪出栏18.5万头，年末生猪存栏11.91万头，能繁母猪1.119万头；家禽出栏2800万羽，肉牛出栏5000头。

【特色蔬菜产业园】 2022年，丰顺县特色蔬菜产业园由广东代米生物科技有限公司牵头实施，园内有食用菌工厂化栽培面积14.5万平方米，蔬菜种植面积3666.67公顷，产值8.12亿元，占园区农业总产值的52%。

【茶叶产业园】 丰顺县茶叶产业园（扩容提质）项目于2022年5月获批为省级现代农业产业园，项目计划总投资2亿元，茶叶加工（精加工）、科技研发与品牌建设方面加强投入，形成全产业链完整，产品品质及品牌效益凸显的现代农业产业园。

【省级高标准生产基地建设】 2022年省级高标准生产基地建设项目建设6个省级高标准生产基地，包括茶叶3个、柑橘2个和蔬菜1个（深加工），投资1858.84万元，其中财政资金550万元，企业自筹资金1308.84万元。

【人居环境整治】 2022年，丰顺县印发《丰顺县农村人居环境整治“共建洁净美好家园”攻坚行动及建立长效管护考核机制实施方案》，全年全县清理农村生活垃圾约2.91万吨，清理村内水塘数量480口，清理村内沟渠数量共716.66千米，清理畜禽养殖粪污等农业生产废弃物1931.04吨，发动农民群众参与村庄清洁行动投工投劳数量1.96万人次。

【建设美丽乡村示范带】 2022年，丰顺县制定《丰顺县关于推进农房管控和乡村风貌提升的实施方案》，推进农房管控和乡村风貌提升，计划投入资金3878.84万元（已筹措省级涉农资金3800万元）打造235国道金河大道交通圆盘至塔下村海珠产业园区拱门段沿线风貌提升工

▲2022年，潭江镇凤坪村茶山

（丰顺县农业农村局供图）

程，项目全长6.2千米，与产业园区提升行动埔寨235国道综合提升工程相结合，形成16.5千米乡村风貌与工业经济无缝衔接的丰顺特色乡村振兴示范带。

【自然村内道路建设硬底化】 2022年，丰顺县制定《丰顺县农村村内道路建设攻坚行动奖补方案》，计划投入奖补资金2369.3万元，按照18厘米硬底化厚度、宽3.5米标准建设丰顺县农村村内道路，总长62.35千米（干路13.58千米，支路48.77千米），2022年完成全部建设任务。

【农村“厕所革命”】 2022年，县农业农村局对《丰顺县农村厕所问题摸排整改工作方案》及2021年已完成的全县常住人口97989户农村厕所摸排工作中发现的不能使用或不能全年使用的问题厕所进行整改，已完成整改的户厕数量278个，占问题户厕数量（956个）的29.08%；已完成整改的公厕数量7个，占问题公厕数量（11个）的63.64%。

【脱贫攻坚与乡村振兴】 2022年，县农业农村局对接省市帮扶单位，16个驻镇帮镇扶村工作队全面进驻，健全完善防止返贫动态监测和帮扶机制，对脱贫不稳定户、边缘易致贫户，以及因病因残因意外事故等基本生活困难户，开展常态化监测，对收支变化、“两不愁三保障”及饮水安全情况进行定期检查，218户922人纳入防返贫监测对象，强化监测帮扶责任落实，为已脱贫贫困户购买扶贫返贫救助责任保险，为建档立卡贫困人口购买“保尚保”补充医疗保险，加强扶贫档案和资产管理，确保稳定脱贫不返贫以及不发生规模性返贫。探索“农光互补”模式，制订《丰顺县2022年度光伏发电项目建设奖补方案》，在139个行政村建设光伏发电站，已立项124个，已动工97个，已完工52个。

【新型农业经营主体】 2022年，全县有省、市级龙头企业37家（其中省级12家、市级25家）；有各类农民合作社563家（其中国家级示范社5家、省级10家、市级14家）；2022年家庭农场新增备案数11家，有69家家庭农场在丰顺县农业农村局备案，有1070家符合条件的规模经营户进入家庭农场名录系统。

【农村集体产权制度改革】 2022年，全县成立股份经济合作联合社263个，股份经济合作社3198个；确认集体成员身份13.84万户、67.19万人；完成股份量化的农村集体经济组织有5个，经营性资产1970.41万元，份额量化的有31个，经营性资产2574.45万元，份额配置的有3401个。已完成登记赋码数3461个，并根据各镇（场）提交的变更申请表做好相关事项变更登记工作，对赋码登记信息进行变更。根据各镇（场）提供的集体经济组织成员名册将相关信息全部录入丰顺县农村集体经济组织成员与股权登记信息系统，并督促镇村核实完善相关信息和完成股权证打印工作。

【农产品质量安全】 2022年，开展农产品“两品一标”和省级名牌产品的认证，提升丰顺县农产品“两品一标”和品牌效应。丰顺县通过“两品一标”认证产品25个，13家企业14个农产品获“粤字号”农业产品品牌，4家企业认证粤港澳大湾区“菜篮子”生产基地。对县域内蔬菜、水果开展农产品质量安全例行监测工作，全年完成不低于1200个样品定性检测的任务，并逐步开展定量检测任务，全年完成不少于90批次的定量检测任务。

【高标准农田建设】 2022年度高标准农田建设项目规划面积433.33公顷，总投资1950.819万元。

（饶　远　刘　钊）

林　业

【概况】 2022年，丰顺县林业局，持续做好机关党建、高质量森林培育、森林资源管护、生态富民产业等任务。2022年，林业用地面积21.99万公顷，森林面积21.33万公顷，森林覆盖率78.79%，森林蓄积量868.02万立方米；自然保护地19个（自然保护区6个，森林公园13个），自然保护地面积4.88万公顷，占国土面积的18.03%，生态公益林面积12.20万公顷。2022年，县林业局加强森林资源培育和森林资源管护，完成2022年丰顺县高质量水源林建设（造林）项目建设任务691.80公顷，资金1556.55

▲2022年3月10日，汤坑镇东秀公园植树现场　（丰顺县林业局供图）

万元。督促指导各镇场抓好林木、林地保护管理和查处违法违规行为。上报建设项目使用林地审核审批16宗，面积162.81公顷；审批林木采伐165宗，面积1712.61公顷，蓄积11.97万立方米。

【全民义务植树】　2022年3月，县林业局举办全县义务植树活动。种植面积20多公顷，种植树木3万余株。

【古树名木保护】　2022年，县林业局完成对原在册的241株古树名木的挂牌工作，并在丰顺县2018年古树名木普查成果的基础上，全面开展丰顺县古树名木资源补充调查，调查工作预计2023年10月完成。

【松线病虫害防治】　2022年，丰顺县发现松材线虫病疫情，发生面积7739.06公顷，枯死树2.41万株。按相关程序将疫情上报省林业局。全年灭杀薇甘菊72公顷。

【森林防灭火】　2022年，县林业局采取预防为主，突出重点，狠抓严管，做好森林防火工作，消除火灾隐患，遏制森林火灾的发生。2022年，特别防护期以来投入防灭火资金200多万元，没有重特大森林火灾发生。

【违法图斑整改工作】　2022年，县林业局开展2021年森林督查违法图斑查处整改工作，涉嫌违法违规破坏森林资源图斑133个，经核实案件133宗，结案130宗，完成查处整改130宗，整改完成率97.74%。

【森林资源培育】　2022年，县林业局完成丰顺县高质量水源林建设（造林）项目建设任务691.8公顷，资金1556.55万元。完成丰顺县造林绿化空间调查评估工作，涉及面积3997.27公顷，下发图斑4470个。实施2022年纯林改造项目，任务66.67公顷。实施2022年度中央财政森林抚育项目，任务3000公顷。

【林业产业发展】　2022年，县林业局积极引导广大群众发展林业产业、林下经济，通过国家、省、市政策指引、资金扶持、示范带动、加强服务等措施，推进林业产业、林下经济发展，鼓励科学利用林地发展致富，大力培育建设可持续发展的林业产业和林下经济基地。2022年，全县林下经济产业经营面积约400多公顷，辐射带动农户1.5万户，实现年产值3亿多元。

（李向炬）

水　务

【概况】　2022年，丰顺县水务局落实“十六字”（节水优先、空间均衡、系统治理、两手发力）治水思路，以聚焦弱项补短板，突出重点强监管，加大资金投入，统筹安排实施一批全域自然村集中供水、中小河流治理、除险加固等工程项目。丰顺县计划实施水利工程项目34宗，计划总投资6.04亿元。

【水资源管理】　2022年，县水务局开展项目水资源论证30宗，新增、延续、变更取水许可审批61宗。推进丰顺县取水监测计量体系建设，完成15家农村饮水工程及2家地下取水的在线监测计量设施建设。加强用水计划和定额管理，编制印发《丰顺县节约用水规划》，开展“中国水周，世界水日”宣传活动，加快推进丰顺县县域节水型社会达标建设，准备2023年省级县域节水型社会验收工作。

【水旱灾害防御】　2022年，县水务局编制《梅州市丰顺县城区超标准洪水防御预案》（初稿）和《丰顺县水务局防汛应急预案》，落实防汛责任人、技术责任人，签订水利工程防汛安全责任书。组织开展水利汛前安全大检查，347宗水利防洪工程存在21宗不同程度安全隐患问题，已全面落实整改。开展水旱灾害风险普查水旱灾害防御体系标准化建设，完成试点镇和50%镇级水旱灾害防御体系标准化建设任务。配置信息接收终端和卫星电话，完善水库动态监管系统，维护镇级远程视频监控站点和8个水位站、23个自动监测雨量站、2个自动气象站及山洪灾害县级监测预警系统。成立县防汛抗洪排和镇级防汛抢险队伍，投入60多万元防汛经费用于购置、更换防汛器材及物料，发放各镇、村山洪灾害防御宣传横幅30幅、明白卡1.5万份，制作安装大型户外宣传牌8块，转移路线牌50块。

【水政执法】 2022年，县水务局强化日常监管巡查，采取定期巡查、突击巡查、驻点巡查等方式对丰顺县辖区河湖进行巡查，及时发现问题及时查处。全年巡查韩江干流丰顺段、县管河道及其他支流997次，出动执法车辆1094次，出动执法人员2399人次，查扣“蚂蚁搬家”式非法采砂运输河砂摩托车82辆，联合留隍镇政府对留隍段沿岸各村下河道口实行断路、建筑混凝土墙封堵的方式进行31次整治，办理上级转交信访件2宗，征收水资源费共457.37万元。

【河（湖）长制工作】 2022年，县水务局建立县、镇、村三级河长体系，县级河长6人、镇级河长149人、村级河长237人，组织各级河长巡河1.3万多次，发现并整改问题78宗。巩固生态优势，完成693.33公顷高质量水源林建设。开展“清四乱”专项整治行动，全年开展清漂行动2次，清理河流412.74千米，处理各类垃圾4844.87吨，有效解决群众普遍关注、影响水生态环境的主要问题。打造“智慧河（湖）长”，利用河（湖）长制信息化平台开展巡河巡湖，全县各级河湖长累计运用App平台巡河湖5866次，实时掌握重点河湖水环境状况，让涉水违法行为无处遁形、及时有效处理。

【水利安全监管】 2022年，县水务局实施小水电分类整改。核定退出类电站26宗，整改类电站258宗，无保留类电站。完成丰顺县小水电清理整改“一站一策”整改方案的审批上报，完成丰顺县分布于梅江区清凉山省级自然保护区缓冲区内小水电站1宗950千瓦退出任务。加强工程建设监管，完成大南、上坟围、干桢坪、新屋下、汤南大坑5宗小型水库分部工程验收，完成贵角塘、虾地、下茜坑、茜坑4宗小型水库除险加固项目主体工程建设。投资约481.53万元开展维修养护及安全管理标准化工作。抓好水土保持监督管理，审批水土保持方案12宗，生产建设项目报备验收9宗，开展监督检查14宗；积极推动生产建设项目水土保持信用体系“两单制”（重点关注名单、黑名单）运用在丰顺落地生根，将丰顺县润景再生资源有限公司、梅州市顺鹏石业有限公司列入“重点关注名单”，开创丰顺水土保持监管新篇章。

【全域自然村集中供水】 2022年，县水务局推进巩固农村供水保障水平，根据《广东省农村集中供水全覆盖攻坚行动方案》《丰顺县全域自然村集中供水全覆盖攻坚行动方案》等文件精神，丰顺县2021年实施农村集中供水工程33宗，涵盖八乡山、北斗、丰良等14个镇，投资约1.53亿元，受益人数16.45万人，由县水务局负责组织开展项目初步设计和施工图设计，项目法人为项目所在镇人民政府，2021年3月陆续开始动工建设，2022年，已基本完工通水运行，正在开展验收结算工作。

【水系连通及水美乡村建设】 丰顺县水系连通及水美乡村试点建设项目9宗，涉及4个镇（留隍、潘田、龙岗和丰良镇），4条河流（凤凰溪、蔗溪、潘田河、丰良河），综合治理河长约66千米，主要治理措施包括：水系连通10.23千米、岸坡整治53.76千米、水源涵养与水土保持面积13.15平方千米、景观节点29个等。建设完成后，可以增加水面面积2公顷，新增或保护湿地面积0.34平方千米，补充生态水量1.73万立方米，防洪保护村庄52个，防洪除涝受益面积2.22万公顷，受益人口约22.53万人等。项目投资约3.4亿元，其中留隍镇人民政府实施5宗，丰顺县水务局负责实施4宗。2022年，完成投资约1.5亿元，完成年度投资1.89亿元的80%。

【丰顺县教堂水库】 2022年，丰顺县教堂水库工程地处丰良镇城西村，位于韩江二级支流大楫水支流银山水上，概算总投资1.01亿元，以供水、灌溉为主，工程规模为小（1）型，总库容201.4万立方米，集雨面积9.18平方千米。工程建成后，可基本满足成西水厂供水范围内的丰良镇区及成西、成东、莘桥等7个行政村3.53万人生产生活用水和成西、成东、复兴、莘桥4个行政村450.73公顷农田灌溉用水需求。项目于2022年12月30日动工建设，施工总工期为28个月。

（李正彦　邱思媚）

工 业

综 述

【概况】 2022年，丰顺县科工商务局落实上级部门关于“突出制造业当家、狠抓发展第一要务”的部署，坚持“打粮食”项目的要求，围绕工业经济、科技创新和商务领域重点目标任务，实现工业规上增加值增速全市排名第二，“小升规”完成率全市排名第二，制造业数字化转型升级工作率先完成7家，全年实际投入资金与任务完成率、亿元以上工业项目数均居全市第一，推动全县工业实体经济加快振兴发展。

【工业经济】 工业经济发展基本情况 2022年，丰顺县67家规上工业企业完成规上工业总产值92.95亿元，比增7.5%；规上工业增加值16.42亿元，比增9.4%，增速比全市（-2.8%）平均水平高12.2个百分点，排名全市第2。工业拉动GDP增长1.4个百分点。

主导产业基本情况 全年电子电声、装备制造、绿色饲料、钢铁行业和生物医药等五大主导产业实现产值71.49亿元，增长5.2%，占规上工业总产值的77%，其中装备制造和饲料制造持续增长明显：绿色饲料产业全年实现产值23.53亿元，比增30.1%，拉动规上工业总产值增长6.9%；装备制造产业产值13.35亿元，比增403.8%，拉动规上工业总产值增长12.5%，其中2022年9月新上规企业立讯智造，9—12月总产值9.24亿元（行业占比69.2%），是装备制造产业的主要拉动点；电声行业受疫情影响外贸订单减少，产值15.48亿元，同比下降17.4%，拉低规上工业总产值增速3.1个百分点；钢铁行业受消费市场不景气影响产值下降，产值18.83亿元，比2021年减少8.50亿元，拉低规上工业总产值增速9.8个百分点；生物医药产值同比下降6.8%。五大支柱产业增加值11.93亿元，增长8.8%，增速比前三季度提高19.6个百分点。农副产品加工、食品制造业快速增长，行业产值9.41亿元，增长19.5%；增加值2.27亿元，增长28.0%，其中广东代米生物科技有限公司、丰顺县瑞丰粮油食品有限公司和广东代米食品有限公司等3家公司合计实现增加值1.94亿元（占规上工业增加值的11.8%），增长32.6%。

【培育壮大产业集群】 培育电子电声百亿产业 依托传统电声产业基础和万洋众创城、国际声谷、标准化厂房等三大平台，支持电声企业技术改造创新、培育自主品牌，打造“中国电声之都”，谋划“丰声计划”实施，引导、支持由培英、万圣等龙头企业牵头组建创新联盟，延伸产业链条，推动电子电声迈向中高端产业集聚，加快电子电声产业、中小企业转型升级，充分发挥立讯制造、培英电子、泰昌科技、万圣科技、双十科技等龙头企业辐射带动作用，推动丰顺县电子电声产业配套园建设，引导中小企业合力攻坚、提质增效。

推进装备制造产业集聚发展 以广州海珠（丰顺）产业园区为发展平台，支持立讯制造、双十科技、铭海车业等装备制造企业提高附加值产品研发生产能力，实施企业设备智能化改造提升，加大产学研合作，推进与嘉应学院联合研究的《电声智能制造与大数据应用工程技术中心》，糅合科研项目与智能制造，助推企业在产品研发技术攻关上有所突破。

推进钢铁企业兼并重组 加快推进钢铁产能置换步伐，做好钢铁产能整改，对丰顺县钢铁行业进行产能整合、实现转型升级。

培育生物制药产业 加快扶持发展本土中药企业发展，根据《关于开展第二批广东省中药材产业化基地建设的通知》文件精神，深入中医药种植企业调研，推荐广东新南方青蒿药业股份有限公司、金田生物科技有限公司和梅州福稻生态科技有限公司等3家公司，开展广东省中药材产业化基地建设项目申报，鼓励本地中药企业做强做大，向产业化集群化方向发展等。

加快绿色饲料百亿产业培育 继续推进绿色饲料园建设，培育发展高档猪槽料、兽药、微生态制剂产品的绿色饲料产业，打造“园中园”，海新饲料、双胞胎饲料、新希望生物科技、海大生物科技、大北农生物科技、英维营养、讯源营养等7个项目均已投产。牵引、鼓励饲料产业与穗丰食品公司、裕丰米面公司等当地企业开展集聚合作，谋划打造成全省最大绿色饲料生产基地。

【工业投资、技改节能】 2022年，丰顺县完成工业投资4.86亿元，同比下降53.6%。完成技改投资0.66亿元，同比下降65%。2022年，完成企业技术改造10家。丰顺县科工商务局以规上企业、重点商贸企业、农业龙头企业、先进制造企业等为重点，加强发展实体经济的资金统筹安排，落实外商投资奖励政策，鼓励企业做大做强、开拓市场、“上网触电”、技术改造、创新发展和建设服务平台。组织企业开展梅州市2023年省级促进经济高质量发展专项企业技术改造资金项目入选项目库，设备事前奖励2家（广东泰昌科技发展有限公司、广东华于科技股份有限公司），设备事后奖励2家（梅州市铭海车业有限公司；丰顺新希望生物科技有限公司）。组织华于、培英、华立风等10家企业开展绩效评价工作，加强项目监督管理，确保项目发挥应有的经济和社会效益。2022年，县科工商务局组织园区、环保、水务等部门，开展《丰顺县电子电声产业配套园总体规划环境影响评价》《丰顺县电镀（线路板）搬迁安置点产业规划三个细化方案》和《丰顺县龙车溪、白石溪流域水环境达标整治方案》等编制工作，形成《丰顺县电镀（线路板）行业整治规划环境影响报告书（送审稿）》，接下来将做好相关工作，力争成功申报落地。

【信息化工作】 2022年，丰顺县完成7家企业数字化转型，完成市目标任务100%。全县制造业数字化转型累计完成18家，占规上企业数量26.9%；其中电声企业数字化转型完成12家，占全县数字化转型企业66.7%，占规上电声企业44.4%。根据《广东省工业和信息化厅关于组织开展2022年产业集群数字化转型试点项目培育入库申报的通知》文件精神，联合中国移动梅州市公司、中国信息通信院等单位对首批次15家电声企业完成电声产业数字化转型的前期调研工作，制定调研报告和申报书，已通过省工信厅审核通过。联合数字化产品供应商到企业进行相关产品的宣传推介，组织企业实地参观标杆企业数字化产品应用成果，制定丰顺县电声产业数字化转型升级初步方案，为企业提质增效，提高企业数字化、智能化、自动化水平。丰顺县5G信号已经实现县城区域、埔寨工业园区、埔农饲料产业园以及乡镇主要街道全覆盖，5G基站建设共431个，其中中国移动306个、中国电信和中国联通共建125个。丰顺县科工商务局牵头成立丰顺县行政村通信线路整治工作专班、丰顺县镇村“三线”整治工作专班，联合县直相关单位到潘田、留隍等乡镇，对重点街道和村进行实地走访调研，按时保质完成整治工作。

【民营经济】 **加大财政资金扶持** 对首次达到规模以上的工业企业和上规次年工业增加值超10%的企业进行奖励，丰顺县14家企业分别获得省奖20万元资金，合计280万元奖励，2家“专精特新”企业得到省财政贷款贴息46万元。做好2022年省级促进小微工业企业上规模发展专项资金项目入库工作，推荐梅州东南金利科技有限公司等14家企业申报2022年省级促进经济高质量发展专项资金（促进小微工业企业上规模），入库资金280万元。

做好“小升规”计划，加快中小微企业培育，加快培育“专特精新”中小微企业步伐 2022年，完成11家“小升规”工作任务。推荐双十智能科技等11家企业申报创新型中小企业，推荐4

家企业获省级公示为2022年“专精特新”企业。对全县中小微工业企业进行调查摸底，了解入库培育企业的生产经营情况。落实“小升规”等奖励扶持政策，将升规3年内的企业作为重点培育对象，积极推荐申报省级及以上创新型中小企业、“专精特新”、“单项冠军”等，支持“小升规”重点企业进行技术改造。

【招商引资】 2022年，强化招商力度，加强外资产业项目投资导向，谋划“三个一批”项目现场会活动，围绕丰顺县电子电声、装备制造等重点产业，拉长产业链条招商，引进智能装备产业链配套项目，以丰顺立讯智造项目为支撑，引进立讯精密集团产业链上下游企业、产业链关键环节项目。推进外资招商服务，加大政策宣传和扶持力度，提升利用外资规模和水平，提供优质政务服务。

【科技创新】 2022年，丰顺县科工商务局组织和推荐企业开展申报工作。2022年推荐培育高新技术企业共11家，其中首次认定4家（飞浦声、铭海、佳品、鑫华），重新认定7家（国友、超捷、锦顺、华于、深华、宇星、华立风），获认定入库科技型中小企业24家，组织申报广东省工程技术研究中心2家（广东省双十智能科技有限公司、广东合建工程总承包有限公司）。加强与华南理工大学、华南农业大学、嘉应学院、中科院广州化学所、省科学院材料与加工研究所和梅州产业技术研究院等合作，构建产学研创新体系，成立广东省科学院梅州研究院丰顺产业技术创新中心，建立嘉应学院人才培养实践基地建设，实施科研项目3项，实施“大专项+任务清单”项目1个。推进企业研发创新平台建设，支持企业进行机器人与智能装备应用等技术创新。组织宇星阻燃、丰顺县土肥站和宏伟新科技申报2021年度“叶剑英基金科学技术进步奖”，分别获得二等奖和三等奖。加强与开发区沟通联系，协助企业设立科研助理岗34个，引进大专以上毕业生34人，其中应届大专以上毕业生15人（落实国家高新区需设立科研助理岗位15人）。持续推进丰顺县生态宜居美丽乡村建设，在全县16个镇建立省、市级农村科技特派员团队16个，实现农村科技特派员团队全覆盖，开展技术示范、良种引进、科技培训、咨询等服务工作。同时，组织丰顺县嘉洪农林有限公司申报“高山茶青少年科技教育基地”认定；组织丰顺县颍川中学申报“丰顺县颍川中学校园科学室建设”。

【安全生产】 2022年，丰顺县科工商务局年初与县政府签订安全生产和消防工作责任书，随后与局各股室相继签订安全责任书，同时成立局安全生产工作领导小组，定期、不定期开展安全生产隐患自查和整改。加强学习，组织局全体干部开展各类学习33场次，以“安全生产宣传活动周”和“119”消防宣传月为契机，组织到86家企业开展安全知识宣传35次，传达学习警示文件41个，到企业安全生产检查132次。局主要领导带队进行安全生产督查，每月至少一次、法定节假日前对梅州市兆安民爆物品专卖有限公司丰顺分公司开展安全生产检查，加强企业的安全教育及安全检查工作。

（曾　炀）

经济开发区

【概况】 2022年，园区实现工业总产值67.5亿元，规上产值64.48亿元，全口径税收2.69亿元，固定资产投资16.9亿元，其中工业项目固定资产投资4.67亿元，园区基础设施固定资产投资3.89亿元。

【丰顺立讯智造项目建成投产活动】 2022年8月29日举办丰顺立讯智造年产值30亿元项目建成投产活动，丰顺立讯智造项目于2022年8月16日正式签约落户海珠（丰顺）产业园自建标准化厂房，计划投入3栋共计11.76万平方米厂房。项目分两期建设，投产的为一期项目，主要生产汽车线束、汽车摄像模组、消费电子等，预计2022年可实现产值8亿元，达产后预计可实现年产值30亿元、年税收1亿元以上，并提供就业岗位2500个。二期正有序加快推进。两期项目全面达产后，预计可实现年产值50亿元、年税收1.5亿元以上，提供就业岗位5000个以上。

【推动重点项目落地】 2022年，园区致力打造电子电声、绿

▲2022年，万洋众创城现场 （丰顺县经济开发区供图）

色饲料、生物制药、智能装备制造四个产业集群。园区引进广东讯源实业集团、深圳双十科技、万洋众创城等工业项目56个，总投资168.63亿元。已投产项目24个，总投资54.33亿元；在建项目20个，预计总投资58.6亿元；已供地未开工项目8个，预计总投资46.1亿元；新签约入园企业4家，预计投资9.6亿元。

【完善交通运输体系】 2022年，园区已建成“三纵三横”的交通网络，其中园区大道、科技路、和谐路、海珠路等相继通车，加快构建多式联运、内捷外畅的综合立体交通运输体系。

【绿色饲料园】 2022年，园区在原有8家饲料企业入驻的基础上，持续运营饲料园自来水供水工程，扩大饲料园生产规模，推动绿色饲料产业扩能增效，全面保障园区发展用电用水。

【推动国际声谷项目建设】 2022年，该项目已完成一期1500平方米的国际声谷小镇展厅、声谷研究院工作站建设。二期大型商业综合体和人才公寓项目已开始建设3号公寓楼。

【推动万洋众创城项目建设】 为引进电子电声、智能装备制造等行业企业入驻，承接珠三角及潮揭汕地区中小微优质企业转移，致力于打造粤东西北地区制造业集聚平台建设运营的标杆项目和中小企业集群服务的示范项目。2022年，该项目已供地21.73公顷，完成建筑面积约15万平方米。已引进耐速电子、顺为科技、鑫峰科技等签约进驻企业30家，其中市重点督办项目有4个。

【丰顺县标准化厂房建设】 2022年，为了吸引国内外高端智能制造业企业来丰投资，提升智能化厂房供给能力，推动园区制造业高质量转型升级。丰顺县标准化厂房建设项目一期完成投资3.2亿元，封顶建筑5栋，完成建筑面积约14.54万平方米，在建两栋厂房约8.8万平方米，主要引进立讯精密体系产业链企业。

【党建引领】 2022年，机关支部发展接收党员3名，转正党员3名，现有在职党员20名。园区企业党支部2022年新培养入党积极分子12人，发展接收党员7名，转正党员18名。

【公共服务】 开发区于2022年8月挂牌丰顺县人民法院诉讼服务点，将园区作为法院和企业群众联系的桥梁，畅通司法为民“最后一公里”，为群众提供更加便利的诉讼服务。完善丰顺县人才驿站，为企业发展引才纳智、培训提升、信息交流等，开展“青梅计划”，全方位宣传人才落户奖等政策，举办各类引才活动，促进企业跟人才之间的联系。开展广州海珠（丰顺）产业转移工业园智慧园区建设项目，主要建设内容包含5G基础设施规划与建设、工业大数据中心与支撑平台建设、智慧园区应用系统建设、工业企业数字化转型建设、智能运营中心及配套工程建设、园区厂房整体光伏发电1万平方米、智慧停车场建设等，加速园区企业产业集聚，增强园区服务能力。提供2条线路、3台运营车辆接送员工往返汤坑至埔寨车辆服务，并根据企业需要，灵活调整发车时间及途经站点。完善园区企业管理制度，贯彻执行《丰顺县工业园区入园企业（项目）及其投资管理办法》。

（柯达雄）

国有资产投资

【概况】 2022年，丰顺县国有

资产投资有限公司（含丰顺县电业发展有限公司及下属八乡一级水电站、木头凹水电站和竹子坜水电站）主营水力发电、售电。全年降雨量（以八乡水库数据）1900毫米，比2021年增加655毫米，全年完成上网售电4292.63万千瓦时，比2021年增加2959.89万千瓦时，售电（含税）收入2125.57万元，比2021年增加1464.80万元，上缴销售税款244.54万元，比2021年增加167.78万元。

中共丰顺县国有资产投资有限公司党总支下设公司党支部、八乡一级水电站党支部、木头凹水电站党支部和竹子坜水电站党支部4个党支部。工会组织有丰顺县国有资产投资有限公司工会委员会，各电站设立工会小组。

【维保修缮】 2022年，公司开展安全生产巡视检查，对检查中发现的问题和隐患，强化跟踪管理，提高设备健康水平，确保设备、设施的安全高效运行，全年投入维保修缮项目资金约100万元，完成下属木头凹水电站、竹子坜水电站陂头、圳道、前池清淤补漏维修和竹子坜水电站上网线路改接等工程，以及八乡一级水电站、八乡水库管理所设备、设施完善和电站厂区楼房修缮等。

【清偿债务】 由于企业改制、技改扩容等因素，公司债务繁重，2022年归还银行贷款本息约85万元。

【投资入股】 公司按县委、县政府的决定，以丰顺县国有资产投资有限公司八乡一级水电站抵押向县农商行贷款入股“丰顺讯达先进制造产业投资合伙企业（有限合伙）”股份，总认缴出资额1.41亿元，2021年国投公司完成认缴出资金额9000万元（全部为银行贷款），2022年还本付息808.73万元。

（陈达行）

商业贸易

招商和企业服务

【概况】 2022年，丰顺县招商和企业服务中心实施乡贤回乡投资兴业工程，围绕电子电声、装备制造、医药生物、绿色饲料等重点产业，签约并动工一批项目，推动一批招商项目落地。

【招商引资】 2022年，丰顺县组织、参与开展“每月走出去，每季请进来”的招商引资系列活动，多次走访珠三角地区重点企业、商会，力邀商会、企业来丰考察。是年，接待深圳市兆威机电、中科蓝讯、立讯精密、旺盈集团、深圳市喜德盛、深圳市朗诚科技、华润电力广东新能源、中瑞恒丰（上海）新能源、湖南湘电机电工程、深圳中海能源、桂林漓源粮油食品、康佳集团、广东珠江投资股份、万洋集团等省内外来访企业超262家次。企业类型涵盖智能装备、新材料、食品包装、物流等产业领域。围绕丰顺县重点产业，组织、参与专题、特色产业宣传、招商活动，推介丰顺投资环境。2022年，丰顺县签约并动工的项目有丰顺立讯智造项目、景田（丰顺）饮用水生产基地等22个，计划投资额79.85亿元，占70亿元任务数的114.07%，实际投入资金约21.66亿元，完成市下达实际投入资金14亿元的154.71%。其中，工业项目13个，计划投资38.1亿元，完成工业项目27亿元任务的141.11%，实际投入资金9.66亿元，完成市下达实际投入资金5.8亿元的165.55%；10亿元以上项目1个，完成率100%；引进与乡村振兴相关的互联网、现代农业、商贸物流、健康医养、文化旅游等项目10个，计划投资额41.75亿元，完成市下达目标计划投资额43亿元的97%，实际投入资金11.99亿元，完成市下达实际投入资金8.2亿元的146%。在全市名列前茅，得到市委市政府的充分肯定。丰顺县14家总部企业2022年度缴纳税金1.79亿元（2021年为2.52亿元），同比减少28.98%。其中县级财政收入4376万元（2021年为6254万元），同比减少30%。

【企业项目入园】 2022年，丰顺县建立健全招商引资工作联席会议制度，成立由县委书记张志锋担任总召集人，县长罗达祥担任副总召集人，两位副县长担任召集人，各镇（场）人民政府主要负责同志，县开发区管委会、县招商和企业服务中心等18个县直职能单位主要负责同志组成的丰顺县招商引资工作联席会议，统筹协调和落实全县招商引资工作。主要领导谋划部署、考察洽谈、协调督促，全年召开4次联席工作会议，研究讨论近24家企业项目入园评审、协调推进等工作事宜，推动企业项目入驻园区工作进度。

【成立专业招商队】 2022年，成立丰顺县专业招商队伍和招商引资工作专班，瞄准省10个战略性支柱产业集群、10个战略性新兴产业集群和珠三角产业梯度转移项目，强化招商引资和项目引进，推动电子电声、装备制造、绿色饲料、生物医药等现有产业转型升级。主动与市驻外招商队对接，拓展招商引资渠道，提升招商对接精准度和有效性。持续全力推动驻外招商工作，建立招商引资项目信息库，梳理重点招商引资项目，全面掌握优质企业投资意向，重点跟踪投资意向明确或市驻外招商队引荐的目标企业，发挥自身比较优势，抢抓机遇，参与区域合作，承接外溢效应。

【以商招商工作】 2022年，对接广州市海珠区、驻镇帮扶单位、全市各驻外招商队等招商合作伙伴，依托国际声谷、万洋众创城、标准化厂房三大产业发展平台，用好龙头企业立讯精密产业链体系机遇，将招商合作资源、产业平台作为开展招商引资的“牵引器”和“主力军”，推进招商项目加快落地。国际声谷由广东讯源实业集团有限公司投资建设，首期用地约33.33公顷、投资20亿元，已供地7.13公顷，完成国际声谷小镇展厅、声谷研究院工作站建设，项目部、声谷展厅二楼电声文化中心、指挥部二期人才公寓项目等正在规划建设中。万洋众创城由万洋集团投资建设，规划用地53.33公顷，建设规模150万平方米，总投资40亿元，首期规划用地26.67公顷，投资16亿元，已供地21.77公顷，已签约进驻企业32家，交付11家，其余19栋厂房，1栋商业，1栋宿舍正开工建设中。标准化厂房是由产业园区平台公司投资建设，规划用地19.67公顷，总投资11.37亿元，分三期建设，总建筑面积41万平方米。一期投资3.52亿元，立讯精密已入驻，丰顺立讯智造项目预计可实现30亿元产值，刷新重大产业项目引进投产的“梅州速度”“丰顺速度”。

【拓展招商引资渠道】 2022年，丰顺县编制符合丰顺县产业招商政策的国内外乡贤企业名录，分地区、分行业收集214家乡贤企业相关信息，掌握在外杰出乡贤企业发展战略和投资意向、积累高价值的招商引资项目信息；建立丰顺籍在外市任职处级以上领导名录，凝聚各方力量，调动社会各界人士支持家乡建设，拓宽招商引资渠道，更好地宣传推介梅州。

（黄舒琅　罗　悦）

贸　易

【外资外贸】 2022年，丰顺县进出口总额1.1亿美元，同比下降23.7%。全年完成1050万元实际利用外资。引导、支持外贸企业开拓国内市场，转出口为内销，帮助企业加强与F2B跨境电商综合服务交易平台合作，组织丰顺县电声展览团队培英电声、泰昌科技等9家电声企业抱团参加网上广交会、2022年中国（出海网）跨境电商选品在线展览，通过网上展示、推介、直播营销、在线洽谈，现场成交订单20多万元，达成意向订单200多万元。突出“梅州跨境电子商务综合试验区”发展优势，促进电声产业与跨境电商相融合，共同开拓海内外市场。加强对全县外贸进出口状况、形势的分析，结合实际制订、完善促进对外贸易工作发展的政策，指导外贸企业及时掌握海内、海外市场情况，及时分析研判市场形势、订单需求、销售情况等，加快外贸转型升级步伐，提高外向型经济发展的质量。

【商贸流通市场】 2022年，丰顺县社会消费品零售总额55.15亿元，同比下降1%。其中，限额以上单位实现消费品零售额3.09亿元，同比增长3.4%。

优化消费环境，加快培育内需体系 根据《梅州市2022年促消费扩内需工作实施方案》等文件精神，做好县域餐饮、商超等促消费扩内需工作，加强推广宣传，鼓励各企业开展“家电下乡”、“汽车下乡”、文旅消费等促消费活动。根据政策，组织企业申报促消费项目，对惠丰超市等2家2021年度首次达到限额以上商贸流通企业给予一次性10万元支持。

强化商贸项目储备工作 根据企业申报商业建设项目清单

▲2022年，丰顺万洋众创城　（丰顺县招商和企业服务中心供图）

▲2022年4月7—9日，丰顺县科工商务局组织电声企业抱团参加第七届ICBE2022广州国际跨境电商交易博览会
（丰顺县科工商务局供图）

（2022—2025年），依托梅州丰顺供销农产品配送有限公司、丰顺县丰鼎电子商务有限公司等做好“县域商业体系建设”8个项目储备。组织申报广东省商务领域2022年重点建设项目计划1个，培育深华电子商务升级打造1个深华电商产业园项目。

持续推进丰顺县创建2019年国家电子商务进农村综合示范工作　该工作完成建设任务，各项工作平稳有序运行。通过制定项目实施方案，完成项目监理公司、招投标代理公司的遴选确定工作，与中标企业签订建设合同，拨出项目建设249.7万元并启动项目建设工作。

供　销

【概况】　2022年，丰顺县供销合作社联合社的下属企业有企业总公司、县农业生产资料配送中心、基层中心社、留隍供销社。全县供销系统实现销售总额14.35亿元，同比增长92%。在全省供销合作社系统综合业绩考核中获得县级优胜一等奖、改革发展进步奖，获批开展生产、供销、信用综合合作全国试点县工作。广东供销农产品配送丰顺子平台获评全省第一个“省级示范平台”。

【丰顺县供销合作社第五次代表大会】　2022年3月，丰顺县供销合作社联合社第五次代表大会在汤坑镇召开。会议传达学习县委书记张志锋、县长罗达祥、副县长谢定雄对全县供销合作社工作的批示精神。县供销联社主要负责人向大会作县供销合作社联合社工作报告；会议选举产生丰顺县供销合作社第五届理事会和监事会。丰顺县供销合作社联合社全面完成“三会制度”建设任务。

【构建农产品直供配送网络】　2022年，广东供销农产品配送丰顺子平台被省平台评为全省第一个“省级示范平台”，年底累计营业额突破千万元大关。为县内27家学校配送安全优质健康的食堂食材，服务师生超1.2万人。疫情期间，承担全县高风险网格点保供物资采购、配送和发放保供“爱心包”的任务，确保丰顺县“菜篮子”供应有保障，居民正常生活不受影响。是年，建设完成21个“供销农场”，带动全县农民专业合作社38家，带动农户1500多户。联合县域助农服务综合平台帮助销售家庭农场、困难农户、农民专业合作社等生产种植的蜜柚、柑橘、有机米、蔬菜等优质农产品，累计销售额300多万元。疫情期间，帮助绿天源农场转运蔬菜4次0.75万千克（7.5吨）；采购绿天源农场各类蔬菜约5300斤，解决疫情期间农产品滞销问题。

【生产、供销、信用综合合作全国试点县工作】　2022年5月，丰顺县供销合作社联合社联合中国农业银行、丰顺县有关部门，在留隍镇召开生产供销信用综合合作现场会，成立“丰顺县留隍镇生产供销信用综合合作新型基层供销社”“乡村振兴金融服务站”，农行梅州分行为留隍镇橄榄协会授信2600万元，农行丰顺支行为橄榄协会8名农户代表授信400万元。现场举行橄榄种植技术、统防统治推广、农业社会化服务咨询活动，并为当地农户赠送一批肥料。全年累计向茶叶、水稻、青榄等种植户提供低息无抵押贷款1.26亿元，为农户提供农资、农机、农技等农业社会化服务，帮助其科学种植、增产增值、推广产品、找到销路。

【助农富农】　2022年，以助农服务平台（中心）为载体，投入费用50多万元，开展打造为农服务生力军行动和粮食生产农业社会化服务。升级赋能县域助农服务综合平台、多个乡镇助农服务中心，“供销社+党支部+公司”三方共建，帮助农民合作社、农户实现“种养产销”全覆盖。联合县供销社助农服务平台，在全县17个镇（场）举办丰顺县2022年脱贫人口和边缘易致贫人口劳动技能培训，为农户提供便捷的培训渠道。县域助农服务平台（中心）对接帮扶各镇种植户，销售有机番薯、有机米、放养鸡、蜜柚、番薯粉等农产品，销售额达800多万元。

【“粤菜（客家菜）师傅”工程】 2022年，丰顺县供销合作社联合社携手省供销电子商务高级技工学校和丰泰职业技术培训学校先后在八乡山、埔寨、潭江、大龙华和潘田等镇举办5期培训班，培训250名“粤菜（客家菜）师傅”，并在每期培训班结束后，引导餐饮商家合力举办“粤菜（客家菜）师傅”培训班优秀学员就业推荐会，帮助优秀学员实现就业，为农村地区群众实现技能傍身、技能就业、技能致富。

【冷链物流建设】 广东供销（丰顺）天业冷链物流产业园项目总投资约1.8亿元，规划总用地面积3.31公顷，第一期项目面积2.2公顷，项目建设已进入全面收尾阶段，预计2023年6月正式投入运营，全部建成后农产品年分拣加工能力可达3万吨。

【恢复重建基层社】 2022年，丰顺县供销合作社联合社多措并举，整合资源，改造基础薄弱的基层社，投入150万元改造重建小胜镇供销社危房商铺，盘活社有资产，拓展基层社经营服务业务，满足农民群众生产、生活需要。是年，丰顺县镇级基层社已恢复50%。

（魏彩霞）

烟 草

【概况】 2022年，丰顺县烟草专卖局（分公司）销售卷烟1.62万箱；总单箱销售额3.88万元，比增4.6%；实现税利1.41亿元。

【社会责任】 2022年，地方财政助力200万元建成23座电烤房，其中7座电烤房群是全省最大的集群电烤房，为2022年收购烟叶增加1500担打下坚实基础。投入31万元用于帮扶潘田镇建设2个光伏发电项目，其中一项已全面完工，并网发电后每年将为村集体创造至少1.5万元的收入。开展扶贫济困日捐款、爱心父母大联盟捐款等共计2.82万元。2022年获得梅州市扶贫济困铜奖和2021年度丰顺县扶贫济困奖银奖。

【卷烟销售】 2022年，县烟草专卖局探索“党建+业务”模式，增进客我融洽关系。党员队伍带头投入农网建设，为有潜质的客户实施并规划终端改造升级，提升客户经营综合能力；结合“我为客户办实事”项目清单，协调邮储行向零售客户开展“烟草贷”专项信贷资金365万元，助力零售客户做好店铺升级改造。推进“互联网+业务”模式，提升客户经营综合能力。利用同话社区为零售客户提供丰富的学习培训资源，有效提高零售客户现代经营意识与技能；开展“开口营销大赛”活动，促进零售客户经验交流提升经营能力；开展面向全县零售客户的卷烟商品陈列知识直播培训，提高零售客户卷烟陈列技能水平。规范开展卷烟送货工作，杜绝集中送货、串户送货等行为，确保100%送货到户。实施“无接触”配送模式，根据疫情动态灵活采取“预约取货”特殊配送方式。

▲2022年5月10日，丰顺县供销社“粤菜（客家菜）师傅”技能培训工程在埔寨镇开班

（丰顺县供销合作社联合社供图）

▲2022年3月8日，丰顺烟草组织志愿者到丰良镇成西村帮助烟农摘除烟株腋芽

（丰顺县烟草专卖局供图）

【烟叶生产】 2022年，县烟草专卖局把握烟叶生产由“稳”到“增”的机遇，争取地方政府支持，种植面积由2021年的130.93公顷增加至149.4公顷，推动丰顺烟叶恢复性发展。以工业需求为导向，分析不同农户的短板，区别引导，对新引进农户重点指导，突出“宣传+督促”，采取“明责+压责”的方式，加大重点技术推广落地力度，确保重点生产技术落实落地。针对2022年烟叶生产前期低温霜冻、中期高温强光，后期雨水偏多等不利天气和灾害，强化技术指导和服务，把不利天气影响降低至最低程度，对符合理赔条件的，及时联系保险公司勘查定损，维护烟农的利益。全年收购烟叶5452担，完成5500担收购计划的99.13%。争取地方政府划定优质烟田333.33公顷，并制订建设保护措施，2022年行业建设烟基项目89宗，包括烟草农用机械3台，烟叶调制设施86宗，建设项目已完工并通过市县验收，进入投入资金兑付阶段。

【专卖管理】 打击涉烟违法犯罪 2022年，查获各类涉烟案件51宗，其中“双五”案件2宗。查处未在当地烟草专卖批发企业进货案件19宗，销售非法生产的烟草专卖品2宗，无证经营烟草制品零售业务20宗，无证运输案件5宗，多案由案件4宗。查获非烟83.52万支，案值49.34万元；假烟295.51万支，案值498.48万元；私烟1.16万支，案值0.57万元。

强化打假打私协作机制 建立烟草、公安联合办公机制，积极协助公安机关加大对涉烟违法犯罪分子的追捕追逃，提高对涉烟违法犯罪分子的震慑力度。建立与打假办、打私办等职能部门的长效协作机制，每月联合开展市场检查3次，营造卷烟打假打私齐抓共管的良好氛围。

加强电子烟市场监管 辖区内销售电子烟的商户5家，均为电子烟专卖店。2022年，丰顺县烟草专卖局加强对电子烟市场监管力度，利用电视台和当地各大自媒体做好相关宣传；对电子烟经营户进行登记造册，并联合相关部门不定期对电子烟实体店进行检查；积极争取县委县政府对相关工作的支持，由政府牵头在全县范围内开展含电子烟专项治理行动在内的校园周边环境集中整治工作。

【企业管理】 营销部班组获得广东省质量协会颁发的“2022年度广东省第八届质量信得过班组经验交流会一等奖”，烟叶部“缩短可移动育苗棚安装平均时长”QC课题获得市局（公司）优秀质量管理小组成果二等奖，专卖办在2022年“梅州市烟草专卖局第一届真假烟鉴别大赛”中荣获团体二等奖。通过定期会议研究部署、经常性开展培训、定期工作督办等方式，推动安全、保密工作落实落细，重点抓好潘田烟叶工作点、经营业务用房施工现场的安全防护工作，筑牢企业健康发展的基石。2022年召开保密专题工作会议2场、安全专题工作会议3场，开展交通安全培训2次、消防安全培训2次。加强青年队伍建设，通过岗位实践、廉洁教育活动等，系好青年员工成长的“第一粒扣子”。潘田烟叶工作点建设项目、经营业务用房维修项目均已动工并有序推进，将于2023年完工。

（黄　熠）

丰顺县金叶发展有限公司

【概况】 2022年，丰顺县金叶发展有限公司实施经济结构的战略性调整，公司按照县委县政府的工作部署要求和公司2022年年初确定的经济任务，落实和推进各项任务，取得预期成效。全年公司完成收入106万元，税收10万元，公司保持平稳发展的势头。

【业务经营】 2022年，公司挖掘发展潜力，拓展发展空间，促进规范发展。在日常卷烟经营中，围绕“严格规范、富有效率、充满活力”的烟草销售总体目标要求，规范各项卷烟营销工作，规范营销人员日常行为工作流程，按照流程开展工作，逐步实现营销工作的规范化和标准化。全年公司门市部完成卷烟商品销售收入50万元。加强门市销售竞争力，组织门市员工进行服务意识、销售知识、电脑操作等方面的培训，与多个零售业主建立客户关系。把握市场动态，促进市场需求预测工作，加强对卷烟市场信息的收集，及时掌握卷烟市场的信息，公司门市根据市场真实需求在许可调整范围进行零售终端调价。

【企业管理】 2022年，公司加强企业内部建设，提升企业的管理水平。围绕“班子建设、队伍建设、文化建设、内部监管、市场监管、证件管理、经营业绩、客户服务和规范经营”九个方面抓各项工作的落实。继续高度重视安全生产建设，促进公司安全、和谐发展。在工作中根据企业不同阶段的需要，推出新的管理制度来规范员工工作行为和经营行为，强化责任心和对企业的忠诚度教育，确保了经营团队的健康发展。公司围绕巡察反馈意见，严格落实整改工作，对于不适应形势的制度及时修订，做到以人为本，保障广大职工利益。

（办公室）

财政·税务

财　政

【概况】 2022年，丰顺县财政收入53.95亿元，其中一般公共预算收入6.73亿元、上级各项补助收入（含专款）4.35亿元、调入资金4610万元（其中政府性基金调入4610万元）、债务转贷收入9488万元、动用预算稳定调节基金1932万元、2021年结余2.07亿元。县级一般公共预算收入6.73亿元，完成预算（调整数）6.43亿元的104.76%，减少15%，全市排名第五。财政支出50.73亿元，其中一般公共预算支出49.18亿元，债务还本支出4193万元，上解支出1.13亿元。收支相抵，结余3.22亿元。

【民生支出】 2022年，县财政局强化就业优先政策，持续推进“粤菜师傅”“广东技工”“南粤家政”等重点工程，推动全年新增城镇就业2200人以上，城镇登记失业率控制在3.5%。健全社会保障体系，稳步提高弱势群体救助标准，完善基本民生保障兜底机制，全面提升社会保障能力，全年社会保障和就业支出完成11.75亿元，增长6.45%。办好人民满意教育，支持实施学前教育“5080”工程，落实义务教育“双减”任务，办好示范性高中，做优中职学校，加快建设广东省教育研究院教育现代化实验区；加快嘉应学院、紫琳学院建设，确保2023年秋季招生，全年教育支出完成10.34亿元，增长3.96%。加快支持建设省卫生强县，抓好县级医院在建工程建设，提升乡镇卫生院基本医疗服务能力，支持疫情防控工作，优先保障疫情防控经费支出，全年卫生健康支出完成7.76亿元，增长13.79%，其中疫情防控支出6110万元。支持文化旅游体育事业发展，不断丰富和改善人民群众的文化生活和精神面貌，全年文化旅游体育与传媒支出完成4467万元，增长2.01%。加强卫生环境污染治理，打好蓝天碧水保卫战，全面推进人文宜居生态环境建设，全年拨付污染防治和环境卫生资金4527万元。

【保障重点项目建设】 2022年，县财政局积极落实各项扶持政策，大力促进实体经济高质量发展。丰顺县创新财政投入方式，通过资金引领、培育市场主体、优化营商环境，充分发挥财政资金的扶持引导作用，支持培英、双十科技、立讯智造等实体经济做优做强，全县安排扶持资金1339万元用于支持企业技术改造、工业园区高质量发展和融资补贴等。用好债券资金，扩大有

▲2022年5月12日，财政税务开展税收分析座谈会　　（丰顺县财政局供图）

效投资。提前统筹谋划项目，积极争取省新增债券资金支持，全县获得省新增债券资金6.79亿元，安排用于12个项目建设。落实中央组合式税费政策，减轻企业负担，降低实体经济成本。全年落实留抵退税退库4016万元，收费减免3000万元。

【支持乡村振兴】 2022年，全县争取省涉农资金4.57亿元，安排用于47个涉农项目实施；驻镇帮镇扶村资金3.44亿元，支持驻镇帮镇扶村工作。同时在县委县政府带领下，积极争取山水林田湖草沙修复项目、茶叶产业园（扩容提质）、中央专项彩票资金（农村污水处理）等上级资金9.72亿元。

【深化预算改革】 2022年，县财政局深化预算管理制度改革，健全完善预算编制监督执行管理，明晰预算管理权责，抓好部门预算编制，深化财政“放管服”改革，加强预算执行监督，提高财政资源配置效率和使用效益。推进“数字财政”建设，全县“数字财政”系统、非税系统一体化建设相继上线并实现平稳运行，推动丰顺县财政管理业务规范和标准统一，为财政管理现代化提供坚实的数字支撑。全面实施预算绩效管理，健全绩效评价结果激励约束应用机制，推动全县管财理财更加科学规范高效。深化政府采购管理制度改革，加大政府采购信息公开力度，全面执行电子化采购平台采购，强化政府采购监督管理，全年全县采购预算金额2.57亿元，实际采购金额2.35亿元，节约资金2172万元，资金节约率为8.47%。加强政府投资评审管理，规范财政投资审核管理，发挥财政投资评审的职能作用，全年全县工程预算、结算送审159宗，送审金额11.27亿元，审定金额9.76亿元，核减金额1.51亿元，核减率13.43%。

（朱浪锋）

税　务

【概况】 2022年，丰顺现有征管户数9316户，其中企业（含扣缴义务人）4230户，个体5089户。征管户数按行业分类，排名前三的分别为批发零售业4077户，制造业1043户，农林渔牧业785户。税源主要来源为建筑业占33.49%，房地产业占20.13%，制造业占15.21%，金融业占10.10%，批发和零售业占8.52%，其他行业占12.55%。

【党的建设】 2022年，县税务局累计开展党委中心组理论学习10次，支部集中学习168次，青年理论学习小组学习66次。组织开展“政治家访”和“廉政家访”，将监督触角延伸到“八小时以外”，持之以恒正风肃纪反腐，涵养良好的政治生态。2022年，累计开展各类谈话312次，覆盖758人次，推送《以案明纪——税务系统警示教育案例选编》典型案例8期共52案例。建立定期走访制度，主动向地方党政机关及工作部门汇报工作52次，对接地方党建工作任务，主动融入地方发展大局。

【减税降费】 2022年，县税务局贯彻落实新的组合式税费支持政策，建立丰顺县退税减税降费工作联席会议制度，同时税务、财政、人行三部门建立退税减税政策落实协调机制，强化退税减税落实工作的组织保障。通过与国库部门沟通开辟退税绿色通道，对于增值税留抵退税业务实行即来、即审、即办，推动政策直达快享。全年新增减税降费及退税缓税缓费2.58亿元，其中新增减税降费0.72亿元，增值税留抵退税1.21亿元，缓税缓费0.65亿元，切实减轻企业税费负担，增强企业发展动能。

【税费收入】 2022年，县税务局严守依法征收、不收“过头税费”的底线，每月召开“降风险打粮食”业务专题会议、组建土增税清算专班、成立税收大数据应用团队等，挖潜堵漏促增收。全年组织税费收入25.16亿元，同比增长4.17%。其中，税收收入9.57亿元，扣除留抵退税因素还原后可比下降14.05%，同比下降21.77%；费金收入15.59亿元，同比增长30.78%。[税收收入中，县级税收收入完成3.97亿元，同比减收4359万元，同比下降9.89%，县级税收收入的同比增速在全市各县区局中排名第四。费金收入中，社会保险费收入（含职业年金）完成12.24亿元，同比增收7722万元，同比增长6.73%；其他费金完成3.35亿元。]

【税收征管改革】 2022年，“全流程”跨区域建筑税收管理新模式初见成效，组建跨区域建筑工程税收团队，在团队模式下依托金税三期等管理系统，多渠道强化分析比对，辅导纳税人做好报验登记及验收反馈等涉税事项，全年税收入库4969.92万元，先进经验在全市税务系统征管业务线条会议上得到交流推广。“管户制”向“管事+管数”制改革探索推进，业务规范支撑得到强化。对3个重点税源分局所管业户重新按行业分类，进行专业化归集管理。汤南税务分局作为“管事+管数”制改革试点分局，通过制定1个业务流程优化指引，搭建4本“岗位台账”，推进“团队化+数据化+扁平化”管理。系统和数据支撑得到强化。成立风控和大数据2个团队，构建县税务局与税务分局共同做好风险应对和税源管理的“双轮驱动”机制，突出“降风险”“打粮食”的双目标，逐步建立起大税源大风险管理格局。非税缴费“一站办”服务进一步优化，做好矿产资源专项收入、水土保持补偿费等非税收入征收工作，对接县自然资源局、县水务局等部门，强化工作协调配合机制，实现申报缴费“一次不用跑”。

【以税资政】 2022年，县税务局从税收视角反映丰顺县社会经济运行情况，不断提升税收分析质效。围绕组织收入中心工作和新的组合式税费支持政策等重点工作，对地方党委政府关心的产业园区发展撰写调研报告1篇，围绕“10·23”疫情撰写对丰顺经济税收影响分析，为服务地方经济发展献计献策。全年获得省市县各级领导肯定性批示7次。

【营商环境】 2022年，县税务局优化服务，“线上+线下”双管齐下，提振市场发展信心。线上服务“零距离”：充分应用V-Tax远程可视化办税系统，建立纳税服务运营中心，以集约管理、规范服务为思路，整合办税服务资源，“一站式”集成线上业务受理和涉税咨询热线等多个功能，有效减少服务资源碎片分散和线上服务不精细等问题，为纳税人缴费人提供更加快捷的线上办税缴费体验。线下服务“网格化”：在全县推行“1+4非接触式”税费服务，依托党群服务中心，以推广“粤智助”政府服务自助机为契机，推动“非接触式”税费服务延伸至镇、村，建立税村共建共治共享的协同机制。实施“撤厅设点”，将实体办税服务厅转型为提供自助办税、咨询服务、政策宣传等的兜底式服务场所，转变农村办税理念。税收宣传“广覆盖”：创新打造“说税普税、亲民惠民”税收宣传特色品牌，与丰顺县融媒体中心联合主办短视频税宣栏目《足银说税》，首个实体“纳税人学堂”顺利入驻产业园区，充分统筹“线上+线下”双管齐下的宣传手段，将税收宣传融入地方宣传的“大盘子”里，实现“税法宣传入万家”。是年，上报新闻稿件被市级以上媒体采用宣传81篇，其中中国新闻网、中央广播电视总台国际在线、光明网等中央级媒体采用11篇。

【荣誉】 2022年，县税务局通过创新打造多功能文化活动室、开展“青春故事会”“同学　同思　同悟”和巾帼建功等系列活动，提升干部职工的精神文明意识，营造起新时代文明税风。是年，县税务局获得“梅州市五四红旗团支部”“丰顺县五四红旗团支部”2项集体荣誉，5人获得“梅州市优秀共青团员”“丰顺县优秀共青团干部”“丰顺县优秀共青团员”等6项个人荣誉。

（李晶晶）

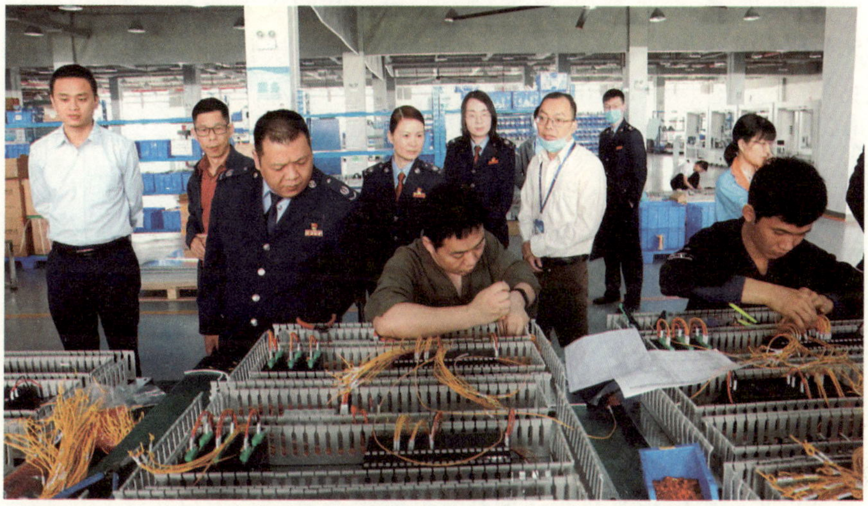

▲2022年3月29日，丰顺县税务局到挂点企业宣传税费优惠政策

（丰顺县税务局供图）

金 融

中国人民银行丰顺县支行

▲2022年9月29日，丰顺县新型农业经营主体主办银行工作现场会暨银企对接会（茶业专场）

（中国人民银行丰顺支行供图）

【概况】 2022年，丰顺县各金融机构本外币各项存款余额237.43亿元，比年初新增11.55亿元，同比增长5.12%。丰顺县各金融机构人民币各项贷款余额128.87亿元，比年初新增2.59亿元，同比增长2.05%。开立人民币银行结算账户123户，变更261户，撤销38户。丰顺县有保险机构11家，其中，寿险公司有2家，财险公司9家，保险公司保费收入2.96亿元，理赔支出1.02亿元。丰顺县有1家证券公司安信证券，证券交易金额504.86亿元，其中A股股票交易357亿元；合格账户10.10万户，其中A股证券账户5.67万户。

【助力实体经济】 金融支持市场主体 2022年，人行丰顺支行根据总行、分行“23+10”条金融纾困政策要求，采取各项措施推动金融支持地方经济发展，通过窗口指导、现场督导、召开经济形势分析会、组织银企对接、向社会公告金融产品信息等形式，畅通市场主体与金融机构的对接通道，引导金融机构加大信贷投放力度。全年，金融支持农、林、牧、渔业5.01亿元，同比增长28.21%；支持制造业12.65亿元，同比增长6.65%；支持建筑业2.85亿元，同比增长22.70%。

执行货币政策工具 人行丰顺支行全年发放再贷款2.08亿元，其中支农再贷款1.03亿元，支小再贷款1.05亿元，全部投向“三农”、小微、民营等关键领域和薄弱环节；办理普惠小微贷款支持工具利率互换本金额度1.72亿元，向地方法人金融机构提供182.33万元资金支持。

金融支持乡村振兴 2022年，人行丰顺支行指导地方法人加大整村授信力度，选派业务骨干驻村服务满足广大农村普惠金融服务需求。2022年，完成整村授信32个，授信总额2.51亿元；派驻金融村官45人次，走访农户数1776户，发放农户贷款1811万元。

绿色金融创新 2022年，人行丰顺支行推进绿色低碳金融产品和服务开发，推动农业银行丰顺县支行于2月23日向丰顺县东方金属连铸有限公司发放碳配额质押贷款21万元，质押碳配额1万吨，推动梅州首笔碳配额质押贷款落户丰顺。

【金融管理和服务】 金融机构联席会议 加强对辖区金融风险形势的分析研判，召开2022年金融机构联席会议、金融服务实体经济座谈会、新型农业经营主体主办银行工作现场会暨银企对接会（茶业专场）等，分析经济形势，做好下一步预判，引导金融机构进一步做好稳市场主体工作。

金融法治环境 强化金融风

险防范协调合作，加强与地方金融局监管联动机制，重点加强监测地方法人银行风险状况，关注房地产和重点行业企业信贷资产质量情况，妥善处理辖区“兰溪谷名苑”房地产项目部分业主强制停贷告知书相关舆情事件，配合地方政府及相关部门推进“保交楼、保民生、保稳定”工作。

金融稳定 配合防范电信网络新型诈骗犯罪活动，与县公安局刑侦大队联系沟通工作3次，联合举办“守护钱袋子，建功新时代”系列宣传活动，研究研判辖区反电诈形势。根据按月通报制度，针对相关银行网点存在涉案账户的情况，及时督导约谈相关涉案银行账户网点负责人4次，持续跟进整改情况。

金融消费维权 探索金融纠纷非诉调解“多元、专业、高效”新模式。牵头成立金融消费纠纷人民调解委员会，建立与县政法系统、金融工作局及金融机构多方协作机制，完善多元化金融消费纠纷解决体系，规范金融消费纠纷咨询调解活动，维护金融消费当事人的合法权益。2022年，受理投诉事件12起，及时化解金融消费争议，解决群众急难愁盼问题，有效守住人民群众的“钱袋子”。

【普惠金融建设】 *金融普法宣传* 制定人行丰顺支行全年宣传方案，指导辖区金融机构在“3·15”“6·14”等重要时间点开展集中宣传，协调、联合地方部门、商业银行开展专项宣传，合计开展宣传13次，做到集中与专项相结合，突出宣传重点，覆盖重要人群，着力提升群众金融服务获得感。

金融素养提升 联合丰顺县教育局、丰顺农商行探索政银校共建模式，在丰顺县千顷学校阅览室设立金融读书角，打造一个金融知识普及教育实践基地，并定期开展常态化金融知识普及宣传讲座。

金融乱象治理 以开展“征信修复”乱象专项治理“百日行动”为契机，派出工作组现场核实排查辖区信息管理、咨询服务相关公司，及时制止丰顺县信德佳汽车信息咨询服务部从事涉嫌“征信修复”业务，持续净化县域征信市场环境。

落实暗访机制 开展小面额人民币服务、小微企业银行结算账户和个人银行账户服务、国债发行情况等一系列巡查暗访工作，敦促辖区各银行业金融机构持续优化现金使用环境，落实金融服务领域“放管服”改革要求，强化对商业银行的监管要求。

移动支付示范镇建设 组织辖内金融机构分别在汤坑镇、丰良镇推进移动支付示范镇建设，实现移动支付在农贸市场、百货超市、饮食住宿等民生领域的规模化应用，激活乡村振兴新引擎。经上级审定，汤坑镇、丰良镇成功通过验收，挂牌移动支付示范镇。

服务留抵退税 落实留抵退税及个人所得税年度汇算清缴政策，简化办理程序，开通退税专项绿色通道，采取延长工作日服务时间专项办理，确保业务“划转不隔夜，资金零在途”。2022年，丰顺支库及时、准确、安全办理留抵退税138笔，金额1.22亿元；办理个税汇算退税1.09万笔，金额83.77万元。

（李逸帆）

中国工商银行丰顺支行

【概况】 工商银行丰顺支行设立于1984年，位于丰顺县汤坑镇五一路1号。2022年，辖内营业机构1个，离行式自助银行2个。各项存款余额12.63亿元，各项贷款余额14.39亿元，拨备前利润5024万元。

【各项存款】 2022年，工商银行丰顺支行通过完善经营、营销和激励机制，瞄准各个阶段、时期的目标客户，改进营销服务，运用金融工具，金融产品、金融服务，包括贷款、融资、结算、理财等产品，将引存、增存、稳存融合在银行业务的全过程之中，扩大资金来源。是年，各项存款余额12.63亿元，比年初增加0.65亿元，增幅5.45%；其中储蓄存款余额8.83亿元，比年初增加1.18亿元，增幅15.36%；公司存款余额2.61亿元，比年初增加0.03亿元，增幅1.2%；机构存款余额1.18亿元，比年初减少0.56亿元，降幅32%。

【各项贷款】 2022年，工商银行丰顺支行坚持普惠金融政策，减费让利，让中小微企业享受到国家优惠政策，支持当地电声行业、制造业、食品生产加工业、百货批发零售业、乡村振兴等实体经济，助力县域经济提质发展。是年，各项贷款余额14.39亿元，比年初减少0.14亿元，降幅0.96%；其中个人贷款余额9.38亿元，比年初减少0.15亿元，降幅1.55%；公司贷款余额5.1亿元，比年初增加0.01亿元，增幅0.18%。

【中间业务收入】 2022年，工商银行丰顺支行受疫情影响及理财新规下理财收入下降，中间业务收入同比下降，中间业务收入637万元，同比下降58.56万元，降幅9.14%。

【拨备前利润】 2022年，工商银行丰顺支行实现拨备前利润增长，主要是存款收益、贷款收益和其他收入的增长。拨备前利润5024万元，同比增长256万元，增幅2.82%。

【助企纾困】 2022年，工商银行丰顺支行加大对受疫情影响行业、企业的融资支持，搭建信贷绿色通道。2022年，丰顺疫情期间，为县域中小微企业发放贷款2.45亿元，解决企业疫情期间资金需求，保障企业正常生产经营。做好疫情防控常态化形势下的各项金融服务，落实让利实体经济政策导向，加大对受疫情影响行业、企业的支持，不盲目限贷、抽贷、断贷，以贷款利率优惠等一系列金融服务举措，减费让利实体经济，为受疫情影响的中小微企业续贷，帮助企业纾困解难，助力丰顺县实体经济稳增长。

（简竞文）

中国银行丰顺支行

【概况】 中国银行股份有限公司梅州丰顺支行（简称中国银行梅州丰顺支行）是中国银行梅州分行辖属经营管理性支行。下辖“中国银行梅州丰顺支行营业部”和“中国银行梅州丰顺新世纪支行”2个营业网点，分别在汤坑路和新世纪沿江路，在丰顺五一路设立离行式自助银行1个。

【扩大收入来源】 2022年，支行根据省、市分行的考核方案，组织全行员工认真研读方案，优化金融服务，提升服务实体经济水平。通过争揽各项低成本存款，加大贷款投放，续做高收益产品，拓宽非息收入来源和渠道。

【存款规模】 2022年，支行做好核心客户的关系维护，防止大额资金和核心客户的流失，密切政银合作，积极承接各项财政预算划拨资金，争取政府财政资源，推动行政事业单位存款持续增长。是年，全行本外币存款余额19.76亿元；各项贷款余额8.57亿元，其中经营性贷款6.25亿，贷款占比73%。

【内控合规建设】 2022年，支行通过狠抓案件风险防范，组织全行员工观看案件警示教育片、组织学习《敲响身边的警钟——近年违规典型案例合集》、签订“案件防控目标责任书”及“合规承诺书”等相关活动，每季度做好员工异常行为排查和家访工作，加强对重点人员和重点业务的风险排查，加大反洗钱核查工作，不断提高员工合规意识和风险防范能力，确保支行无重大违规和反洗钱风险。

【提升服务技能】 2022年，支行成立由行长担任组长的优质高效服务领导小组，制定和完善本行优质高效服务的具体措施和方法，加强员工技能培训，提升服务技能，每月对服务工作情况进行检查、通报和总结。向客户提供个性化、有特色、体贴入微的服务，提高电子化利用水平，引领客户需求，使客户体验满意度不断提升。组织党员、业务精英到党建共建单位、代发薪单位宣传支付结算、反假货币、反洗钱、反电信网络诈骗等主题宣传活动，派发金融知识资料，面对面接受业务咨询。

（王　波）

中国建设银行丰顺支行

【概况】 2022年，中国建设银行丰顺支行一般性存款时点余额18.36亿元，该余额在四行中占比19.26%，四大行排名第三。一般性存款日均余额19.49亿元，四行占比为10.21%，四大行排名第二，比年初新增1.48亿元，四行占比新增19.19%，新增量在四大行排第三位。各项贷款余额12.21亿元，四行占比为18%，在四大行排第三位。实现账面利润4334万元，四行占比为

▲2022年10月11日，分析、总结经营情况会议　（中国建设银行丰顺支行供图）

16.59%，居四大行第三位。

【业务发展】 2022年，建行丰顺支行开展“党建引领，千院共建”主题活动，与结对共建单位开展活动，与共建单位学习先进经验，向张富清同志等先进事迹的学习。全年围绕建行住房租赁、普惠金融、金融科技、乡村振兴、绿色金融等“七大战略”目标，提供高质量金融服务。

【金融服务支持项目建设】 2022年，建行丰顺支行围绕丰顺县工业园区、城镇化建设、县重点民生工程、冷链物流等重点项目，积极与县政府、企业沟通联系，支持县重点项目建设。对广东南方青蒿药业有限公司、广东讯源建筑工程公司分别授信1亿元、1.5亿元，中小企业信贷资金5000多万元的金融支持。城市安居服务方面，累计新发放住房贷款2.23亿元；委托住房公积金贷款额3740万元。

（杨光生）

中国农业银行丰顺县支行

【概况】 2022年，中国农业银行丰顺县支行围绕服务乡村振兴、支持实体经济，普惠金融和创新发展持续发力，发挥信贷核心引擎，倾斜金融资源，为丰顺经济发展提供一揽子金融综合服务。全行各项存款余额45亿元，比年初增长2.76亿元，各项贷款余额33亿元，比年初增长1.87亿元。实现中间业务收入2095万元，实现账面利润1.3亿元。

【普惠金融】 2022年，支行落实金融服务乡村振兴战略政策，发挥金融助力作用，加大支农力度。2022年度投放涉农贷款近9亿元，满足丰顺县域农户和小微企业生产经营发展资金需求。围绕全县基础设施建设，聚焦高速公路、铁路运输、水力发电、先进制造业等重点领域，加大信贷支持力度，全年对公贷款净增1亿元。在丰顺16个乡镇全覆盖建设标准化惠农通服务点，依托智能POS机具布放，实现支付结算、存款理财、助农服务等功能于一体，畅通农村金融服务“最后一公里”。

【风险防控】 2022年，支行坚守资产风险底线，强化信贷风险管理，加强重点领域、重点客户的风险防控，密切关注客户的资金链、担保链风险，防范和化解信贷风险。坚守人员风险底线，以“三线一网格”为抓手，加强员工参与赌博、民间借贷、非法集资、信用卡套现等违规行为的系统排查，开展员工征信和经商办企业排查等工作，堵塞风险漏洞。坚守操作风险底线，加强内控合规管理，强化制度执行力，加大对基层网点的业务监管工作力度，确保安全平稳有序运行。

【企业文化建设】 2022年，支行组织员工健康体检，组建篮球队、羽毛球等兴趣小组，丰富员工业余生活，营造团结、和谐、向上的企业文化氛围。组织开展

▲2022年8月18日，中国农业银行丰顺县支行组织新入职员工前往坚真廉洁操行馆开展廉洁文化教育活动　（中国农业银行丰顺县支行供图）

党员外出参观活动、趣味运动会等团队活动。加强对青年员工的关注和培养，正向引导员工积极参与多岗位锻炼，激发青年活力和积极进取意识，提升队伍整体素质。

（陈晓莉）

中国农业发展银行丰顺县支行

【概况】 2022年，农发行丰顺县支行以客户为中心，以“三农”为抓手，以效益为目标，提高服务质量和管理水平，坚持开拓与管理并重的原则，大力发展各项业务。全年各项贷款余额2.78亿元，比年初增加2571.40万元；各项存款余额7006.57万元，比年初增加3705.86万元，日均存款余额7467.48万元，比年初增加2654.08万元；贷款本息收回率100%；无不良贷款。

【服务群众】 2022年，农发行丰顺县支行开展帮扶捐款，全行员工在广东扶贫济困日向丰顺县慈善会捐款2748元。参与消费帮扶，2022年，通过单位购买和员工个人购买的方式向多个贫困地区购买农特产品2.36万元。开展创卫创文文明实践活动，由综合部主管带队，支援汤坑镇金湖村开展创文创卫工作，维护社区环境。

【业务发展】 2022年，农发行丰顺县支行聚焦主责主业，发挥政策性金融作用，谋项目，抓发展，累计支付贷款资金7112.5万元。服务乡村振兴环境优化，坚持服务乡村振兴的银行战略定位，累计投放城乡一体化贷款2.3亿元，支持全县域9座镇级污水处理、55座村级站点及135千米配套管网建设，逐步提升丰顺县县域环境综合质量。支持防疫产业，坚持服务实体经济，投放2400万元农业科技贷款，为企业拓宽融资渠道，提供优质、高效的金融服务。扶持小微企业健康成长，投放600万小微贷款，扶持小微企业搏击壮大，建立互惠合作共同体。保障粮食收储安全有序，聚焦服务国家粮食安全的主责主业，发放1699万元地方储备粮油轮换贷款、1494.66万元地方储备粮油贷款，助力企业完成年度储备粮轮换计划，保障地方粮食安全。

【防范风险】 2022年，农发行丰顺县支行加强现有项目贷款的管理，及时足额收回到期贷款，合规合法支付工程进度款。规范贷款资金支付管理，督促企业加快项目信贷资金使用。全年对9个存量贷款客户及新营销客户进行信用等级评定，贷款质量风险十二级分类认定及非信贷和表外信贷资产风险分类监测等工作。每月召开贷后管理例会，分析风险点，并制定相应防范措施。

【强化管理】 2022年，农发行丰顺县支行做好内部管理及支行安全保卫工作。开展消防演练，组织干部职工学习日常工作中应注意的消防安全细节和发生火灾时如何自救、逃生等知识，开展消防灭火和应急疏散演练。强化用电培训，组织电路管理人员在发电机室、配电室等重点场所，结合现场设备设施，采用现场实操的方式，针对电路原理、操作规程、标志识别对职工细致讲解，加强职工发现和解决用电安全隐患的实践能力，提高职工安全用电意识。

【群团建设】 2022年，农发行丰顺县支行利用春节、端午节等传统节日开展新春送“福”公益活动、玫瑰书香读书活动、“以饺交心，以囊寄情”迎端午主题

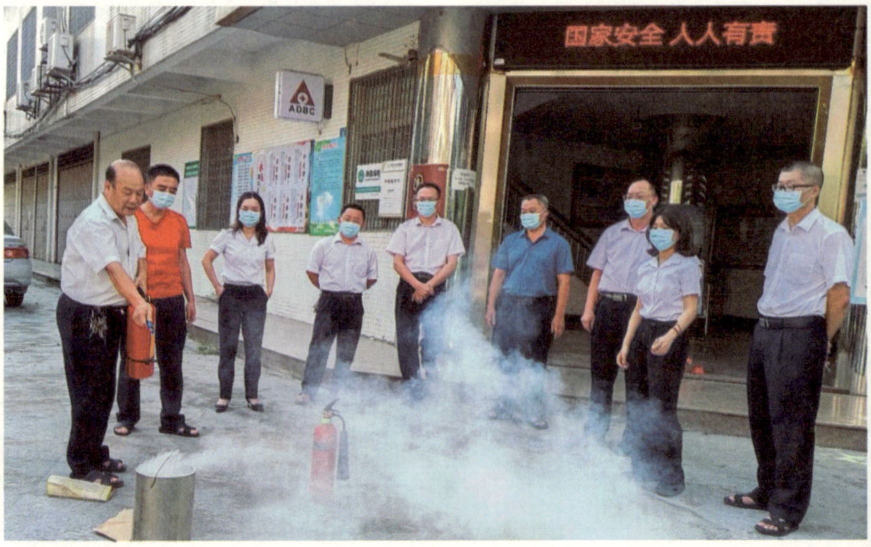

▲2022年9月19日，农发行丰顺县支行安全培训现场，员工在进行消防演练

（蔡雪芸摄）

活动等群众性文体活动。结合“3·5学雷锋纪念日”，组织开展“微公益，爱同行”“聚焦绿色环保，倡导节能减排”等公益志愿活动。组织参与五四青年文化月活动，如青年学习书籍推荐会、读书心得分享会、市分行五四论坛演讲比赛。

（罗朝辉）

中国邮政储蓄银行股份有限公司丰顺县支行

【概况】 2022年，中国邮政储蓄银行股份有限公司丰顺县支行（简称邮储银行丰顺县支行）位于丰顺县汤坑镇市政大道589号，在丰顺县域设有营业网点20个，自营网点3个，代理网点17个。2022年，邮储银行丰顺县支行存款48.82亿元，个人储蓄存款余额44.85亿元，公司存款余额3.97亿元；贷款结余22.28亿元，其中个人贷款结余8.67亿元（其中经营性贷款4.13亿元），公司项目贷款结余13.61亿元，小企业贷款结余1.59亿元。

【助力实体经济】 2022年，邮储银行丰顺县支行助力小微企业发展，加快数字化转型，实时金融服务数字化、线上化战略，推广线上化产品，如小企业“小微易贷”、“三农”、“极速贷”、“网商贷”等，推广线上无纸化作业模式，简化业务流程，提升业务处理效率，客户在手机银行便捷地获得线上贷款融资服务。全年“极速贷”“网商贷”余额超1.6亿元；“小微易贷”余额超1.2亿元。创新信贷产品，重点支持“专精特新”企业和高新技术企业创新发展，为“专精特新”企业量身打造特色产品——“科技信用贷”，对符合条件的企业给予信贷倾斜与优惠政策，全年为丰顺当地2家“专精特新”企业授信1500万元。创新金融支持民生领域，推出“加油站抵押贷款”，盘活企业各类资产，对丰顺某加油站授信2000万元。针对有票据快速融资需求的企业，推出“智能秒贴”“邮e贴”业务，2022年底，贴现年增超1.6亿元。

【金融助企纾困】 2022年，邮储银行丰顺县支行落实减费让利政策，为小微企业降低经营成本，对于因疫情原因影响的贷款客户，针对不同客群出台相应的优惠政策，如申请延期还款、采用“无还本续贷模式”业务，解决资金周转难的问题，全年为企业提供无还本续贷2930万元，为客户提供延期还款240万元。

【助力乡村振兴】 2022年，邮储银行丰顺县支行加大对“三农”领域的金融支持力度，全面开展信用村、信用户评定工作，全年建成信用村222个，评定信用户3922户，线上信用户贷款结余801.47万元，以“信用村”为抓手的农村信用体系建设成效显现。

【发放首批退役军人优待证】 2022年7月28日，邮储银行丰顺县支行联合县退役军人事务局在大龙华镇举行退役军人、其他优抚对象优待证首发仪式，工作人员携带移动展业设备，上门帮助退役军人成功激活第一张退役军人优待证。

【协作堵截电信诈骗】 2022年8月，邮储银行丰顺县支行营业部与代理营业所成功堵截一起电信诈骗案件，为客户挽回经济损失6万多元。

（刘丹丽）

丰顺农商银行

【概况】 2022年，丰顺农商银行以“坚守定位、稳中求进、奋力推动高质量发展”为主题，坚守支农支小、服务乡村振兴的工作总定位，坚持稳字当头、稳中求进的工作总基调，发挥党委“把方向、管大局、保落实”的工作总抓手，围绕“共富、法治、勤劳、转型”四项重点工作，推动高质量发展，打造“小而美”精品农商银行。2022年末，全行资产总额104.65亿元，比年初增加11.28亿元，增长12.08%；负债总额93.58亿元，比年初增加10.58亿元，增幅12.75%；各项存款余额为89.58亿元，比年初增长9.12亿元，增幅11.33%；各项贷款余额49.03亿元，存款、贷款市场份额37.73%、38.04%，继续位居当地金融机构首位。

【服务实体经济】 2022年，丰顺农商银行积极参与当地重点项目建设，加强对当地的重点项目信贷，确保金融支持地方重点项目建设取得实效，发放贷款1792

▲2022年1月7日，丰顺农商银行在丰城支行举办户外劳动者爱心驿站揭牌仪式

（广东丰顺农村商业银行供图）

户、金额22.8亿元，其中新增投放至丰顺地区贷款资金20.77亿元，占新增投放贷款金额的91.1%。加强普惠金融投入，2022年末，累计布放助农取款机127台，自助取款机47台，小额人民币自助兑换设备6台，建立助农取款点127个，建立“悦农e站”13个，配备28台超级柜台，6台社保卡一体机。在全县282个村、居委实现村居e支付机具全覆盖，实现农村居民“家门口”缴纳医疗保险，全力打通普惠金融服务“最后一米”。在全县各镇（场）、村（居）委安装301台“粤智助”政府服务自助机，实现全县各镇（场）、村（居）委投放全覆盖，轻松为基层群众办事实现政务服务、公共服务和金融服务“就近办、自助办、一次办成”。截至12月底，丰顺县“粤智助”业务总量11.17万笔，服务群众约5.4万人。落实国家关于稳住经济一揽子政策要求，力促地方经济发展，2022年末，拓展符合申请贴息标准的“首贷户”38户，授信金额3503万元，首笔放款金额2606.4万元。发放新市民贷款户数191户，余额6790.21万元，占各项贷款的1.32%，为新市民提供有效的金融服务，帮助丰顺地区“新市民”由“漂”变“稳”，使他乡变故乡。推动“整村授信”工作，加大“三农”支持力度，在2021年建设32个信用示范村的基础上，持续推动2022年的“整村授信”工作，出台专项考核方案，并将其“农村金融（普惠）户户通”工作与年度绩效挂钩，融合推动“整村授信”出实效，截至2022年末，建立195个信用示范村，“整村授信”金额94800万元。2022年，向汤坑镇横东村、丰良镇三山村、颖川中学定向捐赠26万元资金，连续第三年荣获广东省扶贫济困红棉杯铜杯奖。2022年度实缴税款5012.68万元。

【支农支小】 2022年，丰顺农商银行根据丰顺当地茶叶产业的发展特色，对接相关企业，召开与丰顺县茶业现代产业园及与丰顺县茶叶协会的银企对接会2场，向丰顺县茶叶协会作“整会授信”2亿元，发放“茶农贷”45户，余额6783.53万元，实现金融活水带动丰顺茶园飘香。配合落实再贷款政策，2022年度以优惠利率发放支农再贷款11户、金额1.03亿元，平均利率5.25%；支小再贷款34户，余额合计10507万元，平均利率4.71%。降低融资成本与小微企业共渡难关，2022年末，累计发放小微企业贷款13.44亿元，加权平均5.75%，比2021年降低0.9个百分点，按年计算降低融资成本1209.87万元。

【“户户通”工作】 2022年，丰顺农商银行围绕“共富、法治、勤劳、转型”八字方针，落实“户户通”各项工作部署和要求，推进一支部、一特派、一体机、一平台、一授信的“五个一”工程，实现行政村全覆盖，打通农村金融服务“最后一百米”，铺设金融服务乡村振兴的“快车道”，助力县域经济高质量发展。是年，与16个镇场283个村居委签订“党建引领共促乡村振兴”党建结对共建合作协议，布设301台“粤智助”政府服务自助机，向全辖283个行政村居派驻149名“金融特派员”，累计走访农户（商户）完成数据建档21.87万户；对信用村授信8079户，授信金额8.69亿元，其中用信金额1.48亿元；首贷户1902户，纯信用贷款户1732户。

【全国最美工会户外劳动者服务站点】 2022年12月，丰顺农商银行户外劳动者工会爱心驿站成功创建全国“最美工会户外劳动者服务站点”，成为梅州辖内5个获此殊荣的站点之一。

（办公室）

中国人民财产保险股份有限公司丰顺县支公司

【概况】 2022年度，中国人民财产保险股份有限公司丰顺支公司（简称中国人保丰顺支公司）内设经理室、综合部、直销业务部、商团业务部、修理厂业务部和理赔分部等6个部门，在职员工22人。

【业务经营】 丰顺支公司经营范围是财产损失保险，责任保险，信用保险，意外伤害保险，短期健康保险，保证保险等人民币或外币保险业务，与上述业务相关的再保险业务，各类财产保险、意外伤害保险、短期健康保险及其再保险的服务与咨询业务，代理保险机构办理有关业务，国家法律法规规定的或国家保险监督机构批准的其他业务。2022年，保费收入6746万元，同比增长21.8%，报表利润986万元，同比增长140%。

（王木生）

中国人寿财产保险股份有限公司丰顺县支公司

【概况】 2022年，中国人寿保险股份有限公司丰顺县支公司（简称中国人寿丰顺支公司）内设组织机构经理室、个险部、团险部、银行保险部、综合部、客户服务中心，在职员工14人。

【经营情况】 2022年，中国人寿丰顺支公司实现总保费8451万，比2021年减少5%；全年支出2613万，比2021年增加8.8%，其中死亡给付263万，赔款支出317万，医疗给付411万，满期给付676万，年金给付365万，退保金581万。

个险渠道 首年期交达成1238.02万元，达成年度进度100.7%，同比增长15.62%；首年标保达成382.96万元，达成进度81.3%，同比减少36.46%；10年期交保费达成548.65万元，达成年度进度90.6%，同比减少24.25%；短期险保费达成471.02万元，达成年度进度81.2%，同比减少3.54%，持证人力153人。

团险渠道 2022年，大短险任务达成868万元，进度81.6%，同比减少10.8%。其中，团险渠道达成400万元，进度78.4%；个险渠道达成460万元，进度81.7%；银保渠道完成7.8万元，进度71%。队伍方面，当前架构15人，其中有效人力达成13人，实动人力达成13人。

银保渠道 首年期交达成40.5万元，达成进度19.5%。其中，5年期以上期交目标51万元，达成9万，达成进度17.6%；短险目标11万元，达成7.8万元，达成进度71%；标保目标13万元，达成2.4万元，达成进度18.3%。季均实动人力目标2人，达成2人，达成进度100%。

【金融保险法律宣传】 2022年，中国人寿丰顺支公司在“3·15”消费者权益日、金融活动宣传月及“7·8全国保险公众宣传日”组织宣传活动，宣传和讲解有关反洗钱、防范非法集资和保险相关的法律法规，普及金融、保险相关知识。

（巫春林）

▲2022年10月25日，中国人保丰顺支公司参与丰顺疫情志愿活动

（中国人民财产保险股份有限公司丰顺县支公司供图）

交通运输

交通建设与管理

【概况】 2022年，丰顺县交通运输局围绕中共丰顺县委、丰顺县人民政府印发的《丰顺县推进交通强县建设实施意见》，构建潮汕平原北上开拓腹地的枢纽，构建对外快速联通、对内全面畅通的交通运输网络。至2022年底，全县有公路2711.77千米，其中高速公路45.08千米，国道243.73千米，省道246.25千米，县乡村道2221.78千米；一级公路14.73千米，二级公路229.97千米，三级公路400.30千米，四级公路1932.79千米，等外公路88.91千米。每百平方千米公路密度100.07千米；公共交通方面，现有丰良客运站（三级）、附城客运站（五级）2座客运站场。公交车辆105辆，客运班线车辆112辆，出租车10辆；普通营运货车552辆。2022年，客运周转量2550.62万人千米、货物周转量5.23亿吨千米。

【交通工程建设】 2022年，县交通运输局重点配合做好境内梅汕、大丰高速公路建设，推进全长178.64千米、总投资24.44亿元的交通建设项目合计13个，全年完成固投任务3.05亿元。配合汕梅高速改扩建和大丰高速规划建设。其中，梅汕高速改扩建工程正开展防“三抢”（抢搭、抢种、抢建）、项目征拆合同签订等工作，大丰高速方面，开展前期相关工作；续建项目方面，重点推进全长112.15千米、计划总投资9.81亿元的省道239线丰顺县天狮碑至高基、省道242线马图至江坑段、Y128线北斗至桐新等8个项目建设，部分项目实现通车目标；新开工项目方面，重点推进丰顺县国际声谷特色小镇配套基础设施项目（紫琳大道和学院路），以及通建制村单改双车道工程项目。其中，丰顺县紫琳大道及附属配套工程、丰顺县学院路及国际声谷附属配套工程两个项目于2022年2月14日进场施工，至12月底紫琳大道及附属配套工程完成工程量48.76%，学院路及国际声谷附属配套工程完成工程量14.99%；开展前期工作项目方面，做好省道228线丰顺县戏潭至赤竹坪段、省道233线丰顺县马图至华东段、省道255线茶背至玉湖段等省道改建工程前期工作。

【交通综合执法】 2022年，县交通运输局出动执法人员8139人次，执法车辆3470车次，检查车辆2884辆，立案152宗，结案152宗。

超限超载运输治理 会同公安交警建立长效联合治超机制，打击超限超载车辆违法行为，全年出动联合执法人员5311人次，出动执法车辆2657车次，查处案件85宗。科技治超方面，已投入使用的金贵大道、附城2个普通公路超限车辆电子抓拍监测点全年查处违法案件31宗。留隍茶背、留隍长林、留隍盐坪和汤西傅屋寨4个普通公路超限车辆电子抓拍监测点新建工作顺利实施，已完工通过验收。源头治超方面，联合交警、住建等部门多次开展联合行动，对丰顺县辖区内27家相关源头企业进行走访、宣传、督查、签订安全生产承诺书，严禁为货运车辆装载超载货物。2022年全部企业已安装完毕货运源头治超信息监管系统。2022年查处源头案件26宗。

道路旅客运输专项整治 2022年9月开展全县道路水路客运市场专项整治百日攻坚行动，针对道路水路客运领域非法违规运营问题，打击非法违规运营行为。

▲2022年6月10日，省道233线水毁抢修现场　（丰顺县交通运输局供图）

路域环境整治　开展路政宣传月活动，重点对公路两侧违法设置广告标牌设施、建筑控制区内违法修建建筑物、地面构筑物等违法行为进行整治。2022年，出动执法人员851人次，出动执法车辆415车次，纠正涉路违法行为5宗，罚款1.25万元。

港航防汛应急巡查　2022年，加强全县航道行政执法，局港航执法中队安排执法队员坚持每月例行巡查2～3次，重点对丰顺县东山电站引航道、韩江航道，以及潭江、留隍、蔗溪口等渡口和渡船进行不定期执法巡查。全年出动执法人员102人次，出动执法车辆30车次，有效保护航道正常完好和水路运输市场正常秩序。

【地方公路管养】　2022年，县交通运输局推进公路安全生命防护工程工作，实施计划总投资4762.7万元的村道安防项目373条线路361.16千米隐患整治工作。做好水毁抢修工作，2022年投入90万元清理水毁道路塌方870处21.13万立方米，修建便道60米；完成水毁重点工程申报2个，工程计划投入资金约518万元，已完成方案评审，送上级部门审批；开展地方公路管养工作，投入资金18万元，完成S227（原X072）线潭江至东留段破损路面整修回填，沥青修补路面坑槽。全年投入养护资金（含日常养护和小修保养资金）600多万元，加强地方公路建、养、管力度，提升县、乡道公路各项安全系数和公路抗灾能力。推进危桥改造（加固）建设，2022年完成Y112线布美桥、S227线石九桥、S239线斜背高桥加固任务。

【交通运输行业管理】　行业管理方面，进一步完善行业管理机制，抓好机动车辆维修、驾驶员培训市场的专项治理工作，以及营运车辆经营资质年度查验的工作，办理行政许可事项35宗。公共交通管理方面，按照丰顺县开展"美丽丰顺·美好家园"三年行动工作任务，开展公交站亭（车）设施卫生整治，组织工作人员对县城内所有公交车站亭、牌进行专项排查整治，在城区新建公交站亭（牌）76个。继续推进丰顺县城区60周岁以上老人及残疾人、优抚对象免费乘坐公交车事项，2022年1月起公交线路增加到13条。

【安全生产】　2022年，县交通运输局全面落实领导干部安全生产责任制、落实部门监管责任、压实行业企业主体责任、抓重点工作落实完成，有效防范和遏制交通运输生产安全责任事故的发生。全年召开4次季度安全生产研判会议，12次安全生产会议，印发或转发安全生产文件63份，开展安全培训教育约20场次，培训280人次，在"安全生产月"期间开展安全宣传2次，悬挂横幅10条，派发宣传手册500多份，宣传受众约8000人次。持续推进安全生产三年行动、危化品专项整治行动。加强消防与森林防灭火、水上交通安全工作，同时加强监管督查，抓隐患整改，全年组织开展或参与对客货运输企业、车站、防疫点、渡口渡船、在建工程等各项安全生产专项督查检查69次，查出各类安全隐患160处，要求责任单位逐一落实整改。做好丰顺县辖区普速铁路隐患整治，2022年10月份启动汤南镇K50+100处平改立涵洞下穿改造工程建设，同时对19个普速铁路安全隐患问题加快落实整改，年底完成任务。

（张志荣）

公路事务

【概况】 2022年，丰顺县公路事务中心推进公路重点工程建设，加强公路管理力度，做好日常保洁与保养维护。2022年，重点项目2个，总投资6.44亿元。养护工程投入1534.13万元。

【公路建设】 2022年，县公路事务中心加快国道235线丰顺县丰埔桥至三合段改建工程、国道355线丰顺隦隍镇圩至潘田段路面改造工程。其中，国道235线丰顺县丰埔桥至三合段改建工程总长24.71千米（隧道长1260米），按照二级标准公路建设，路基宽12米，总投资5.9亿元：国道355线丰顺隦隍镇圩至潘田段路面改造工程总长17.24千米，路基宽8.5米，总投资5352.31万元，工程主要完善排水设施，对破损路面进行挖补等综合病害处理，加铺沥青路面，项目于2022年9月开工，力争在2023年上半年雨季前完成。

【公路养护】 2022年，县公路事务中心坚持“建养”并重的原则，优化路网管理结构，打造一支高素质养护队伍，抓好路面养护质量。

大中修工程 2022年，投入570万元对国道235线K1987+000—K2086+807段4处实施公路修复性养护工程；投入140万元对国道206线K2278+135—K2332+465段公路预防性养护工程；实施总投资199万元的国道235线K1996+845—1996+970段重点水毁修复工程；投入161万元对国道206线韩山隧道服务区实施建设工程；对国道206线K2324+500—K2332+465段、国道206线丰顺韩山隧道出口段、丰顺大桥至县公安局路口段实施沥青路面挖补工程；对国省道一般水毁修复工程进行修复。

桥涵养护管理 2022年，对管养的54座桥梁进行二次安全隐患排查；投入280万元对国道355线隦隍大桥“船舶碰撞桥梁隐患治理专项行动”防撞工程；投入120万元对国道235线新善堂桥、国道355线桥头坑桥维修加固工程（一期）、国道355线冷水坑桥维修加固工程（二期）、国道235线丰埔桥、水坑桥维修实施加固工程；投入24.13万元对2022年普通公路桥梁技术状况检测评估。

“美丽公路”建设 利用国道206线改建工程的弃土场、填平区和废弃老公路打造小景点，栽植具有观赏性的美丽木棉等苗木，营造“畅、安、舒、美、绿”的公路环境，投入40万元对国道206线实施绿化修剪和清洗中间护栏实施绿化修剪工程；对国道206线城区路段实施整治（画斑马线、补画路面标线）工程；推进国道206线K2278+135—K2319+995段（建桥米子石至汤坑附城出口）“平安公路”示范路申报工作。

日常保养及小修工程 2022年，累计完成清挖边沟53千米；清除路边坡塌方58处，共5000立方米；填补路基缺口和培路肩2250立方米；整修路肩边坡1.58万平方米；修补路面坑槽4520平方米；疏通桥涵排水32座；管养路树245千米；补植绿化带路肩草1560平方米，补画路面标线8650平方米。全线路面灌纵横缝、不规则裂缝46千米；养护车等机械设备完好率达到98%，无丢失损毁。

完善安全设施 投入100多万元购置储备标志标牌50多块，爆闪灯60多个，反光路锥300多个，麻袋500多条等。

【路政管理】 2022年，县公路事务中心加大巡查力度、开展路域环境治理，加强路政管理服务，保护好辖区公路的路产、路权，更好地保障公路完好、安全与畅通。开展路域环境整治，重点整治公路两侧违法广告设施，控制区内违法建筑物、构筑物等。2022年路政上路1486人次，巡查公路里程2.53万千米，上路率100%，清除各种违章占用公路185处4635立方米，发出各种违章行为法律文书152份，拆除违章广告招牌（条幅）3122平方米/194块，整顿运输砂石材料、污染公路车辆82台次，教育车主（司机）38人次。查处损坏路产案10宗，回收修复费和公路赔（补）偿费共7.39万元，行政许可报批12宗。加大相关政策法规宣传，开展“路政宣传月”活动，出动路政宣传车10台次，38人次参加宣传活动，张贴宣传画册300张，悬挂宣传横幅6幅，发放宣传单500。

【安全生产】 2022年，全年未

发生安全生产事故，贯彻“安全第一，预防为主，综合治理”的安全生产方针。推进安全生产“一岗双责”制度，成立安全生产大检查工作领导小组、应急救援工作领导小组，明确机构性质、职能。层层签订“安全生产目标管理责任书”及“安全生产合同”，健全制度，抓责任制落实。强化宣传教育培训和应急演练，加强对重点公路、桥梁、隧道隐患的排查，及早发现，科学应对处理，实施公路行业系统防范化解道路交通安全风险整治工程，有效遏制和减少重特大交通安全事故的发生。

（高兴益）

邮政·通信

邮 政

【概况】 2022年，丰顺邮政分公司收入7042.16万元，完成全年计划进度的101.37%，同比增长11.74%。实现利润2617万元。金融业务收入5906.3万元，完成进度101.48%，同比增长10.99%。寄递业务稳步上升，实现收入639.04万元。

【邮政业务】 金融类业务 2022年，全县金融收入5906.3万元，完成进度101.48%，同比增长10.99%。余额累计实现规模35.13亿元，年新增1.85亿元。年新增月日均余额3.01亿元，年同比多增3978万元；全县新增绑卡客户5563户，年目标进度72.25%。全县年新增商户1296户；全县商贸客群年新增总资产1.05亿元，其中新增余额1.01亿元，新增保险392万元，商贸客群资产管理规模进一步扩大。全县新增激活社保卡3075户；全县有效客户达到6765户，完成年目标进度104.07%。

寄递类业务 2022年，全县寄递收入639.04万元。全县特快收入171.9万元，边际贡献率48.3%，同比提升10.6个百分点。其中，开发法院集约送达服务项目、摩托车驾驶证寄递业务项目均取得较好突破，合计收入34.5万元。全年快包收入401.2万元，边际贡献率10.79%，同比提升11.92%。

邮务类业务 2022年，函件专业收入87.14万元，完成市公司进度118%，同比增长8.3%；集邮专业收入48.37万元；报刊专业收入112.72万元，同比增长49%。文创专业收入6万元。

协同项目 邮银协作不断深入，共同推动融资E“突围战”、惠农项目“攻坚战”，建立“专班+专业+支局+渠道经理”协同营销模式，2022年新增贷款450万元，引荐客户15户，完成市分公司目标100%。会员体系项目大力发展金融客户成为邮生活会员，推动金融客户的会员权益获取和积分兑换。2022年，丰顺邮政邮生活会员发展1.1万户，完成梅州市公司目标100%，有效积分兑换金额10万元，邮生活客户权益体系初步构建；信用卡引荐新客640户。

邮政投递网建设 2022年，建设汤坑、丰良、砂田、留隍四个镇级共配中心，辐射其他乡镇，做到全覆盖16个乡镇投递机构。改革优化农村投递网，全面推进农村投递汽车化。农村道段中，汽车化道段9条。汽车化道段覆盖行政村数量104个，占比39.84%。

乡村振兴 丰顺县邮政分公司加大资金、设备、人力投入，全力推进三级物流体系建设项目落地实施。2022年，完成一个县级中心和四个乡镇中心镇“三级物流”建设，261个村级综合便民服务站的建设目标。优化投递道段至39条，并对县乡邮路进行优化，减少运营成本。邮快合作方面，易邮自提系统代投社会快件，完成进度100%；全县建制村邮快合作覆盖率100%。

电信通信

【概况】 2022年，中国电信丰顺分公司实施云改数转战略，践行“用户至上，用心服务”的服务理念，推动企业高质量规模发展取得新成效。全业务收入同比增长0.38%；移动份额提升0.94%，5G渗透率47.27%，较2021年底提升20.71%。

【企业荣誉】 2022年，丰顺分公司4人荣获“梅州分公司优秀共产党员”，1人荣获“梅州分公司优秀党务工作者”，黄金党支部荣获“梅州分公司党委先进基层党组织”；团员青年中1人荣获“梅州分公司杰出青年”，1人荣获“梅州分公司向上向善好青年”；在梅州分公司第二届岗位技能大赛中，丰顺分公司2人获评个人二等奖，4人获评个人三等奖。

【社会责任】 2022年，丰顺分公司参加县委县政府举办的社会科学普及周主题日宣传活动，联合公安部门开展反诈防诈主题宣传，提高全民反诈意识和甄别网络通信诈骗的能力。承办丰顺县网络安全宣传周活动启动仪式暨网络安全攻防演练活动，向全县45个单位普及相关网络安全知识。支撑县创文、“两美”工作，组织人员参与城西社区创建全国文明城市志愿活动3场28人次；开展线网、管线整治工作，配合市政迁改，美化城市空间。做好乡村振兴驻镇帮镇扶村工作，派员驻镇帮扶，在春节等重要节日对帮扶对象开展上门送温暖活动。完成两会、中高考、党的二十大会议等多个重要时点的网络通信保障工作；100%完成政府各类电视电话会议联调维护工作148次，保证丰顺县各项活动、会议的网络畅通。

【网络建设】 2022年，丰顺分公司落实新基建，新建5G基站29个，累计共建138个，实现县城重点区域和室外连续基本覆盖；新建4G基站35个，4G基站累计392个，基站信号明显加强。优化网络结构，稳定保障网络安全，实施机房万兆网络（XGPON）升级改造，完成光线路终端（OLT）上联双路由的优化和整治工作，优化网络成环，建设双路由，增强网络健壮，提升网络安全。完成市县骨干环及中兴汇聚环等重要传输系统双路由的同路由隐患整治，防止环网双向阻断，实现重要链路故障客户无感知。

【信息化建设】 2022年，丰顺分公司持续服务地方信息化建设。配合完成县城雨污分流、老旧小区配套工程东山片区、南市场片区，G235景观提升、G355路面改造等6个市政道路工程的管道、杆线迁改工作。配合县委县政府及各镇村开展“创文创卫”整治工作和“美丽梅州·美好家园”的建设工作，组织开展对全县“三线交越”及架空杆路安全隐患进行摸查，完成线路迁移和隐患整治383处。推进“平安丰顺”社会治安视频监控系统升级改造建设，为社会管理及“平安丰顺”建设提供强大的保障，助力政府打造宜居城市。

▲2022年1月5日，中国电信进行基站建设现场 （中国电信丰顺分公司供图）

【党建工作】 2022年，丰顺分公司开展基层党支部示范点、党建指导员建设、党委委员对基层党支部挂点帮扶、“一部一品”党支部品牌创建活动等；各党支部共开展“党建翼联”主题实践活动20场次123人次。推进党风廉政和纪律教育月活动，组织全体党员干部23人次观看警示教育片，开展纪委书记廉洁宣讲5场次，覆盖59人次，对党委班子成员、五级经理及关键岗位人员开展党风廉政建设责任制约谈和任前廉洁谈话共22人次，梳理更新廉洁风险防控清单（30项）和负面清单（15项）。

（吴艳婷）

移动通信

【概况】 2022年，中国移动广东公司丰顺分公司（简称丰顺移动）强化网络建设、深化行业与产品融合运营、聚焦优质数字化信息服务响应国家“乡村振兴战略”、常态化做好疫情防控服务等工作，履行社会责任，支持和配合县委县政府各项工作。

【企业经营】 2022年，丰顺分公司加大工作力度，夯实丰顺网络建设，为客户提供更优质的网络和服务。2022年，手机用户数33万，家宽用户数7.5万。

【网络建设】 2022年，丰顺分

公司新增投产5G基站238个，实现丰顺主城区2.6G网络连续覆盖，700M作为兜底网络，乡镇行政村区域均被达到覆盖。新建自然村站点36个以及皮飞站点24个，解决八乡、潭江等多个偏远镇区信号薄弱的问题，提升无线信号覆盖能力。通过优化传输网络结构，开展OLT双开关电源保护改造、OLT单上联隐患整治、盒式OLT退网等工作，提升安全性，降低故障率，家庭宽带满意度稳步提升。

【信息化服务建设】 2022年，丰顺分公司参与丰顺县惠民信息公开平台第4次的建设，该平台于2017年9月正式启用，至2022年开展3次升级改造，平台进驻13个县直单位和17个乡镇单位，平台累计发布惠民补贴信息1500万条，监管资金额达122万元，受益人群1534万人次，发送惠民补贴短信157万条。响应国家“乡村振兴战略”，面向丰顺县乡镇和农村推出信息化管理平台。依托农村网络建设和物联网、大数据、云计算等新技术的应用实践，助力推进丰顺县大龙华乡镇振兴示范点工作。

【社会责任】 2022年，丰顺分公司以“为群众办实事”为依托，开展线上、线下、厅里、厅外的全方位优质服务。线上在移动营业厅LED大屏幕上集中播放青年文明号宣传口号。线下在厅内戴党徽、团徽，设文明先锋岗、摆设文明号标识、志愿者服务岗窗口等。以“走进去”形式驻点服务企事业单位、医院、工厂、学校、大型社区和各村街道，为更多客户解决移动通信问题。同时参与丰顺县创卫、创文志愿者活动。联合政府、渠道、商家等，齐心反诈，为区域内的客户提供防止电信诈骗的宣传活动。

（陈　雁）

联通通信

【概况】 2022年，丰顺联通发力数字经济主航道，加快5G、全光网络、云计算、大数据、人工智能等新型基础设施布局，基本建成覆盖县城、乡镇镇区和行政村全覆盖，重点提升密集居民区、地下停车场、商超等深度覆盖场景的5G网络覆盖范围和网络质量，重点区域固定和移动网络普遍具备“千兆到户”能力。加快城市安全、智慧政务、医疗、智慧交通、智慧教育、数字乡村等领域创新5G应用，提升全域场景应用的智慧化水平。

【通信工程建设】 2022年，丰顺联通完成基础网络建设投资2628万元，投资完成率106.8%，重点完成175站农村5G低频网打底建设，实现全县联通4G、5G网络行政村100%覆盖，新建主干光缆500.36千米，完成20处国标小区和其他大型开放社区千兆宽带接入，新增0.6万个千兆端口、覆盖1.7万户家庭。

【客户服务】 2022年，丰顺联通公司发布“U悦服务”品牌，公开承诺治理“亮码支付卡顿”“千兆宽带Wi-Fi、装移修慢”“业务定制差错”三大用户急难愁盼的顽疾。用户可扫码进入“联通U悦”小程序，对以上三项问题进行上报。“亮码支付卡顿”必赔承诺，即需亮健康码或按支付需求扫支付码进行应用体验，出现亮码扫码失败，可获得相应赔付，推动升级改进千兆网络覆盖、网速提升；千兆宽带慢必赔承诺，即用户在使用时遇到千兆Wi-Fi网速慢、服务慢时可申请赔付，推动解决宽带端到端全流程体验的快速改善；业务定制差错必赔承诺，即出现未征得用户明确同意，为用户定制收费业务的行为，可获得赔付，进一步规范业务宣传、完善业务办理，从而实现明白消费并加强个人隐私保护。为老龄与残障人士推出贴心服务，提升跨区域通办能力和携号转网服务能力，以差异化的优越服务，提升品牌形象。

（李玉宇）

城乡建设·环境保护

住房和城乡建设

【概况】 2022年，县住房和城乡建设局（简称县住建局）内设办公室、人事股、村镇股、城建股、房地产市场监管股等14个股室，设立执法一、二队。房地产固定投资完成5.92亿元，房地产领域销售总面积25.52万平方米；推进丰顺县新区供水工程项目、污水处理厂提升改造及管网建设工程（第一期）、县城东山片及南市场片等老旧小区及周边基础设施配套工程项目建设；持续推进丰顺县违法建设治理工作，提高城市管理水平；推进美丽乡村建设，推进农村削坡建房风险点整治和农房安全隐患排查整治工作，推进城乡生活垃圾一体化PPP项目；推动城乡建设绿色低碳转型，推进生活垃圾分类。

【房地产市场】 2022年，县住建局坚持“房住不炒”定位，保持调控政策连续性稳定性，增强调控政策协调精准性，持续整治规范房地产市场秩序，强化房地产市场秩序监管，防范房地产领域风险。是年，房地产固定投资完成5.92亿元，同比下降57.4%；房地产领域销售总面积25.52万平方米，同比下降21%；销售2544套（包括住宅、商业、车位），同比上升2.21%；均价5067.96元每平方米，销售金额约12.93亿元。其中，销售住宅1457套，面积19.15万平方米，均价5577.81元每平方米，销售约10.68亿元。在建楼盘12个，发出预售证8张，商品房943套（其中住宅668套），预售面积17.75万平方米。

【城区住房保障工作】 县住建局做好廉租房租金补贴发放工作，2022年发放租赁补贴72户，合计发放金额7.75万元。对保障性住房实物配租住户进行年审，对符合资格的租户进行合同年审续租工作并做好租金收缴工作。对个人申请原单位房改房办理不动产权证的房产信息进行核实111宗，出具未享受过房改售房等福利证明52份。

【城市设施功能建设】 2022年，县住建局推进丰顺县污水处理厂提升改造及管网建设工程（第一期）建设，项目总投资7117.73万元，已完工。加强县城污水处理厂及配套截污管网维护和管理，严格审核每月的污水处理量等计量情况，规范收集生活污水，确保县城区生活污水收集实现全覆盖。推进丰顺县新区供水工程项目建设，一期工程于

▲2022年7月28日，丰顺县新区供水工程正式投入运营

（丰顺县住房和城乡建设局供图）

2022年7月28日正式并网运行，11月23日工程整体完工验收。推进燃气“县县通”汤南接收门站工作，项目已完成与国家管网合建站场的设计方案；推进丰顺县城区居民燃气橡胶软管、加装燃气安全装置等老化更新改造项目（一期），2022年12月开工建设。

【城市管理】 城镇老旧小区改造 项目投资8779.28万元的丰顺县城东山片老旧小区及周边基础设施配套工程和项目投资9262.99万元的丰顺县城南市场片老旧小区及周边基础设施配套工程，已动工建设，计划2023年12月完工；项目投资452.42万元的丰顺县丰城市场等老旧小区改造项目，已完成形象进度50%，计划2023年12月完工。2022年十件民生实事老旧小区改造10个小区均动工建设，预计2023年12月完工。

丰顺县违法建设治理工作 综合整治清理出店经营和“六乱”（乱搭建、乱摆卖、乱停放、乱拉挂、乱堆挖、乱张贴）等现象，纠正占道经营约1.47万宗，拆除违规具有重大安全隐患的大型户外广告招牌1处，纠正占道灯箱、招牌约120个，拆除条幅约100条。加强中小学校周边校园环境整治，开展专项行动3次。开展“六乱”专项整治，加大“六乱”、占道经营等整治力度。依法协助汤坑镇对城区违法建筑进行治理，严厉打击违法建设，检查违规改建扩建22次，针对违规改建扩建临时搭建发出责令整改通知21份，协助汤坑镇进行违法建设拆除4宗共4400平方米。开展整治共享电动车乱停放行动25次，累计清理城区占道停放共享电动车约164辆。

【美丽乡村建设】 2022年，县住建局推进农村削坡建房风险点整治工作，1800户任务已基本完成；推进农房安全隐患排查整治工作，完成2022年农村危房改造工作20户；推进城乡生活垃圾一体化PPP项目，完成河滨中转站的升级改造，北斗、黄金、砂田中转站完成建设并投入使用，潘田、丰良、龙岗、八乡山中转站正在施工建设中；推进美丽圩镇建设行动，各镇编制实施方案，建立美丽圩镇建设项目库，完成“三清理、三拆除、三整治”［“三清理”指清理村巷道及生产工具、建筑材料乱堆乱放；清理房前屋后和村巷道杂草杂物、积存垃圾；清理沟渠池塘溪河淤泥、漂浮物和障碍物。“三拆除”指拆除危房、废弃猪牛栏及露天厕所；拆除乱搭乱建，违章建筑；拆除非法违规商业广告、招牌等。“三整治”指整治垃圾乱扔乱放；整治污水乱排乱倒；整治“三线”（电力、电视、通信线）乱搭乱接］工作，乡镇主要干道开展“三线”治理工作；镇级生活污水处理设施和生活垃圾收运体系实现全覆盖，生活污水设施运转良好，生活垃圾均转运至五华县、兴宁市焚烧处理，实现生活垃圾零填埋。

【城乡建设绿色低碳转型】 绿色建筑创建行动 制定《丰顺县绿色建筑创建行动实施方案（2021—2023）》，为丰顺县推动绿色建筑加快发展、助力碳达峰碳中和目标实现提供制度保障；继续推进第二批次预拌混凝土生产企业绿色生产评价工作，推进预拌混凝土生产企业绿色生产的建设、散装水泥和新型墙体材料的发展和应用以及装配式建筑的发展等工作。

生活垃圾分类工作 制定并印发《丰顺县城市生活垃圾分类工作实施方案（2022—2025年）》，推动丰顺县垃圾分类工作深入开展。按照“试点先行、逐步推进、城乡统筹”的原则，2022年在县城汤坑镇增加1村4社区作为垃圾分类试点推进社区，县城累计有10个社区（村）作为试点示范社区稳步推进垃圾分类工作。指导协助县城物管小区开展垃圾分类工作，在锦江美景城、碧桂园一期等多个小区投放一批垃圾分类收集亭和宣传牌，扩大垃圾分类基础设施建设，助力垃圾分类工作开展。

【规范建筑市场秩序】 2022年，县住建局推进工程建设项目审批流程制度改革。深化“放管服”改革，优化营商环境，实现工程建设领域“施工许可证”电子证照核发，全年办理建筑工程施工许可26份、竣工验收备案20份。开展建设工程消防设计审查和验收工作，全年受理11宗消防设计审查，办结消防验收备案20项。全面推进在建项目用工实名制管理，全年丰顺县开通实名制系统管理账号的项目达18个，覆盖率达100%。规范招投标秩序，加强房屋建筑和市政基础设施工程招标投标活动监管，打击招标投标环节违法违规行为。开展2022年度建筑业企业资质随机抽查检查，对县内26个建筑企业进行随机抽查。协助相关部门处理好农民工工资问题，对建设项目农民工工资支付情况的摸底和排查力度，配合人社部门解决拖欠农民工工资的各项工作，全年处理8宗拖欠工人工资的问题，欠薪金额1050万元，涉及工人人数460多人。

（谢国锋）

供　电

【概况】 2022年，丰顺电网保持安全稳定运行。最高负荷30.71万千瓦，同比上升2.91%；完成售电量13.25亿千瓦时，同比下降10.25%。实现营业收入7.03亿元，增长7.66%。用户平均停电时间3.92时/户，同比下降16.6%。累计有效发明专利拥有数6件。第三方客户满意度90分，全市第一且创历史新高。2022年，政府公共服务公众满意度获评第一名。

【落实上级部署】 2022年，丰顺供电局服务“双碳”目标，对接光伏项目并网需求，推动新能源增发稳供。累计服务1139家光伏并网，吸纳绿色电量8785万千瓦时。布局充电网络，累计投资充电桩100个，全年服务新能源汽车3.14万车次，充电65.62万千瓦时。助力打赢“三大攻坚战”（防范化解重大风险、精准脱贫、污染防治），100%消纳清洁能源电量7.5亿千瓦时。推动交易用户完成注册112户，全市率先完成注册任务。连续5次超指标完成全市需求响应目标，完成率达303%。服务乡村振兴战略，外派一名干部驻镇帮镇扶村，捐赠隆烟村光伏发电项目27万元，推荐汤南小菜、裕丰食品进入网公司消费帮扶产品电商平台。投资7197万元改造升级农村电网，推进2个小水电自供区的改造接收，累计完成26个自供区电网改造。多措并举助企纾困，落实“欠费不停供”措施，建档立卡困难小微企业76户。落实小微企业低压供电，节省办电成本660万元。提前投产丰良亚（准）定点救治医院项目，获市委、市政府点名表扬。

【电网建设】 2022年，丰顺供电局推动主网前期工作，完成220千伏塔下输变电工程选址选线；完成35千伏东留站的前期，纳入2023年投资计划；完成500千伏五华站配套220千伏线路的沿线镇政府青赔协议签订。推动“2022配网提质增效提升年”行动，完成配电网基建项目建设投产109项，总投资5259万元。探索应用低压新型电力系统新技术，凤坪新型电气化示范村项目基本完成。率先实现配网工程项目“一项目一结算”目标，配网单项工程管理有效落地。

【本质安全型企业建设】 2022年，树立安全发展理念，“从严治安、科技兴安、同心保安”各项举措落地落实，未发生电力事故和四级及以上电力事件，五级至八级事件同比下降14%。推进本质安全型企业建设，建立“六严”（严审施工方案、严管工作计划、严查风险定级、严抓到位监管、严防严重违章，严治问题整改）作业风险管控机制，通过“两图一表”（一份项目进度甘特图，一张作业风险分布图，一份关键风险点管控表）实现风险透明可控，监管6701项现场作业，未被上级发现严重违章问题。该案例推荐到省公司安全文化节展演，获第五名。开展安全生产大检查，完成自查和上级专项督导115项问题整改销号。组织隐患排查1344项，隐患治理率71.8%，高于全市平均值8.7个百分点。无人机巡业务集约化100%，全年发现缺陷13083项，故障缺陷比4.07%。落实问题暴露反馈机制，推动安全监管向事前预防转型。提高应急管理水平，组织较大规模实战应急演练3次。完成党的二十大等重要保供电任务，完成韩江流域十年一遇“龙舟水”自然灾害袭击抢修复电。强化网络安全风险防范，完成“护网行动2022”演习。

【保障电力供应】 2022年，丰顺供电局加大配网季节化差异化运维，中压线路故障率（全口径）同比下降12.38%，中压线路自愈成功率83%，全市领先。加强综合停电管理，重复停电用户比例24.02%，同比下降20%。提升故障查找和处理效率，平均故障停电时间1.16小时/户，同比下降40%。治理低电压台区566

个，有效治理率97.6%，超前超额完成下达任务，成为综合治理丰顺模式。推广数字营销管理。开发核算和业扩数据智能监控机器人，电费差错率大幅下降，服务及时率从76.84%提升至98.12%。开发分支线损数据召测机器人，15分钟快速定位支路三相不平衡问题。深化降损六步法应用，完成309个高损台区治理，降损超420万千瓦时，全年累计线损异常率1.5%，全市最低，埔寨、八乡山、砂田、小胜等4个供电所实现非轻载台区线损率降至4%以下。建立热点诉求传递机制和专业部门首问负责制，梳理解决群众最关注用电问题76个，客户诉求处理及时率提升至93.65%。

【经营管理】 2022年，丰顺供电局税务筹划创效1407.76万元，推广南网联名卡281张。合理运用商业票据，节约融资成本1236.39万元。落实电价市场化改革，为全市2.94万户工商业用户开展代理购电业务。挖掘存量资产潜在效能，全年新增有效资产0.34亿元。建立退库物资跟踪处理机制，实现通过实物退库、新工程项目再利用、物资认购等方式盘活历史物资，清退率92%。完成自主代理诉讼案件1宗。实施“提质登高”计划，以“跳起摸高”工作主线谋划5期24个具有影响力和推广价值的优秀成果输出。设立龙虎达人榜，选树核心业务尖兵，鼓励基层担当作为。员工岗评通过率提升至75.49%，提升幅度37.6%，知识维度、技能维度合格率分别提升21.8%、16.7%。巩固“全国最好2021”成果，供电所指标监测排名提升，8个供电所包揽全市前十名，11个供电所排在前二十名内。埔寨所作为全省10个供电所代表之一被推荐参与2022年度五星供电所角逐。新增黄金所、潘田所授予四星称号，四星级供电所覆盖率25%，全市最高。提前一年完成省公司下达的三星级供电所全覆盖目标。

【改革创新】 2022年，丰顺供电局组建青年攻坚低压GIS全覆盖，采集绘制1709个台区，为低压综合治理提供支撑。建设低压透明化台区，实现配变、线路、用户拓扑关系识别及数据全景监测。推广报表进系统数字化应用场景，实用化情况位居全市第一。首创多项分析方法系统内推广。“电流不为0但电量为0”故障表分析方法推广为梅州局每月数据筛查项目；基于分段监控、GIS和操控器的融合应用，开创三相电流不平衡治理“5步法”。首次突破性实现光伏全额发电户独立抄表、结算功能，获梅州局认可并在全市推广。《降损“六步法”提升精细化管理》在全市推广应用并纳入网公司降损减碳典型案例。丰良新建小神坑2#公用台变工程被评选为省公司样板工程。

【队伍建设】 2022年，丰顺供电局开展“建功新时代，喜迎二十大”主题活动。巩固党史学习教育成效，制定支部2022年“我为群众办实事”项目55个。实施“我为职工办实事”重点民生项目清单，解决基层员工急难愁盼问题。开展“党支部建设全面提升年”工作，提升“三基建设”（基础管理、基层班组、基本技能）质量和“两道防线”（安全和廉洁两道防线）水平。开展共青团“喜迎二十大、永远跟党走、奋进新征程”主题教育实践活动，巩固深化党建带团建

▲2022年9月，丰顺供电局成立“电网攻坚”“增供扩销”“降损增效”“提升供电可靠性”党员突击队

（广东电网有限责任公司梅州丰顺供电局供图）

“四带四提升”（带思想政治建设，提升团组织的政治功能和引领力；带基层组织建设，提升团组织的覆盖面和组织力；带干部队伍建设，提升团干部的综合素质和专业化能力；带作用发挥，提升团组织的服务和大局贡献度）成果。组建党员突击队4支，打赢“党建+”攻坚战。实施业务全覆盖的职能、专责监督，通报89项179个问题，处理问责115人。抓实网公司党组提级巡视中山局党委共性问题30项整改措施，完成局党委落实梅州供电局党委2021年巡察“回头看”整改销号。完成审计发现问题整改，落实审计整改“回头看”措施。开展“清风基层行”廉洁警示教育专题宣讲，廉洁酒驾案件全年零发案。新闻宣传累计上稿80余篇次，及时处理舆情事件4起。推动多层次干部人才常态化交流锻炼3期26人次，新聘任技术技能专家8人，匠星匠才入库“工匠计划”24人。深化作风建设，持续为基层减负，健全职工利益诉求排查化解常态化机制，推进职工之家（小家）提质升级建设。

（张纯楷）

城市供排水

【概况】 2022年，丰顺县新区供水工程于7月份正式通水，虎局水库1—8月份共向粤海供应原水222.9万立方米。污水处理厂全年处理污水1498.69万吨，削减COD总量1088.4吨，削减总磷总量17.75吨，削减氨氮总量131.03吨，处理污泥3428.1吨，完成丰顺县的污染物总量减排任务。

【雨污管网工程建设】 丰顺县污水处理厂提升改造及管网建设工程（第一期）：铺设雨水箱涵起点为狮山路，终点为汶水河，长度为2300米；铺设污水管主管道起点为狮山路，终点为汶水河，长度为4200米；铺设污水管支管起点为狮山路，终点为汤西桥头，长度为587米。共计铺设长度4987米，项目总投资7117.73万元，计划2023年5月完工。2022年共铺设污水管4000米，雨水箱涵2000米。

丰顺县城南市场片老旧小区及周边基础设施配套工程—基础设施：对南市场片的基础设施进行改造，包括石碑街、北社街、汤湖路、米街、东二市路、五一路等路段及支路的给排水雨污分流进行改造，道路改造5604米，新敷设给水管道831米，雨水管道3081米，污水管道2949米，整治架空通信线2756米和照明、绿化等附属工程。工程预算造价3989万元，计划2023年12月完工。2022年，共铺设污水管2350米，雨水管2400米。

（徐文畅）

▲2022年4月26日，丰顺县污水处理厂提升改造及管网建设工程（第一期）

（丰顺县供排水服务中心供图）

市政公用事业管理

【概况】 2022年，丰顺县市政公用事业管理中心开展城市精细化管理工作，以“干净、整洁、文明、有序”为目标，重点在环卫保洁精细化、管理秩序精细化、城市品质精细化三方面下功夫，全面提升城市整体美感，展示“绿美丰顺”美好形象。

【民生工程】 2022年，丰顺县投入5480万元对南市场和县城东山片老旧小区及周边基础设施进行改造；投入700多万元修复“一河两岸”灯光亮化、县城春节氛围布置、汶水河水浮莲清理、修试大道绿化效果提升项目等；推进五斗种生活垃圾填埋场拦渣坝除险加固工程和新世纪国有农贸市场及周边基础设施（碧桂园）标段、新堤路改建工程等民生工程建设进度。

【环境卫生】 2022年，丰顺县开展人居环境整治工作，投入200多万元提升市容市貌，提升丰顺县城市形象及综合竞争力；投入50多万元清理汶水河水浮莲；强化城区环卫保洁力度，加强清扫清洗频率，确保垃圾日产

▲2022年春节氛围营造工作（马丽君供图）

日清，洒水车、雾炮车出车1134次，防治扬尘污染；协调五华、兴宁生活垃圾焚烧发电厂接纳处理丰顺县生活垃圾，做好填埋场临时封场工作，落实中央环保督察整改工作，在全市率先引进渗沥液全量化处理工艺。

【环卫外包】 2022年，管理中心根据县委常委会、县政府常务会精神，启动丰顺县城区环卫作业外包服务项目，将县城区环卫作业全面推向市场，该项目于2022年12月9日经过公开招投标，侨银城市管理股份有限公司中标。

【余泥渣土】 2022年，管理中心加强对丰顺县城区余泥渣土和路面撒漏的巡查，对无主余泥渣土进行清运；抓好五斗种建筑垃圾临时消纳场管理；协助执法部门对乱排乱放、撒漏等行为进行制止和查处。是年，清理无主余泥废料46处约60吨，建筑垃圾临时消纳场处置建筑垃圾663车次161.4吨，协助城管执法部门纠正处置运输车辆撕漏现象5宗。

【市政设施】 2022年，管理中心在管理中采用每日一巡的方式对市政道路进行巡查，对巡查中发现路面坑洼、人行道瓷砖损毁、水沟堵塞、井盖损坏等情况及时进行维修；加强城市内涝、在建工地的安全防范，强化城市防洪排涝基础设施的运行维护。全年通、清沉沙雨水井7887个，更换井盖252套，补充人行道残缺砖块、沥青路修补面积5799.56平方米。

【园林管护】 2022年，管理中心组织绿化承包工班对城区绿化管理工作进行适时施肥、除虫、除草、浇水、修枝、修剪等工作。是年，投入300人次，修剪、除草110次，清理花池内杂草及生活垃圾80吨，处理倒伏树木32棵，喷药防虫12次。

【路灯管理】 2022年，管理中心推进城市照明、景观提升、民生投诉等日常管理工作，确保路灯设施的完好、运行正常和灯亮率。开展照明设施安全隐患专项排查工作，保障照明设施用电安全，对部分路灯缺失、不亮、路线老化等存在安全隐患的点位，及时维护修复。是年，维修LED路灯约435盏，及时抢修故障线路48处。

【安全生产】 2022年，管理中心开展道路交通安全隐患排查，对206国道、235国道及连接处进行排查，梳理安全隐患点，完成县城区部分路段光衰严重的路灯更换，修剪遮盖路灯光线的绿化树木，完善标识标线，安装交通警示牌，安装垃圾分类亭，规范放置垃圾桶等。抓好在建工程安全生产，做好年底工人返乡工作；做好丰顺公园冬季防火工作；做好五斗种生活垃圾填埋场封场管理和建筑垃圾消纳场的监管工作，规范操作流程；加强对各农贸市场的管理，做好食品安全卫生工作。

生态环境保护

【概况】 2022年，丰顺县环境空气质量优良率达99.2%，同比上升1.7%。国考断面韩江赤凤断面水质保持地表水Ⅱ类水标准；国考断面榕江北河龙溪断面年平均水质达到地表水Ⅲ类水标准，其中6月份达到地表水Ⅱ类水标准；市考断面丰良河站口渡口保持地表水Ⅱ类水标准。县级集中式饮用水水源地水质达标率均为100%。全县工业危险废物安全处置率100%，医疗废物安全处置率100%。

【水环境治理】 丰顺县2022年计划完成96个自然村治理任务，计划投资8228.32万元，建成后预计新增处理能力1367吨/年，新增管网28.79千米。累计已完成治理50个（留隍镇3个省民生实事任务均已完成），在建40个，6个未动工。加强饮用水水源地生态环境保护，丰顺县已划定的饮用水水源保护区水源地27个，包括县城区（新区）供水工程，已完成11个镇18个饮用水水源保护区规范化建设的项目验收工作，隔离防护设施网共计6250米，界标、宣传牌等共计203个。开展新区供水工程水源地保护区的划定工作以及虎局水库水源地保护区的调整工作，完成可行性研究报告和方案的编制，并提交上级生态环境部门审核批准。

【大气污染防治】 2022年，丰顺县开展“散乱污”工业企业（场所）综合整治。结合群众信访投诉清单，按照“发现一家、查处一家”的原则，针对已整改企业开展“回头看”整治，对城乡接合部、工业园区、工业聚集区再次组织全面摸排。是年，查处1家“散乱污”企业，由属地政府予以关停取缔，后续组织人力开展排查，未新发现“散乱污”企业。开展机动车尾气专项检测工作，组织人员对4家机动车检测公司的检测资质、环保检测设备、设备日常检查情况等方面进行检查，未发现违法违规行为。协调发展公共交通，推广使用新能源汽车，实现县城区公共交通纯电动化100%覆盖率。协调县交通和县住建等部门加强对移动源污染、道路扬尘、工地扬尘、餐饮油烟、露天焚烧、烟花爆竹燃放等污染的联防联控。

【土壤污染防治】 2022年，丰顺县开展建设用地土壤污染状况调查。会同县自然资源局，对用途转变为“一住两公”（住宅用地，公共管理与公共服务用地）建设用地进行核查，核查地块26块。其中，1块地块完成土壤污染状况调查，已完成打孔采样，编制初步调查报告，并通过专家评审会。开展“双源”（集中式地下水型饮用水水源和地下水污染源）地下水基础环境调查，协同第三方技术服务单位到五斗种垃圾填埋场开展现场调研，促进丰顺县地下水污染防治。开展农田建设用地调查，丰顺县2022年度高标准农田建设任务433.33公顷，结合现场调查，会同县农业农村部门制定《丰顺县2022年度受污染耕地安全利用工作方案》，推进受污染耕地安全利用工作。开展农村黑臭水体排查工作，会同县水务局、县农业农村局制定工作方案，健全完善动态监管机制，全面启动农村黑臭水体排查工作，未发现黑臭水体。落实农村环境综合整治，牵头制定《2022年丰顺县农村环境综合整治实施方案》，并协调相关单位，完成上级下达的22个行政村农村环境综合整治任务。

【整治榕江北河】 2022年，丰顺分局协调相关部门抓好农业面源污染、农村生活污水和工业污染等整治工作。国考龙溪断面年平均水质达到地表水Ⅲ类水标准。制定《丰顺县榕江北河流域水体达标攻坚方案》，成立领导小组，开展榕江北河水生态修复项目。5月，丰顺县榕江北河水环境综合治理工程项目立项，总投资7000万元，实施范围：汶水河东海中学至榕江北河汇入口段以及榕江北河（汶水河汇入口）至丰顺揭阳交界处沿河两岸，全程长约10千米。该项目已完成可行性研究报告专家评审、勘察设计专家评审和工程监理、工程招标等工作。

【整改问题】 2022年，丰顺县收到中央生态环境保护督察组交办的信访举报件55件，全部办结。对照第二轮中央生态环境保护督察广东反馈问题，结合省、市整改方案初稿及丰顺县实际，于2022年4月19日印发《丰顺县第二轮中央生态环境保护督察反馈共性问题初步整改实施方案》，初步明确整改目标任务、责任单位、整改措施等。丰顺县涉及共性和个性问题13项，已完成整改2项，1项为思想意识方面需长期推进，剩余10项正在按时序推进中。

【优化服务】 2022年，丰顺分局优化环评审批程序，提高环评审批效率，加快建设项目投资落地。是年，受理建设项目环评申报18份，审批18份，环评审批率为100%，未收到对建设项目环评审批的相关投诉。重点抓好“三线一单”（生态保护红线、环境质量底线、资源利用上线和生态环境准入清单）成果更新调整机会，向上级生态环境部门沟通，请求上级部门将电子电声产业园的准入清单进行调整，在缓解榕江北河水环境质量达标压力、降低榕江北河水环境安全风险基础上，确保丰顺县电子电声配套产业园顺利实施落地。协助做好《丰顺县声环境功能区划分方案》编制工作，强化城市环境噪声管理，改善城市声环境质量。做好排污许可核发与质量审核工作，2022年完成19家企业的排污许可证核发工作。采取非现场核查和现场核查相结合的方式，完成排污许可证质量审核工作，其中对4家企业进行现场核查。

【加强执法监测】 2022年，丰顺分局强化县域空气质量、环境水体、噪声等日常监测，强化对污染源企业如砖厂、县污水处理厂、钢厂进行执法监测，及时掌握污染现状和发展趋势，为环境管理和企业污染治理提供监测数据。全年出动环境监测车辆208车次，生态环境监测人员3840人次。加强环境执法监管，以“双随机、一公开”（在监管过程中随机抽取检查对象，随机选派执法检查人员，抽查情况及查处结果及时向社会公开）检查模式为主，对排污单位和建设项目开展随机抽查检查工作，对县内主要排污单位加强检查频率和次数，全年出动执法人员1610人次，检查企业605家次，发出“责令改正环境违法行为决定书”4份，立案2宗，结案2宗，查封扣押1宗，罚款16.2万元。提高信访调处质量，优化信访处理的反馈工作，建立完善的信访反馈制度，做到件件有回应。是年，接受和处理各类信访案件208件，所有案件均已办理，结案率为100%。

【加大环保宣传】 2022年“6·5”环境日丰顺分局围绕“共建清洁美丽世界”主题，开展宣传习近平生态文明思想、倡导简约适度、绿色低碳的生活方式等一系列活动。通过环境文化宣传橱窗、电视媒体、微信公众号、短信等媒介进行生态环境保护宣传。开展“环保宣传进企业”活动，与企业交流座谈，宣传生态环境保护法律法规，指导企业落实生态环境保护主体责任。

（黄立威　邱雪雯）

▲2022年“6·5”环境日，通过环境文化宣传橱窗进行环保宣传

（市生态环境局丰顺分局供图）

教 育

综 述

【概况】 丰顺县教育局内设机构有办公室、计划财务股、基础教育股、职业教育与终身教育股、体育卫生与艺术教育股、德育与学校安全管理股、督导室、人事股、党务股9个股室，所属事业单位机构有县教师发展中心、县教育考试中心、学校后勤服务中心、县青少年宫。

2022年，丰顺县有高（完）中7所，初中14所，九年一贯制学校12所，完全小学76所（其中，中心小学18所，面上完全小学58所），教学点82间；合计学生：高中学生9512人，初中学生23877人，小学学生42609人；幼儿园120所（公办25所、集体办29所、民办66所），在园幼儿17115人；教师发展中心1所；职业学校1所，学生1763人；特殊学校1所，学生37人（其中在校生27人，送教上门10人）；校外教育培训机构19家。全县公办教职工5805人，其中高中1276人、初中1597人、小学2682人、幼儿园131人、特殊学校11人、职业学校108人；公民办幼儿园教职工2320人（含在编131人）。

【教育保障】 加快教育顶层设计和落地生根 制定《关于加快推进丰顺县建设教育强县的十条措施》，构建“新时代山区县域高质量教育发展生态”，打造“新时代教育现代化先进县”。走访省教育厅、省教育研究院、华南师范大学、嘉应学院、广州五中、佛山石门中学及深圳新安中学等，构建良好的外部空间环境，争取更多的优质资源支持教育。与3所高校及广州海珠区教育局签订结对帮扶协议，助力各校提升办学水平。其中，海珠区教育局选派15名优秀教师来丰顺4所学校支教帮扶。

加大教育基础设施建设投入力度 推进公办优质幼儿园学位建设，新建汤南镇中心幼儿园、埔寨埔南公立幼儿园，增加公办学前学位630个。加大基本投资项目建设，建成颍川中学等8个运动场，提升改造中小学图书馆6个，其中丰顺中学、汤坑中学获得2022年广东省中小学“最美阅读空间”称号。做好投资1.2亿元的汤南实验小学新建工程用地征收、设计、勘探等前期工作；龙山中学新建项目总投资9610万元，已完成投资1608万元。做好2023年债券资金项目申报前期工作。县职业技术学校改扩建工程和丰顺县学前教育提升工程已确定为丰顺县申报2023年地方政府专项债券教育类项目，总投资2.74亿元。持续推进校舍安全隐患整治工作，继续推进“高龄”校舍安全隐患整治工作，拆除危房校舍8154平方米，新建校舍1.49万平方米；推进中小学、公办幼儿园重要公共建筑物抗震加固工程实施工作。

【五育并举】 提升德育实效 学校党支部书记、校长上思政第一课174节，评选思政课优秀教案47篇。2项德育课题获得省立项，5项德育课题获得市立项。组织禁毒巡讲进校园活动44场。加强学校心理健康教育，举行全县中小学心理健康教育专题培训会1场，开展5场心理知识教育讲座。

推进体育、美育 参加省第十三届中学生运动会，丰顺县选手获得3金1银1铜。3所学校获市足球传统学校称号。组织参加市青少年校园足球夏令营活动，小学组、高中组各1人入选市最佳阵容，均被选派参加省最佳阵容选拔活动。

▲2022年8月7日，丰顺县选手参加广东省第十三届中学生运动会获得3金1银1铜的好成绩

（丰顺县教育局供图）

加强劳动教育 创建并申报劳动教育特色学校，被评为省和市中小学劳动教育特色学校各2所，7所被评为县中小学劳动教育特色学校，2家市中小学生劳动教育基地挂牌。

关爱特殊学生群体 新建县特殊教育学校分校，将于2023年春季学期投入使用。关爱困境儿童健康成长，制订《丰顺县"爱暖童心"困境儿童关爱守护行动计划》，与县妇儿工委、民政局等多方联动，在县实验小学举行启动仪式，各校相继开展各种形式的关爱活动，128名孤儿得到关心资助；做好控辍保学对象排查工作，完成劝返复学110人。

【教师队伍建设】 2022年，县教育局抓严抓实教师职务培训。全力建设县"三名"工程。公开招聘教育系统事业单位工作人员44名，43名定向培养生毕业，招聘合同制幼儿园教师18名。开展"点亮与唤醒做时代大先生"、丰顺县首届"最佳校长"、"十佳教师"事迹报告会、"为教师亮灯"、师德师风征文比赛等活动，打造"丰顺先生"品牌。推进"强师工程"，589名教师职称晋升，252人获市县荣誉称号。

【校园安全】 *疫情防控* 丰顺疫情期间全县7.5万多名学生实现线上教学全覆盖。选派1619名教师下沉社区网格，420名教师做流调工作，32名教师化身接线员，75名教师建立上门采样协助应急小组；提供11所临时健康居住点，安排156名教师配合管理，接收健康监测人员2044人；提供4所学校568个床位解决支援丰顺县医务人员住宿问题；腾空43所学校作为临时休息驻点；调用208台电脑供县指挥部调配使用；设立3条疫情防控服务热线和8条心理援助服务热线，接听1500多个咨询电话，化解社会矛盾和师生群众的焦虑情绪，获得县委、县政府高度肯定和群众的赞誉。

保障校园安全 成立251个阻泳志愿服务队，总人数2502人，巡查水域2510处，阻止163例382人。开展消防安全演练153场；邀请交警、法治副校长开展交通安全教育专题讲座128场。2所学校被评为省"网络安全示范校"，2名老师被评为省"网安守护者"。开展扫黑除恶专项斗争，保障丰顺县教育系统的平安、稳定，营造良好的教育教学环境。

【教育服务】 *落实"双减"政策和"六项管理"工作要求* 全县义务教育阶段学生6.65万人，参与人数5.38万人，参与率为80.9%，义务教育学校课后服务扎实有序进行。根据"就近入学、公平公开"原则，做好学前教育、义务教育招生计划，实施中考招生"阳光工程"，规范招生制度。

加大对校外培训机构的监管力度 在"丰顺教育"微信公众号发布全县校外培训机构"白名单"，加强培训机构收费、教师信息公示管理。对19所证照齐全的培训机构银行监管账户进行第三方监管，促进校外培训机构规范、健康、有序发展。

教育资助工作 2022年，从学前教育到高等教育5个阶段4类24个项目，资助家庭经济困难学生4.51万人次，发放资助资金2512.62万元。办理生源地助学贷款1666人，发放资金1854.1万元，贷款人数和金额同比增长42.2%和69.2%。成立新时代文明实践助学志愿服务队，开展助学志愿服务活动50多场次。

【教育宣传】 2022年，县教育局继续办好《相约杏坛》栏目，收到原创新闻稿1384篇，“丰顺教育”微信公众号发布原创文章593篇，转载文章136篇。借助与梅州日报社合作契机，发行7期《梅州日报·丰顺教育》子报，在掌上梅州App开设“丰顺教育”频道，推送丰顺教育新闻350篇；联合举办名记进校园、校园小主持、新闻写作培训等特色活动。及时妥善解决民生问题，处理信访件222件，做到事事有回复，件件有落实。开展创文工作，加强未成年人思想道德建设，1首童谣作品获市级一等奖；4所学校被评为市文明校园；6人获梅州“新时代好少年”称号、1人获广东“新时代好少年”称号。

【教育督导】 县教育局组织开展2022年履职评价工作；启动省教育强镇第二轮复评工作，规划分4年完成16个镇的强镇复评工作，规划第一批完成汤坑等4个镇；完成2022年省义务教育质量监测工作。加强食堂食品安全监管，签订《丰顺县中小学（园）食品安全责任书》，组织全县学校食堂从业人员进行体检并持健康证上岗，对学校食堂进行食品安全全覆盖督查。42所学校与县供销社签订“放心食材”购买合同，确保全县师生吃上放心食材。推进“绿色校园”建设，36所学校顺利通过广东省“绿色学校”的认定。

【各类教育】 学前教育 全县学前（3周岁至6周岁）幼儿三年毛入园率98.27%。

义务教育 全县小学适龄儿童入学率100%，小学五年保留率99.3%，小学毕业生升学率100%。初中学龄人口入学率116.78%，初中三年巩固率（保留率）102.58%，初中毕业生升学率100%，九年义务教育完成率99.9%。（小学五年保留率和九年义务教育完成率偏低的原因是丰顺县每年有一部分学生家长外出务工或经商随迁外地就读。）

高中教育 丰顺中学是广东省国家级示范性普通高中，为梅州市十所重点中学之一；全县有市一级普通高中5所，分别是华侨中学、丰顺县第一中学、东海中学、球山中学、黄金中学。实验中学是按照省一级学校标准配置的中学。全县普及高中阶段教育比例不断提高，2022年全县普通高中招生6624人，高中阶段毛入学率100%；普通高中毕业生3021人，升学率88.1%。

中职教育 丰顺县职业技术学校是全县唯一一所公办职业技术学校，2022年开设游戏与动漫制作、社会文化艺术、计算机应用（3+证书）、电子技术应用、会计、民族音乐与舞蹈等6个专业。在原有培英电声的基础上再与立讯精密、双十科技等县内10多家企业开展校企合作。做好丰顺县职业技术学校的招生工作，确保“普职比”大致相当。推进丰顺县职业技术学校多样化、多形式办学，扩容提质、上规模、上省重工作。

（办公室）

丰顺开放大学

【概况】 丰顺开放大学2017年5月5日经丰顺县编制委员会批准，由丰顺县广播电视大学更名而来。丰顺县广播电视大学创建于1983年秋，属县直属正科级事业单位，系丰顺县唯一国民学历教育的新型高等学校。内设机构有办公室、教务处、招生办、继教办、社区教育室、及广东省丰顺县专业技术人员继续教育培训基地等处室（中心）。校园占地面积2万平方米，建筑面积6000多平方米。教职工18人，外聘教师30多人。2022年，以办好人

▲2022年，丰顺开放大学

（丰顺开放大学供图）

民满意的教育为目标，落实立德树人根本任务，按照《“十四五”规划纲要》“建设高质量教育体系”的要求，对接县委县政府中心工作，落实主责主业，以全民学习和终身教育理念为先导，开展远程开放教育各项工作。

【招生工作】 2022年，丰顺开放大学配合县委县政府要进一步提升丰顺县村（社区）“两委”干部整体素质工作任务部署，完成招录任务。在做好疫情防控的情况下，招收学员人数稳中有增，招收学员国开467人，广开338人（其中广开中专班255人），奥鹏教育本科班14人，招生人数名列全省前茅，比2021年增长1.9倍。

【教务教研】 2022年，丰顺开放大学教学实施工作规范化，学校针对开大及合作高校的教学计划、大纲要求，利用网络平台，教学工作作进一步调整和修改，使教学管理工作在疫情期间顺利开展。教务管理规范化，学校进一步抓好自学环节的管理、辅导环节的管理、作业环节的管理、实践环节的管理，实现教务管理的现代化、制度化、规范化。班主任管理规范化，要求班主任利用学习通平台，校情通信息平台、QQ群、微信群，打造学员与班主任的交流平台，为学员提供在线教育教学指导服务。

（办公室）

丰顺县教师发展中心

【概况】 丰顺县教师发展中心是隶属丰顺县教育局领导和管理的公益一类正科级事业单位。由原县教师进修学校和县教育局教学研究室、电化教学仪器站、信息中心、学生助学工作管理中心的职责整合组建而成，加挂县学生助学工作管理中心牌子。2019年12月13日，正式挂牌运作。丰顺县教师发展中心办公地点在原县教师进修学校，占地面积8000平方米，建筑面积约6000平方米，有研训综合大楼、学员接待中心大楼各1幢，学员宿舍36间，学员食堂餐位100个，建有学术报告厅、直录播室、软件制作室、心理健康辅导室、虚拟演播室、抠像微课室、书画艺术室、多功能研训教室、图书阅览室、基础教育质量检测中心和运动场等功能场室。内设办公室、教师专业发展部、教学科学研究部、教育信息技术部、教仪装备管理部和学生助学工作管理中心。核定人员编制63人，在编在岗62人，其中具有副高级职称29人，中级职称13人；兼职研训员30多名。省级名师工作室1个（吴小为名师工作室）。2021年6月4日，中心建设通过梅州市教育局评估认定，是梅州市首批通过认定的县级教师发展中心。

【教学科研】 2022年，全县高考600分以上3人，普通类考生特控线以上99人，地方专项线以上285人，本科线以上1143人。制定《丰顺县中小学区域教研实施方案（试行）》，将全县中小学分为小学和初中2个学段，每个学段分成4个小组，以小组为单位开展区域教研活动2次。全年进行高三全方位调研2次，举行市县统一质检5次，召开高三备考研讨会20科次、高中教学工作会议2次。制订《丰顺县中小学校线上教学应急预案》，积极应对“1023”等4波疫情冲击，创新利用网络技术和资源，完善教学模式和教学内容，及时组织全县中小学开展线上教学，最大限度降低新冠疫情对教学的影

▲2022年10月13日，在县教师发展中心报告厅启动丰顺县区域教研工作

（丰顺县教师发展中心供图）

响。聚焦高质课堂建设，全年2095名符合年龄条件的教师参加校级评比展示活动，并从中随机抽选240名教师参加县级评比展示活动。组织开展县级以上教学竞赛评比活动26场次，参加市评比活动6次，省评比活动1次，教师获省二等奖2人次、三等奖1人次，市级一等奖110人次、二等奖198人次、三等奖57人次，县级一等奖478人次、二等奖810人次、三等奖256人次。开展课题研究省级8项、市级40项、县级284项。

【师资培训】 2022年，县教师发展中心依托省、市、县网络平台，实施信息技术应用能力提升工程2.0项目，开展教师全员网络研修5650人。聚焦实施新课标新课程，组织新任教师培训156人。贯彻落实县政府年度民生实事项目，开展小学、初中语文骨干教师教研能力提升培训101人。完成省级“新强师工程”项目培训36人、广东省粤东粤西粤北地区中小学教师全员轮训省级示范培训项目培训189人。启动校级后备干部培训50人、中小学校长领导力提升培训105人、“丰顺强师”重点工程未来校长培训55人。

【“三名”工作室建设】 2022年，县教师发展中心推进“三名”工作室建设，发挥“三名”工作室的示范、引领和辐射作用。已组建“三名”工作室18个，其中省级1个，市级4个，县级13个，入室学员121人，实施课题研究19项。

【信息技术】 2022年，县教师发展中心开展全县教育系统虚拟货币“挖矿”活动整治工作，实现彻底治理并清零。持续开展“丰顺县智慧教育公共服务平台”全面应用，强化线上教学平台支撑，督促全县78所学校网络安装防火墙，完善网络安全管理，推动现代信息技术与学科教学深度融合。加强优质教育资源建设，开展梅州市2022年国家课程数字教材规模化应用，教师使用率达80.27%，位居全市第一。全县2176个班级100%接入“班班通”网络。组织开展“基础教育精品课”县级遴选，评选县级精品课33节，其中4节被省评为省级精品课。开展丰顺县网络学习空间应用普及活动试点工作，4位教师的空间、2所学校的空间获评2022年市优秀学习空间。组织全县25所学校338名学生参加第二届“小小科学家”中小学生科学实验活动，评选县级一等奖51名、二等奖79名、三等奖82名、优秀指导老师奖79名、学校优秀组织奖8个，其中78名学生、25名教师、3个单位获得市级奖。

【教仪装备】 2022年，全县中学现有理化生实验室168间，理化生仪器室106间，图书室42间，阅览室45间，电子阅览室20间，音乐舞蹈室46间，美术教室46间，计算机室72间，计算机10763台，网络多媒体教室895间。全县小学有科学教室87间，仪器室71间，图书室168间，阅览室86间，电子阅览室26间，音乐舞蹈室83间，美术教室82间，计算机室145，计算机13028台，网络多媒体教室1430间。全县中小学现有纸质图书331.79万册，普教仪器价值总金额1.96亿元。牵头组织开展2022年“双随机、一公开”中小学教育装备产品质量专项联合检查，进一步加强中小学实验室危险化学品安全管理工作。组织全县师生积极参加广东省中小学实验精品课竞赛获省一等奖1人、二等奖1人、三等奖5人；参加“双融双创”教师信息素养提升实践活动获省三等奖1人；丰顺中学、汤坑中学2所学校获省“最美阅读空间”称号。

（办公室）

丰顺中学

【概况】 丰顺中学是广东省国家级示范性普通高中学校、广东省一级学校、广东省普通高中教学水平优秀学校、广东省现代教育技术实验学校、广东省体育（田径）传统项目学校、广东省（首批）安全文明学校、广东省绿色学校、梅州市十所重点中学之一。2022年，学校有64个教学班，学生2866人，教职工298人，其中中学高级教师115人，中学一级教师125人，研究生学历教师21人，专任教师队伍结构合理，整体素质优良。

【德育安全工作】 2022年，丰顺中学扎实落实“五大”育人内容。3月，丰顺中学在学校智能图书馆——文博苑举行“飞扬青

▲2022年3月26日，丰顺中学“飞扬青春·诗意丰中”三月诗歌朗诵会在学校智能图书馆——文博苑举行 （丰顺县丰顺中学供图）

春·诗意丰中”三月诗歌朗诵会。4月，丰顺中学在文博苑举办“本土作家翰儒进校园”活动，迎接第27个“世界读书日”的到来。5月，丰顺县人武部联合汤坑镇武装部走进丰顺中学，开展国防教育暨征兵宣传进校园活动；举办高一级英语书法比赛决赛活动；举办高一级英语名著整本书阅读手抄报竞赛活动。9月，广东“最美禁毒团队”到丰顺中学开展禁毒宣讲活动。黄梦清在由广东省少工委开展的2021—2022年度“红领巾奖章”四星章评选活动中荣获广东省少工委评选、颁发的广东省“红领巾奖章”四星章。陈焌燃获得2022年度“广东省新时代好少年”称号。曾雨欢被授予2022年度梅州市“新时代好少年”荣誉称号。在丰顺县2022年度星级德育示范学校评选活动中，丰顺中学被评定为五星等级。

【教研工作】 2022年，丰顺中学教育教学科研立项工作顺利开展，重视青年教师培训工作，制定“丰顺中学未来三年发展计划”。徐秀龄等10位获得县教育局的课题立项，高小灵获得市课题立项，徐若霖获得省课题立项，做好魏美芬等3位的市课题中期检查报告指导工作，完成张芳等10位的县课题结题工作。制定“名师课堂”实施方案，以马满芳为主导带动数学科组以及学校年轻教师教研的积极性。3月，华南师范大学教授赵萍到丰顺县开展高中教学调研活动。4月，梅州市教师发展中心及丰顺县教师发展中心专家到丰顺中学开展高考备考专题调研。8月，华南师范大学教师教育学部教师发展学院未来学习空间研究中心主任廖文博士到丰顺中学开设“做一个幸福的学习者”主题讲座。10月，广州市第五中学校长裘志坚到丰顺中学开展参观、交流活动。

【教学工作】 2022年，丰顺中学抓好全程备考，确定各批次学生的培养目标，有针对性做好分类推进的工作。5月，丰顺县委副书记、县长罗达祥到丰顺中学调研2022年高考备考工作。6月，丰顺县副县长李吉祥率队到丰顺中学考点检查高考准备工作。

加强教学管理，重视课堂教学质量的督导。聚焦课堂，打造高效课堂和精品课堂，组织精品实验课、基础教育精品课。35位老师参加县“聚焦课堂”比赛，张瑜艳等获县基础教育实验精品课一等奖。智慧图书馆——文博苑被广东省教育厅评为广东省中小学“最美阅读空间”。语文科组张雪云、蒋智、朱莉满、毛蔚在由广东教育学会和广东教育杂志社联合主办的“读而不辍，学识有成”广东省中小学教师专业阅读征文活动中获得省二、三等奖。张涵在中共梅州市委宣传部、梅州市教育局（市委教育工委）组织举办的“过年：中国人的集体记忆”主题征文活动中获市一等奖。林慧金在由梅州市教育局主办的梅州市第四届中小学青年教师教学能力大赛初中语文学科决赛中获得一等奖。

【办学成绩】 2022年，丰顺中学高考600分以上有2人，最高分605分；特控线人数110人，地方专项以上267人，本科线以上835人，上线率为80.3%。中考成绩优异：34人在东中正取线774.4分以上，70人在补录线760.6分以上。138人在丰顺中学正取线725.1分以上，144人在补录线708.7分以上。黄河清以总分808.4分获得全县第一名，除语文平均分在全梅州市200多所中考学校中排名第三外，其他所有中考科目平均分均在全梅州市排名第一。

（罗空辉）

华侨中学

【概况】　丰顺县华侨中学创办于1957年，重建于1987年，是县内第一所全县性的侨办学校，是县一所规模较大的普通高级中学，梅州市一级学校，广东省绿色学校。2022年，学校有35个教学班，学生1813人（其中普通高中生1550人，职业高中生263人），教职工145人，其中特级教师1人，中学高级教师67人，中学一级教师44人。

【学校德育】　2022年，学校坚持德育为首，五育并举的原则，落实“立德树人”的根本任务，依法治校，健全各项规章制度，加强师德师风建设。教育学生践行社会主义核心价值观，努力培育传播正能量。每学期一次评选校级“优秀班主任”“文明班”，结合年度考核和量化考核，每学年一次评选推荐县“优秀教师”和“优秀班主任”。抓好值日队伍建设工作，形成“学校检查、级组监督”“日检查、周总结、月评比”的评比体系。开展主题活动，在“弘扬和学习雷锋精神”活动中，开展以“学雷锋，做新时期好少年”为主题的班会活动、征文活动、好人好事大征集活动；在“安全教育日、安全教育周”活动中，开展主题班会、国旗下致辞、安全知识讲座等活动。

【教学教研】　2022年，华侨中学组织县、校级优质课评比、课件制作、复习研讨、集体备课、示范课教学、专题讲座等活动，累计开展各类教研活动40余次；开展2022年度市、县级教育科学研究课题申报工作，加强教育科学课题管理，开展课题中期、结题汇报活动5次；开展新一轮全员远程培训，包括教师信息技术应用能力提升工程2.0、公需科目、学法考法和干部网络教育培训等项目。制定《丰顺县华侨中学提升教育教学质量工作方案》，狠抓新课标新教材新高考研讨，落实“一年高考三年备、三年备考一盘棋”策略，责任到班到人，着力做好培优辅偏工作。

【办学成果】　2022年，华侨中学办学成绩稳中有进，鼓励全体教师积极参加各种业务学习及教育信息技术新技能培训，狠抓教学常规，创新教学方式，善教勤学，在教学教研及高考方面取得可人的成绩。2022年，教师获县级以上奖励110人次，其中冯志达被评为梅州市优秀教育工作者（助学工作），管思均被评为县学生资助工作先进个人，何永贵被评为县学校安全管理工作先进个人，徐军富、王维略被评为县优秀德育工作者，朱梅茹、邱文里等获县优秀教师奖，张礼茹、危帅获县优秀班主任奖，郑美琼、刘小芳等被评为县教学工作先进教师。2022年学生高考本科上线13人，专科线以上录取率为91%。

【办学条件】　2022年，华侨中学停招职高，只招普高。学校加大投资力度建造安装“华侨中学专变”设施，学生宿舍和教室空调安装实现全覆盖。对第六栋学生宿舍楼卫生间进行全面升级改造，提升学生的幸福感和满意度。

（林振兴）

实验中学

【概况】　丰顺县实验中学是2017年9月开办的一所完全中学，位于丰顺新区红狮宫，背靠206国道，面临榕江北河，校园占地8.92万平方米，总建筑面积7.66万平方米，总投资约2.8亿元。学校有4栋教学楼、4栋学生宿舍（配备空调）、2栋教师宿舍、1栋师生饭堂、1栋体育馆，还有标准游泳池和400米环形跑道。校园分为教学区、运动区、生活区，布局合理、设计美观。多媒体综合电教室、理化生实验室等功能场室一应俱全。通过智慧校园等项目建设，实现智慧化校园管理。2022年，有62个教学班，学生3400多名。教职工252人，其中高级教师58人，研究生学历6人，本科学历238人，教师队伍平均年龄38岁。

【办学理念】　2022年，学校严格遵循教育规律，全面贯彻国家的教育方针，以“明德、刻苦、务实、创新”为校训；坚持“因材施教、厚德崇文”的办学理念；努力形成严谨、高效、敬业、精细、优良的校风与学风；

以“以法治校、以研兴校、以质强校”为管理理念；以“爱国、爱校、自爱”为教育理念；以“质疑、探究、评价、创新”为教学模式；提出了“向管理要质量，靠教研上台阶”的指导方针，以教学质量为中心，全面推进素质教育。

【德育工作】 2022年，实验中学以“三有三讲”（有感恩心、有责任心、有进取心；讲文明、讲礼貌、讲道德）为抓手，做好学生的德育工作。成立丰顺县实验中学中国少年先锋队工作委员会，加强学校少工委建设，发挥少先队在立德树人中的重要作用。

班主任队伍建设 学校精选优秀教师担任班主任，抓好对班主任工作的考核，调动他们的积极性，搞好班级管理工作。以上好班会课为突破口，每月一个主题，系统地进行思想品德教育，构建健全的班主任工作考核评估机制，真实、客观地衡量班主任工作。着力表彰在教书育人中成绩显著的班主任和德育工作者。

养成教育 学校以《中学生守则》《中学生日常行为规范》为准则，制定班级量化管理细则，对学生一日常规提出明确要求，使学生的行为规范最终能达到要求。

德育主题活动 利用升旗仪式、班会课、德育课、礼仪课，对学生进行爱国主义、集体主义、法制安全和思想品行的教育。通过国旗下讲话、主题班会课，培养学生热爱祖国、热爱社会主义、热爱集体、热爱家乡、遵纪守法、文明礼貌，做时代新人。校长吴丽璇在开学工作会议上，为全体教职工上一节题为“稳定压倒一切——中国不能‘乱’”的思政课；在9月23日为七年级上一堂以“如何更好更快地适应初中生活”为主题的思政课；在10月14日为全体高一级新生上一堂以“如何适应高中学习和生活”为主题的思政课。

家校联系 探索“双减”背景下学校与家庭新型关系，依托家长学校、家长委员会加强家庭教育指导工作，开发适合学校学情的家校共育课程，特别是开发建设了信息化、体验式等课程，并纳入教学计划有效实施。学校通过教师力量打造高素质、专业化的家庭教育指导师专业队伍。通过举办家长学校培训、家校联系、告家长书等形式对家庭教育的内容、方式、方法进行指导，及时向家长通报学校各方面的情况。

【师资建设】 2022年，实验中学深化课程教学改革，推进优秀教学成果应用，完善选课走班、综合素质评价和学生发展指导工作。要求每一个班子成员每周集体学习管理理论知识，形成一支责任心强、业务过硬的干部队伍；抓好教师的职业道德水平和法治、纪律观念建设，坚持以法治校，强化团队精神、敬业精神、奉献精神和创新精神；加强学校廉政风险防控机制的建设、强化级组管理。学校行政班子全部挂级到各个年级，并到级组办公室办公，加强学校与教师的人性化管理和有效联系；做好骨干教师的培养工作和青年教师的帮扶工作，各科组制定帮扶对象和帮扶目标，从备课、上课、常规管理及辅导等多方面给予指导，促进青年教师的成长，大批青年教师已经成为学校的教学骨干。

【教学成果】 2022届高三学生生源成绩差（本地生源1200名仅10人，外市生源年折成重点线22人，往届生有效分理科本科370分，文科360分仅28人，合计60人），毕业时本科线以上182人，高分600分以上1人，居全县第三名；重点本科以上18人（其中特控线以上14人，地方专项录取4人，单考单招2人），上本科线、特控线、高分线人数均再创新高。2022年中考，考生人数420人（含学区生），考入县前十名的有2人（其中何雯静居全县第2名），达到东中线的88人，达到曾宪梓中学线的120人，达到丰顺中学线的171人；荣获2022年丰顺县初中教学成果一等奖；荣获2022年学校德育与安全工作目标考核“优秀学校”称号、丰顺县更高水平“安全文明校园（平安校园）”称号和丰顺教育宣传“优秀组织单位”称号。

【荣誉】 张增有荣获“梅州市优秀教育工作者”称号；郑佳瑜荣获“梅州市教学工作先进教师”称号；朱勇荣获“梅州市优秀教师”称号；朱梦圆在梅州市中小学科技劳动教育实践活动中荣获“优秀指导教师”奖；洪玉婷、彭聪萍、谢许凤等9位教师在2022年梅州市中小学教育教学优质论文评选活动中荣获一等奖等奖项；胡斯芸、纪露露、刘淑情等10位教师在2022年梅州市第三届中考高考语文“下水作文”比赛中荣获高中组一等奖等奖项；洪晓珠、丘玉凤等3位教师在2021—2022学年梅州市高三第一次质检评卷工作中荣获“优秀评卷员”称号。

（张增有）

东海中学

【概况】 丰顺县东海中学建于1984年，位于汤坑镇埔河村，是侨建县属完全中学、市一级学校。学校占地面积6公顷，校舍建设达1万多平方米。建校以来，学校坚持“德育为首，教学为主，育人为本”的办学原则，实施素质教育，走特色办学之路。

【教学特色】 学校在抓好教学的同时，发挥自身优势，探索“艺术特色”的新路子，培养和发展高中艺术（美术和音乐）教育，为高等艺术院校输送一大批优秀学生。经过多年实践、探索，学校高中艺术教学初具规模，形成自己的特色，艺术教学的成绩在梅州市名列前茅。2018年，被广东省教育厅评为“广东省艺术教育特色学校”。

【学校德育】 学校建立由校长、党支部为核心的德育工作领导机构。成立以校长、抓德育的副校长、政教处主任组成的德育领导小组，以及由年级组长、班主任、政治教师和生活管理老师组成的德育骨干队伍，健全和完善各项规章制度。全校教职工齐抓共管，充分发挥教书育人、管理育人、服务育人的功能，寓德育于教学和管理之中。

学校组织教师开展德育科研。依据学生身心发展不同阶段的不同特点，分年级实施《中学德育大纲》，开展爱国主义、集体主义和社会主义教育，培养学生科学的人生观、世界观以及正确的价值取向。发扬中华民族的优良道德传统，养成良好的道德情操、行为习惯和心理素质。加强对学生的爱国主义教育、理想前途教育、道德品质教育、行为规范教育和法制观念教育。搞好“三化”建设，建立德育基地，如校史室、本校师生美术作品陈列室等，形成良好的德育氛围。学校充分利用学校的特色教学，如美术展和文艺汇演，通过寓教于乐的方式，提高学生们的审美水平和鉴赏能力。

【师资建设】 2022年，东海中学加强教师的思想建设，关心教师的政治生活。在教师中开展职业道德建设，加强师德教育。做到一个坚持、三个结合。一个坚持即是坚持正面引导，重视提高教师队伍的师德建设水平。三个结合，即把加强教师职业道德建设和建立教书育人机制结合起来；把加强师德的建设和加强法制观念，提高教师政治素质结合起来；把加强师德建设和校风、教风建设结合起来，逐步形成良好的教风。

学校鼓励教师参加培训、进修，提供教师培训、进修的机会，在资金上给予补助。东海中学教师的学历达标率高中98%，初中100%。学校每学期组织优质课评比活动，对优胜的教师给予一定的物质奖励和精神鼓励。

【教学成绩】 学校通过加强教师队伍管理和狠抓校风学风的建设，使教育教学质量有很大提高，取得优异成绩。2022年，高三级123人参加高考，上特优线3人，上本科线18人。初三年级参加毕业考700分以上26人，上

▲2022年，每周一早上的升国旗仪式上进行“国旗下的讲话”爱国主义教育

（东海中学供图）

东山中学线15人、上宪梓中学线25人，上丰顺中学线45人，上重点线率15.25%。荣获县初中教学成果二等奖。

2022年学校教研成果：高一、高二级学生参加文化科竞赛二等奖13人，三等奖20人；在艺术比赛方面：一等奖3个节目，二等奖1个节目，其中《出水莲》选送广东省评比获一等奖。在参加丰顺县47届中小学生田径运动会中，高中组获得第一名、初中甲组第四名。

教师撰写的论文获县级以上奖项的20篇，教师中取得县级荣誉的165人次。

（徐永新）

第一中学

【概况】 丰顺县第一中学是一所完全中学，梅州市一级学校，创办于1903年（光绪二十九年），是丰顺县历史悠久的百年老校。学校包括丰顺县第一中学校本部和仙洞教学点。

【办学规模】 2022年8月丰顺县第一中学招收330名高一新生和310名七年级新生。2022年底，学校38个教学班，在校学生2040人，其中校本部34个教学班，含高中18个教学班，在校生955人，初中16个教学班，在校生927人，仙洞教学点4个初中教学班，在校生158人。全校教职工143人，含督学5人，其中高级教师59人。

▲2022年7月14日，丰顺县第一中学全体党员到五华革命老区开展“铭记光辉历史，传承红色基因”主题党日活动

（第一中学供图）

【学生量化管理】 2022年，丰顺县第一中学把贯彻党的教育方针，实施素质教育，提高教学质量。建立健全学校的各项规章制度，通过制度力求做到“各就各位、各尽其责”。学校继续推行《丰顺县第一中学学生量化管理条例》。依据管理条例对学生进行管理，学生秩序井然，条例彰显成效。

【全封闭式管理】 2022年，学校继续实施全封闭式管理。学校领导小组重视，学校、年级、班级、宿管、饭堂齐抓共管。严格学生仪容仪表、就餐就寝、校园进出管理。通过校园封闭式管理，学校面貌发生巨大变化，社会反响良好。

【教学成绩】 2022年，丰顺县第一中学高考本科以上8人，特控线以上2人。其中，普通类物理方向2人，普通类历史方向3人，美术方向2人。本科人数与2021年高考持平，比2021年高考多2个特控线。中考进入市重点指标线12人；进入丰顺中学指标线20人。

（谢玉宏）

球山中学

【概况】 丰顺县球山中学是县属普通完全中学，梅州市一级学校，梅州市“语言文字规范化示范学校”和“德育示范学校”、广东省“书香校园”、广东省“依法治校达标学校”、丰顺县“安全文明校园”、“丰顺县文明校园”、“梅州市文明校园”。学校分东、西两个教学区，占地面积5.07万平方米，其中建筑面积2.87万平方米，两个校区相隔约1.5千米。38个教学班，学生2100人，教职工134人。

【教学成绩】 2022年，球山中学高考情况：本科线以上21人（物理方向8人、最高分528分，历史方向10人，美术术科方向1人，舞蹈术科方向1人，广播电视编导术科方向1人）；其中本科线以上地方专项录取2人（其中物理方向1人，历史方向1人）。中考情况：东山中学分数线以上的17人，比2021年增7人；曾宪梓中学分数线以上的30人，比2021年增13人；丰顺中学分数线以上的50人，比2021年增加5人；刘旭霖同学总分779.2分获得全镇第一名。

【学校发展】 2022年，球山中学加大资金投入，改善办学条件，学校完成水电改造，包括张芳荣大楼地埕下水管道的改造，东校区多媒体的改造，西校区运动场的重建，使学校更加整洁有序。学校以“高质量党建推动高质量发展”为目标，探索学校品牌化、集团化、未来化发展之路，大力推动品牌学校建设，把学校办成教育理念现代化、办学条件标准化、教育管理规范化、教学质量优质化、师生素质综合化。加强党建工作，以党建促进学校教育高质量发展。

【学校管理】 2022年，球山中学实行依法依规治校，继续实施《球山中学工作纪律条例》《球山中学内宿生管理制度》，制定、完善《球山中学德育量化管理考核细则》，并实施学生德育量化管理。抓常规管理，提高教学质量；坚持校本教研，提高课堂效率；抓班级管理，强化安全卫生工作。开展习惯养成教育，以贯彻实施《中小学生守则》《中学生日常行为规范》为准则，对学生进行爱国主义教育和良好的行为习惯教育，教育学生树立规矩意识，以理想前途教育、养成教育和安全教育为重点，以学生自我教育为中心，以体验教育为特色，促进学生健康全面发展，形成“文明、进取、合作、创新、和谐”的校园文化。做好疫情防控和学生返校工作，教育教学秩序井然。

【高考动员大会】 2022年6月6日，球山中学在西教学区坚真科学馆录播室召开高三级高考动员大会。会上，陈镇源作“不负青春，踏实前行”的专题发言。学生代表张雅和教师代表隆益明分别作发言。教导处主任郑元钦宣读考生守则和考试注意事项。全体学生在魏培珊同学的领誓下进行诚信考试宣誓。通过考前动员会的召开，极大地提高学生的信心。

▲2022年6月10日，广东省名班主任工作室主持人罗雪娇到球山中学开展“送教下乡”活动。图为罗雪娇与学校部分领导、九年级学生代表合影

（丰顺县球山中学供图）

【“送教下乡”活动】 2022年6月10日，广东省特级教师、广东省名班主任工作室主持人、梅州中学老师罗雪娇应邀到球山中学开展“送教下乡”活动。参加活动的有校长陈镇源、副校长邱壮龙和九年级全体师生。罗雪娇为九年级学生作“坚守15天，超越自我实现梦想”的励志讲座。讲座鼓舞全体师生的士气，为备考指明方向。

（李美秀）

龙山中学

【概况】 丰顺县龙山中学位于丰顺县南端的汤南镇，创办于1939年，是一间侨建完全中学，经过三迁校址五易校名，办学规模和质量不断提高，成为“梅州市一级学校”。近年来荣获“广东省绿色学校”“梅州市安全文明园”“梅州市创建教育强市先进单位”“丰顺县中考工作先进单位”“丰顺县更高水平平安校园”等荣誉称号。学校占地面积6.67万平方米，建筑面积2.26万平方米，校园分教学区、运动区、生活区。2022年，有教学班37个，其中初中25个、高中12个，学生1816人，教职工122人。

▲2022年4月29日，龙山中学举行宿舍楼、食堂新建工程（一期）开工典礼

（龙山中学供图）

【学校管理】 学校校训“团结、感恩、求实、创新”，办学理念“创办适合学生成长的学校，培养适应社会需要的人才”，办学宗旨“内强素质、外树形象”。学校注重领导班子建设，采取半封闭的管理模式。抓住学校的“牛鼻子”工程——“教学质量就是学校的生命线”，创建“魅力初中、特色高中”的办学新模式，坚持“五育并举”，营造育才氛围，促进老牌学校焕发青春活力，取得较好的效果，中考、高职考成绩逐年向好。

【学校德育】 2022年，龙山中学在加强中考、高职考备考基础上，学校开展爱国主义教育、理想信念教育、法治教育、感恩励志教育、礼仪教育、心理健康教育和红色教育等。开展“龙山中学中考百日冲刺誓师大会”、家长会等感恩系列活动，把感恩教育作为学校德育的重要内容，荣获“梅州市文明学校”称号。

【学校宣传】 2022年，学校以“丰顺县龙山中学”公众号为平台，做好学校各项活动的宣传，得到上级部门和人民群众的一致好评。一期新建工程开工典礼、“颂党恩，七一红歌献给党”活动、特色高中文艺汇演、颁发中考成绩优异奖、梅州市罗文欢名师工作室研修活动、“罗伟锐奖学金”发放仪式、为患病学生捐款活动、“停课不停学”线上教学活动、龙山中学志愿者抗击疫情行动等消息或在丰顺县电视台播放，或在县教育局创办的“丰顺教育”公众号中发布，或在《梅州日报》上刊登，在社会上取得良好效应，在教育同行中赢得较好口碑。

【办学成果】 龙山中学以梅州市《聚焦课堂教学变革五年行动计划》和提升工程2.0市级试点校为契机，提高教学信息化水平，推进高效课堂，提高课堂教学效果。2022年，高职高考“3+证书”考试取得优异成绩，高职类考生196人参加高职考，29人上本科线，192人上专科线，突破本校纪录，较好的教学质量得到社会的认可和良好的口碑，职业高中部12个班级，在校人数创历史新高。初中部学生参加中考进入县最低重点围人数61人，其中罗于桐总分791.3分，全县第9名，语文单科全县第1名；罗柠平数学单科满分。教学工作取得优异成绩，被丰顺县教育局和丰顺县教师发展中心评为2021—2022学年度“初中教学成果一等奖”。

师生获奖：2022年，校长罗金鹏荣获“教学管理先进个人”荣誉称号，教师罗少京荣获“梅州市优秀教育工作者”称号；教师罗文欢、罗金芝、何柳章荣获“丰顺县教学工作先进教师”称号；教师邹敬、罗文华、徐军、徐永华荣获“丰顺县优秀教师”称号；教师张小花荣获“丰顺县优秀班主任”称号；罗明坤荣获“丰顺县国防教育工作先进个人”称号；罗映雄荣获“丰顺县优秀德育工作者”称号。学生32人次获县、市级以上各类荣誉称号、证书。龙山中学田径运动队参加丰顺县第四十七届中小学生田径运动会荣获初中甲组季军，高中男子篮球队荣获篮球锦标赛第四名。

（罗明坤）

龙泉中学

【概况】 龙泉中学创建于1941年（民国三十年）3月，曾改名为“埔寨中学”，1985年恢复“龙泉中学”校名。1988年6月，县将“丰顺县冠山农业中学”并入龙泉中学，改称“丰顺县龙泉职业中学”（现为丰顺县职业中学龙泉分校）。龙泉中学是一所农村完全中学。

▲2022年3月，被广东省教育厅评为广东省绿色学校（丰顺县职业技术学校供图）

【学校情况】 龙泉中学占地面积约5.4万平方米，校舍建筑面积1.46万平方米，建有教学大楼4幢（其中1幢实验室，1幢功能室，2幢教室），图书馆1幢，大礼堂1座，办公楼1幢，食堂和学生宿舍1幢，教师宿舍楼4幢共80多套。学校有400米环形跑道（2022年改造成塑胶运动场）。校园按花园式设计，布局合理，环境优美，文化气息浓厚，绿化率达到100%。2022年，全校16个班，其中高中职业教育3个班，学生740人，教职工59人。

【教育教学成果】 2022年，龙泉中学加强学校内部管理机制，贯彻教育方针，坚持“德育为首，教学为主，育人为本”的原则，全体教师发扬“勤、严、细、实”精神，开展教育教研活动，教育教学成绩稳步提高，体育运动蓬勃发展，形成良好的教育教学环境。2022年中考、高考（高职）取得较好成绩，2022年职业高中毕业生参加高考的有90%以上考上大专院校。2022年，学校有1人获得市优秀教师荣誉称号；教师32人次获国家级论文奖、市县学科辅导奖或荣誉称号；学生12人次获市县学科比赛奖或荣誉称号。

（谢群辉）

丰顺县职业技术学校

【概况】 丰顺县职业技术学校是1991年由梅州市政府批准开办的一所市级骨干职业技术学校，隶属于丰顺县教育局，是丰顺县唯一的公办职业技术学校，2022年被广东省教育厅评为广东省绿色学校。2022年，学校学生1723人（含三年级实习生及分校学生），开设电子技术、计算机应用、动漫与游戏制作、社会文化艺术、会计、民族音乐与舞蹈等专业；教职工47人，其中高级职称教师18人，中级职称教师20人，“双师型”教师19人。

▲2022年，龙泉中学运动场（龙泉中学供图）

【学校规模】 学校位于丰顺县城区，占地面积约2万平方米，建筑面积1.6万平方米。其中，教学楼1幢，实验楼1幢，学生宿舍2幢，学生食堂1幢，教师宿舍（含办公楼）1幢。教学设施设备：可使用课室15间，多媒体专用课室1间，电脑室4间，电子实验室1间，电拖实验室1间，音乐室1间，舞蹈训练室1间，美的实训室1间等功能室均配备多媒体电教平台。学校图书室1间，阅览室1间，电子阅览室1间，美术室1间，心理咨询室1间，卫生保健室1间，图书室藏书5.2万册。有4条200米的环形塑胶跑道田径运动场1个，篮球场2个，排球场1个，五人制足球场1个，羽毛球场2个。

【教育教学】 2022年，学校贯彻党的教育方针，以培养“以教书育人为基础，以人民满意为根本，以师生发展为原则”的实用型技术人才为办学宗旨，以德育为首，加强师生政治思想素质建设，加强法制教育、职业道德教育和竞争意识培训教育，形成“务实、创新、进取、合作”的良好校风。以教学为中心，培养学生动手能力为目的，突出实践教学、技能教学，使学生学有一技之长，构建职业学校的办学模式和办学特色。以市场经济发展为导向，不断调整专业设置，2022年开设动漫与游戏制作、社会文化艺术、民族音乐与舞蹈等专业。学校2022年秋季扩大招生规模，创新办学模式，与美的集团签订校企合作协议，实现强强联合，开设的电子技术、计算机应用、动漫与游戏制作专业，通过校园招聘会，为企业培养更多实用型技术人才和管理人才；走中高职贯通升学方向，通过春季高考，与汕头职业技术学院、广州东华职业技术学院合作对接三二分段（读三年中职后对接两年大专）。自办学以来，培养1.13万名适合市场需要的初、中级专业技术人才，遍布全省各地。

【师资建设】 2022年，学校全面提高教师队伍素质，加强专业教师的建设，培养中青年专业带头人和骨干教师，建立利于教师资源配置和优秀人才脱颖而出的有效机制。学校定期或不定期选派教师参加国家、省、市、县举办的各级各类专业培训和师德师风建设培训，加快“双师型”教师建设步伐。2022年，选派7人次参加各级各类专业培训和师德师风建设培训。

（徐名旺）

汤西中学

【概况】 丰顺县汤西中学位于汤西镇和安村，创办于1956年秋，历办初中、高中、职中，是丰顺县一级学校、丰顺县文明学校、丰顺县安全文明校园、梅州市安全文明校园、广东省依法治校达标学校、嘉应学院实习基地、梅州市青少年校园足球推广学校。学校占地面积3.25万平方米，学校贯彻落实党的教育方针，实施素质教育，秉承“文明奋发、勤学进取”的校训，发扬“崇德尚理、诚信友善”的校风和“严勤细实”的教风，树立“勤奋好学、团结进取”的学风，以“规范化、特色化、优质化、现代化”作为学校的办学目标，深入挖掘学校内部的发展潜力和发展机制，形成学校特色，推动学校可持续发展。

【德育安全】 学校通过《丰顺县汤西中学班级量化管理考核方案》《丰顺县汤西中学学生德育量化考核评价》《丰顺县汤西中学学生成长记录档案表》等抓好学生日常管理及激励表彰，做好学生班级之星、“新时代好少年·校园之星”、文明班级、优秀班主任的表彰评选。学校建立健全各项安全管理制度，利用安全知识讲座、班会、国旗下的讲话、微信、致家长的一封信等多种形式对学生进行交通、防溺水、防火、防传染病、防欺凌、心理健康等教育。学校严格控制外部人员入校，加强每日值班管理，加大夜间、节假日值班巡查力度，严防各类不法侵害事件发生。加强疫情严防严控，落实“两案九制”，严格要求每日的消杀、测温、通风、缺课追踪等工作。丰顺县新冠肺炎疫情期间，汤西中学党员志愿者投身抗疫一线抗击疫情，确保学校和谐稳定健康发展。

【教学成果】 2022年，汤西中学树立“五育并举”的质量意识，开展各项教育教学工作，组织各科教师参加各级各类培训，从教学理念、教学模式、教学方法等方面展开学习，扎实做好信息技术2.0校本研修工作、新课标学习。学校重点突出“学科教学”和“德体美劳”两个板块，强化教学“六认真”，扎实教学管理，积极参加德智体美劳活动，落实全域、全程、全员育人理念。狠抓毕业班教育教学工作，建立校长谈心、学长引领、教学示范、团队培优辅偏、四校联考质量分析表彰奖励等教学质量管理机制，通过校长抓全面，分管校长抓落实，学科老师抓具体，共同提升教学质量，严把教学质量过程关、出口关，将教师教学成绩列为职称评聘、岗位晋升、年度考核、评优评先第一评判量化标准，实行一票否决制。学生吴林森荣获第37届梅州青少年科技创新大赛——青少年科技创新成果竞赛项目（中学组）三等奖（全县仅2人获奖）；2022年“强国复兴有我”艺术作品比赛中，学生绘画作品获一等奖1人、二等奖2人、三等奖2人，书法作品获三等奖1人；2022届考生陈资城六年级期末学业检测仅268.5分、曾楚楚六年级期末学业检测仅267.5分，远远未达到当年丰顺中学、实验中学初中部的录取分数线，但通过三年的努力后，陈资城2022年中考总分

756分排在全县273名前，曾楚楚中考总分735.3分，实现“低进高出”的培养目标。2022年1月学校荣获“2021年梅州市学生体质健康抽测工作达标单位”称号。

（办公室）

汤坑中学

【概况】 丰顺县汤坑中学位于县城汶水桥头汤坑路1号，2006年2月，汤坑镇第一中学和第三中学2间初级中学合并迁至原丰顺中学老校区，也是汤坑中学老校址，定名为“丰顺县初级中学”。同年5月，将“丰顺县初级中学”恢复“汤坑中学”老校名，2006年秋季复办高中。2007年5月，通过县一级学校评估，晋升为丰顺县一级学校，2008年5月被丰顺县教育局评为“美丽校园”。2014年，学校为迎接“教育强县”和市一级学校的评估验收，继续加大资金投入，加强教育教学设施等硬件建设，使学校的办学条件和环境得到很大改变。同时，学校加强内部管理，使教风和学风均有较大的转变。2014年12月，通过省专家组对学校进行“教育强县”的“创强”验收。2015年2月，通过市一级学校评估，晋升为梅州市一级学校。2017年秋季，高中停止招生。2018年被广东省教育厅认定为2018年省依法治校示范学校。2021年被广东省教育厅评为“广东省绿色学校”。2022年，七年级招收新生1357人，全校师生4900多人。

【德育工作】 2022年，学校推行“信心德育”，做好学生的德育工作，包括“文明礼仪教育”“好习惯养成教育”“励志教育”“感恩教育”“爱班、爱校、爱国教育”“珍爱自我教育”“惜时和理想教育”“榜样教育”“扣好人生第一粒扣子”等课题教育。2022年，汤坑中学被丰顺县教育局评为“丰顺县五星级德育示范学校”“平安校园”。在丰顺县2022年学校德育与安全工作目标管理考核中，汤坑中学考核结果为优秀。建立和完善信心德育工作制度。执行并实施《中共中央关于改革和加强中小学德育工作的意见》《中学德育纲要》《中小学德育工作规程》等政策法规，在学生中开展爱国主义教育，以及“三个好”（在校做好学生、在家做好孩子、在社会做好青少年）和“三个习惯”（良好的学习、行为、生活习惯）的养成教育等。实行“德育工作领导小组”例会制度，定期召开会议，针对学校各方面的情况，讨论研究德育工作，对学生实施全方位、全过程、全员的德育管理和教育。期末做好优秀班主任、三好学生、优秀班集体等评选工作。发挥“信心德育”的特色，培养老师“信心德育”的理论基础，通过班主任专题培训会议，提高班主任“信心德育的理论基础”。德育宣讲团老师根据学生在不同年龄成长阶段的发展要求，进行针对性、专业化的引导，通过在不同年级开展各类专题讲座，对学生进行教育，发展学生内在潜能，科学培育人才。利用黑板报、学生信箱、宣传栏等进行心理健康知识宣传，通过讲座、个别心理辅导等形式加强对学生的心理健康教育与疏导，消除学生的心理障碍，让学生快乐健康地成长。加强家校联系，提高对学生教育的实效性，每周通过微信群、校讯通等媒体给家长发信息，强调安全、学习等事项。通过班主任主动家访、电访，及时与家长交流，共同探讨教育子女的最佳办法。通过给家长一封信的形式，及时掌握学校德育工作的中心任务和有关“安全健康教育”“信心德育”等内容，并要求家长在回执上写意

▲2022年1月20日，上级对汤坑中学开展防范校园欺凌暨消防安全和应急避险疏散演练进行专项检查

（张兵摄）

见，使家校教育步调一致，更有实效。

【师资建设】 2022年，结合《梅州市教育发展“十四五”规划》，学校在发展总体规划中明确“人才队伍结构和教师发展生态明显优化”发展目标，狠抓教师的职业道德建设，增强教师的法制和纪律观念，坚持以法治校，强化团队精神、敬业精神、奉献精神和创新精神，加强学校廉政风险防控机制的建设，强化级组管理。学校的教师考评及专业发展中心加强教学常规管理工作，引导年轻教师开展教研活动，深化“构建激励型德育体系的探索”课题研究和“目标导向三三教学模式”课堂教学改革。学校行政领导全部挂级到各个年级，到级组办公室办公，加强学校与教师的人性化管理和有效联系；学校建立并完善奖教奖学制度，对在教育教学过程中取得好成绩师生给予奖励，激活老师的工作热情。学校要求教师特别是青年教师不断提高综合素质，增强竞争意识和能力，并努力为教师参加培训、学习提供机会。大批年轻教师已经成为学校的教学骨干，刘慧慧、刘素华、孟令春、刘荣金、罗怀珍、张宏、罗德、胡荣梅、陈金红、曾志伟被评为丰顺县先进教学工作者；李小碧、刘晴晴、林文敏、罗怀珍、廖满珍、徐斌彬、曾志伟、贺小东、陈福顿、何福珍、罗先凤、向君君被评为县优秀教师；刘小燕、吴春燕、胡荣梅、罗淑玲被评为县优秀班主任；徐瑜婷、黄凤英被评为县优秀德育工作者；马顺辉、王思如被评为县优秀教育工作者。在2022年丰顺县教师优秀课例评比活动中，刘丽敏的化学课例《厨房里的化学》、张文昭的化学课例《物质的分类》分别获得县一等奖，罗德的化学课例《鉴别题主要题型及解法》获县二等奖。刘慧慧的教学论文《中学语文深度课堂之创设情境》在《广东教学报》发表；徐斌彬的教学论文《聚焦微写作，引导学生走向深度学习》获市一等奖并在《广东教学报》发表。

【教学成果】 学校坚持“以质量求生存，以创新谋发展，以务实出效益”的原则，坚持“以人为本，发展潜能”的办学理念，以“打造示范性中学，办人民满意学校”为办学目标，强化常规管理，深化教学改革，让学生的德、智、体、美、劳全面发展，教育教学质量稳步提高。在全县统一的教学质量抽测中，各个年级均取得优异成绩，2022年的中考取得可喜的成绩，荣获2021—2022年学丰顺县初中教学成果三等奖。

（彭锡壮）

黄金中学

【概况】 丰顺县黄金中学创办于1959年，位于黄金镇建新街81号。2008年5月，升格为完全中学，8月迁入由旅新侨领何侨生先生捐资兴建的新校区，广洋中学并入黄金中学。学校占地面积22万平方米，是全县校园面积最大的花园式学校。学校先后被评为“梅州市尊师重教先进集体”“梅州市最美校园”“广东省依法治校达标学校”“广东省安全文明校园”“最美热心消防公益事业先进集体”“广东省绿色学校，多次被评为“高考工作先进单位”。2022年，评为丰顺县德育与安全工作目标考核优秀学校、全国青少年校园足球特色学校。

▲2022年，黄金中学被评为全国青少年校园足球特色学校 （黄金中学供图）

全校有42个教学班，初中部每个年级6个班，3个年级18个班；高中部每个年级8个班，3个年级24个班。全校学生2640人，初中1186人，高中1454人。教师158人，专任教师152人，管理人员6人，拥有高级职称的44人，中级职称45人，本科学历以上152人。

【设备设施】 学校按省一级学校标准设计，建有各种现代场室，教学区、办公区、运动区、生活区布局合理。学校有420多台电脑，42个教室安装SEEWO电子白板，语音室1个，多功能电脑室5个，通用技术室1个，电子图书阅览室2个（140多台电脑）。有标准化运动场及覆盖全校的校园广播系统。办公室、教室均安装空调，每位老师配办公电脑。学生宿舍均安装空调，改善学生的住宿条件。

【教育教学成果】 学校以“办好初中，发展高中”为目标，坚持“五育并举”，制订严格的教学管理制度，实行半封闭式管理，建立完善的班主任、科任教师工作责任制，对学生实行全方位、全天候的关爱和呵护。2022年高考，省高分优先投档线4人，地方专项计划6人，本科线以上85人。2022年中考，考上东山中学、曾宪梓中学线39人，考上丰顺中学线以上59人。在2021—2022学年教学工作中，取得优异成绩，荣获丰顺县初中教学成果三等奖。教师获县级奖励68人次，市级奖励7人次。学生获市教育局奖励5人次，县教育局以上奖励68人次。学校获国家级奖励1次，县级奖励2次。

（陈刚强）

文化 旅游 体育

综 述

【概况】 2022年，丰顺县文化广电旅游体育局办理行政许可10宗（其中娱乐场所变更3家，文艺表演团体延续1家；娱乐场所延续5家，网吧注销1家）；办结率100%。受理旅游投诉案件31宗，回复31宗。丰顺县文化、旅游、体育市场经营单位主要有网吧12家，歌舞娱乐场所17家；游艺娱乐场所1家；文艺表演团体2家；A级景区共7家；星级酒店共4家；旅行社4家（其中暂停营业2家），体育行业企业有高危险性体育项目，有游泳池9家。

【日常监管】 2022年，全县文化旅游体育市场从业人员达千余人。在日常巡查监管的基础上，在文化市场、广播电视市场等领域积极主动寻找案件、实事求是主动办案。是年，立案3宗，结案3宗。是年，出动执法人员3156人次，检查经营单位879家次，配合“扫黄打非”办行动3次。其中，检查网吧249家次、KTV360家次、游艺娱乐场所16家次、酒店53家次、游泳池56家次、旅行社6家次、棋牌室35家次、体育场所53家次、书店6家次、景区45家次，发出责令改正通知书6份。

融媒体中心

【概况】 丰顺县融媒体中心是丰顺县委直属的公益二类正科级事业单位，核定事业编制75名。设主任（台长）1名，副主任（副台长）3名，总编辑（副科级）1名；股级职数28名（正股级11名，副股级17名）。内设办公室、总编室、新闻采集部、专题部、信息部、报刊编辑部、广播部、播发部、技术部、广告部、网络运维部。

【主要成绩】 2022年，县融媒体中心摄制的《秉承初心、奉献大爱》微党课在“党课开讲啦·人人做主讲”活动中获评优秀党课，受到市委组织部的表彰。中心干部创作的《关爱职业健康 防治职业性尘肺病和噪声聋》在国家卫生健康委员会、全国总工会第二届职业健康传播作品征集活动中荣获（图文类）优秀奖。“丰顺发布”微信公众号发布数量和阅读量进入全国县级融媒体公众号前100名，位列第十一。

【基础设施建设】 2022年，县融媒体中心投入资金100多万元，对县域范围内原有的有线电视网络进行光纤化升级改造，提高网络传输质量，升级改造传输网络20处36千米，电视节目传输质量大幅提升。推进全县应急广播（乡村大喇叭）体系项目建设，新增开通包含25个地质灾害点153个行政村和12个市际县际交界处及重点场所的应急广播（乡村大喇叭）终端，全县263个行政村应急广播（乡村大喇叭）全覆盖，传播党和政府声音和应急信息发布。

【宣传报道】 2022年，县融媒体中心在重要版面、主要新闻节目、重要位置开设“疫情防控科普专栏”“新时代新征程”“奋进新征程 建功新时代——广东省第十三次党代会”“喜迎二十大”等专栏，发挥广播电视、“丰顺发布”App、“丰顺融媒”视频号、“丰顺发布”和“财丰民顺”微信公众号等官方媒体权威性作用，多形式、多渠道、多载体开展立体宣传，实现新闻

▲2022年10月24日，丰顺县融媒体中心新闻工作者进行新闻采集报道
（丰顺融媒体中心供图）

“一次采集、多种生成、多元传播、全方位覆盖”，不断提升新闻舆论传播力、引导力、影响力、公信力。2022年，融媒体中心采集新闻2507条，上送市级媒体播出新闻457条，广东台播出新闻近30条，央视频道播出10条以上，“学习强国”App推送40多条。丰顺电视频道播出新闻2万条次；丰顺人民广播电台播出新闻2万条次，播出省第十三次党代会精神、二十大宣传、疫情防控、防洪防汛、森林防火、安全生产、扫黑除恶等宣传标语26万条次，滚动播出公益广告13万条次。“丰顺发布”微信公众号推送发布新闻2370多条，阅读量420余万，被上级媒体平台采用的新闻104条；“财丰民顺”微信公众号推送发布新闻1430多条，阅读量305万，被上级媒体平台采用的新闻有95条；“丰顺发布”App移动客户端已开通丰顺人民广播电台、丰顺综合两个频道同步直播，下载用户10万，推送发布新闻4000多条，被省市主流媒体采用新闻59条，阅读量80万+。《悦读丰顺》报编辑出版23期（92版）。新闻专题制作推送“丰顺融媒”视频号175期，其中创新举措摄制推送《书记抓党建促振兴》专题访谈专栏节目16期；《等你·在丰顺》《主播出镜说天气》《为耕地代言》等7期微视频浏览量突破10万+，单期最高浏览量达75.7万；应急广播（乡村大喇叭）系统每天分两个时间段播放习近平总书记每日金句、习近平总书记重要讲话精神、丰顺新闻信息和疫情防控、疫苗接种、森林防火、防洪防汛等防灾减灾应急信息。

【疫情防控宣传】 2022年，县融媒体中心全体新闻工作者、全员上阵、全媒体宣传，及时发布有关防疫动态，推动疫情防控新政策新要求进社区、进乡村、进家庭，宣传引导群众正确理解防控政策、落实防控规定、主动做好自身防护，做好政策宣传解答，摄制疫情防控工作动态视频《共克时艰！丰顺加油！》《抗疫路上 感恩有您》《欢送援丰英雄回家》等20期，营造全县上下众志成城、共克时艰抗击疫情的良好舆论氛围，达到良好的宣传效果。

【安全播出】 2022年，县融媒体中心健全完善安全播出长效机制，广播电视安全播出。强化播控机房的硬件、制度、技术保障，成立安全播出工作领导小组，明确分工及责任，落实“检查、培训、演练、预案、人员、保障”六个全面覆盖的要求，完成元旦、春节、国庆、党的二十大等重大节日、重要时段和重要活动的安全播出任务，实现全年安全播出零事故。

（刘琪洁）

文 化

【群众文体活动】 丰顺县以文化馆图书馆总分馆平台为依托，与新时代文明实践所（站）协同推进，做好疫情防控的同时采取“线下+线上”方式开展各类公共文化活动，2022年围绕“喜迎二十大”主题，举办各类线下志愿服务、文化活动、赛事等30余场，展览100多天，培训60余场，举办线上活动600余场。围绕公共文化服务设施、科技科普场所、爱国主义教育基地、红色革命遗址等，结合“党史学习教育”等开展社会主义核心价值观教育，组织开展政策宣讲、教育服务、文化服务、科学普及、普法教育、便民服务等丰富多样的文化惠民工程，服务广大农民群众的精神文化生活需求。

【文艺创作】 2022年，度群众文学作品获奖的有：罗文熙创作的《我们大不同》获曲艺类省三等奖、市三等奖；曲艺类二等奖1件；音乐类一等奖1件、二等奖2件、三等奖3件；戏剧类二等奖1件、三等奖1件；舞蹈类三等奖1件。

【文体设施建设】 2022年，县文化馆图书馆总分馆制建设各有1个总馆、16个分馆、48个服务点，有县级文化馆、图书馆、坚真纪念馆各1个，博物馆2个，乡镇综合文化站16个，行政村综合性文化服务中心261个（其中57个列入提质增效名单），建设完成铜鼓峰生态旅游区和御逸温泉度假村2个“粤书吧”。每万人拥有公共文化设施面积1667.13平方米，镇级以上文化广场24个，全民健身场地1089个。推进丰顺县体育公园项目、体育公园健身步道、瑠隍潮客登山步道和砂田登山步道建设。

【文物、文化遗产】 2022年，丰顺县不可移动文物189处。其中，列入各级文物保护单位52处（省级5处、市级12处、县级35处）、一般不可移动文物137处。名人故居（旧、祖居）19处，红色革命遗址62处，列入广东省首批革命文物名录的不可移动文物11处，可移动文物12件（套）。完成修缮大南村李坚真故居、丰顺县苏维埃政府旧址——宝田庐、汤南崇德善堂3处文物保护单位，他信英拉祖居、清溪绍阳书室2处保护修缮工程正在推进。完成红色革命遗址2处，正在有序推进的红色革命遗址有3个；完善5处省级文物保护单位“四有”（有保护范围、有保护标志、有记录档案、有保管机构）工作和“两线”（文物保护范围和建设控制地带）划分；积极推荐申报广东省第二批革命文物名录166件（处）。

【“非遗”传承】 2022年，全县“非遗”项目41个，10个“非遗”传习设施。丰顺县文化广电旅游体育局以创建国家级客家文化（梅州）生态保护实验区为契机，加大“非遗”工作传承力度，营造迎检验收浓厚氛围。进一步充实整理丰顺县“非遗”项目，2022年6月成功申报县级非遗项目丰良山歌传承人为梅州市第八批市级传承人。申报丰顺县第五批“非遗”项目：春兴门、丰顺金狮、朱氏正骨、丰顺山歌、铁坑永禄酒传统酿造技艺、下埔老爷生、瑠隍橄榄菜7项非遗项目传承人工作，申报项目传承人11人。成功申报县级“非遗”项目仙洞米粉、油炸豆腐、黄金竹编技艺为第十批市级非物质文化遗产名录，新建立一个市级非遗项目黄金姜糖传习所。发挥现有7处“非遗”传习所功能，加大对丰顺县“非遗”传承人的培训力度。加大宣传力度，邀请南方日报、羊城晚报社、梅州民生820和县电视台专题采访丰顺县国家级“非遗”项目，扩大“非遗”知晓率，提高知名度。举办《丰顺县非物质文化遗产图片展》活动19场，共吸引2500多名观众前来观展，进一步满足人民群众日益增长的精神文化生活需求。

▲2022年，丰顺体育公园一期施工现场 （丰顺县文化广电旅游体育局供图）

旅　游

【概况】 2022年，全域旅游拓景扩容，铜鼓峰生态旅游区成功创建国家AAA级景区，全县A级景区景点7个。指导韩山历史文化生态区、粤东大峡谷旅游景区申报国家AAAA级旅游景区，通过评审。大宝山、御逸地球港

▲2022年，广东鹿湖温泉度假村 （丰顺县文化广电旅游体育局供图）

等社会效益良好的项目全面竣工，大宝山申报首批广东省夜间文化和旅游消费集聚区。

【旅游品牌】 2022年，丰顺举办梅州韩山第七届杜鹃花节暨徒步节，组织旅游企业参加2022广东国际旅游产业博览会，开展合作营销，串联大宝山旅游度假区、龙归寨瀑布景区、韩山历史文化旅游区、粤东大峡谷旅游景区、铜鼓峰生态旅游区、御逸温泉度假区等景区景点，打造精品旅游线路，推动丰顺主要旅游景区“一票通”。打造一批精品旅游示范项目：坚真纪念馆入选全国妇女爱国主义教育基地，佳百惠酒店获评广东省首批驿道乡村酒店，田园好日子农庄获评广东省第一批南粤森林人家，丰顺县嘉洪农林有限公司、广东天亿实业有限公司获评“丰顺高山茶·中国气候生态优品”品牌。

【景点选介】 广东鹿湖温泉度假村 广东鹿湖温泉度假村是丰顺首个国家AAAA级旅游景区，坐落于山清水秀、风景优美的广东梅州丰顺留隍镇。背倚鹿湖山，面临韩江水，交通四通八达，东南毗邻潮州、揭阳，距潮汕国际机场40分钟车程。整个度假村总面积约5平方千米、投资规模25亿元，包括3万多平方米园林式温泉区、100栋温泉配套单体建筑、超五星级酒店、惠仁圣寺以及规划二期建设的生态湿地公园、韩江水上旅游项目等。景区范围约1平方千米，包括鹿湖酒店、温泉区、惠仁圣寺、江山御景等。

丰顺县龙归寨瀑布景区 丰顺县龙归寨瀑布景区是AAA级景区,被誉为“广东省黄果树瀑布”“粤东第一瀑”。它高125米，飞瀑落差115米，宽度62米，集雨面积40平方千米，年平均流量3.5立方米每秒，龙归寨瀑布属于峡谷型三叠瀑布。

（陈小军 徐美萱）

体　育

【体育运动】 2022年，全县各类足球场58块（其中5人制32块，7人制19块，11人制7块）；丰顺县有足球推广学校和特色学校42所，其中国家级足球特色学校12所（其中幼儿园1所），省级足球推广学校13所，市级足球特色学校17所，为市输送10名足球运动苗子。丰顺县体校少年武术队参加广东省第十六届运动会青少年武术套路比赛获得第二名；组织举办首届丰顺县青少年拳击锦标赛等6场体育赛事活动，以比赛推动全民健身活动在全县蓬勃发展。

【体育设施】 丰顺县留隍镇登山步道、砂田镇登山步道申报2022年全民健身补短板项目，完成可研编制。跟进砂田、黄金和潭江镇市级下拨的健身器材安装工作。争取财政支持130万元为行政村安装体育健身器材，高质量完成民生实事体育项目工作。

卫 生

卫生健康

【概况】 2022年，丰顺县卫生健康局推进健康丰顺建设，落实疫情防控政策，深化医药卫生体制综合改革，加强公共卫生体系建设，提高基层医疗服务能力，推动中医药传承创新发展，持续巩固健康脱贫成果，推进年度各项目标工作。2022年，县人民医院业务收入3.03亿元，门（急）诊总诊疗人数27.25万人次，出院病人数1.77万人次；被国家卫健委纳入全国首批“千县工程”示范医院；临床急危重症中心（胸痛中心、卒中中心、创伤中心、新生儿和危重儿童救治中心、危重孕产妇救治中心）基本建立，通过国家认证；完善肿瘤防治中心和胸外科建设。2022年，县中医院业务收入1.51亿元，门诊病人约14.2万人次，出院病人数9329人次；医院肺病科（内二科）、康复科、外科通过市卫健局评估验收，肺病科被认定为市中医重点专科，外科被认定为市中医特色专科；内三科（心血管科）开科，中医院急危重症患者的抢救、监护和治疗水平迈上新台阶。2022年，通过人才引进绿色通道特殊紧缺人才3名；完成农村定向毕业生签约人员19名，完成卫生专业技术人员招聘31名。

【疫情防控】 核酸检测 组建一支600人的应急采样队伍，全县可设置核酸采样点240个，建设3个核酸检测实验室，提升核酸日检测能力至7000管，全年累计检测1000多万份（含第三方）。

预警监测 实现丰顺县人民医院、丰顺县中医院、丰顺县疾病预防控制中心三家医疗卫生机构具备核酸采样和检测能力。丰顺县人民医院、丰顺县第二人民医院、丰顺县中医院三家发热门诊完成建设，乡镇卫生院、丰顺县妇幼保健院等16家医疗机构发热诊室规范化建设按规定建设完成。

院感防控 制定下发《关于进一步加强医疗机构疫情防控和院感工作的通知》，明确医疗机构院感防控流程、医务人员防护用品选用原则及穿脱流程等。组织专家每周对各医疗机构疫情防控和感控风险进行专项检查，巡查医疗机构900余家次。

新冠疫苗接种 推进疫苗接种工作，提高各类人群接种率。2022年，丰顺县3周岁以上人群完成全程接种人数38.61万人，完成全程接种人群覆盖率80.66%；完成第1针接种人数39.6万人，完成接种1针人群覆盖率82.72%。

【医共体整合】 2022年，县卫健局开展联合门诊和联合病房试点工作。人民医院医共体总院结合各基层分院实际情况，继续在汤南分院和埔寨镇中心卫生院作为医共体联合门诊和联合病房开展试点工作。推动优质医疗资源下沉，每月不定期组织内科、外科、妇产科、急诊科等骨干和上级帮扶专家深入到基层分院进行技术指导和业务培训。全年，组织总院骨干或专家到各分院开展技术指导、业务培训等25场次；免费接收乡镇卫生院医务人员进修学习10人。调动广大医务人员参与医共体建设的积极性、主动性，动员县乡村三级医疗机构医护人员积极投身到医共体服务。

【中医药建设】 2022年8月16日，丰顺县正式启动丰顺县智慧中医管理系统，推进丰顺县运用互联网信息化技术完善智慧中医药管理工作，实现中医医疗资源共享、管理同标同质和服务优质高效的目标。2022年6月24日，丰顺县举办2022年丰顺县中医药适宜技术培训班，参训人员80多人次。成立丰顺县共建县域中医治未病服务体系领导小组，健全丰顺县基层中医药服务网络，提供覆盖全民和全生命周期的中医药服务，助力健康中国建设和乡村振兴。制定《丰顺县共建县域中医治未病服务体系实施方案》。开展中医类别全科医生培训工作，全年丰顺县8人参加2022年中医类别全科医生培训。

【健康教育宣传】 2022年，县卫健局做好辖区内居民群众的健康教育宣传活动，发送宣传画、宣传单、小册子等宣传资料30余万份，在人流量大的公园、广场、小区设置健康教育专栏，每季度定期更新健康教育宣传内容，在县电视台设置卫健视窗栏目根据季节播放健康教育专题5期，不定期开展义诊活动。2022年健康素养监测，抽取5个乡镇（丰良、埔寨、砂田、大龙华、建桥），总体的居民健康素养水平提升为23.2%。丰顺县代表队参加第四届梅州市居民健康素养知识竞赛获得团队奖一等奖、情景表演奖三等奖。丰顺县代表队参加2022年梅州市健康教育技能竞赛，获得团队奖一等奖、知识竞赛一等奖，代表梅州市参加广东省健康教育技能竞赛。

【爱国卫生工作】 2022年，县卫健局结合巩卫和创文活动，宣传动员，组织开展环境卫生集中整治，通过多样宣传，提高群众爱卫的意识。围绕“烟草威胁环境”主题，开展无烟日活动，宣传普及烟草对环境的危害，动员公众自觉不吸烟、主动戒烟。全县推进36个无烟党政机关、3个卫生医疗机构、7个无烟学校的建设。

【传染病和血液安全管理】 2022年，丰顺县无甲类疫情，法定乙、丙类传染病报告2653例，其中乙类传染病1966例，丙类传染病687例，各类疫情可控。免费检查可疑肺结核病人445例，初诊查痰人数443人，发现活动性肺结核病人119例，其中病原学阳性总人数100人，病原学阳性率84%。同期完成疗程结核病患者156人，规则服药154人，规则服药率98.7%，均达到项目工作指南要求。无偿献血1—12月份完成人均采血3510人次，血量70.2万毫升。

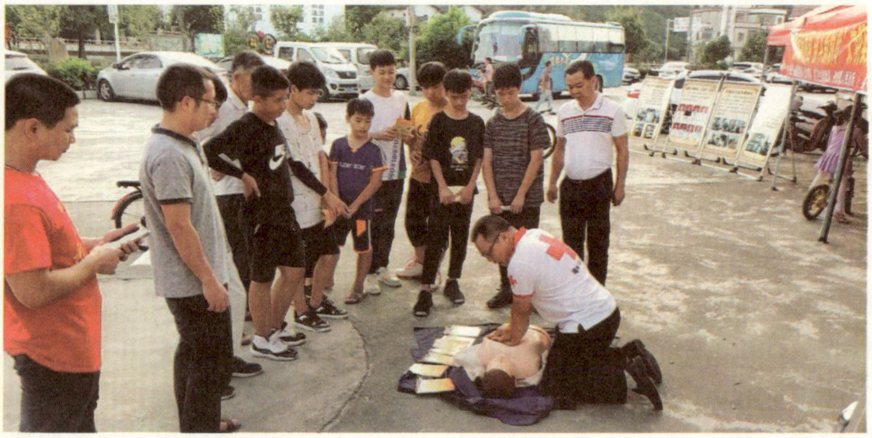

▲2022年5月19日，丰顺县卫生健康局到砂田镇开展应急救助培训活动

（丰顺县卫生健康局提供）

【严重精神障碍患者管理】 2022年，全县在册严重精神障碍患者3315例，报告患病率6.92‰，管理率94.36%，规范管理率92.37%，服药（治疗）率92.22%，精神分裂症规律服药率85.85%，面访率93.27%。各镇卫生院对3128例在管患者加强随访管理，不断查询追踪失访和非在管的患者，提高管理率。评估3级以上的患者244例，做到1～2周随访一次，配合家属及时监护患者，指导家属做好护理工作。全年丰顺县未发生精神疾病患者肇事肇祸行为的发生。

【医疗保障】 2022年，完成各类保障任务56场，抽调医护人员367人次，救护车31车次。

【医防融合】 2022年，规范居民健康档案，全县常住居民数47.87万人，建立电子健康档案人数44.42万人，健康档案建档率93.23%。规范老年人健康管理，全县65岁以上老年人7.02万人，建立健康档案人数4.97万人，老年人免费体检人数2.82万人，接受健康管理人数2.82万人，健康管理率40.24%。以上均达到项目要求。规范高血压、糖尿病患者健康管理，全县管理高血压患者2.14万人，管理任务完成率100%，管理糖尿病患者8998人，管理任务完成率

100%；实施适龄女生HPV疫苗免费接种民生实事项目，联合教育、妇联、财政等部门推进项目开展，2022年适龄女生HPV免费接种3317人，免费接种率151.88%。

【医养结合】 2022年，全县老年健康与医养结合服务总人数1344人，医养结合服务率44.44%；为65岁以上失能老年人提供健康评估与健康服务33人，65岁及以上失能老年人健康指导率100%；开设医养结合照护中心。医疗机构有机融合“长护险”与医保政策，为老人提供医疗、护理、临终关怀等接续性服务，在建中的医院医养结合服务中心，规划床位数300张。

【妇幼工作】 2022年，全县孕产妇目标测评人数2874人，免费地中海贫血筛查3868例，完成率134.59%；产前结构畸形超声免费筛查2075例，完成率72.2%；全县新生儿目标测评人数3593人，新生儿疾病筛查3328人，完成率92.62%；新生儿听力筛查3301人，完成率91.87%；2022年，丰顺县城乡妇女“两癌”免费筛查人数4668人，“两癌”免费筛查率112.02%；全县适龄儿童建卡建证率达100%，国家免疫规划疫苗接种率均达标准，无疫苗可控传染病发生流行。

【规范医疗机构执业行为】 2022年，加强对医疗机构的预检分诊、发热门诊、传染病报告、医疗废物处置、医院污水处理情况、集中隔离留观场所、血透中心、精神卫生医疗机构和月子服务机构等的监督管理，保障群众就医安全。

【公共卫生安全保障】 2022年，加强对人员密集的商场超市、住宿场所，密闭通风不良的文化娱乐、沐足、理发店等重点场所的疫情防控工作巡查，做好春节、两会、五一、端午、中秋、国庆等重大节日、会议公共卫生安全保障工作，防止公共卫生突发事件的发生。

【学校卫生监督】 2022年，做好丰顺县学校和托幼机构季节性重点传染病防控监督检查工作，检查学校晨落实“两案九制”情况，敦促师生进行健康检测，落实应急处置措施，对校园环境进行消杀，切实保障师生员工身体健康和生命安全。

【生活饮用水卫生专项整治】 2022年，对辖区内集中式供水单位、二次供水单位及农村饮水安全工程进行日常巡查，督促并提高供水单位对生活饮用水卫生安全重要性的认识，为生活饮用水卫生安全提供切实可靠的保障。

【尘毒危害专项督查】 2022年，开展职业病防治分类分级工作，促使用人单位开展职业病防治自查和风险评估。到职业卫生企业，对返工人员管理、人员健康监测、日常消毒清洁、防控宣传等进行现场指导，确保企业疫情防控措施落实到位，提高疫情防控能力。

【餐饮具消毒生产单位专项监督检查】 2022年，督促被检查单位强化食品安全主体责任，落实食品安全法和餐具饮具集中消毒服务单位卫生监督工作规范等法律法规要求，规范开展餐饮具集中消毒服务活动。

【“双随机、一公开”工作】 2022年，全年抽查国家“双随机”监督任务38家，监督完成37家，检测完成7家，任务关闭1家，任务完成率97.37%，任务完结率100%；县抽查“双随机”监督任务70家，检测完成25家，任务完结率100%，没有发现重大违法行为。

【卫生监督】 2022年，出动卫生监督员及乡镇协管员5278人次，受理生活饮用水卫生许可新办1件，延续2件，公共场所注销6件，检查医疗机构744间次、公共场所525间次、学校及托幼机构327间次，生活饮用水145间次、集中隔离场所163间次，餐饮具集中消毒企业9间次，职业卫生工矿企业110间次，发出监督意见书1334份，协管监督意见书689份，实施行政处罚1宗。对监督检查中发现的问题均提出指导意见并监督落实疫情防控措施。

【优生优育】 2022年，推动妇幼健康保护工程，推进妇幼保健机构标准化建设和规范化管理；县直医院均开设产科儿科病床，全县16个乡镇均能提供规范的儿童基本医疗服务。提升孕产妇和0～6岁儿童健康服务。做好城乡妇女“两癌”筛查工作。推动适龄女生人乳头瘤病毒疫苗免费接种工作。落实出生缺陷综合防控。发展托育服务体系，成立托育服务机构疫情防控工作专责小组，不定期组织工作人员对各托育服务机构进行工作检查。鼓励有条件的幼儿园盘活闲置校舍、闲置办公场所等资源，完善托育设施设备，开设托班招收2～3岁的幼儿。

【安全生产】 2022年，履行安全稳定职责使命，强化疫情防控等特殊时期安全管理工作责任，推进“两会”“双节”等重点时期卫健系统消防安全大检查大整治，开展安全生产专项整治行动、燃气专项整治等专项整治活动。做好维稳、扫黑除恶、信访、防范电诈等工作。全年系统未发生安全生产事故。

（林少鹏）

县人民医院

【概况】 丰顺县人民医院是一所集医疗、科研、教学、预防、康复、保健和急救为一体的二级甲等综合医院，是国家第二批符合县医院医疗服务能力推荐标准医院，是全国首批“千县工程”示范单位，是丰顺县人民医院医共体总院，承担全县及周边地区100多万人口的医疗救治任务。医共体总院下辖汤南镇中心卫生院、埔寨镇中心卫生院、砂田镇卫生院、小胜镇卫生院、八乡山镇卫生院、大龙华镇卫生院、潘田镇卫生院、北斗镇卫生院等8家基层卫生院。总院占地面积4万平方米，业务用房建筑面积5万平方米。2022年，全院在岗职工数767人，卫生专业技术人员702人，其中正高职称14人，副高职称83人，中级技术职称149人，医学博士2人，硕士5人。医院编制床位数600张；住院科室18个：呼吸内科、心血管内科、神经内科、消化内科、感染性疾病科、普外科一区、普外科二区、骨科、神经外科、胸外科、妇科、产科、普通儿科、新生儿科、康复医学科、眼耳鼻喉科、肿瘤防治中心、重症医学科，其中骨科、普外科、呼吸内科、心血管内科为梅州市医学重点专科。2022年，县人民医院统筹抓好疫情防控和医院中心工作，围绕“三甲”医院创建目标，补短板、强弱项，使医院环境、硬件设施、医疗服务、医疗技术、学科建设、人才队伍等方面取得突破，医院综合服务能力和核心竞争力增强。

【业务工作】 2022年，县人民医院全年门（急）诊总诊疗人数29.68万人次，同比减少19.8%；出院病人数1.93万人次，同比减少5.6%，其中CD型病1.1万例，同比减少4.4%；住院各类手术1.13万人次，同比增长11.55%，其中三四级手术3653例，同比增长7.8%，微创手术670例，占5.92%，同比减少0.8%；住院抢救成功率98.56%；病床使用率0.35%；出院病人平均住院日7.09天。医院自身业务营收3.01亿元，同比减少1873.46万元，下降5.87%。

【“二甲”复审】 2022年，以高标准、高质量通过“二甲”（二级甲等医院）复审工作为目标，参加梅州市“二甲”评审系统测试，对照评审标准抓好日常医疗质量管理，提高各项数据、指标质量和医院现代化管理水平。加强医院制度化管理，修订完善丰顺县人民医院规章制度汇编8本1735页，以电子书籍形式上传企业微信法律法规、规章制度，方便全院医务人员查阅，进一步夯实“依法治院、制度管人”的管理医院方略，提升医院工作质量。

【提升综合服务水平】 县人民医院成立胸外科，妇产科分科，使学科更加细化、专业化。2022年，全院各科开拓创新，寻求技术突破，填补多项技术空白：眼耳鼻喉科开展等离子消融+腭咽成型+悬雍垂缩短术、支撑喉镜下声门恶性肿瘤低温等离子切除术；普外二区和麻醉科配合开展经胸食管贲门癌根治术、创伤性肝破裂经皮肝动脉介入栓塞止血术；心血管内科开展室性早搏及室上速射频消融术、左后分支型室速射频消融术；疼痛门诊开展（自体）富血小板血浆（PRP）技术治疗肌骨损伤疾病；呼吸内科开展超声引导下中长导管静脉置入术；儿科开展小儿推拿项目；乳腺护理专科门诊开展急慢性乳腺炎手法排乳，乳腺灌注治疗；康复医学科开展产后康复治疗等新技术、新项目。利用中山大学附属第三医院、广州医科大学附属第三医院和广州医科大学附属医院对口帮扶的优质资源，精神科专业在博士李雷俊的带领下，开设精神心理科门诊及心理咨询门诊，开设心理测量和评估，自闭症的早期筛查和评估，每周诊疗量达60～70人次；妇科在博士叶敏娟的带领下，设立宫颈疾病专科门诊，引入并开展阴道镜检查，阴道内镜检查及经闭孔尿道中段悬吊术等新技术。2022年，入院诊断符合率99%，急危重症住院抢救成功率98.56%；无菌手术切口甲级愈合率99.63%；无菌手术切口甲级愈合率达99.52%；无菌手术切口感染率0.06%；病理诊断准确率达98.9%；择期手术患者术前平均住院日2.13天。2022年，被国家卫健委纳入全国首批“千县工程”示范医院。

▲2022年8月2日，丰顺县人民医院启动广东省见真慈善基金会丰顺县白内障复明手术康复项目
（丰顺县人民医院供图）

【人才强院战略】 2022年，县人民医院引进博士1名，硕士2名，引进应届/往届本科毕业生10人。其中，在医学影像学科带头人博士曹震的带领下，医学影像中心引进AI智能阅片诊断辅助系统，人工智能在影像学检查中的应用等，各种先进的影像技术不断开展并进入临床服务患者；在麻醉科学科带头人主任林奕彬的带领下，2022年5月份疼痛门诊开诊，开展（自体）富血小板血浆（PRP）技术治疗肌骨损伤疾病等新技术。选派医务人员到“三甲”医院进修或住院医师规范化培训16人次。充分发挥中山大学附属第三医院、广州医科大学附属第三医院和广州医科大学附属医院的帮扶专家“传帮带”作用，开展业务指导、培训教学等工作，有效带动丰顺县人民医院医护人员专业技能提升，影像中心、超声科、妇产科、病理科等科室在帮扶专家的带动下，开展新技术、新项目。2022年，申报市级以上科研课题项目10项，在省以上刊物公开发表专业论文14篇。

【信息化系统】 2022年9月份，丰顺县人民医院电子病历系统应用功能评级通过国家四级评价标准；2022年10月份，总投资1亿元的智慧医疗工程项目获县政府批准立项。该项目建设内容包含智慧病房设备、医技预约、血透系统、移动医护设备、病案无纸化归档系统、院前急救/胸痛/卒中/创伤中心、智慧手术示教、智能导航、三级等保设备、智慧药房、服务器及灾备/双活、5G应用、门诊大楼机房基础加固及监控、外科大楼模块化机房建设等，建设医共体基础平台及其业务中心，从而实现信息互联互通、提升原基础信息化系统，打造数字化医院、智慧型医院。

【重点项目建设】 县人民医院新门诊综合大楼于2022年5月份投入使用，完成院内附属设施工程（停车场铺设沥青、大门改造等）建设，各科门诊诊室功能配套齐全，就医环境显著改善。“120”医疗急救指挥中心大楼于2022年3月份投入使用，急救指挥体系和相关硬件设备进一步完善；感染疾病科大楼建设项目封顶；内科大楼建设项目稳步推进；丰顺县健康服务中心（方舱医院）完成升级改造。根据县委、县政府和县卫健局工作部署，县人民医院负责丰顺县健康服务中心（方舱医院）建设并升级改造为亚（准）定点医院，设置床位200张，2022年12月4日投入使用并收治患者，累计收治210名新冠患者。

【医改重点工作】 县人民医院推进紧密型医共体建设。在县卫健局的统一部署下，2022年6月份，埔寨镇中心卫生院等8家基层卫生院全部完成法定代表人变更手续，与总院正式统一法人，医共体内各成员单位全面推行行政、人员、财务、质量、药械、信息等管理；加强总院与分院同质化管理，继续与汤南分院和埔寨镇中心卫生院开展联合门诊和联合病房管理工作，提升同质化医疗质量；推动优质医疗资源下沉，组织业务骨干和中山大学附属第三医院、广州医科大学附属第三医院到基层分院进行技术指导和业务培训，提升基层分院综合服务能力。落实药品、耗材国家集采政策。2022年，药品采购金额7716.55万元，深圳GPO平台药品采购金额1560.13万元、占20.22%，广州GPO平台药品采购金额4025万元、占52.16%，广东省药品电子交易平台药品采购金额2084.56万元、占27.01%，线下采购金额46.86万元、占0.61%，线下品规占1.36%，金额和品规均符合不超过3%的规定。医用耗材通过广东省耗材采购平台采购，2022年耗材（包括试剂）采购6707.63万元，通过平台采购金额为6568.1万元，线上采购占耗材采购金额的98%，符合自主采购金额不超5%的规定。贯彻落实医保政策。强化日常监管，开展临床路径，推广合理检查、合理用药，规范诊疗过程，杜绝违反医保相关政策的行为，控制医疗费用的不合理性增长，减轻群众看病就医负担。

【巩固拓展脱贫攻坚成果】 2022年8月，广东省见真慈善基金会丰顺县白内障复明手术康复项目在县人民医院启动。在广东省见真慈善基金会大力支持下，县人民医院眼耳鼻喉科开展“扶贫复明”活动。9月，县人民医院联合中山大学附属第三医院专家到基层开展“服务百姓健康行动”大型义诊暨“光明”免费白内障筛查活动，开展白内障筛查工作。2022年，为全县白内障患者筛查1250多例，免费开展复明手术256例，持续巩固拓展脱贫攻坚成果。

【获得荣誉】 2022年，曹震和胡炜两位同志荣获“梅州好医生”称号；在2022年梅州市优秀抗疫护士和百佳优秀护士评选活动中，邓小灵荣获双十佳护理岗位技术能手奖、李秋妍荣获十佳护理教育奖；林奕彬、黄振添、陈臻、黄志雄、许洪龙、陈凯、黄成坚7人荣获“丰顺好医生”称号；黄晓霞、张汉财、杨辉、李恒、张丽5人荣获丰顺县卫生健康系统“新冠肺炎疫情防控工作先进个人”称号。

（办公室）

县中医院

【概况】 丰顺县中医院创建于1986年，2021年8月中医院整体搬迁至汤坑镇赤草村，是国家二级甲等公立中医医院及县域医共体总院。占地面积3.99万平方米，总建筑面积5.8万平方米。医院在原有门（急）诊科、内一科（脑病科）、内二科（消化科）、外科、骨伤科、康复科、眼科、耳鼻喉科、儿科、麻醉科、放射科、检验科等科室的基础上，新开设重症医学科(ICU)、内三科［心血管内科(介入)］、妇产科等科室，其中脑病科为全国农村医疗机构中医特色专科、市中医重点专科，骨伤科为省“十二五”中医特色专科、市重点专科，肺病科为省“十三五”中医特色专科、市中医重点专科，康复科为市中医重点专科，外科为市中医特色专科、广东省中医院外科共建科室。

【主要医疗设备】 县中医院拥有1.5T核磁共振、64排螺旋CT，DSA（血管造影系统）、DR、乳腺钼靶、全自动生化分析仪、血液透析机、腹腔镜、膀胱输尿管镜、电子胃肠镜、钬激

▲2022年，丰顺县中医院大楼 （丰顺县中医院提供）

光碎石机、前列腺气化电切镜、心电监护仪、全自动麻醉机、经颅多普勒、红外线乳腺扫描仪、高压氧舱、无痛人流设备、多功能微波仪、全电脑多功能肛肠治疗仪等先进高精医疗设备。

【基础建设】 丰顺县中医院康复综合大楼建设项目建筑占地面积约1500平方米，总建筑面积约2.3万平方米，地下两层，地上13层，总层高49米，项目总投资9000万元。其中，建安工程6624万元，主要设备费1000万元，其他费585.43万元，预备费790.57万元。主体于2022年1月封顶，剩余附属工程未完工。

【业务发展】 2022年，县中医院业务收入1.53亿元，比2021年增加3666万元，增长率31.2%；门诊病人约14.4万人次，比2021年增加0.4万人次，增长率2.9%；出院病人数9314人次，比2021年增加1473人次，增长率18.8%；人均业务收入45.8万元，比2021年增加12.1万元，增长率35.9%；固定资产2.2亿元，比2021年增加1.23亿元，增长率125.3%；门诊次均费用330元，比2021年减少49元；住院次均费用1.09万元，比2021年增加1831元，增长20%：总药占比24.1%（不含中药饮片），比2021年减少4.4%住院药占比10.4%（不含中药饮片），比2021年减少0.3%；中药饮片占总药品比例14.7%，比2021年增长2.7%；耗材占比（不含药品）14.9%，比2021年增长0.4%。手术5728例，比2021年增加1869例，增长率49%。

（徐晓辉）

妇幼保健服务

【概况】 丰顺县妇幼保健院占地面积8700平方米，建筑面积1.29万平方米，业务用房面积1.29万平方米，编制床位50张，开放床位58张。医院配备四维彩超、DR机、唐氏筛查仪、阴道镜、盆底康复治疗仪、耳声发射仪、电泳分析仪等一批先进的医疗设备。内设行政科室及临床、医技科室18个；全院在编正式职工128人，医技人员116人，占90.6%，其中中、高级职称44人，占医技人员38%。

2022年，门诊诊疗人次3.88万人，2021年4.61万人，减少7285人，同比下降15.8%；住院总人数928人，2021年1001人，减少73人，同比下降7.3%。全年业务收入1633.61万元，2021年1598.63万元，增加34.98万元，同比增长2.2%。

▲2022年8月8日上午，医院领导班子、支委成员及新生儿科医护人员代表在妇保院新楼四楼举行了新生儿科开科仪式

（丰顺县妇幼保健院提供）

【妇幼卫生业务】 **城乡妇女“两癌”免费检查** 2022年2月28日启动第二轮第三年的城乡妇女“两癌”免费筛查工作，全年全县城乡妇女“两癌”免费筛查任务数4167人，实际筛查人数4668人，筛查率112.02%，其中宫颈癌及宫颈癌前病变52人，宫颈癌早诊人数47人，早诊率90.39%；乳腺癌人数4人，乳腺癌检出率0.085%；乳腺癌早期诊断人数3人，乳腺癌早诊率75%。

适龄女性人乳头瘤病毒疫苗免费接种工作 2022年，全县符合条件的女生3533人，按照免费接种和知情自愿的原则，实施HPV疫苗免费接种计划人数2190人，全县接种3317人，占目标人群151.88%。

出生缺陷综合防控项目工作 2022年，全县孕产妇目标测评人数2874人，免费地中海贫血筛查3868例，完成率134.59%；

产前结构畸形超声免费筛查2075例，完成率72.2%；全县新生儿目标测评人数3593人，新生儿疾病筛查3328人，完成率92.62%；新生儿听力筛查3301人，完成率91.87%，对筛查阳性的对象均作进一步确诊和随访干预。

婚孕检工作 丰顺县于2022年1月1日起实行婚孕检“二检合一”工作，增加艾滋病、地中海贫血等22个项目。2022年，结婚登记2489对（4978人），婚检1947对（3894人），婚检率78.22%，年度计划怀孕的夫妇约2000对（4000人），孕检1934对（3868人），孕检率96.7%，名列全市第一。

【提升医疗服务能力】 2022年，加强人才队伍建设，提升医院软实力，继续实施“请进来、走出去”的人才兴院计划。做好新生儿广域视网膜筛查工作，经市妇幼医联体点对点帮扶，派出眼科专家，每月到县妇幼保健院开展新生儿广域视网膜筛查工作，全年筛查122人，筛查率62.89%。发展妊娠合并内科疾病门诊，邀请市妇幼妊娠合并内科疾病专家副主任医师吴燕平，从5月至12月预约坐诊每月2次，共10次，检查128人；授课5次，共300多人次。引进新技术、新业务，医院派遣门诊妇科医生前往广州医科大学附属第三医院进修妇科内分泌、阴道镜技术半年，学成归来后开展新技术，带动科室全面发展。

【新业务】 2022年，升级建设项目中新建业务楼投入使用，医院把新生儿科和DR室建设作为重要工作来抓。新生儿科方面，派遣大量人才到省、市级医院进修，医院领导多次带队前往兄弟医院参观学习，开科前邀请市妇幼专家到现场进行指导开科工作。经过前期系列准备工作，达到开科条件，新生儿科于8月8日正式开科。新生儿科为广大新生儿提供更优质、专业、安全、全面的医疗护理服务。DR室方面，经过长期准备，DR室于8月16日进行现场评审并通过审核，于9月1日投入使用，DR室的投入使用提高医院临床诊疗水平，提高各类疾病诊断的准确性，更好地为患者服务。

（办公室）

卫生防疫

【概况】 2022年，丰顺县疾病预防控制中心做好新冠肺炎疫情常态化防控和应急处置工作，抓好法定传染报告、免疫规划、水质监测、地方病防治等工作，保持国家免疫规划疫苗高水平接种率，麻疹发病率降到历史较低水平，继续维持无脊灰状态，各项疫情受到控制。

【法定传染病报告】 2022年，全县无甲类疫情，法定乙、丙类传染病报告2653例，总发病率554.17/10万，同比增长22.48%（2653/2166），各类疫情可控。

【免疫规划】 2022年，辖区内建证率100%（48634/48634），全县适龄儿童建卡建证率100%，国家免疫规划疫苗接种率均95%以上目标要求，无疫苗可控传染病发生流行。

【水质监测】 2022年，建立健全饮用水水质卫生监测网，完成生活饮用水水样监测223份，其中城区市政供水监测水样数30份，农村饮水安全工程水样数190份和学校自备供水设施监测点数3份。

【艾滋病防治】 2022年，丰顺县新报告艾滋病病人/艾滋病感染者23例（其中艾滋病感染者12例，艾滋病病人11例），死亡1例。新增抗病毒治疗12人，免费为感染者和病人做CD4检测12人。同期相比HIV发病数增长9%（12/11），AIDS发病数增长120%（11/5），死亡率无增长。

【地方病防治】 2022年，开展碘缺乏病防治，完成水碘调查采样623份，未检出有富碘地区。碘盐检测：学生200份，孕妇100份，共300份，合格率95%；尿碘检测：孕妇100人，尿碘中位数267.45；儿童200人，尿碘中位数209.45。地方性氟中毒防治，完成53个病区村水氟检测，水氟含量均1毫克每升。儿童氟斑牙检查总人数1.32万人，其中4例极轻，5例可疑。

【慢性病管理】 全人群死因监测工作，2022年全县户籍人口死亡数4573，户籍人口数71.64万人，死亡率为6.4‰（4573/716440）。

慢性病监测工作，开展肿瘤登记随访工作项目，收集2021年全县肿瘤发病病例信息，清洗整理数据，完成2021年度肿瘤新发病例数据库的报送工作（961例），为制订肿瘤防控规划与防治策略提供科学依据。

（罗林涛　刘万丰）

县慢性病防治院

【概况】 丰顺县慢性病防治院创建于1978年，是一所国家公立的慢性病防治专业机构，属副科级一类公益事业单位，院址设在汤坑镇城南开发区站前路35号，专科用房面积约3460平方米，加挂丰顺县精神卫生中心牌子，是一所集医疗、预防保健为一体的专科医院，为城乡居民医保定点单位。2007年，被梅州市物价局、梅州市卫生局评定为（准二乙）医疗卫生单位。2022年，职工50人，其中在编人员45人，合同人员5人；专业技术人员41人，其中副高职称3人，中级技术职称5人，本科19人。医院设有内科、妇女保健科、儿科、皮肤科、精神科、结核病科、医学影像科、激光科、医学检验科、医疗保险科、公卫防治科，承担着丰顺县16个镇约47万常住人口的慢性病防治机构，丰顺县慢性病防治院坚持慢病工作“预防为主、防治结合”的方向，做好县慢性病防治工作。

【慢性病管理】 2022年，完成上级下达的“五病”（结核病、麻风病、皮肤性病、重性精神疾病、慢性非传染性疾病）防治工作任务。

结核病防控工作 2022年，医院门诊免费检查可疑肺结核病人445例，同期完成疗程结核病患者156人，规则服药154人，规则服药率99%，达到项目工作指南要求。2022年，县卫健局和慢病院联合学校开展学生结核病筛查工作，做到早发现、早诊断、早预防，丰顺县3所中学的4位学生确诊为肺结核，2所学校的2位老师确诊为肺结核。做好学校结核病防治知识的传播，发展新增178名结核病防治知识传播志愿者，开展形式多样百千万志愿者结核病防治知识传播行动。2022年7月至10月对全县高中高职一年级新生、初一新生、小学一年级、幼儿园小班新生进行入学结核病筛查；全县新生总人数2.13万人，已筛查人数2.06万人，筛查率96.83%；对全县教职员工开展结核病筛查，全县教职员工总人数7726人，开展对胸部X线检查3479人，筛查率45.01%，筛查结果发现PPD强阳性的学生，通知到慢病院做胸部DR检查，无活动性肺结核病灶的，均按要求建议预防性抗结核治疗；2022年筛查发现2例活动性肺结核学生患者，均给予规范性抗结核治疗，同时给予休学处理。

皮肤性病防治工作 2022年，慢病院皮肤性病门诊有副主任医师1名，主治医师1名，执业医师2名，全年诊治各类皮肤病人2.05万人次。发现各类性病374例，其中梅毒273例、淋病30例、生殖器疱疹5例、尖锐湿疣16例、非淋菌尿道炎（宫颈炎）1例，生殖道沙眼衣原体感染49例，并开展性伴侣的跟踪监测工作，均按照性病诊疗规范对患者进行规范治疗，取得满意的疗效。

麻风病防治工作 2022年，丰顺县继续巩固麻风病达标成果，加强门诊监测工作，及时发现病人和统计上报。丰顺县1例现症患者于2014年发现，2018年7月由蔗溪麻风病院转梅县松口镇康乐医院托管治疗，现病情稳定。医院麻防人员多次对其家属进行密切接触者的筛查及对周边人群进行流行病学的筛查，通过筛查没有发现新病例。

精神病防治工作 丰顺县根据《严重精神障碍管理治疗工作规范（2018年版）》的要求，对全县严重精神障碍患者进行规范管理，做到及时录入、更新患者信息。截至2022年，广东省精神卫生信息平台全县在册严重精神障碍患者3315例，其中精神分裂症2713例，分裂情感性精神障碍63例，双相（情感）性精神障碍210例，癫痫所致精神障碍85例，精神发育迟滞235例，偏执性精神病2例。报告患病率6.92‰，管理率94.36%，规范管理率92.37%，服药（治疗）率92.22%，精神分裂症规律服药率85.85%，面访率93.27%。

丰顺县持续为严重精神障碍患者提供门诊医疗救助工作，对病情较轻需要服药的严重精神障碍患者，由县慢病院实行门诊送医送药。按照梅州市基本医疗保险门诊特定病种严重精神障碍患者每月每人给予100元以及县医保对丰顺县严重精神障碍患者每月每人给予150元的医疗救助费用的标准实行门诊送医送药，2022年，送医送药总人数为9004人次。对病情不稳定的严重精神障碍患者由梅州市第三人民医院、梅州市复退军人医院、丰顺县荣军医院进行收治。2022年，丰顺县住院病情不稳定的严重精神障碍患者572例，市复退军人医院195例（其中安置本市、县“三无”人员住院患者2例、优抚对象15人），县荣军医院377例。

慢病院精神病防治工作有执业医师2名，主要以门诊治疗为主和心理咨询相结合。对个别精神病人设立家庭病床，提供医疗救治救助服务。

2022年，丰顺县在镇卫生院推行精神病长效针剂的使用，通过开展精神病长效针剂的使用，有效地减少丰顺县精神疾病患者肇事肇祸行为的发生。全年，丰顺县未发生精神疾病患者肇事肇祸行为。

慢性非传染性疾病管理 2022年，慢病院重点培训慢性病项目的各项管理工作，根据各项慢病管理规范及时纳入规范管理。开展对镇卫生院的督导和管理，依照考核标准不断规范慢性病项目管理。2022年，16个镇卫生院完成原发性高血压、2型糖尿病患者每年4次以上面对面的随访管理。2022年，管理高血压患者2.13万人，管理任务完成率114.58%，规范管理1.9万人，规范管理率89.75%，血压达标人数1.84万人，血压控制率86.54%。管理糖尿病患者9113人，管理任务完成率119.9%，规范管理8075人，规范管理率88.61%，血糖达标人7247人，血糖控制率79.52%。全县65岁以上老年人总数7.02万人，建立健康档案人数4.99万人，接受健康管理人数3.67万人，健康管理率52.30%，为3.67万位老年人提供免费体检。

▲2022年11月19日，丰顺县新冠疫情结束后，全体医护人员抗疫胜利归来

（丰顺县慢性病防治院提供）

【医疗保险即时补偿工作】 医院落实医疗保险即时补偿制度，解决广大人民群众的就医问题。2022年慢病院办理结核病845人，精神病9004人，医药总费用147万元，补偿139万元。通过医疗保险即时补偿，减轻丰顺县肺结核病、严重精神障碍患者的医疗费用，解决结核病、严重精神障碍患者买不起药品的问题。

（刘辉欣　邱清妹）

社会生活

人力资源和社会保障

【概况】 2022年，丰顺县城镇新增就业人数2352人，城镇登记失业率2.53%，控制在3.5%的目标以下。兜底安置类公益性岗位在岗人数73人。累计为1287名高校毕业生提供就业服务。培训“粤菜师傅”278人，获证63人，促进55人就业创业，“广东技工”培训备案105人，个人技能提升培训595人，组织开展“南粤家政”技能培训421人次，开展“农村电商”技能培训105人次。全县城乡居民基本养老保险参保24.23万人，企业职工养老保险参保4.62万人，失业保险参保3.07万人，工伤保险参保3.82万人。接收、安置26名2022年高校毕业生“三支一扶”来丰顺县志愿服务基层。建成1个县级和16个镇级乡村振兴人才驿站。

【就业创业】 2022年，聚焦“六稳”“六保”决策部署，加大稳岗促就业政策力度，帮扶企业纾困解难，推动“校政企”合作取得实质性成效，开设“双十科技班”和“立讯智造班”2个企业冠名班，顶岗实习283人，确保重点群体就业，开发百万就业见习岗位231个，做好就业服务和兜底保障，全年城镇新增就业人数2352人，就业形势总体稳定。深入推进送政策、送资金、送服务“三送”活动，发放留工培训补助、稳岗返还资金800多万元。

【社会保障】 扩大社保覆盖面，2022年各险种参保人数均达到90%以上。开展机关事业养老保险和职业年金征收，累计征缴15.77万人次，征收机关养老保险2.4亿元，职业年金1.2亿元。完成5个批次852.33万元被征地农民养老保障留存资金分配，分配率100%。开展“清数”和“筑墙”专项行动，涉及基金追回、退回、补缴、补发金额411.68万元。

【人事人才】 2022年，优化人才环境，提升人才服务水平，为丰顺县高质量发展提供智力、人才支持。培训“粤菜师傅”278人，初步完成2个“埔寨新鲜牛字辈特色镇”展馆建设，新型学徒制培训培养105人，个人技能提升培训595人，开展“南粤家政”技能培训119人次，培养“乡村工匠”287人。成功举办丰顺县第二届“南粤家政”技能大赛，并组队参加梅州市第二届“南粤家政”技能大赛，丰顺代表队12人参赛11人获奖，荣获优秀团体第一名。

【劳动关系】 2022年，处理受理各类涉劳欠薪信访案件、投诉

▲2022年7月5日，丰顺代表队参加梅州市“南粤家政”技能大赛 （人社局提供）

举报、欠薪线索739宗，涉及金额1653.5万元，依法查处社会保险骗保案件，涉案金额18余万元。劳动仲裁调解部门处理劳动争议案件52宗，涉案金额156万元，维护广大劳动者合法权益，确保丰顺县劳动关系总体和谐稳定，劳动人事争议仲裁调解成功率和结案率均为100%。

（办公室）

社会保险基金管理

【概况】 2022年，丰顺县社保局做好全年扩面征缴任务，深化社保体制机制改革，落实“清数筑墙”“社保提升年”等专项行动。

【扩面征缴】 2022年，采取线上线下相结合，会同税务等部门做好社保政策宣传进村进企工作，对参保企业、人群分类施策、突出重点精准宣传，尤其针对企业职工养老保险费率调整做好正面引导，督促各镇克服工作中困难，强化宣传力度，找准宣传切入点，向群众讲清楚城乡居民养老保险“多缴多得、长缴多得”的好处，引导广大群众主动参与、积极缴费，确保按时保质完成年度征缴工作任务。通过社区宣传、广播、公众号、微信转发等媒体多渠道发布打击虚构劳动关系参保补缴违规行为的政策、案例，营造人人关心、支持打击虚构劳动关系参保违规行为的社会氛围。

【养老保险】 2022年，全县企业职工基本养老保险征收4.56亿元，城乡居民基本养老保险征收2065万元。全县机关事业单位养老保险领取待遇人数6430人，人均5803.5元；企业职工养老保险领取待遇人数（含灵活就业人员）3.91万人，人均1998元；城乡居民基本养老保险参保领取待遇人数8.24万人，人均215.81元。丰顺县的社保基金收支总体平稳，职工保险征收工作在全市处于中上水平。

▲2022年，社保扩面征缴政策宣传暨“打击虚构劳动关系参保违规行为”政策宣传

（丰顺县社保局供图）

【失业保险】 2022年，向丰顺县受新冠疫情严重影响的2311家企业发放一次性留工培训补助699.34万元。向丰顺县1642家符合条件的企业发放稳岗返还资金107.24万元。拓展技能提升补贴政策受益范围，由在职职工拓展至领取失业保险金的失业人员。全年发放失业技能提升补贴56人，金额8.5万元。做好失业金和失业补助金的核发工作，做好代缴基本医疗保险费、求职补贴和农民工生活补助等常规性保生活待遇发放工作，保障失业人员基本生活。2022年，发放失业金1851人次，金额269.87万元；代缴职工医疗保险1852人次，金额64.45万元；发放求职补贴890人次，金额28.31万元；发放失业补助金1359人次，金额83.09万元；发放省外一次性失业保险待遇4人，金额3.95万元。

【工伤保险】 2022年，工伤保险征收401万元，工伤待遇一次性待遇发放人数129人，发放金额501.47万元。定期待遇发放人数953人，发放金额113.75万元。

【稽核防范经办风险】 2022年，落实“事前防范、事中核查、事后监管”风险防控机制，加快风险防控“数字化”转型，加强与法院、司法、民政、卫健、医保等部门数据共享，落实数据共享核查比对工作机制，将数据核查比对工作贯穿到相关经办环节当中，加强领取待遇监管。

（刘　彬）

住房公积金管理

【概况】 2022年，全县归集住房公积金4.13亿元，同比增长6.5%，发放贷款307户共6722万元，同比减少50%，办理提取公积金6万笔3.04亿元，同比增长5.9%。

【办理业务】 2022年，按照梅州市住房公积金管理委员会三届四次会议通过的管理规定办理公积金归集、提取、贷款业务，依法依规进行审批。提取方面，审核提取材料，对有嫌疑的提取，实行暂缓办理并对资料的真实性进行调查分析，防止违规提取的发生，对使用伪造证照材料骗提住房公积金的，列入住房公积金系统黑名单。在贷款方面，严格审核贷款材料，对不符合公积金贷款条件的，及时退回并告知贷款人，加强贷后管理，发现逾期情况，及时电话通知，督促其尽快还款，逾期率控制在0.1%以内，及时有效防范化解资金风险。

【归集扩面】 2022年，住房公积金丰顺管理部推进公积金宣传扩面工作。通过县政府召开学前教育联席会议，推动全县公办学前教育学校的合同制教师公积金缴存工作。通过走访企业、上门宣传、联合受委托银行发放宣传资料等形式宣传住房公积金政策法规，动员私营企业从业人员参与缴存，进一步扩大缴存覆盖面。累计发放宣传资料3000余份，是年新增缴存单位17个1062人，全县总缴存单位324个1.84万人。

▲2022年6月17日，梅州市住房公积金管理中心丰顺管理部到春阳幼儿园进行归集扩面宣传 （彭伟萍摄）

【便民服务】 2022年，推进政务服务“指间办”，通过宣传推广“梅州公积金”微信公众号、公积金网上办事大厅、“粤省事”和全国住房公积金小程序，引导干部群众通过线上办理公积金业务。落实“跨省通办、省内通办”的十三大住房公积金高频事项，方便异地缴存干部职工办理公积金业务。推动“放管服”改革，引导贷款职工办理签约对冲还贷业务或划拨还贷业务，签约率位居全市前列。

【年度调整工作】 2022年，根据县府办《关于做好2022年度县财政统发工资人员住房公积金缴存基数调整工作的通知》文件精神，做好2022年度财政统发工资人员住房公积金缴存基数调整工作，核对系统导入数据，确保导入的缴存基数数据无误。组织其他非财政统发工资人员住房公积金缴存基数调整工作。指导各单位按要求完成年度基数调整工作。

【落实新政策】 2022年，落实《梅州市住房公积金管理委员会关于三届七次全体委员会议有关决议事项的通知》，申请住房公积金贷款的，双方缴存最高限额40万元，单方缴存最高限额25万元，各类高层次人才、“青梅计划”人才贷款额度同步上浮。可提取本人及配偶住房公积金作首付，实施公积金贷款最低首付比例规定。落实《关于实施住房公积金阶段性支持政策的通知》要求，指导和帮助有需要的受疫情影响的企业、干部职工用好支持政策，推动阶段性支持政策稳步实施。

【管理机构调整工作】 2022年，根据梅州市委办、市府办《关于梅州市住房公积金管理机构调整工作方案》（梅市明电〔2020〕147号）通知精神，完成机构整体划转和资产移交后，2022年5月18日注销住房公积金丰顺分理处事业单位法人证书，5月20日启用“梅州市住房公积金管理中心丰顺管理部”的部门印章。住房公积金丰顺管理部已全面完成机构调整工作。

（李舒琴）

民　政

【概况】　2022年，县民政局内设办公室、计划财务股、社会救助股、基层政权和社区建设股、区划地名股、社会福利和社会事务股6个职能股室，设丰顺县殡葬管理监察队、社会组织事务中心、县慈善会、县老年人服务中心、县未成年人救助保护中心、县社会福利中心、县婚姻登记处、县救助管理站、县殡仪馆、县福彩中心10个事业单位。民政工作主要职责是基本民生保障、基层社会治理、基本社会服务等，包含最低生活保障、特困人员供养、临时救助、流浪乞讨及生活无着人员救助、未成年人救助保护、社会福利及慈善事业发展、基层政权建设、区划地名管理、殡葬管理、婚姻登记、社会组织登记管理、社会工作人才队伍建设和相关志愿者队伍建设等。2022年，县民政部门坚持以人民为中心，统筹推进疫情防控和民政事业改革发展。

【社会救助】　2022年，县民政局完成县十件民生实事涉及民政事项。城乡低保、特困人员供养等补贴标准全面达标，按时足额发放各类救助金，做到全县困难群众求助有门、受助及时。2022年，全县在册城乡低保人员6365户1.31万人、特困供养人员2733户2735人、残疾人“两项补贴”发放对象1.41万人，事实无人抚养儿童350人、孤儿69名。原建档立卡脱贫户中无劳动能力脱贫人口3187人，纳入兜底2734人（453人因不符合兜底政策未纳入）；防返贫“三类”监测对象纳入政策保障485人，实施临时救助446人次，确保兜住底、兜牢底。排查出“六类人员”中困难家庭74人，对符合政策的人员应保尽保、应救尽救。做好生活无着流浪乞讨人员救助工作，救助生活无着流浪乞讨人员等困难群众25人次。

【慈善和福彩】　2022年，丰顺县慈善会围绕“安老、扶幼、助学、济困”宗旨，通过赈灾济贫、扶残济困、助学兴教等公益事业开展慈善活动。协助做好丰顺县重点民生项目六馆六中心建设，配合做好梅州市市民中心项目、丰顺公园建设等工作。丰顺县慈善会获评“广东先进社会组织”称号。全年全县接收捐款1.26亿元。其中，慈善公益捐款7000万元，扶贫济困捐款5640万元。销售福利彩票1269万元。

【社会福利和事务工作】　2022年，全县建成17个镇（场）社会工作服务站、56个村（居）社会工作服务点，配备297名社工为困难群众提供专业服务，实现全县“双百工程”社会工作服务站（点）、困难群众和特殊群体社会工作服务100%全覆盖。做好殡葬管理服务工作，推广生态殡葬方式和殡葬新风，落实殡葬基本服务费用的免除，开展安葬（放）设施建设经营专项整治，做好清明祭扫保障工作，实现“平安清明、文明清明”。全县首家经营性公墓银湖仙庄墓园开园运营，实现丰顺县经营性墓园零突破。启动省级殡仪馆创建工作，做好县殡仪馆迁建项目的前期筹备工作。做好婚姻登记工作，2022年全县办理结婚登记2186对，离婚登记358对，做到合格率100%，归档率100%。

【婚姻】　2022年，丰顺县民政局婚姻登记处加强对婚姻登记的管理工作，规范婚姻登记办理程序，提升婚姻登记业务能力和服务水平。至年底，办理结婚登记2186对，其中内地居民结婚登记2162对；办理离婚登记358对；补领婚姻登记证403宗。

【基层政权和社区建设】　2022年，完成全县281个村（社区）下属委员会设立工作。北斗镇拾荷村村规民约入选广东百篇优秀村规民约（居民公约）。制定《关于印发丰顺县开展“一站式”城乡社区综合服务示范创建工作方案的通知》，指导北斗镇下溪村开展“一站式”城乡社区综合服务示范创建工作试点。完成2021年村级换届后770名正常离任村干部及中华人民共和国成立以来全县131位正常离任社区干部的审核工作。制定《丰顺县民政局关于深化社区“万能章”

治理专项行动工作方案的通知》，改进和规范基层群众性自治组织出具证明事项工作。

【养老服务】 2022年，全县有18家养老机构，养老床位总数672张，其中护理型床位395张，占比58.78%。全市首家公建民营专业性养老服务机构县顺康养老护理院投入使用。在10个乡镇设立10个综合养老服务中心，投入174.25万元新建和改扩建居家养老服务站8间，投入45万元完成150户特殊困难老年人家庭适老化改造，逐步形成居家社区养老服务网格化。加强养老专业人才队伍建设，完成养老从业人员培训420人次。全面落实高龄老人津贴制度，全县80周岁以上老人享受高龄津（补）贴每人每年200元，百岁老人“长寿保健金”每人每月500元，全部按时足额发放到位。

【丰顺县顺康养老护理院】 2022年1月6日，丰顺县顺康养老护理院举行挂牌揭牌仪式。丰顺县顺康养老护理院是全市首家公建民营专业性养老服务机构、丰顺县医养结合服务示范点，按照五星养老机构标准打造。位于丰顺县汤坑镇经济开发区金兴路二巷，建筑面积5689平方米，设置老年医养结合床位230余张。

【社会组织管理】 2022年，全县有社会组织218个，其中2022年新登记社会组织10家，注销9家。开展“我为企业减负担”活动，为企业减负184.4万元。做好社会组织党建工作。落实“双同步”工作，向上报请成立社会组织党委。加强与相关部门的沟通、协作配合，建立健全协作机制，开展规范社会团体分支（代表）机构专项整治、社会服务机构非营利监管专项行动，加大打击整治非法社会组织的工作力度。

【区划地名】 2022年，加强地名管理，做好标准地名词典、地名志的编纂工作。严格地名命名更名审批管理，做好路牌街牌设置及地名的确认，规范建筑物、住宅小区、街道等命名、更名管理规定，加强城镇、村地名标志设置和质量管理。完成第四轮梅州、潮州界线联检工作。

（朱柏新）

▲2022年1月6日，丰顺县顺康养老护理院揭牌 （丰顺县民政局提供）

医疗保障

【概况】 2022年，丰顺县医疗保障局做好发动参保缴费、疫情防控、待遇审核、医疗救助、基金监管和药品采购等工作。2022年，全县完成城乡居民医保参保48.26万人，完成率96.15%，位居全市第四，较往年取得新的成效；医疗救助4.97万人次，人数为2.13万人，救助金额支出3208.4万元；派出433人次到县内20家定点医疗机构和90家定点药店进行检查；各定点医疗机构药品采购总金额1.45亿元，其中线上采购金额为1.45亿元，线下采购金额为60.67万元，占总采购金额的0.42%；各定点医疗机构耗材采购总金额为1.08亿元，其中线上采购金额为1.06亿元，线下采购金额为189.34万元，占总耗材采购金额的1.75%。

【医保改革】 2022年，落实《梅州市基本医疗保险门诊特定病种管理办法》，门诊特定病种增加至56个。落实两定机构定点管理暂行办法，两定机构的评估管理更加完善。完善基本医疗保险结算办法，引导医疗机构控费。落实就医管理办法，规范就医行为，合理控制医疗费用增长。落实《关于做好药品和医用耗材采购工作的实施意见》，规范医疗机构药品和医用耗材采购

▲2022年12月10日，2023年度城乡居民基本医疗保险参保缴费现场宣传活动

（丰顺县医疗保障局供图）

行为。

【扩面征缴】 2022年，印制宣传单、宣传海报和横幅等10多万份发放到各乡镇，通过电视台、政府网站、公众号和制作小视频等多种形式加大宣传力度，丰富缴费渠道，让群众了解政策，主动参保。丰顺县医保局班子成员带队到各镇场开展专题督导，利用工作群，通过日通报形式督促，加快参保进度。开展2023年度城乡居民医疗参保缴费现场宣传活动，推进参保缴费工作。丰顺县累计完成参保48.26万人，完成率96.15%，位居全市第四，较往年取得新的成效。

【疫情防控】 2022年，实行特殊医疗保障政策，将确认疑似、确诊新冠肺炎等患者发生的医疗费用纳入医保基金支付范围，将医保门诊带药时间延长至3个月。加强与药品和医用耗材采购平台、生产和配送企业的沟通联系，为抗击疫情提供充足药品和医用耗材保障。发挥疫情防控“哨点”作用，要求定点药店对进店购药人员戴口罩、测体温、查验健康码，支持疫情防控工作。在规定时限内完成新冠肺炎确诊和疑似患者医疗费用清算，丰顺2次疫情期间，丰顺县新冠肺炎医疗费用结算9.23万人次，费用229.68万元，基金支付208.38万元。

【服务民生】 2022年，通过与丰顺县财政、民政、农业农村等部门沟通和衔接，把丰顺县的困难群众全部纳入到基本医疗保险、大病保险和医疗救助中。丰顺县资助所有建档立卡贫困人员参加城乡居民基本医疗保险，资助参保率达到100%，做到应保尽保。做好困难群众医疗救助资金管理使用，对丰顺县困难群众做到“应救尽救”，提升丰顺县困难群众医疗救助服务水平。全年丰顺县完成医疗救助4.97万人次，人数为2.13万人，救助金额支出3208.4万元。其中，住院人次7386人次，救助金额2256.57万元，门诊救助4.23万人次，救助金额951.82万元。

【基金监管】 2022年，贯彻《医疗保障基金使用监督管理条例》，开展集中宣传月活动。开展基金监管“护金行动”，对全县24家定点医疗机构医保基金使用情况进行检查。聚焦医保基金监管的重点领域，统筹行政、经办和第三方力量，打好基金监管“组合拳”，做到从严审核、从严筛查、从严检查、从严处理、从严教育，保持打击医保领域违法违规行为的高压态势。2022年，丰顺县医保局查处1起非定点药店违规使用医保电子结算设备案件，除全额退回盗刷的医保基金外，并处以2倍罚款，并解除与违规药店签订的定点零售药店协议。全年，通过日常巡查和不定期抽查等方式，丰顺县医保局派出433人次到县内20家定点医疗机构和90家定点药店进行检查。

【医保经办服务】 2022年，依托国家医疗保障信息平台，推进“互联网+政务服务”。推动县内定点医疗机构医疗费用结算、智能审核、异地结算的上线，提升医保经办管理服务水平。全县24家定点医院、100多家药店上线使用国家医保信息平台系统，运行监测、公共服务、宏观决策大数据应用等子系统启用。实行基本医疗、大病保险（职工补充保险）、医疗救助同审同核同付，缩短报销时效。落实五级审批流程，严把待遇支付关口。城乡居民参保登记、异地就医备案等高频服务事项通过“粤省事”“粤医保”等小程序实现网上办理，同时开通邮箱、传真等“非窗口”办理途径，困难群众二次医疗救助实现直接结算，定点医疗机构全面推行门特病种认定和续期、职工医保门诊共济、就诊治疗“一站式”服务。推动乡镇实现提供7项以上医保服务（含待遇支付类事项的申报受理服务），政务服务事项10项高频事项“全市通办”，继续配合做好更多医疗保障服务事项“跨省通办”工作。推广使用医保电子凭证，推动医保业务线上办、网上办，提高医保公共服务能力。做好定点医药机构协议管理、日常巡查，做好定点医疗机构执行医疗服务协议年度考核和各项专项检查工作。指导和监督全县基本医疗保险业务经办管理服务工作，加强医疗费用审核把关，强化定点医疗机构的日常监管。

【药品带量采购】 2022年，根据省、市工作要求，督促并监管丰顺县各定点医疗机构对省、深圳、广州平台的上线品规进行全面上线采购。全年丰顺县各定点医疗机构药品采购总金额1.45亿元，其中线上采购金额1.45亿元，线下采购金额60.67万元；耗材采购金额1.08亿元，其中线上采购金额为1.06亿元，线下采购金额为189.34万元。丰顺县医保局对定点医疗采购月报表进行分析研判，发现问题及时反馈给医疗机构，要求其按规定进行采购，使丰顺县定点医疗机构线上采购品规数和金额均低于5%，符合上级要求，且均保持在全市前列。

（办公室）

应急管理

【概况】 2022年，丰顺县应急管理局坚持“安全第一、预防为主、综合治理”的工作方针，开展安全生产专项整治，推动全县安全生产形势总体稳定向好。2022年，全县发生生产安全事故5起，死亡5人。发生交通事故270宗，交通事故死亡20人，受伤288人，直接经济损失34.94万元，比2021年分别下降24%、7%、36%、45%。发生火灾99起，同比下降30.28%，未发生较大以上火灾事故，火灾形势持续平稳可控。

【安全示范创建】 2022年，县应急管理局执行安全生产警示、约谈、挂牌督办和“一票否决”制度，严查严管，严肃问责；对应急救援和安全生产重大措施落实情况以及重大事故隐患整改情况督查、督办；组织每个季度召开全县安全生产暨防范较大以上生产安全事故工作会议；组织开展重大节假日及重点时段专项整治行动、督查工作，进行安全生产大检查，起草印发重要文件，加强县镇二级党政领导干部履行安全生产行业监管和属地监管职责。

【安全生产监管】 2022年，丰顺县有非煤矿山企业23家，其中露天采石场12家、露天陶瓷土7家；长期停产的地下开采矿山2家；在建的地下开采矿山1家；温泉水1家。正常生产企业4家，涉及河北新烨公司设施设计问题暂停暂扣安全生产许可证企业4家，在建企业5家，其他均因林地或采矿证到期未取得采矿证未复工复产。现有危险化学品经营企业36家，其中加油站30家，工业气体类危险化学品经营企业2家、非药品类易制毒危险化学品2家、成品油贸易经营2家；烟花爆竹经营企业32家，其中批发企业1家，零售单位31家；规模以上工商贸企业35家。2022年，烟花爆竹方面：出动执法人员118人次，检查企业39家次，发现问题35项，注销烟花爆竹零售单位3家，立案查处1宗，行政罚款3.3万元。收缴的非法储存、违禁产品等共460多箱（盒）。危险化学品方面：出动102人次，检查企业34家次，排查出各类隐患70处，均已整改完成。工商贸方面：对冶金和工贸行业检查企业50家次、开具现场检查记录50份、责令限期改正文书26份；现场措施处理决定书8份，发现隐患205项，均已整改完成；行政罚款3宗，罚款金额共20.9万元。

【应急指挥调度】 2022年，县应急管理局成功应对6月份持续强降雨“龙舟水”和8月份第7号台风“木兰”，启动6户全倒户的灾后重建工作，重建工作进展顺利。发放各类救灾救助资金16.28万元。落实广东应急“一键通”安装、登录应用工作，打通基层应急管理“最后一公里”，实现县镇村三级灾害信息员安装100%。

▲2022年7月15日，在丰顺县广宏加油站举行梅州市2022年危化品安全生产突发事件应急演练
（丰顺县应急管理局提供）

【应急预案编制】 2022年，县应急管理局指导各职能部门完善和修订各类应急救援预案，完善和修订总体应急预案、专项预案。指导各镇、企业等结合自身实际，制订相应的基层预案。确保全县高危行业应急预案备案实现全覆盖。

【行政执法】 2022年，县应急管理局制定文件方案，明确主要目标和任务，确定重点范围和内容，提出执法要求。加强学习典型案例和加强业务学习。

【防火防汛救灾】 2022年，县应急管理局部署2022年冬季和2023年春季森林防灭火工作，派出督查组对全县森林防灭火工作落实情况进行督查；做好防汛备汛工作，明确各部门各单位防汛责任人，落实巡库、巡堤、巡点责任，加强隐患排查治理和风险管控；根据气象预报，及时通过防汛预警平台，发布汛情预警信息；购置一批防旱物资，加强防旱物资管理；下达200多万资金用于支持各镇做好防旱抗旱工作；做好救灾工作。2022年，丰顺县旱涝态势总体偏涝，“龙舟水”期间，丰顺县出现洪涝灾害，部分江河出现超警戒洪水，是丰顺县洪灾较重的一年；出现旱情。2022年，全县受灾人口8371人，房屋倒塌144间，紧急避险转移614人，紧急转移安置（政府安置）6人；发生山体滑坡484处25718立方米，路基坍塌30处，均落实应急处置措施；农作物受灾面积约403.67公顷，安排技术人员指导受灾群众开展农业生产自救。

【安全生产】 2022年，县应急管理局在重要防火期，通过微信群、小喇叭、敲门行动入户等多形式宣传森林防火知识，竖立防火宣传牌，发放森林防灭火宣传资料10000余份；开展“5·12防灾减灾日”“安全生产月”等系列主题宣传活动，发出3600份宣传资料，接待群众咨询600余人，发布新闻报道70余篇。开展安全培训，组织全体干部职工、部分重点企业集中观看《生命重于泰山》等安全警示教育片；6月份举办全县安全监管综合执法业务知识培训班。

（范晓燕）

消防救援

【概况】 2022年，丰顺消防救援大队各项工作创新创优，提质增效，完成党的二十大消防安保及各项重点工作任务目标，确保辖区社会面火灾形势和队伍管理“双稳定”。2022年，丰顺县消防救援大队荣获“集体三等功”，丰顺县汤坑消防救援站获评“第21届全省青年文明号”，大队政治教导员李建设同志获广东省消防救援总队表彰为“优秀党务工作者”、徐明挥评为“优秀教练员”，21人次获梅州市消防救援支队各类表彰奖励。

【火灾防控】 2022年，大队依法治火、铁腕整治，基层消防安全治理效能显著提升。提请县政府部署全县“三小场所、出租屋（群租房）、电动自行车”消防安全等专项治理行动，推进完善基层消防责任制落实，推进乡镇消防所、专职消防队建设，指导市政府挂牌督办重大火灾隐患地区汤南镇政府开展摘牌整治工作。由县消安委牵头召开行业标准化管理达标创建及重点单位“五化”管理工作动员部署会，召开试点现场会、建成多个试点场所，持续推动消防安全重点领域“五化”达标创建。全年接警总数同比下降23.16%，火灾数量同比下降38%。

【灭火救援】 2022年，大队接警出动146起，火灾83起，抢险

▲2022年11月5日，消防大队在汕昆高速梅州往丰顺方向北斗服务区前一千米处货车火灾现场进行扑救 （丰顺县消防救援大队提供）

救援41起，社会救助22起，出动车辆331辆次，出动人员1725人次，抢救被困人员20人，疏散被困人员33人，抢救财产价值约506万元，保护财产价值2000余万元，成功处置“5·2”汤南镇配件厂房电镀车间火灾、“6·7”汶水桥溺水救援、“6·24”汤南镇桦晟电子工厂火灾等多起社会影响较大、急难险重任务，得到县委、县政府主要领导同志和人民群众的高度肯定和广泛赞誉。

【后勤保障】 2022年，大队财政收入564.25万元，协调解决2名指战员子女入学入托事宜，1名指战员家属随队安置工作，1名消防员团圆回户籍地工作事宜，提升指战员职业荣誉感、认同感。

【基础建设】 2022年，大队建设园区消防站，规划用地面积1.31万平方米，规划建设面积1.05万平方米，打造梅州消防站建设试点样板工程；完成大队执勤仓库楼二次装修、战斗班宿舍、卫生间修缮改造等库室场所升级改造工作；购置消防车2辆和装备器材800余件，补齐装备缺口，完成到期装备更新换代提档升级，增强大队灭火救援装备实力。

（李　玄）

退役军人事务

【概况】 2022年，丰顺县退役军人事务局树立“以退役军人为中心”工作理念，加强退役军人服务保障体系建设，抓好退役军人服务保障各项工作，弘扬拥军优属光荣传统、营造全社会尊崇军人的良好氛围，争创退役军人工作高质量发展的新局面。

【机构建设】 根据《丰顺县机构改革方案》，丰顺县退役军人事务局全面抓好单位、人员转隶工作及县镇层级服务机构建设工作。2022年，局机关内设办公室、优抚安置股、双拥工作股开展工作。丰顺县复员退伍军人服务中心、丰顺县双拥工作领导小组办公室、丰顺县光荣院等事业单位移交丰顺县退役军人事务局接管。其中，撤销丰顺县复员退伍军人服务中心，成立丰顺县退役军人服务中心。经丰顺县委编委会议审议通过，全县设立县镇村三级服务保障机构，其中将县退役军人服务中心设为公益一类正股级事业单位，核定人员编制10名，设主任1名，副主任2名；将镇级退役军人服务站设为公益一类正股级事业单位，核定人员编制18名；全县设17个镇级退役军人服务站。

【结对帮扶工作】 2022年，丰顺县退役军人事务局探索“三自一失”（自主择业、自谋职业、自主就业、下岗失业）退役军人流动党员教育管理，依托县镇村三级退役军人服务中心（站），发挥基层党组织和退役军人服务站的作用，实现困难退役军人数量清零。

【优抚安置】 2022年，按省市相关文件精神指示，全年为优抚对象发放抚恤补助金，发放春节、“八一”慰问金，为优抚对象发放医疗补助金，发放一次性死亡丧葬补助金60万元；为军休干部和无军籍职工发放退休金116.2万元，发放春节、“八一”慰问金1.52万元；为困难企业军转干部发放生活补助金194万元，发放春节、“八一”慰问金

20万元；为自主择业军转干部发放住房补贴2.04万元；为丰顺县2020年、2021年入伍义务兵家庭发放义务兵家庭优待金合计320.76万元；为丰顺县2011年春夏秋季高原条件兵合计发放一次性奖励金105万元；为2020年大学毕业生发放入伍补助合计20万元；为2020年入伍大学毕业生发放视力矫正补助合计2.4万元；为2021年退役士兵发放自主就业一次性补助金348.23万元。2022年，完成多名符合政府安排工作的转业士官安置工作，安置工作圆满完成。根据退役军人事务部、广东省退役军人事务厅、梅州市退役军人事务局工作部署，结合工作实际，丰顺县退役军人事务局开展退役军人及其他优抚对象优待证申领工作。

【军人合法权益保障】 解决2019年度及以前解决安置历史遗留问题。丰顺县委、县政府对丰顺县符合政府安排工作退役士兵安置历史遗留问题作出“要全面、系统、准确地完成”指示，在2021年9月、2022年4月、2022年8月和9月召集县委常委、县政府分管副县长，以及相关职能单位负责人进行专题研判。梅州市退役军人事务局局长伍卫华多次到丰顺县调查研究，指导及推进工作。2022年，丰顺县退役军人事务局收到退役军人信访件24宗，办结23宗，1宗在办理中，信访件数量比2021年增多10件，同比增长67%。做好退役军人服务窗口日常工作，为退役军人解答疑问，解决急愁难盼的问题。

【双拥工作】 2022年，丰顺县累计慰问金额107万元。开展为立功受奖军人家庭送喜报工作，累计向立功受奖官兵送喜报54份，其中三等功4份。开展网上祭扫活动，以线上线下相结合的方式，抓好以“2022·奋进·网上祭英烈”为主题的网上祭扫活动，全年开展祭扫活动24场次，共计280余人参加，为36位烈士亲属开展代祭扫活动5场次。加强双拥工作系统管理，组织干部职工参加双拥系统相关学习培训，解读《梅州市创建全国双拥模范城考评实施细则及任务分解表》，搜集、汇总相关任务的工作材料和相关图片资料，对标对表按时完成系统145项任务的上传。

（张　炼）

气　象

【概况】 2022年，丰顺县气象局完成《丰顺县推进气象防灾减灾第一道防线建设实施方案（2022—2025年）》《丰顺县气象灾害应急预案（2022年修订）》印发；做好“龙舟水”过程应对服务工作；促进市气象局与丰顺县人民政府签订合作协议，共同推进气象防灾减灾第一道防线建设；提高气象服务水平，及时发布预警信息，通过LED显示屏、落地显示屏、新浪微博、微信公众号等形式告知公众。挖掘“中国气候生态优品·丰顺高山茶”品牌价值。

【2022年气候特点】 2022年，丰顺县气温偏低、日照偏多、雨量偏多，阶段性明显。年度影响丰顺县的冷空气较为频繁，春季有1次低温阴雨天气过程，秋季无寒露风天气，无霜降风天气。“龙舟水”年景偏重，丰顺县出现3次暴雨过程，出现在5月24日到6月1日、6月6日到20日。年平均气温22.6℃，较常年平均偏低0.5℃，除2月、5月、12月较常年平均气温偏低以外，其余月份均偏高；年极端最高气温38.8℃，出现在7月25日，年极端最低气温4.6℃，出现在12月25日。年总降水量2086.3毫米，较常年偏多13.8%；年内雨量分布不均匀，降水较为集中在5月和6月，其中5月降雨量477.2毫米，6月降雨量426.9毫米。全年降水量不小于0.1毫米的雨日有150天，降水量不小于50毫米的暴雨日为11天。年日降水量最大为107.8毫米，出现在8月4日。年日照时数为1927.3小时，与常年比较偏多73.9小时。

【气象服务】 2022年，丰顺县气象局以“你的冷暖，在我心中；你若安好，便是晴天”为服务宗旨，提升公共气象服务能力，在应急减灾服务、气象预警、为农服务、重大行业服务、传播公共气象信息等领域发挥重要作用。2022年，在预报预警信息方面报送决策服务材料66份，其中《重大气象信息快报》52期，《重大天气专报》18期，《重大天气报告》46期；发布预警信息75期，其中暴雨预警25期，雷雨大风预警11期，高温预警

▲2022年4月28日，梅州市气象局与丰顺县人民政府签订《共同推进气象防灾减灾第一道防线建设》合作协议
（丰顺县气象局供图）

14期，森林火险预警17期，寒冷预警8期；发布各类服务短信共计约75.1万条。

【推动气象高质量发展】 2022年，县气象局搭建对接桥梁，成功促进市气象局与丰顺县人民政府签订合作协议，共同推进气象防灾减灾第一道防线建设。从健全气象防灾减灾机制、健全基层气象灾害防御职能等方面推进丰顺县气象高质量发展。在丰顺县政协会议上，政协委员作题为“强化气象保障服务　筑牢防灾减灾第一道防线”的发言，建议加强气象灾害防御体系建设。印发《关于加强基层三防气象服务体系建设的通知》，发挥气象工作在丰顺县三防工作中的决策支撑和灾害防御保障作用。结合丰顺县实际进行组织编制，并召开专家评审会，印发《丰顺县气象灾害应急预案（2022年修订）》。推进丰顺县气象服务中心建设，省、市、县三级气象部门积极推进丰顺县气象服务中心建设。

【气象生态文明建设】 2022年，县气象局加强值班值守，完善规章制度及流程，严格实行领导带班制度和24小时值班制度。做好各种灾害性天气过程、重要节假日、重要活动的预报、预警和服务工作，并通过各类载体发布。2022年度“龙舟水”期间降水时间长，累积雨量大，为丰顺县有气象记录以来第三多，强降水过程来临前，丰顺县气象局及时加强天气监测预报，提前部署，科学研判形势，提高精密监测、精准预报、精细服务水平。做好春耕春种用水保障服务工作，抓住有利天气开展人工增雨工作，发挥人工影响天气在防灾减灾、脱贫攻坚、乡村振兴和生态文明建设中趋利避害的作用。挖掘“中国气候生态优品·丰顺高山茶”品牌价值，2022年共有6家茶企获得品牌使用权。

【气象灾害防御及宣传】 2022年，县气象局联合县融媒体中心积极开展“3·23”世界气象日系列科普宣传活动。以采访拍摄气象科普专题宣传片方式对气象服务相关工作、人工影响天气作业、气象设施设备日常维护维修等情况进行采访拍摄。3月23日，县气象局走进县实验小学开展气象科普进校园活动，工作人员结合图片、文字与视频资料，通过现场讲解和互动问答的形式，向学生们科普气象知识。丰顺县气象局联合梅州市气象局、梅州市气象学会采用线上直播和线下收看相结合的方式，共同举办主题为“气象上山下海，乡村粤来粤美”的气象科普进校园活动。为谭江镇茶企开展气象科普知识培训，以“茶叶与气象”为题，帮助茶企进一步认识气象和气候，提高防灾减灾意识，增强茶叶抵御气象灾害的能力。

（何剑钳）

镇（场）

汤坑镇

【概况】 汤坑镇位于县城东南部，北纬23°46′、东经116°11′，地处丰、揭交界处，也是连接梅州、汕头市的交通枢纽，上距梅州市58千米，下离汕头市85千米，属县城所在镇，是全县政治、经济、文化中心，也是梅州市对外开放的重要窗口。汤坑镇于2004年10月由原汤坑镇、东联镇和附城镇等三镇合并而成，全镇总面积为233.23平方千米，城区面积约为25平方千米。2021年11月新成立东社区居民委员会，下辖11个居委会、32个村，户籍人口约14.49万人，其中农业人口2.67万人、非农业人口11.82万人。

【经济建设】 2022年，汤坑镇规模以上工业总产值19.69亿元，其中电子元件制造行业总产值2.29亿元，钢铁行业总产值6.10亿元，食品生产及加工行业总产值9.19亿元，其他行业总产值2.15亿元。与2021年同期相比，2022年全年经济发展趋势普遍略有收窄，增长有所减缓，但食品生产及加工行业仍保持较高的增长势头。2022年，汤坑镇固定资产投资额4260万元。全面推动撂荒复耕复种工作，推进连片0.2公顷以上疑似撂荒丢荒图斑复耕复种工作，基本完成全镇126.67公顷复耕复种任务。完成镇村光伏产业项目1000多千瓦建设任务，后续村级光伏建设项目按计划推进；完成签约涉及9个村的特色蔬菜产业园联农带农项目，预计各村可增加5万元村集体经济收益。

【党建工作】 思想政治建设 2022年，组织党委理论中心组学习12场次，专题学习研究意识形态工作2次。

组织体系建设 成立威阳农业、大宝山2个支部，对大山背、横东和红旗社区等5个村（社区）党群服务中心进行标准化升级改造，促进党群服务中心规范运行，提升服务党员群众水平。后安村完成党群服务中心规范化建设，后安大道水泥路面铺筑完成，美化亮化工作正在有序推进。

社区基层治理体系建设，建立社区“大党委”工作机制 在县委组织部的指导下，汤坑镇11个社区从县直机关企事业单位选聘66名兼职党委委员，组建11个社区“大党委”。通过整合资源，提高社区范围内各项事务统筹协调能力，完善社区基层治理体系。

党员干部培训 针对乡村振兴、基层治理等热点难点问题，依托现代远程教育平台，利用广东干部网络培训学院、镇委党校分教点等，组织党员干部开展线上线下培训。组织带领镇班子成员、村（社区）书记前往潭江、留隍等镇进行现场教学，学习借鉴兄弟乡镇在乡村振兴、人居环境整治等方面好的做法和成效，开阔干部眼界，启迪干部工作思路。全年组织培训轮训党员干部3200余人次。2022年，招录公务员、事业人员、“三支一扶”志愿者、乡村振兴志愿者和双百社工40余人，职务晋升5人，晋升职级4人。落实党员发展计划，接收预备党员39人，加强党组织管理。

党风廉政建设 严守政治纪律和政治规矩，落实作风建设各项规定，推进“互联网+政务服务”，公开党务政务信息，回应社会关切，查处群众身边的“四风”和腐败问题。

【社会管理】 民生保障 开展

“回头看、回头帮”，落实好数据信息核实补正和动态更新，完善就业帮扶、产业帮扶、消费帮扶和社会保障兜底等长效机制，加强领导、广泛宣传、统筹协调，解决群众反映的急难愁盼问题。推进“粤菜（客家菜）师傅”“广东技工”“南粤家政”三项工程，推动高校毕业生、农村劳动力、残疾人、异地务工人员、退役军人等重点群体多渠道就业创业。改善基础设施建设和基本公共服务，促进环境卫生设施、市政公用设施、公共服务设施、产业配套设施提质增效。结合民生实事，完善中小学和幼儿园教育布局建设，支持帮助县级综合医院建设，提升公共体育设施建设水平，完善社会保障制度，做好社会保险扩面、农村医保、低保、“五保”、残疾和大病救助等工作，完善农村危房改造、农村安全饮水、农村道路管护等工作，提升公共服务质量。

平安汤坑建设　推进重大事项社会稳定风险评估，完善信访制度，推进“中心+网格化+信息化”制度建设，防范化解和妥善处置群体性事件，确保“五个不发生”，确保党的二十大召开期间的安定和谐社会局面。落实安全生产责任制和“一岗双责、党政同责”制度，加强安全隐患排查和整治，特别是加强烟花爆竹、石场、危化物品等重点领域、行业安全监管，遏制重特大安全生产事故发生。推进基层平安创建工作，开展“八五”普法宣传工作。开展反邪教、防电信诈骗宣传，落实好矛盾纠纷抓早抓小的源头治理，提高化解矛盾效率，提升群众满意度，助推平安汤坑建设。

【乡村振兴】　党建引领　发挥党员冲锋在前的模范作用，在疫情防控、防范特大雨情等一线起到带头作用，保障人民群众生命财产安全；解决社区党建阵地薄弱问题，完成红旗社区党建示范点建设；安排优秀人员担任第一书记，推动软弱涣散党组织整顿工作稳步推进；完成乡村振兴人才驿站建设初步目标。

产业发展　完成镇村光伏产业项目1000多千瓦建设任务，后续村级光伏建设项目按计划推进；完成签约涉及9个村的特色蔬菜产业园联农带农项目，预计各村可增加5万元村集体经济收益。发挥当地乡贤、致富带头人等示范带动作用，继续全力支持食用菌、油茶、茶叶等特色农业，打造出一批现代农业产业项目。

动态监测　以全科网格化为抓手，发挥乡村振兴工作队的主动性，把已脱贫户和防返贫监测对象与镇村干部进行挂钩，加强动态监测帮扶，跟踪收入变化和“两不愁三保障”情况，确保“四个不摘”要求落实。2022年，新纳入4户符合条件的监测对象，定期对监测对象进行走访，帮助群众解决困难或问题10余件。

【城镇建设】　乡村振兴示范带建设　汤坑镇乡村振兴示范带项目规划范围为1个圩镇及沿G235、X955线串联铜盘、东秀、下村、上村、横东、梅溪等6个行政村，全长约30千米。以人居环境提升为切入点，结合汤坑镇优越的区位条件、生态条件及深厚的文化底蕴，致力打造成产景一体化发展示范区、广东省乡村振兴示范带样板。

老旧小区改造项目　汤坑镇老旧小区及周边基础设施配套工程项目建设工作，对东山片区、南市场片区、狮山片区及湖下片区进行项目建设，完成海舟园及周边11个小区的改造。其中，东山片区和南市场片区于2022年8月开工，预计2023年10月竣工。狮山片区计划于2023年3月开工建设。2022年，重点推进南市场片区和东山片区更新改造工作，经过改造，老街面貌焕然一新。

人居环境提升工程　铜盘村、赤草村生活污水收集管网工程进展顺利，完成洋田村老下坡及新下坡人工湿地污水处理站、铜盘村和新铜村至下楼村生活污水收集管网建设。采取人居环境综合整治服务外包形式，推进洁净美好家园行动。全年投入资金约800万元，拆除破旧危房、违建等20多宗8000多平方米，清理卫生死角一批，城乡环境面貌焕然一新。

新建东里桥　东里村位于汤坑镇西北方，距离镇政府约7千米，榕江北河流经该村，与汤西镇石江村隔河相望。为便利两岸群众交流通行，经充分调研论证，拟新建一座横跨榕江北河，长约100米、宽8米的桥梁，以解决群众出行困难及保障群众的出行安全和提高防洪标准。

后安村村内道路建设　后安村新建一条农村村内道路。该道路从后安村马头山下起，到后安村委会止，全长0.7千米，接S24线，连接多个自然村。

吉坪村村内道路建设　对吉坪村主干路进行硬底化建设。该道路从吉坪村吉湖路口起，经高溜崇，至吉杨路口止，全长2千米，是吉坪村唯一干路。

埔河村机耕路硬底化　对埔河村至东秀村李屋楼原机耕路进行硬底化建设。该道路从埔河村渡陂头寨尾起，至东秀李屋楼止，全长约600米。

（黄婉仪　王三灵）

北斗镇

【概况】　北斗镇地处榕江北河上游，位于丰顺县中西部，距县城9千米。东与汤坑镇交界，西北与兴宁市、五华县接壤，南接汤西镇，北联建桥、丰良两镇，其中206国道、大丰华高速、梅汕高速、广梅汕铁路、梅汕高铁穿境而过，交通区位优势明显。全镇总面积90.44平方千米，境内四面高山环绕，其中山地9000公顷，耕地366.2公顷，林地面积7333.33公顷，森林覆盖率88%。下辖8个村，2022年总人口1.77万人，常住人口5769人；镇内基础产业为农业，主要作物为水稻和番薯，特色产业为茶叶和红花茶油。2022年，财政拨款预算收入996.72万元，比2021年增加81.92万元，同比增加8.95%。

【党建工作】　深化学习教育活动　强化思想政治学习，以多种方式加强学习，推动党的二十大精神深入基层。以党的二十大精神为引领，联系北斗实际，结合乡村振兴、环境整治、疫情防控等重点开展工作，使学习走深走实，强化以学促行。其间组织领导班子集中学习16次，专题研讨14次，邀请县委党校讲师授课1次，先后组织全体镇村党员干部学习培训400余人次；印发党的二十大精神宣传手册共500份；把党的二十大精神作为“三会一课”“两学一做”学习教育常态化制度化的核心内容。

筑牢党的基层堡垒　对各村级党群服务中心规范化建设进行“回头看”，推进党支部标准化建设，优化办公环境，提升党在基层的服务形象。深化基层党组织“头雁”工程，对全镇8个村党组织书记自身状态、所在村村情及乡村振兴发展状况、领导干部和群众综合评价等情况开展调研，为全镇村党组织书记“画像”，分类精准施策，激发“头雁”活力，促进其担当作为。提升村干部队伍综合素养，开展实施村党组织书记整体优化提升行动、新一轮村“两委”干部学历提升计划，提升村级干部学历层次，提高其基层履职能力。拓宽村级后备干部选拔渠道，把优秀人才纳入村级后备干部队伍人选。

党建引领基层治理　推动党的组织体系建设，发挥基层党组织作用。构建“党建+”全科网格，以依托党群服务网、综合网格管理为手段，将“党建网”与“治理网”双网有机整合，推进全科网格建设，健全党组织领导的自治、法治、德治相结合的基层治理体系。深化党员领导干部党支部联系点、领导干部驻点普遍直接联系群众和在职党员“双报到、双服务”等工作，将乡村振兴、基层治理、疫情防控等工作统筹落实到“党建+”全科网格内，以基层党组织为主渠道，以党群服务中心为党领导基层治理和服务群众的坚强阵地，落实投向基层的各类资源。

【乡村振兴】　巩固脱贫攻坚成果，推进防返贫工作　2022年，全镇脱贫户121户342人，其中纳入返贫监测对象1户3人（原4户22人，6月取消返贫风险3户），全镇持续对原建档立卡脱贫户、未消除的1户3人监测对象做好后续动态跟踪工作，做到“早发现”返贫风险因素，“早帮扶”返贫对象。

完善基础设施，推进复耕复种　加强农村公路提档升级，按期完成全镇3个行政村4个自然村内5段约2.07千米的道路硬底化建设；开展盘园水生态清洁型小流域综合治理工程的可行性研究工作，对榕江北河北斗段部分区域实施安防和亮化工程，打造“梦里水乡·醉美北斗”。

产业发展稳中有进　继续推进“一村一品、一镇一业”建设，以“党建+企业+合作社+农户”模式，做优做强荣恒农业、福稻科技，打造大周湖现代农业产业园，推进北斗高山绿茶、红花油茶等特色产业发展壮大，融合乡村振兴人才驿站，形成强大的乡村振兴合力，促进农民增收致富，提高农村居民收入。通过多渠道筹资实施光伏发电绿色产业项目，结合上级奖补条件进行资金的统筹，7个村已建成光伏发电项目，正在实施并网过程中，并网完成后可保障村集体收入增收稳定。

挖掘红色资源 打造十八渡村口公园、桐梓洋爱国主义教育基地和大周湖农业观光旅游园等乡村特色旅游项目。加大对黄栀子、红宝石柚、香水柠檬、红花茶油、高山绿茶等品牌宣传力度，推出农业观光旅游线路、红色旅游线路，发展以特色产业文化和红色旅游为主的休闲观光旅游业。

改善人居环境 2022年，全镇开展多轮多次人居环境整治提升工作，推动“三清三拆三整治”“农村厕所回头看”“洁净美好家园”等工作。结合新时代文明实践、志愿者等各类活动，发挥各村党员先锋模范作用，激发村民主人翁意识，农村人居环境面貌得到显著提升。镇内垃圾中转站升级为全县首个镇级压缩垃圾中转站，北斗村和桐岽村2个行政村14个自然村的生活污水治理工程完成施工，完成验收工作。

推进河长制工作 指导开展“清四乱”、集中清漂等专项行动，出动近300人次开展河道清漂、清淤疏浚、河道杂物清理等工作。提升全镇河道生态健康，确保榕江北河北斗镇段的水安全、水生态、水环境，改善人居生活环境。

【安全生产】 2022年，北斗镇成立安全生产检查队伍，建立动态巡查制度，排查发现安全隐患。其中，成立城镇砖混结构房屋建筑安全隐患排查整治工作领导小组，排查182户砖混结构房屋，其中排查出2户疑似存在安全隐患的房屋并对其进行整改；成立农村削坡建房风险排查整治工作领导小组，根据“三年整治任务清单”，完成农村削坡建房风险排查整治25户（其中中风险11户、低风险14户）；开展整治燃气安全专项工作，全镇出动36人次，检查400余户，发现安全隐患10余处，并整改。开展违法用地、违法建筑整治，打击违规建房行为，全镇落实核查卫片疑似违法图斑点55个，监测面积12.67公顷，落实整改4个图斑点，整改面积0.53公顷。建立环保监测机制，对辖区内畜禽养殖户进行全覆盖巡查监管，严查偷排、漏排、乱排行为，从水源头上守护榕江北河水质安全。全面推行林长制，成立林长制工作领导小组，印发全面推行林长制工作方案，制作并安装镇、村林长制工作公示牌，建立镇级、村级2级林长体系。开展森林防火工作，成立北斗镇森林防灭火领导小组，制定森林防火工作方案及应急预案，明确森林防火职责分工，健全完善防火组织网络，加强巡查网络覆盖，持续实现“零火情”目标。

【社会治理】 *信访维稳工作* 2022年，排查防范社会治安风险和做好各项管控工作，做好严重精神障碍患者监护及动态管理工作；加强全科网格化管理体系运作，做好全镇网格系统建设，发挥“镇村三人小组”机制优势，助力县镇村三级防控及抗击新冠疫情；协助镇、村、派出所做好“无诈”社区示范村创建工作；常态化做好禁毒防毒及反邪教工作。做好党的二十大安保维稳、全年重大节会期间安全生产监管及日常安全生产监管强化工作。2022年，全镇发生矛盾纠纷21宗，调处21宗（比增30%），调处率（办结率）100%；网上信访件仅发生1件次（妥善办结），同比下降75%。治安案件2宗，查处2宗；帮教对象34名，社区矫正5名，收到群众敬赠锦旗3面。

▲2022年，北斗镇榕江北河（北斗段）推行河长制工作常态化效果 （北斗镇提供）

镇域综合执法工作　加强对各村日常巡查、监管、审批等工作。2022年，全镇办理行政处罚12宗，行政检查25宗，行政许可9宗，行政强制0宗，行政处罚金额累计8.24万元。利用国家土地矿产卫星遥感监测图斑，落实核查卫片疑似违法图斑点55个，监测面积12.67公顷，落实整改4个图斑点，整改面积0.53公顷。对地质灾害隐患点的户数、人口、责任人、监测人等信息进行核实更新，并与各村、农户分别签订“地质灾害防灾工作明白卡”“地质灾害防灾避险明白卡”。通过更新布置宣传牌、悬挂横幅等形式，开展地质灾害防治知识宣传。加强汛期巡查、应急值守，要求预警通知人在汛期每日巡查，对情况进行登记，一旦出现险情及时通知并安排转移，切实保障人民群众生命财产安全。

【社会民生】　2022年，北斗镇落实低保、“五保”、残疾人“两项补助”等津贴发放工作。发放残疾人两项补贴366人次，其中低保残疾人困难生活补贴116人，重度残疾人护理补贴250人。规范镇社工站建设，做好北斗镇兜底民生服务社会工作，建立困难群众和特殊群体台账，实现困难群众和特殊群体入户率100%。开展城乡居民养老保险参保和城乡居民医保缴费工作。全镇城乡居民养老保险缴费完成市下发扩面任务的70.71%，经排查核实追回违规领取城乡养老保险金7例2685.67元。城乡居民医保缴纳1.11万人，完成县下达任务的83.07%；落实医保报销政策和医疗救助政策，收到医疗报销申请160份。开展“她健康　粤幸福”“乡村振兴巾帼行动”等公益活动，为全镇、村妇联执委赠送“意外+”防疫保险，为符合条件的妇女赠送“她健康”“两癌”保险、申报“两癌”救济金等，保障镇域内妇女享有安全健康权益。发挥群团组织的作用，在i志愿举办志愿活动37场，服务时长约3000小时。加大对镇文旅教体服务中心、新时代文明实践站的投入，提升管护水平和服务效能，丰富人民群众的精神文化生活。千顷学校2022年荣获小学教学质量三等奖（12所一贯制学校第一名）、2022中学教学质量三等奖（一贯制学校第三名）。学校学生陈焌燃被评为“广东省好少年”。抓好基层武装建设，完成2022年度征兵工作。

（曾奕伟）

汤西镇

【概况】　汤西镇位于丰顺县境西南部，县城汤坑的西郊，距梅州市72千米，距揭阳市35千米，距汕头市78千米。全镇总面积191.83平方千米，辖12个村和1个社区，有112个村民小组。总人口1.34万户5.95万人，党员1292人。全镇有3间中学，10间小学，5个教学点和2间公办幼儿园，共有教职工410人，在校生5948人。

2022年，汤西镇财政收入2004.22万元；财政支出2004.22万元。全镇规模以上工业企业8家，产值14.13亿元。

【红色人文】　汤西镇是著名的侨乡，有3万多华侨旅居外国；是著名的革命老区，古大存同志（原广东省委书记）曾在此留下战斗的足迹。大罗村岳潭红十一军军部旧址、黄日三故居、河西村曾史文故居等历史遗址还流传着许多感人至深的红色故事。有丰顺古八景之一、粤东第一飞泉美誉的“揭岭飞泉”坐落于南礤村，南宋著名教育家、思想家朱熹曾在上面题词“落汉鸣泉”并镌刻岩壁，周边还有永福寺、西岩寺、将军第（九厅十八井）等景点。

【资源优势】　2022年，汤西镇林地面积1.47万公顷，森林覆盖率77.96%，负氧离子含量极高。山地1.51万公顷，蕴含丰富的叶蜡石资源，资源量197.58万吨。温泉资源丰富，主要分布于新湖、双湖、石江等村，水质富含氡元素等多种矿物质，最高水温88℃，埋藏浅，易利用。

汤西镇是水产养殖专业镇，有鱼塘160公顷。粮食作物以水稻为主。在帮扶单位的帮助下，发展特色种养产业，新岭村养殖高效生态现代化肉鸡，大罗林下种植“景天三七”中药材、养殖生态蜜蜂，新兴种植番薯。双鹿村、和安村的梅州柚种植基地，河西村的牛大力、沃柑种植为“一村一品”特色种植带来新的发展点。

【党的建设】　2022年，汤西镇

共组织班子理论中心组专题学习13次，汤西镇委党校举办各类培训12场次，培训1450人次。每季度研判一次以上意识形态工作。通过党校开办党课、到红色革命根据地现场教学、重温入党誓词等形式，加强全镇党员干部理想信念教育。先后组织党员干部到坚真纪念馆、张弼士故居、八乡滩良等革命纪念馆参观学习，开展“光荣在党50年”纪念章颁发活动，邀请县委宣讲团成员宣讲丰顺革命历史，鼓励党员干部向“光荣在党50年”的老党员学习，加强对干部理想信念教育。汤西镇在12个村主要路段，安装“新时代文明实践站所”指引标识；投入30多万元打造双湖村“五姓祠”、大罗村“群众舞台”、新兴村新时代文明实践站、新湖村新洋文明实践文化广场建设，不断完善新时代文明实践阵地，提升服务群众水平。文明实践站举行“喜迎二十大 永远跟党走”，庆祝“七一”建党101周年文艺活动，发挥文体广场作用，提升文化服务质量和水平。

【重点项目建设】 2022年，汤西镇配合做好丰顺新区供水工程建设，总投资7亿元的丰顺新区供水工程在汤西镇大罗村建设，一期工程投资总额约4.97亿元，日出水量约5万吨。汤西镇新区供水一期工程已成功通水，有效缓解丰顺县城居民生活用水问题。配合做好汕昆高速扩宽前期工作，落实防“三抢”（抢栽、抢种、抢建）工作，成立汕昆高速改扩建项目（汤西段）防“三抢”工作小组，定期对高速公路路段加强巡查监管，对公路沿线经过的新湖、双湖、新岭、和安、石江、西城等6个村做好宣传，对涉及的7千米路径做好征地筹备工作，落实高速扩建前期准备工作。

【基础设施建设】 2022年，汤西镇开展农村生活污水治理攻坚行动，建设总规模445立方米每天、总占地总面积8250平方米的16座农村生活污水处理设施。投入280多万元推进汤西镇综合文化站（文旅教体服务中心）建设，综合打造10个功能室。汤西镇发动党员群众捐款47万元在新湖村扩建汤溪背路，捐资60多万元为双湖至新岭的连接路铺设沥青路面；投入371万元在和安村、河西村、蕉潭村等8个村开展6.15千米的村内道路建设攻坚行动，为群众解决出行难题。新湖村新洋文化公园、新时代文明实践广场配套设施基本完成建设。在大罗村筹资350多万元落实大罗桥、华祝阁桥重建工程，推动沿河两岸绿化美化，推进乡村振兴百姓舞台建设和花园陂除险加固工程。在南礤村筹资200多万元建设红中桥、福宁南桥。在河西村全面开展1.5千米的南礤碧道（二期工程）建设。投入100万元建设河西村“四小园”。完成新岭村的人大主题公园建设。双鹿“将军第”得到进一步维护和修缮，主题展板、宣传牌、休憩长廊彩绘等建设让“将军第”历史人文故事再现眼前。

【乡村振兴】 抓好防止返贫的监测线 2022年，利用投资天亿、广顺等企业产生的年收益，保障全镇362户972人脱贫户不返贫。针对汤西镇6户30人防返贫监测对象，制定“一户一方案、一人一措施”的帮扶措施，统筹镇民政、住建、残联、团委、妇联等部门现场办公，落实政策保障，帮助群众解决急愁难盼问题。

提升乡村环境的风景线 2022年，聘请梅州市城市规划设计院编制汤西镇乡村振兴五年规划，制定《汤西镇乡村振兴美丽圩镇建设项目可行性研究报告》，推进美丽圩镇项目立项建设，打造美丽汤西。投入500多万元开展西环大道红绿灯至新兴村沿线乡村风貌环境提升项目，对16千米的沿线人居环境进行全面整治，清理清除杂物、杂草近20万平方米，清理垃圾700多车；开展12千米的绿化改造工程，增加景观花卉，设置雕塑墙绘，着力建设“点上有精品、线上有特色、面上有美感”的乡村振兴示范带。

开发具备乡村特色的发展线 2022年，发展特色养殖业，打造农旅新路线。在新兴村开展水田垦造工作，建成13.33公顷的水稻田连片基地。全镇对1299个撂荒地块开展摸底排查，摸清撂荒面积205.58公顷，完成省下发的撂荒地复耕复种任务。大罗林下“景天三七”中药材种植、蜜蜂养殖、新兴番薯、鱼藤等特色种养产业不断壮大；和安、双鹿8公顷梅州柚种植基地，河西百亩牛大力种植基地、5.87公顷“红色稻乡”等持续开发。在县委、县政府的统筹部署下，景田（丰顺）饮用水生产基地项目顺利签约，在河西村、南礤村开发建设。该项目计划投资总额8亿元，预计年产值5亿元，年缴税5000万元，提供200多个就业岗位，将打造成为粤东地区最大规模的天然矿泉水生产基地。汤西镇政府、和安、大罗、南礤、西城、双鹿、河西等区域的光伏项目已经并网发电，每年将为镇村增收105万元。

【基层治理】 推进基层治理 2022年，全面推行社会治安综合治理网格化管理，落实“中心+网格化+信息化”工作模式。2022年全镇排查调处各类矛盾纠纷64件，镇村调处的63件矛盾纠纷均妥善化解并签订协议。其中，镇村联合调处16件，成功调处15件，成功率93.75%；村工作站调处34件，成功调处34件，成功率100%；镇中心调处14件，成功调处14件，成功率100%。

推进法治政府建设 2022年，外聘1名法律顾问为镇政府提供法律咨询，外聘3名法律顾问为12个村提供法律服务。2022年，累计提供法治宣讲服务26次，解答群众法律咨询143次。开展普法宣传，到石江小学、颍川中学开展禁毒宣传；在辖区开展家庭教育法、法律援助法、反诈骗宣传。

打击违法行为 2022年，排查2021年度补充图斑84个和2022年度卫片执法检测图斑70个。整改2021年度森林督查图斑13个，其中处罚6个图斑业主，共计处罚金额28万元，完成复绿图斑12个。2022年，林业立案18宗，其中林业涉刑移送公安1宗；生态保护立案1宗；市场监管立案3宗，拆除违法占耕用地4宗，拆除面积500多平方米。查处违法占用基本农田建房行为5起，合计0.13公顷。

排查安全隐患 2022年，汤西镇对辖区内的自建房进行排查，排查20747栋。通过镇村干部入户检查、学校“小手牵大手”活动指导家长自查等方式，累计排查燃气经营场所、餐饮企业、家庭用户等8000多处，对存在安全隐患的用户进行整改。公共场所建筑排查89处，未发现有重大结构安全隐患。全镇组织各类安全生产专项检查38场次，出动179人次，排查安全隐患22宗。抓好8个水库、42口山塘、11个水电站及河道的综合管理，落实执行河长制。2022年，开展镇级河长巡河403次，村级河长巡河1322次；投入47.48万元资金开展清漂，累计清理河道68.84千米，打捞清运漂浮物3251.6吨，完成6宗水利移民工程管理和竣工验收。汛期期间，对有安全隐患的房屋、住户，发放防汛紧急避险告知书，累计转移避险4户7人，并投入41.2万元对72处削坡建房进行整治。

【民生保障】 2022年，汤西镇投入16.12万元对汤西中学实验楼外墙进行修缮，投入258.53万元改造颍川中学运动场，投入109.45万元对颍川中学教学楼卫生间及连廊进行改建，投入23.77万元完善升级石江小学校舍、功能场室、运动场、图书资料和电子教学设备等基础设施建设。投入300多万元建设新兴小学教学楼，推进校园连廊、球场、跑道等配套设施建设。开展校园文化建设，完善阅览室、宣传长廊等文化阵地建设，开展禁毒宣传、进行疫情防控等多种活动；开展课堂评比教学活动，提升汤西教学质量，落实素质

▲2022年12月7日，丰顺县科普示范基地、汤西镇文化站河西稻田分站举行揭牌仪式

（汤西镇供图）

教育。

做好爱国拥军保障 2022年，新春前夕为辖区内优抚对象、现役军人家属送去春节对联，对铁道兵和烈士遗属进行慰问并发放慰问金。组织干部群众通过“中华英烈网”开展网上祭扫活动。2022年，兵役登记率100%完成，完成征兵工作，办理优待证458份。

做好特殊人群保障 2022年，汤西镇低保户数506户1020人，办理残疾证人员1282人，均按照政策给予补助；为54位困难群众申请临时救助，下拨资金11.72万元；为12位失能、半失能特困人员办理养老中心入住。在丰顺县疫情期间为困难群众发放县民政局下拨临时救助爱心包裹583份。在和安村、新岭村、石江村设立“双百计划”乡镇（街道）社会工作站，在镇村安装16个广播喇叭，完善人员和设备配置，打通为民服务的“最后一公里”。统筹宣传、民政、妇联、综治等部门开展“少年儿童心向党”主题实践活动、“十大优秀书香家庭”评选、“文明实践——爱绿植绿护绿”志愿服务活动、“关爱儿童 护苗成长”、“汤西镇护苗2022 ”专项行动、“送法进万家 家教伴成长”家庭教育宣传活动等系列活动，关爱特殊人群。2022年，汤西镇荣获“最美家庭”1户，“十大优秀书香家庭”1户，“孝老敬亲好媳妇”1户，“自强不息好少年”1户，丰顺县文明家庭2户，“梅州好人”1人，镇级星级文明户9户。

（刘国扬 刘永铭）

汤南镇

【概况】 汤南镇位于梅州市的最南端、潮汕平原的西缘，榕江北河贯穿其中，有丰富的地热资源，是丰顺新区温泉宜居城的核心区，距丰顺县城中心3千米，距揭阳市中心25千米，国道206线、国道235线、梅汕高速路、广梅汕铁路畲汕线通过镇境。全镇8个村和1个社区，总面积45.01平方千米，户籍人口5.24万人，其中95%以上为罗姓，语言以潮汕方言为主。特色美食有手工面线、菜粄和菜脯等。建于清朝的古建筑种王上围，其结构独特，布局新奇，2015年被广东省人民政府列为第八批广东省文物保护单位。

【党的建设】 2022年，汤南镇开展党员全覆盖教育培训，开展“第一议题”、理论学习中心组、主题党日等活动100余场，镇、村两级探索创新“五传六进”新方式。落实意识形态工作责任制，增强窗口意识、前沿意识，健全宣传文化领域制度机制。推进党风廉政建设，严格执行民主集中制和重大事项请示报告制度，整治“四风”问题，常态化开展干部队伍“庸懒散”问题集中整治，落实行政执法责任制，规范公正文明执法。常态化开展党员志愿服务，全年服务群众1000余人次，实施提升镇村党建引领发展宣传项目，推动党群服务中心规范化建设，完善“功能型”党组织建设，发挥党组织在急难险重任务中的引领作用。

【项目建设】 2022年，紫琳学院现完成丈量土地93.73公顷，拆除地面构筑物2074平方米，丈量坟墓1748座、搬迁1200座，紫琳学院项目整体进程A地块达到80%以上，B地块达到20%左右。国际声谷项目征地完成土地丈量12.67公顷，15座坟墓全部搬迁。推进汤南中心幼儿园新建、汤南中心小学迁建、龙山中学改扩建项目，汤南中心小学征收约3.33公顷。加快汤南镇生态墓园建设项目规划。初祖桥、海沟路投入使用，完成206国道综合整治，推进新铺至赤草洋路基改造、新埔园至合山沙土路水泥硬底化建设、新楼村古村落路段路面改造、汤光村新东围至汤坑围道路修复等工程。

【生态保护】 2022年，汤南镇强化农村建房管控，安装100条太阳能路灯，实施汤南镇人居环境综合整治项目，开展“两美”行动。落实河长制，开展辖区3条河道清漂和8个水库清杂，推进新楼村污水提升工程。推进大坑水库、虾地水库和下茜坑水库除险加固工程。完成2022年国家森林督察8个图斑的整改，开展林长巡林，做好森林防灭火工作。推进汤南崇德善堂——八一南昌起义军汤坑战役旧址修缮和布展项目，在8个行政村设置文化活动中心、图书阅览室、休闲运动场所。推进东方真丰和汤光村龙光居家养老服务站装饰工程。组织开展“村级党员+”的帮扶活动。

【乡村振兴】 2022年，引进农业龙头威阳公司，百亩农业基地上种植泰系甜玉米、朝天椒、长豆角等特色蔬菜。开展光伏发电资源详查，制定各村光伏开发整体规划，开展投资主体遴选，有3个村启动建设，4个村完成项目备案。抓好巩固脱贫攻坚成果，通过结对跟踪、“一户一策”等方式持续监测脱贫不稳定户情况，强化对低收入人群、原建档立卡贫困户、“三类人员”监测对象的全覆盖，加强贫困人员技能培训，促进劳动力转移就业，实现农户增收。复耕复种撂荒地，出台工作方案和奖补标准，吸引农户流转承包地，抓住重点区域、重点对象推进撂荒耕地整治，完成复耕面积16.93公顷。启动退役军人优待证申领工作，汤南镇符合条件办理人数645人，已申请601人，已发放262人。

【平安建设】 2022年，汤南镇推进“互联网+政务服务”改革，推广“粤省事”“粤自助”等网上办事、智能政务，群众使用率、知晓率进一步提高，汤南人民的“网上办事”的习惯正在形成。辖区各项重要警情呈下降趋势，特别是“两抢”、“两盗”、诈骗等警情实现双下降；依托“12345”热线平台，全年成功调解矛盾纠纷102宗。抓好2个专题、7个重点行业领域攻坚整治，推进百日攻坚，全镇未发生较大及以上安全生产事故。加强消防安全知识宣传，对全镇自建房、经营场所开展消防隐患摸排，完成全镇516间经营性场所的摸排登记，并制定整改方案。

（巫柯埕）

埔寨镇

【概况】 埔寨镇位于丰顺县最南端，面积97.94平方千米，东南与揭阳市蓝城区龙尾镇、揭东区的玉湖镇相邻，西与揭西县的五经富镇及丰顺县的八乡山镇接壤，北与汤南镇、汤西镇交界。是华侨之乡、文化艺术之乡和革命老区，有国家非物质文化遗产——“埔寨火龙”和省级非物质文化遗产——“埔寨纸花”。1998年，广东省文化厅授予埔寨镇“广东省民族民间艺术之乡”称号。2000年，埔寨镇被文化部授予“中国民族民间艺术之乡”称号。2016年，埔寨镇获得文化部命名的2014—2016年度“中国民间文化艺术之乡”称号。镇内溪流纵横交错，四周群山环抱，全镇林地面积64平方千米，耕地面积498.459公顷。属亚热带季风气候，全年气候暖和，日照充足。温泉和矿产资源丰富，主要有铜矿、铁矿、锡矿、稀土矿、高岭土、花岗石、石墨等，都具有较高的开采价值。下辖埔南、埔北、塔下、茅园、万安、横坑、学枫、采芝、埔西9个村委会和埔龙社区，46个村民小组，户籍人口4.48万人。2022年，埔寨镇财政总收入1700.74万元。

【基础设施】 2022年，实施并完成丰顺县埔寨镇工业园科技路至乡道122线道路连接线硬底化工程，全长1.61千米。推进完善“生命通道”（从工业园区广州大道至卫生院）建设，该路段土地征收工作基本完成，全长约800米，预计投资200多万元。采芝村、横坑村及埔南村道路硬底化工程完工。

【园区建设】 2022年，埔寨镇完成标准化厂房一期工程、县看守所、县消防训练场、人才公寓项目、工人文化宫项目、园区配套服务中心项目和园区标准厂房综合配套区（商业一条街）项目的土地征收工作。做好工业园区的综合配套服务，加强园区道路等基础设施建设，完善供水供电系统建设，建立健全水电保障机制。园区现有立讯智造万洋众创城、华于科技、双十科技等30多家企业入驻。

【民生保障】 2022年，埔寨镇健全完善防止返贫监测帮扶机制，巩固拓展脱贫攻坚成果，掌握监测对象家庭情况和具体困难，将15户62人纳入动态监测系统，制定分类帮扶卡，明确助学、务工、医疗、节日慰问及住房安全等帮扶项目资金安排，研究设置公益性岗位，为实施“一户一策”帮扶计划、精准落实帮扶措施打下基础。2022年，镇乡村振兴办连同工会代表镇党委政府慰问所有监测对象户，送上慰问金每户2000元。做好村内道路建设攻坚行动，采芝村、横坑村及埔南村监测对象入户唯一道路硬底化工程已完工，继续推进各自然村内道路硬底化工程建设。落实上级政策，保障低保对象、特困人员、困难残疾人、重度残疾人等对象的合法权益。落实“广东兜底民生服务社会工作双百工程”，提高民政服务对象覆盖率。推进埔南幼儿园建设项目。统筹常态化疫情防控，推进各年龄段新冠病毒疫苗接种工作。

【文化建设】 2022年，埔寨镇成立丰顺县综合性传习中心，挖掘保护镇特色文化力度，举行非物质文化讲座，推动纸花传承入校园，传承县传统技艺、民俗风情和火龙、纸花、走马灯等。依托名人故居，开发建设生态美丽宜居乡村。推进“新鲜牛字辈特色镇”建设，擦亮埔寨新鲜牛肉一条街特色名牌。传承活化国家非物质文化遗产“埔寨火龙”。

【农业农村】 2022年，埔寨镇配合推进G235国道综合提升工程，做好项目辖区内的征地拆迁、工程建设、环境保障等工作。推进美丽圩镇建设，美丽圩镇项目于2021年11月立项，2022年完成设计和招投标工作，已进场施工。加强对乱搭建、乱堆放等“六乱”现象管理，实施“洁净家园”行动，清理农村生活垃圾。

【生态保护】 2022年，埔寨镇打击占用耕地、开挖林地、采伐林木等违法行为，执法队加强日常巡查，做好巡查登记，对群众来信来访，结合群众举报事由，开展调查工作，打击违法行为，对违法行为作出相对应的行政处罚。2021年12月，镇实施丰顺县埔寨镇农村生活污水治理项目，完成建设塔下老寨泵站、埔南联丰生态污水处理站以及污水管网延伸工程，2022年1月通过省生态环境厅委托的第三次验收，项目运行稳定，有效收集治理约1000名群众的生活污水。塔下新寨和岭下自然村的污水管网纳入县镇村污水处理系统。

▲2022年3月14日，丰顺县特色蔬菜产业园威阳农业项目奠基仪式在该县汤南镇举行 （汤南镇供图）

【社会治理】 2022年，埔寨镇坚持和发展新时代“枫桥经验”，深化“中心+网格化+信息化”建设，推进“三员”一体多功能网格化管理丰顺模式。创建基层标准化调委会13个，其中镇级调委会1个、村（社区）调委会12个。持续开展扫黑除恶专项斗争，社区在矫人员12名，1—6月份共解矫4人，安置帮教78人，其中重点对象8人，全部建有卷宗。全年受理群众来访49宗，调解成功37宗，排查各类矛盾纠纷79宗，成功化解67宗。成功化解6宗劳资纠纷，为19名农民工解决欠薪工资37.38万元。通过大喇叭播放、微信群推送、入户宣传等方式，宣传法律法规，增强广大群众的法律意识，引导群众通过法律程序、运用法律手段解决涉法纠纷，形成办事依法、遇事找法、解决问题用法、化解矛盾靠法的良好环境。

【作风建设】 2022年，埔寨镇常抓作风建设，严明纪律，纠正“四风”，惩治腐败，推动基层党建全面进步全面过硬。结合纪教月活动，在机关支部组织召开违纪党员案例剖析会，上专题党课、观看警示教育片。加强纪律检查工作，2022年开展各类谈话72人次，其中提醒谈话11人次、警诫谈话1人次。

【党的建设】 思想政治建设依托镇村两级党校、“学习强国”、粤政易、广东党建云、干部培训网络学院等平台，采取专题学习会、辅导讲座、研讨交流、主题党日活动等形式，抓好党的二十大精神学习贯彻。推进省第十三次党代会、市第八次党代会、县第十四次党代会精神的贯彻落实。

党建引领　强化基层党组织领导核心地位，提升党员密切联系服务群众能力，镇按照因人因地制宜原则，组织网格内的党员开展志愿活动。在各大网格设置政策宣传岗、基层治理岗等无职党员示范岗共54人。健全完善基层党组织“平战转换”工作机制，发挥基层党组织和党员的战斗堡垒作用和先锋模范作用。镇组建志愿服务队10支200多人。开展抓党建促乡村振兴，推进重点建设项目的实施建设。

（党政综合办公室）

▲2022年，埔寨镇污水处理项目　（埔寨镇供图）

埔寨农场

【概况】　埔寨农场位于丰顺县最南端，毗邻揭东区龙尾镇、揭西县五经富镇，235国道贯穿全境、交通方便，是原梅州地区唯一种植橡胶的省属国营农场。1960年至1971年隶属省农垦直辖，1971年后隶属丰顺县委县政府直辖，设立中共埔寨农场委员会。总面积6.82平方千米，辖半岭、大塘两个管理区，总人口585户2500多人，常住人口近1000人。

【党的建设】　2022年，埔寨农场以习近平新时代中国特色社会主义思想为指导，开展党建理论学习教育。通过中心组学习、专题讲座等形式，广泛宣传、学习贯彻落实党的二十大精神。全年召开党校培训6次，培训138人次；中心组专题学习21次，到支部上党课学习12次。全面落实党风廉政建设责任制，完善制度机制，开展警示教育。全面落实意识形态工作责任制，强化斗争精神，维护意识形态领域安全。加强基层党组织对辖区其他组织和各项工作的有效领导，引导各管理区、各企业等社会组织参与农场治理。强化基层党组织建设，把基层党组织建设成为有效实现党的领导的坚强战斗堡垒，推动基层党组织和党员把高质量发展作为首要任务，深入抓党建促乡村振兴、以党建引领基层治理、抓好疫情防控和“三防”救灾等重大任务落实到位。围绕卫生健康、医疗保障、社会保险、疫情防控、防汛救灾等公共服务事项，建立区级平急结合应急响应和转换机制。按照“平时服务、急时下沉”原则，成立党员志愿服务队和党员突击队各3支，配备成员29名，有效应对新冠肺炎疫情。

【巩固拓展脱贫成果】　2022年，埔寨农场落实“四个不摘”工作要求，常态化开展“三类”监测对象帮扶机制，建立健全网格化管理。农场有23户建档立卡贫困户，纳入“三类”监测对象9户17人，均落实场村干部挂钩责任制，每月定期入户了解家庭基本情况，定期录入收入情况。防返贫“三类”监测对象考核工作于年初通过省第三方评估达标通过。9户17人均达到风险消除标准，通过县政府风险消除。

【乡村振兴】　2022年，埔寨农场推进“一村一品、一镇一业”建设，以“党建+企业+合作社+农户”的模式发挥本土特色产业优势，依托新南方药厂，大力发展青蒿和名贵树木种植产业，青蒿种植占地面积约8.67公顷，沉香、檀香、降香等岭南特色中药材占地面积约22公顷。带动周边约90户农户加入种植青蒿，发展青蒿种植面积约18公顷，年产值约135万元，实现农户户均年增收9000元。推动村级光伏产业建设，半岭管理区光伏发电项目计划总投资约65万元，建设规模

130千瓦，大塘管理区光伏发电项目计划总投资约40万元，建规模83千瓦，两个管理区的光伏发电项目均于2023年1月1日并网发电。埔寨农场2022年粮食生产面积任务113公顷，其中春季粮食任务53.33公顷（早稻27.4公顷、大豆10公顷、其他粮食15.93公顷），全年粮食生产任务均完成。省下发丰顺县连片1公顷以上撂荒耕地图斑情况中埔寨农场有一个图斑，图斑面积为0.01公顷，复耕复种100%。1公顷以下撂荒耕地图斑7个，总面积为0.68公顷，已全部复耕。根据《丰顺县农村村内道路建设攻坚行动实施方案》要求，对自然村内道路硬化现状和任务目标进行调研摸底，计划建设农村自然村内道路硬底化0.73千米，于10月底百分百完成县下达的村道建设任务。持续推进“共建洁净美好家园”，加强农村人居环境长效保洁管理，加大环境卫生经费投入保障，聘请专业的清运保洁公司开展道路保洁及垃圾清运，场村生活垃圾无害化处理率、村庄保洁覆盖面、农村生活垃圾有效处理率均达100%，实行日产日清。2022年前两季度“共建洁净美好家园”及人居环境质量提升督查评估中排名第5。

▲2022年，丰顺埔寨农场场部大楼 （埔寨农场提供）

【安全生产】 2022年，埔寨农场开展不定期专项监督检查工作，推进安全生产专项整治三年行动，开展企业风险隐患排查整治，近年来未发生一起安全生产事故。建设“森林防火智慧防控”视频监控项目，已建成视频监控8处，结合森林防灭火“网格化”管理，对森林防火工作做到早部署，严要求，抓落实，上下齐抓共管，未发生重大森林火灾和人员伤亡事故。埔寨农场落实汛期24小时值班值守和领导带班制度，做好防汛工作。

【意识形态工作】 2022年，埔寨农场成立意识形态工作领导小组，党委书记亲自抓、带头管，分管领导统筹协调指导工作，全体干部职工按照工作方案逐项落实意识形态工作；加强领导、指导和督促两个管理区意识形态工作，加强对辖区内党员干部的教育培训。全年召开意识形态专题部署会议2次，开展中心组理论学习12次。

【经济建设】 2022年，埔寨农场农村社会总产值3620万元，农村年人均纯收入13880元。2022年，埔寨农场以服务绿色饲料产业园发展为核心，加强招商引

▲2022年，青蒿种植研发基地 （埔寨农场提供）

资，推进征地拆迁，服务企业发展，谋划提升产值、增加值、税收，促进用工就业，产业园已投产的有大北农、双胞胎、讯源营养、海新、英维营养、新希望、海大7家企业，提供近500个就业岗位。2022年，产业园产值23.53亿元，比增33.9%，产量64.83万吨，税收1316.4万元。

【社会民生】 2022年，埔寨农场接到“12345”政务服务热线反馈转办信件13条，办理完成13条，办结答复率100%，回访满意度达100%；接到县信访局转来信访件1件，办结1件，办结率100%。抓好全面推进法治政府建设工作要点的落实，提升依法行政水平，建设法治政府，推动习近平法治思想进企业、进农村、进网络，向基层延伸、向群众贴近。推进2023年度城乡居民基本医疗保险参保缴费工作，利用银行网点、村金融服务站、线上缴费等方式，实现应保尽保，农场参保缴费已完成96.43%，位居全县第六。

【精神文明建设】 2022年，埔寨农场加大精神文明建设力度，提高全民素质，加强普法宣传教育，开展创文明村、户的竞赛活动，抵制各种赌博活动。

（温淦承）

八乡山镇

【概况】 八乡山镇位于丰顺县西南部，地处丰顺、五华、揭西三县交界的莲花山脉中段，南接揭西县境，西北连五华县境。2003年，由原上八乡镇和下八乡镇撤并后设立，总面积188.49平方千米，下辖小溪、马山、和乐、贵人、大竹、滩良、方吉、银河、戏潭、苏坪、尖山、龙岭、碇尾、高基、蝉联等15个行政村，户籍人口2.2万多人（常住人口约0.58万人）。八乡山镇是著名的革命老区，是东江苏维埃政府和广东省区域内唯一一支列入中央红军序列的军级建制部队——红十一军的诞生地，有“中国特色景观旅游名镇”“全国绿化先进集体”“国家地理标志保护产品（八乡山番薯）”“全国名特优新农产品（丰顺高山红薯）”“第十二批全国‘一村一品’（番薯）示范村镇”“广东省休闲农业与乡村旅游示范镇”“省卫生镇”“省级‘一村一品、一镇一业’茶叶、番薯专业镇”“省乡村治理示范村（滩良村）”“省级民主法治示范村（滩良村）”“市文明镇”“市十佳乡风文明镇”“省‘一村一品、一镇一业’番薯示范村（银河村、马山村、高基村）”“市文明村（马山村）”“市百佳乡风文明村（马山村、方吉村）”“市客家美食名村（贵人村）”等荣誉称号。

【自然环境】 八乡山镇地处莲花山中段，日夜温差大，气候温和，四季明显，平均海拔600多米，年平均气温18.79℃。木材蓄积量70多万立方米，林产品主要有木材、毛竹等。森林覆盖率达88.56%。

【旅游发展】 八乡山镇开发红色资源、发扬红色传统、传承红色基因，擦亮红色文化名片，促进红色旅游发展。发挥东江革命根据地史料陈列馆在党史学习教育、革命传统教育、爱国主义教育的先天优势，推进红色产业发展。完成总投资669万元的滩良村红色革命遗址保护利用项目，广东省文物保护单位——东江第一次工农兵代表大会遗址荣获“梅州市红色文化名片”“梅州市党史学习教育实践基地”“梅州市第二批中共党史学习教育基地”“梅州市第二批党员教育基地”等称号，入选“广东省首批革命文物名录”“广东100处重要红色革命遗址”“梅州红十景”和“梅州10条红色教育线路”，2022年推荐为梅州市文物保护单位活化利用优秀实践案例，入选梅州市第五批爱国主义教育基地。东江苏维埃政府暨红十一军成立旧址群于2022年获评“广东省社会科学普及基地”荣誉称号。正加快推进672万元小溪村红色革命遗址群修缮布展项目，打造红十一军烈士纪念墓、红十一军后方医院和八乡山反“围剿”旧址等红色地标建设。

八乡山镇境内拥有粤东大峡谷云卷峡（八乡山大峡谷）、粤东第二高峰鸿图嶂、独特的尖山等自然风光，千亩大水库、万亩绿茶园、天堂庵、广善寺、文昌祠、东江苏维埃纪念馆等人文景点。15个行政村中有14个“全国第一批绿色村庄”和1个广东省首批“国家森林乡村”。2022年，八乡山镇人民政府获评全国绿化先进集体，是全省8个、梅

▲2022年，八乡山镇茶山一角 （叶繁荣摄）

州市唯一入选单位。

【农业生产】 2022年，八乡山镇茶园面积达1139.87公顷，年出产干茶约286万斤；番薯种植面积234.87公顷，年产量近710万斤；全镇苦笋种植面积133.33公顷，年产量近16万斤。依托“八乡山番薯”国家地理标志保护产品等国、省、市金银招牌，推进茶叶、红薯、苦笋等特色农产品再开发、深加工和销售，有效促进农户增收。八乡山镇供销社助农服务中心升级赋能，以“党支部+公司+基地+农户”共建模式，通过“线上+线下”多种方式，发挥以产业带动农户、电商撬动效益的作用。

【生态保护】 2022年，八乡山镇强化河长制、林长制管理，立足林长制实施试点镇，坚守生态红线，将生态文明贯穿到八乡山镇发展全过程。全年镇、村二级河长开展巡河1029人次，完成河道清理4.82千米，清理漂浮物、淤积、杂草等约4吨。全年依法拆除占耕建房4456平方米，复耕复绿卫片执法图斑9.07公顷。全年完成撂荒耕地复耕复种面积116.73公顷，垦造水田3.41公顷。

【乡村振兴】 2022年，八乡山镇开展人居环境整治，完成9个农村生活污水治理项目建设，新装路灯391盏。完成美丽圩镇规划编制，5个行政村“三线”整治方案编制，系统构建村庄特色风貌。推动八乡水库环库道路建设，投资795.64万元完成龙岭一、二期、大袜峯、兴坛路道路建设；投入400多万元完成农村道路新建7千米；推动投入1100万元对小溪等4个村生态清洁型小河流域进行综合治理和投入400万元对蝉联村中小河流域进行整治。通过“奖补+自筹”发展500多万元光伏产业，规划建设12座光伏电站总规模约944千瓦，提升村集体经济收入水平，2022年底所有行政村村集体经济收入超过10万元。

【社会民生】 2022年，八乡山镇为84户特困供养人员发放特困供养金和护理费134万元，为489名低保人员发放低保金184.55万元，累计发放重度残疾人护理补贴97.7万元，困难残疾人生活补贴27.32万元。

【社会法治】 2022年，八乡山镇开展扫黑除恶、禁毒、反电诈、反邪教等活动，维护社会和谐稳定，全年成功调解37起矛盾纠纷，办理信访系统信访件17件。行政许可案件40宗；行政检查案件45宗；行政处罚案件20宗，罚没金额4.23万元；行政强制案件3宗。全镇未出现到京越级上访的人员，重要节假日安排镇领导干部接待上访群众，确保及时解决群众的合理诉求，维护群众合法权益。开展创建平安乡镇的宣传活动，将综治工作和隐患排查工作等结合起来，利用讲座、电子横幅、专栏、标语等媒体进行宣传。全年开展全民国家安全教育日主题活动、安全生产宣传日、民法典颁布两周年、“6·26”国际禁毒日宣传进校园等活动65场次，组织全镇领导干部学习参加学法考试100余人，合格率100%。

【基层党建】 2022年，八乡山镇学习贯彻党的二十大精神，坚持党建引领，依托助农服务中心，与八乡农嫂公司联合建成乡村振兴人才驿站，开展八乡山番薯优良新品种种植技术人才培训。落实“第一议题”制度，全年召开党委会学习31场次，召开党委理论学习中心组学习会12场次。依托镇委党校，全年累计举办各类培训班10场次，覆盖党员约730人次。全年召开意识形态工作专题会议2次，党委会议研究意识形态工作12次。深化全镇24个党支部规范化建设，整顿大竹村软弱涣散党组织，持续推进滩良村基层党建示范点建设。

【经济发展】 2022年，八乡山镇财政收入（含上级预算内拨款）127.36万元；各村集体经济总收入248.07万元。

抓好稳增长、惠民生等各项工作，做好“六稳”“六保”工作。

（罗　淇）

丰良镇

【概况】 丰良镇地处丰顺县北部山区，原为丰顺县老县城，是全国重点镇、广东省中心镇，距汤坑（县城）31千米。东北邻龙岗镇，东连潘田镇，西南接北斗镇，西接建桥镇，西北与梅县水车镇、径义镇接壤。国道206线、国道355线穿境而过。总面积249.21平方千米，山地面积2.13万公顷，耕地面积1800公顷，其中水田1533.33公顷。圩镇建成面积约2.5平方千米，镇政府设在大坝开发区。

丰良镇辖莘桥、复兴、成东、成西、小椹、黄粗、布新、九龙、丰溪、西厢、丰京、双溪、太平、璜溪、丰田、三山、兵营、仙上、仙洞、新洞、仙龙、下山22个村和1个社区。2022年，总户数1.39万户，总人口6.39万人，其中农业人口4.61万人，非农业人口1.77万人。

【自然环境】 丰良镇属山区，四面高，中间低，形成狭长带形小盆地，海拔100～400米之间，千米以上山峰有韩山崇、九龙嶂。主要河流：丰良河，由西溪（建桥河和大椹水）、南溪（璜溪水）水汇于圩市，东流4.5千米入产溪，为韩江支流；仙洞溪，流经仙洞片5个行政村15千米入产溪。属南亚热带气候，气候温和，冬季有霜冻，年均气温20.6℃，年均降雨量1500～1700毫米。温泉资源主要位于圩市中心河畔，水温达95℃，日自流量约1500立方米，日可开采量5000多立方米。镇内有稀土矿、高岭土、钾长石。

【经济概况】 2022年，丰良镇坚持稳中求进工作总基调，推进经济平稳发展和社会稳定有序。2022年，镇财政收入5269.82万元，同比增长79.5%。

【党的建设】 *政治建设* 2022年，丰良镇把践行“两个维护”作为首要政治责任和最高政治原则。教育引导全镇党员干部树牢“四个意识”、坚定“四个自信”、做到“两个维护”、拥护“两个确立”、做到“四个服从”，在思想上、政治上、行动上与党中央保持高度一致。执行《关于新形势下党内政治生活的若干准则》，落实好民主生活会、组织生活会、民主评议党员、谈心谈话等基本制度。排查十八大以来217名农村发展党员，对存在违规违纪的支部和党员开展实地调研和谈话，严肃整改。教育引导党员干部牢记“五个必须”，反对“七个有之”，做到“三个决不允许”。大力弘扬社会主义核心价值观。开展党内法规宣传教育，开展警示教育。

思想建设 2022年，把学习习近平新时代中国特色社会主义思想作为“第一议题”和常设议题，把《习近平谈治国理政》第四卷等书籍作为案头卷必读书座右铭，2022年组织镇党委会议学习22次，党委理论学习中心组召开18场25个专题学习会。加强镇委党校建设，完善教学设施，择优配强教师队伍，规范建章立制，打造形成“1+3+23”（“1个主校区、3个现场教学点、23个分教点”）教学阵地。2022年，镇委党校举办13期培训班，合计3740人次参训。通过理论培训、案例教学、现场体验等教学方式，让党员干部学深学透、弄懂弄通，切实提高履行职能的能力和水平。利用中共丰顺（临时）县委成立旧址永昌居、第一个中共丰顺县支部成立旧址普善堂、黎凤翔故居、黎果故居和邓子龙烈士墓等丰良红色资源，打造丰良镇红色文化区，讲好红色故事，弘扬红色文化。

组织建设 2022年，整顿软弱涣散村党组织，建立选派第一书记长效机制，选派3名干部到九龙村、丰溪村和仙洞村担任第一书记。坚持“拉网式”排查、分类别整顿、立体化推进，把软弱涣散村党组织整实改强，推动村党组织建设全面进步、全面过硬。完善组织阵地建设，规范整体功能布局，更新上墙制度，更换陈旧破损设备，加强环境卫生整治，完善23个村（社区）党群服务中心规范化建设。做好发展党员工作，全年培养入党积极分

子135人；发展党员27人，其中35岁及以下13人。推动“全科网格”，构建“村（社区）一组一户”党组织体系，全镇划分为27个网格，成立47个党小组，组建52支党员突击队和58支党群志愿服务队，常态化参与村（社区）的疫情防控、基层治理等各类志愿服务活动。向16名老党员颁发“光荣在党50年”纪念章。通过重温入党誓词、重读入党志愿书、召开座谈会等形式，让老党员们畅谈入党50年来的感想体会。走访慰问279名老党员、困难党员，了解慰问对象的困难与诉求，送去党组织的亲切关怀和美好祝福。

【农业农村】 2022年，丰良镇建成以丰顺县绿天源蔬菜专业合作社、绿佳菜场、绿源菜场、璜溪菜场等为代表的53.33公顷蔬菜基地；建成以广东天亿实业有限公司、韩山茶业有限公司等为代表的400公顷茶叶区域；建成以杨焕家庭农场、彬彬农业专业合作社、秀纯家庭农场为代表的200公顷青柠檬柑橘柚区域。

粮食安全 2022年，做好耕地保护，推进复耕复种，将高标准农田和粮食生产有效衔接，完成复耕复种247.04公顷。加快土地集约，盘活土地资源，鼓励农户有条件的自主实施复耕复种、代耕认种，或通过土地集约交给村集体统一代耕或流转代耕，实现土地资源与资本投入方式的股份制经营规模，现集约土地467.8公顷。引进梅州仓实农业科技公司，连片打造农业科技产业园。

农业安全 2022年，建成丰良镇农产品质量监督体系。构建专人负责、专业设备、专门场所、每月检测的质量检测体系，完成12次50个蔬菜样品的检测。规范农资门市，全镇9家农资门市获准上市经营。成功设立全县第一个蔬菜产地农药残留检测室。

【乡村振兴】 **推进脱贫攻坚向乡村振兴有序衔接** 2022年，建立乡村振兴、医疗、住建、人社、水务等部门信息共享机制，通过农户申请、村两委逐户研判、驻村工作队核实等方式，对收入低、刚性支出大、因病陷入生活困境以及兜底户群体开展实时监测，及时帮扶、精准救助，确保实时掌握对象、及时解决问题。建立健全动态监测帮扶管理网络，全镇22个行政村均建立防止返贫动态监测和帮扶工作网格化管理台账，设立基层网格70个，确定镇、村网格员175人。全镇累计识别监测对象12户64人（其中，边缘易致贫户7户33人、脱贫不稳定户5户31人）。

破除振兴发展“瓶颈” 2022年，推进美丽圩镇建设，向上级申请专项债券资金3000万元，实施丰良镇美丽圩镇人居环境改善提升工程（一期）项目建设，项目基本完工，正在进入收尾阶段。丰良重大民生焦点惠民项目教堂水库工程于2022年12月30日动工建设，总投资1.02亿元，项目征地工作已基本完成，建成后将解决丰良镇3.53万人生产生活用水和成西、成东、复兴、莘桥等4个行政村450.73公顷农田灌溉需求。整合各村房屋、土地等资源建设村级分布式光伏项目14个，已开工建设12个，2个正抓紧施工。完成206国道东、西入口标识节点建设，实施丰溪村东山路路面提升、沥青路面铺设和路灯美化亮化工程。

【人居环境】 **人居环境整治** 2022年，推进“三清三拆三整治”，对各类危旧房、废弃牛栏、猪舍等进行再摸底，再推进，推动“三清三拆三整治”工作向纵深开展，清理积存垃圾累计24处13.1吨。开展村庄清洁行

▲2022年，家庭农场基地 （丰良镇提供）

动，累计清理村庄生活垃圾2460吨，清理村内水塘62口，疏通清理村内沟渠120多千米，开展进村入户宣传教育456次，悬挂宣传横额328幅，发放宣传资料7119份。完善公厕管护机制，贯彻落实“厕所革命”有关行动部署，做好农村厕所问题摸排“回头看”整改工作，做到全面摸排，全面整改。建立健全农村公厕常态化管护机制，落实管护主体责任，建立长效保洁机制。

生态环境保护　2022年，推进农村生活污水治理，全镇77个自然村中，完成生活污水治理的有43个。全年丰良镇农村生活污水治理项目计划投资总额508.39万元，服务区域覆盖5个村，服务人口约1500人，为进一步提升农村人居环境和改善下游水质及生态的良性发展发挥了重要作用，截至年底，实际投资总额302.3万元，4个村施工进度为90%，正在加紧推进中。强化供水通道水质保护，加强饮用水水源地水质保护和水源保护区监管，推进水源地规范化建设。2022年4月协助上级开展水源地规范化建设验收，丰良镇设立水源保护区标志牌17个。打好污染防治攻坚战，全面落实区域河长网格责任，打好碧水攻坚战，全镇设置8名镇级河长和20名村级河长，开展水面漂浮物清理专项行动，出动清理保洁人员171多人次，打捞（转运）水浮莲等生物杂物51.97吨，改善水环境，修复水生态，构建平安绿色生态水网。

【社会维稳】　安全生产工作　落实安全生产主体责任，强化企业法人或主要负责人第一责任人的责任，健全企业安全管理机构，完善安全生产规章制度，强化安全投入、安全管理、技术准备、教育培训和职业危害防治等措施落实到位。定期开展安全生产检查督查。突出重点环节、关键部位、重要时段、重大节假日和季节特点，加强重点行业和领域开展安全专项整治和隐患排查治理工作。强化整改落实，建立安全生产长效机制，严防各类事故发生。全年组织出动检查超过400多人次，确保辖区的安全生产形势总体平稳可控。

维护社会和谐稳定　开展扫黑除恶常态化斗争，推进“我为群众办实事”实践活动，打击涉黑涉恶违法犯罪，整治群众身边腐败问题，解决群众急难愁盼的问题。加强法制宣传力度，举办多次宣传活动，发放宣传手册200余份，加大对《中华人民共和国反有组织犯罪法》的宣传，推动扫黑除恶斗争常态化。加强对辖区严重精神障碍患者进行排查和管理，截至年底，在册管理的严重精神障碍患者307人，符合条件的患者全部纳入监护人补助资金申报范围。做好森林防灭火工作，执行领导带班制度和24小时值班制度，执行森林火灾报告制度，落实网格化管理，配备59名护林员，加强野外火源管理，严禁火源上山。在全镇各个进山路口安装智慧视频监控设备，对全镇实现24小时实时监控，全天候掌握森林防火动态。

排查整治安全隐患　推进燃气安全整治，向各村（社区）和各餐饮场所发放宣传单180份，张贴宣传海报58份，开展定期燃气安全管理检查，督促30家大中型餐饮场所和丰良气站安装可燃气体泄漏报警装置安装。推进自建房安全整治，开展安全隐患排查工作，招募志愿者68人，开通258个排查员账号，出动1000多人次，排查自建房1.9万栋。推进经营性自建房安全隐患整治，排查经营性自建房中，有8栋存在一定安全隐患，已全部整改。落实削坡建房整治，2022年完成削坡建房风险点整治82户，解除风险人数428人。

【民生福祉】　2022年，丰良镇严格审核低保、“五保”认定，坚持低保阳光作业，全年累计发放最低生活保障金900多万元，特困供养金300万元。关爱保护留守儿童，做到“不漏一人，不留死角”，丰良镇在册困境儿童270人，孤儿4人，事实无人抚养儿童27人，每月发放孤儿和事实无人抚养儿童生活补贴1313元。发放残疾人“两项补贴”，全年共发放重度残疾人补贴300多万元，发放困难残疾人补贴100多万元。落实实际种粮农民一次性补贴，全年向9084户发放中央实际种粮农民一次性补贴资金185.64万元。落实生态公益林补偿政策，全年向6396户发放生态公益林补偿金436.06万元。落实水稻种植保险政策，全年上报赔付水稻（早晚双造）受灾受损保险的有12个村的216户，涉7.77万元。推进高标准农田建设，开工建设涉及双溪、仙洞、布新等7个村166.67公顷的高标准农田建设项目。推进农产品地理标志保护工程，完成“一村一品”（丰顺县绿万丰农民专业合作社）柑橘项目建设。

（黎港濠）

建桥镇

【概况】 建桥镇位于梅州市丰顺县西北部，东接丰良镇，西与兴宁市、五华县相邻，南连北斗镇，北与梅县区接壤，距县城37千米，与梅州市相距51千米（高速），206国道贯穿全镇，梅汕高铁建桥站设在建桥镇岗围村。全镇总面积93.79平方千米，山地面积8364.67公顷，林地面积5718.6公顷，耕地面积825公顷，其中水田732.07公顷。镇政府设在建桥村下坝。

全镇辖新和、三和、建桥、建安、三社、环东、岗围、郑屋、环中、环西10个村。2022年，户籍人口3.04万人，常住人口1.27万人。

【自然环境】 建桥镇南北两山高耸，境内群山环抱，南部有海拔897米的鸡公髻崇，东部有海拔1047米的韩山。发源于兴宁市境内的建桥溪，由西向东横贯境内，在丰良镇莘陂与大椹溪汇合流入丰良河。属南亚热带季风气候，四季分明，气候温和，雨量充沛、阳光充足，无霜期长。镇内森林、水力、矿产（优质石板、甲长石、河沙为主）资源丰富。

【经济概况】 2022年，全镇社会生产总值2.42亿元，同比增长3%；农业生产总值8239万元，同比增长3.8%，财政收入1337.87万元。全镇经济运行稳中向好，圆满完成各项经济任务目标。

【农业】 建桥镇以农业为主，农作物主要有水稻、花生、玉米、甘薯、马铃薯，经济作物主要有大豆、西瓜、冬瓜、蔬菜等。2022年，镇党委、政府助推科技兴农，定期检测农产品样本农药残留，加强农产品安全监管；推动一批新型职业农民培训，发展“一村一品”工程，建桥沙田柚、环西和三社红肉蜜柚、建安米粉、郑屋薯粉丝等初具规模；培育壮大烟草、毛豆种植基地，带动农民掌握新技术、提高收入，辐射效应明显，村集体和农民经济实力稳步增强。

【林业】 建桥镇境内林业资源丰富，林木资源主要有马尾松、湿地松、竹和灌木林。2022年，镇党委、政府继续强化镇级专职护林队和村级应急扑火队的管理，加强森林火灾监控巡查，实现全年零火灾；成立森林防灭火宣传教育活动工作领导小组，制定并严格落实森林防灭火宣传教育工作方案；加强伐木捕禽巡查监管工作，严厉打击乱砍滥伐、乱捕滥杀、破坏森林生态的违法违纪行为。2022年，全镇义务植树约1200株。

【水利交通】 2022年，建桥镇有山塘5座、水库4座、小水电站7座。镇水利部门依法治水，加强对山塘、水库的安全隐患排查，防治洪涝洪毁灾害；继续全面推行河长制工作，打击“乱占”“乱采”“乱堆”“乱建”违法行为；推进农村集中供水工程，完成丰良河建桥段生态清洁型小流域综合治理工程项目立项。全镇主要河道基本达到无杂物漂浮、无违章设置、无乱搭乱建、无乱堆乱放、无污水直排、无违法采砂、无淤泥淤积等标准，河道水质明显改善，河道环境显著改观。完成新和村、环中村两段农村道路硬底化建设，加速实施三和村道路柏油化质量提升工程；推进梅汕高速土地征收工作；梅汕高铁建桥站正常运营。高铁安置区建设有序推进，解决被征收房屋农民住房问题。

【文教卫生】 2022年，镇党委、政府落实文化惠民工程建设，完善镇综合文化站场地设施，宣传并认真践行社会主义核心价值观，做好新时代文明实践活动，举办各类文体活动。

持续加大教育投入，开展奖教奖学活动，巩固和提升“教育强镇”成果。2022年，中小学、幼儿园软硬件设施不断完善，教育教学质量不断提高。2022年，建桥镇在三和、新和、三社、岗围、环西、郑屋和建安村7个村进行农村体育建设。全镇10个村卫生站全面运营，推进爱国卫生运动，加强对新冠病毒感染的防控，加强妇幼保健工作，组织送医送药下乡、下乡义诊等活动。

【社会保障】 2022年，建桥镇

▲2022年，梅汕高铁建桥站（建桥镇提供）

全面落实城乡居民保险、救灾救济、特困救助、低保核发、优抚和残疾人权益保障工作。2022年，全镇低保户301户560人，特困救助人数109人（其中集中供养2人，分散供养107人），残疾人616人。推进城乡居民基本医疗保险，落实政策兜底保障，2022年全镇参加城乡医疗保险1.81万人，完成任务比例94.82%。

【乡村振兴】 2022年，建桥镇贯彻落实县委“八个聚焦，八个提质”工作思路，实施“共建洁净美好家园”行动，推进人居环境综合整治，以各村生活污水垃圾治理和村容村貌提升、206国道建桥镇圩镇段沿线两旁的环境卫生清杂、绿化提升为重点，建立长效管护机制，提升农村人居环境质量。强化长效保洁机制，聘请专业的第三方清运保洁公司，全覆盖清理建筑废料、生活垃圾积存、沟渠池塘等卫生死角，生活垃圾做到日清日运。推进农村“厕所改革”工作，开展农村户厕问题摸排整改“回头看”工作，建立完善符合当地农村实际的公共厕所管护长效机制。因地制宜培育发展乡村特色产业，继续推进“七村联动”连线成片美丽宜居乡村建设，打造出郑屋村美丽宜居乡村示范点，开创“郑屋村——十里花溪”的良好局面。鼓励、引导和扶持各村建设村级光伏电站，2022年，实现并网发电光伏电站2座，完成立项进入施工阶段光伏电站6座。推动高铁停车场光伏停车棚、原建桥粮仓“振兴车间”建设，实现产业振兴和便民服务、解决就业的“双重利好”。

【综合治理】 2022年，建桥镇加强资源监管工作，建立完善县、镇、村巡查网络系统，加强对违法用地、违规建设的整治，加强地质灾害防治，开展集约利用土地工作，推进垦造水田项目，完成垦造水田项目6公顷，完成进度100%。加强安全生产、消防、食品药品的监管工作，执行“党政同责、一岗双责、齐抓共管、失职追责”，督促各村、企业单位签订安全生产责任书，推行网格化管理，开展宣传教育活动，开展“打非治违”犯罪行为，2022年开展20多次安全生产隐患排查行动，及早发现问题，及时整改落实，实现安全生产零事故。夯实全面从严治党主体责任，强化机关作风督查，落实巡视巡察问题整改，严格执纪审查，深化扶贫领域腐败和作风问题专项治理。2022年，镇纪委初核各类问题线索9条，党纪立案4宗，办结3宗，给予4人党纪处分。加强综治信访维稳工作，创新社会管理，建立健全扫黑除恶专项斗争工作机制，巩固法治镇创建工作成果，发挥“中心+网格化+信息化”作用，做好维稳工作，全年镇级信访维稳中心受理案件18宗，成功调处纠纷18起，调处率100%。加强刑事释放人员安置帮教、社区矫正在册人员管理、加强精神病患者日常排查管护、推行“一村一法律顾问”、打击涉毒涉盗行为，维护镇社会治安和谐稳定。

【党建工作】 2022年，建桥镇强化理论学习，将学习贯彻习近平新时代中国特色社会主义思想和二十大精神作为党委会议“第一议题”、理论学习中心组学习“第一主题”、党支部“三会一课”必设内容，开展中心组学习13次、专题研讨2次，组织驻村领导、村书记讲党课120多次，发挥“关键少数”示范引领和模范表率作用。强化制度建设，落实“三会一课”、组织生活会、民主评议党员、谈心谈话等基本制度。强化阵地建设，以点带面推进环西、岗围、三社、建桥、三和村党支部活动阵地主体修缮、党建文化上墙、会议室功能完善；依托革命烈士纪念碑和党风廉政教育文化长廊，打造村级红色教育党校，开展互动式教学。强化队伍建设，组织全镇党组织书记参与轮训2次和参加学历提升班。开展乡村振兴“打擂台”活动，落实村党组织书记绩效考核方案。强化党建“领航”是第一书记的“核心职责”，指导第一书记狠抓“两委”班子建设和党员队伍建设，推动农村基层组织建设的制度化、规范化。做好巡视整改工作，镇党委落实丰顺县委第二巡察组巡察建桥镇情况的反馈意见，明确整改目标，细分整改任务，已完成整改。

（彭仙芝）

龙岗镇

【概况】 龙岗镇位于丰顺县北部山区，靠近丰梅边界，东邻大龙华镇、黄金镇，西南连接丰良镇、北与梅县区梅南镇接壤，与梅州市区相距62千米，距县城汤坑38千米，县道028横贯集镇，于丰良镇接国道206至梅州市或县城汤坑，有县道949（龙岗—马图—梅县梅南）长42千米。全镇总面积112.99平方千米，镇政府位于龙华路28号。下辖松江、新华、新合、梅桥、吉演、上林、松梅、江坑、田坑、坪丰、马图11个行政村，56个自然村。2022年，在册户数5624户，总人口2.09万人。2022年底，全镇有机关干部、职工59人，村“两委”干部53人。

2022年，龙岗镇财政收入3412.63万元，同比下降11.06%；财政支出3216.73万元，同比下降18.28%。

【自然资源】 龙岗镇属山区，四面高山环抱，地势西北高、东南低，山脉由东北向西南走向，北部有北山嶂，连接望州崇、阿婆崇、洋西坑崇、三凹崇、新茶亭崇、关壬凹崇、双髻崇；西北部有角公顶崇；东部有扁嶂崇；南部有丰良塔山。亚热带气候，全年气候温和，雨量充沛，阳光充足，四季常青。主要河流为丰良河，从丰良镇双溪村入境，流经龙岗镇10千米，流入黄金镇后为产溪，其他水流有族祖村的胡胜坑，石垅崇的大坑，三坑肚的三坑，古祥崇的洋西坑等。

【特色发展】 2022年，龙岗镇推动特色发展，通过发展农业基础设施和培育“一村一品”工程，推动龙岗镇绿茶、沃柑、蜜柚、救心菜等特色农业发展，打造特色农业品牌。推进龙岗茶叶产业园、马山产业教育基地建设，促进龙岗镇茶产业、茶生态、茶旅游融合发展，马山茶业示范基地被认定为2022年“粤字号”农业品牌示范基地，龙丰农业综合开发有限公司获得“丰顺高山茶·中国生态气候优品”品牌授权。加大资金投入，做好马图红色遗址的保护、修复，描绘红色遗址未来发展规划蓝图，推进马图红色研学基地建设，结合马图绿色产业，全方位提升马图红绿旅游竞争力。

【党建工作】 2022年，龙岗镇贯彻落实“第一议题”制度，开展党员领导干部理论学习，通过党委会、党委理论学习中心组开展学习，增强领导干部的政治素质、理论水平和工作能力；落实“三会一课”、组织生活会、主题党日等制度，常态化开展党章党规学习。利用镇村党校、爱国主义教育基地及新时代文明实践所等载体，细学深耕党的二十大精神，采取原本原学、联系实际学、深入思考学，使基层党员增强“四个意识”、坚定“四个自信”、做到“两个维护”。深化村党组织“头雁”工程，培育乡村振兴领路人，龙岗11个行政村有22名村党组织书记后备干部，22名村后备干部。按照党员发展计划及相关制度程序，做好发展党员工作，2022年顺利完成党员发展计划，发展15名党员。全面整顿转化提升新华村软弱涣散基层党组织，新建一栋两层办公场所，占地面积1000多平方米，建筑面积500多平方米，打造党员活动阵地，完善党群服务中心建设。

【乡村振兴】 2022年，龙岗镇在全面推进乡村振兴基础上，突出实施“九大攻坚战”行动。重点对辖区内的违建地块进行全面清理整治，建立完善巡查工作制度，每周巡查不少于2次，每月不少于10次，在辖区内进行循环反复、持续不断的巡查工作。落实县委、县政府关于进一步做好撂荒耕地复耕复种的工作部署，多措并举鼓励和引导农民进行复耕复种，2022年度完成撂荒耕地复耕复种面积88.57公顷。全面提升农村生活垃圾治理水平，健全农村生活垃圾收运处置体系，每年投入120万元推动垃圾分类、环境卫生整治行动及实施圩镇周边绿化工程及街道环境提升工程，投入19.2万元实施圩镇街道沿线路灯亮化工程，投入18.4万元完善道路绿化景观，在梅桥村建设文化广场。加强对排污口污染源的巡查整治，强化对坪丰及江坑两个镇级水源地的保护工作，新增200余米防护网保护蓄水陂头，镇级污水处理厂正常运行，坪丰、松梅村级污水处理设施已投入使用。优化集中供水工程建设，推进农村集中供水覆盖，基本实现自然村集中供水覆盖。加快农村道路交通建设，投入约50万元建设龙岗镇龙新街道柏油路面铺设工程；推进上林村0.25千米和梅桥村1.2千米的农村自然村内道路硬底化建设。聚焦整村授信，马图及梅桥村授予“整村授信”，同时实现11个行政村“金融村官”100%全覆盖。开展村集体“资产、资金、资源”改革，搭建农村集体“三资”管理服务平台，推动新型农村集体经济发展壮大。

▲2022年，马山茶叶产业园 （龙岗镇提供）

【重点项目】 2022年，龙岗镇打造光伏产业助力乡村振兴，实施6个行政村（松江、新华、梅桥、田坑、松梅、新合）的光伏发电项目，装机规模1000千瓦。总投资2906万元的丰顺县S242线马图至江坑段公路路面改建工程，完成路基挖方，混凝土路面完成30%。推进丰顺县水系连通及水美乡村建设项目——江坑水治理工程，该工程项目总投资2491.5万元，计划2023年竣工，主要为河道疏浚、护岸、景观节点等工程建设，使河道行洪顺畅，河岸稳定，美化河道两岸环境，实现“水清、流畅、岸绿、景美”的治理效果，2022年超前完成年度工程建设任务。

【生态建设】 2022年，龙岗镇贯彻落实河长制工作，累计投入资金约26万元用于开展6千米丰良河龙岗段的水面漂浮物专项清理工作，清理面积5.5万平方米，打捞（转运）量62吨；加强水域岸线巡查监管，掌握所管河道周边的污染源，加大对盗取河砂等违法违规行为的监管力度；加强森林保护，完善森林防灭火制度，加强森林防灭火人力物力配备；组织镇、村干部、护林员进行义务植树活动，种植樟树300棵、木荷450棵以及火焰木100棵；设置临时森林防火检查站，进行轮岗值守；根据上级下发的国家森林督查图斑，对涉嫌破坏森林资源的行为进行查处整改，完成率100%；遏制违法占用耕地行为，全镇1.47公顷耕地完成复耕工作，年度土地卫片图斑耕地违法面积清零。加大宣传力度，引导群众规范建房，共同保护耕地红线，维护龙岗镇绿水青山。

【民生实事】 2022年，龙岗镇执行特困供养、事实无人抚养儿童供养条例，全镇特困供养72人，事实无人抚养儿童26人，保障每月按时发放生活费。辅助县民政资助城乡低保、特困供养、事实无人抚养儿童等困难群众参加城乡居民基本医疗保险658人；实施临时生活困难救助10户。按时对全镇家庭进行走访，做好人员排查、调查及落实工作，2022年底低保对象291户560人，其中农村低保285户548人，城镇低保6户12人，新增低保16户39人次；特困供养72户72人，失能19人，半失能1人，全自理52人，新增特困9户9人。执行老年人优抚政策，发放80周岁以上高龄老人健康生活补助。对镇级敬老院提档修缮升级，打造村级居家养老服务点（田坑居家养老服务点），为困难老人照护兜底。通过村信息填报、乡镇审核、县确定、地方备案等流程，新增正常离退任村干部21人。配合推进双百工程，现已建成全镇社工站及服务点，基本实现全省社会工作服务站（点）100%覆盖、困难群众和特殊群体社会工作服务100%覆盖。推进龙岗镇2022年度城乡居民医疗保险的征缴工作，参保缴费人数1.24万人；办理零星资格认证、待遇申领、死亡退保发放一次性待遇等柜台业务765件；在城乡居民养老保险扩面征缴完成1164人。开展退役军人应急救助资金政策宣传和申请工作，帮助1人申请救助1万元；发放入伍士兵家庭优待金10.5万元，一次性安置就业经济补偿36.6万元；为立功受奖现役军人6人次送喜报和慰问金；元旦春节、"八一"期间对困难退役军人进行节日慰问；龙岗镇退役军人服务站通过省级五星级退役军人服务站创建验收工作，市退役军人事务局于2022年对此进行省级五星级授牌。

【安全生产】 2022年，龙岗镇开展"全国第二十一个安全生产月"活动，党政主要领导带队检查安全生产工作14次，分管领导20次，对发现问题及时整改；政府主要领导主持召开或参加全镇安全生产会议12次，分管领导15次。

【综合治理】 2022年，以每1000人左右为一个网格，将龙岗镇划分为11个网格。全年排查矛盾纠纷31宗，调解成功30宗，调解率100%，调解成功率97%以上。创新社区矫正工作，针对社矫对象的犯罪类型，制定对应的法制教育和心理辅导，龙岗镇社区矫正人员1名，及时了解掌握社区矫正人员的状况和动态，完善社区矫正帮教措施，强化过程管理。加强安置帮教工作，安置帮教在册人员27人，新接收9人，重点对象1人，解除安帮6人名。加强对严重精神障碍患者排查防控工作，综治办、派出所、卫生院、网格员和村医联合对3级精神患者进行慰问。

【法治建设】 2022年，龙岗镇加强依法行政能力建设，贯彻实施"八五"普法规划和《丰顺县法治政府建设实施纲要》，组织学习习近平法治思想、党的十九大和十九届历次全会精神和党的二十大会议精神、习近平总书记系列重要讲话、专题学法等，通过"学习强国"、"干部学院"、微信公众号、相关书籍材料等方式提升龙岗镇领导干部政治理论知识和法治意识，全年开展各种学习累计120次；开展普法宣传（含法治讲座）53场次；整合政府法律顾问和村法律顾问资源，为群众提供法律咨询，镇村为群众提供法律咨询100多人次。龙岗镇综合执法队严格按照法律法规开展行政执法，执行行政执法公示制度、执法全过程记录制度、重大执法决定法制审核制度，全年开展行政执法104宗。

（党政办）

潘田镇

【概况】 潘田镇地处丰顺县中部，素有"两个之最"的美誉：地理位置居全县最中心，平均海拔426米，全县最高。东邻𬌗隍镇，西接丰良镇，南壤汤坑镇，北连黄金镇，G235线和G355线纵横贯穿全镇，交通便利。全镇总面积148.23平方千米，下辖13个村、1个社区，常住人口2.06万人。本土美食有潘田米粉、印粄、千层粄（盐水粄）、潘田米酒、潘田鸡饭、咸菜煲等。

【党的建设】 强化理论武装，提升基层治理能力 2022年，潘田镇各基层党组织通过理论学习中心组、"三会一课"、主题党日等多种形式，把思想和行动统一到党的二十大精神上来，全镇党员干部忠诚拥护"两个确立"、坚决做到"两个维护"。全年全镇召开党委会议32次、理论学习中心组学习15次，意识形态专题会议2次，分类别开展主题党日活动68场次，班子成员和支部书记上党课48场次，发放党的二十大相关学习书籍和学习提纲650多份，覆盖党员领导干部850多人次。

筑牢廉洁防线，保障高质量可持续发展 加强基层党风廉政建设，建立健全基层不敢腐、不

▲2022年，烟草种植 （刘锦轩摄）

能腐、不想腐的长效机制，把潘田镇正风反腐各项任务落到实处。全年开展谈话提醒14人次，组织党员干部签订《党风廉政建设责任书》30份，召开党风廉政建设专题会议2场次。

【经济概况】 2022年，全镇农村社会总产值2.15亿元，同比增长5.2%，工农业总产值2.09亿元，其中工业总产值1702万元，同比增长4.8%；农业总产值1.92亿元，同比增长4.3%；农村人均收入1.76万元，同比增长5.1%。经济总量逐步增长，经济实力持续增强。

【乡村振兴】 2022年，潘田镇以美丽圩镇为建设核心，沿河沿路建设乡村风貌带，打造特色种植业、“光伏小镇”、“乡村旅游”三大富民项目，推进“一核两带三产业”的建设。新公路红绿灯防护栏改建为百花带，镇政府前撂荒地变为玉米园，规划改建圩镇提升邮政局至黄金路口的排水系统及路面。G235潘田至隬隍段铺设柏油；沿国道开展精细化清杂整治，公路沿线栽种鲜花和树苗约3000棵。南溪水中小河流整治有序推进，吉峯水中小河流整治已动工；南溪水碧道二期基本完工，碧道三期完成前期评审工作，计划2023年施工建设。推进流域污染综合治理。

2022年，推进耕地资源开发，实现水田垦造面积4.4公顷，完成历史补充耕地整改39公顷，撂荒耕地复耕复种133.2公顷，全年完成粮食播种面积1586公顷；种植烤烟61公顷，收购产量2564斤，创税80多万元，比2021年增产增收30%。7座现代电烤烟房投产运营，潘田新烟站已动工建设，建成后将新增种烟面积134公顷；农产品烘干加工基地项目通过省农业农村厅初审。2022年，新建村级光伏项目6个，其中新联村、填江村分别新增130千瓦、40千瓦光伏发电项目，上吉村光伏项目并网发电，集群村、铁坑村、潘田村光伏项目正有序施工，新东村光伏项目已立项报批。全镇23座光伏电站累计总装机容量1161千瓦。

【民生保障】 2022年，潘田镇开展“户户清”精准到户工作，对全镇311户脱贫户和4户边缘易致贫户开展入户核查。通过助学慰问、就业奖补、公益性岗位、发放鸡苗等帮扶方式提高监测对象家庭收入，累计发放帮扶资金13.048万元。全镇271户低保户575人发放最低生活保障金253万元；193户特困户193人发放特困救助金226万元。全镇有残疾人866人，其中重度残疾人528人，发放残疾人重度护理补贴160万元。潘二中新教学楼、宿舍楼等竣工验收并投入使用；潘田中心幼儿园正规划建设；镇党委政府为全镇教师颁发慰问金2.5万元，表彰2022年潘田籍优秀学子97人，发放奖励金4.6万元。2022年度城乡居民基本养老保险扩面征缴2894人，基本完成计划数；2023年度城乡居民基本医疗保险参保缴费25985人，参保进度90.14%。全镇投放15台综合自助服务机，上线运行全市通办1633项清单，其中医保、社保、民政等300项高频事项可实现跨省通办，累计完成业务总量10217次。

【社会治理】 2022年，潘田镇受理纠纷及信访案件153件，其中接到上级交办信访案件90起，办结90起，办结率100%，全年无大串联、大聚集、大集访事件。2022年，开展形式多样的安全生产大检查93次162人次，检查企业150家次，全年未发生重大安全生产事故。2022年，核查并制止35处违规占用林地、耕地建设行为，对违规占用林地建房、违规占用林地建灵屋、违规占用耕地建房等6宗违法违规建筑进行拆除。

【文物保护】 水口庵华南桥位于丰顺县潘田镇填江村水口庵，是潘田历史文化的重要组成部分，是“县级文物保护单位”。2022年，潘田镇发动社会各界热心人士捐资120万多元，于2022年12月动工进行保护性修缮。

（杜家玲）

大龙华镇

【概况】 大龙华镇位于丰顺县东北部，东接小胜、砂田镇，西连龙岗镇，南邻黄金镇，北靠梅江区西阳镇、大埔县银江镇，与县城汤坑镇相距53千米，与梅州市区相距50千米。下辖大田、田东、岗背、长布、华东、叶华、石门、松坑、北溪、双罗、长埂、径门、上溪、罗洋、龙北、铜山16个村，全镇总面积226.69平方千米，耕地面积526.67公顷，总人口为2.19万人，常住人口9817人。镇政府位于田东村田东街88号。

【自然环境】 大龙华镇属亚热带海洋性气候，气候温和，年均日照时数1980小时，年平均雨量1625毫米，平均气温21.8℃，无霜期长，四季常绿。自然条件优越，资源丰富，主要有森林、水电、矿产等。全镇有两条属韩江二级支流的主溪水，即白溪和龙溪。全镇山区水系密布、水力资源理论蕴藏量19825千瓦。矿藏有铅锌矿、锡矿、钨矿、金矿、瓷土、稀土、云母、水晶等。境内莲花山脉主峰——铜鼓嶂，海拔1559.5米，属粤东第一高峰，自然生态环境优异，野生动植物种类繁多。

【经济概况】 2022年，大龙华镇财政收入（含上级预算内拨款）1254.73万元。全镇社会生产总值2.92亿元，比2021年增长3.71%。

【产业振兴】 2022年，大龙华镇产业结构以第一产业为主，支柱产业是种植业、水利、光伏发电。代表性农作物有绿茶、番薯、辣椒，番薯粉丝、辣椒酱、石门绿茶、长埂高山绿茶是当地特色农产品。镇内有柑橘园、沃柑园、茶园、柚园等种植园。较大规模水电站有杨梅渊水电站和黄潭围水电站。全年撂荒耕地复耕复种108.93公顷，利用撂荒地复垦建成1.33公顷花生种植示范基地。招引优质加工企业成功盘活岗背村红薯粉条加工厂。全域推进光伏绿色产业，建成村级光伏电站18个，总投资1059万元，容量总规模1720千瓦，每年可为9个行政村集体经济增收90多万元，在建光伏项目8个，分布在径门、田东、石门、上溪、双罗、北溪、铜山等行政村，预计2023年全部建成并实现并网发电。在白溪水岸建成600米休闲栈道，和“快乐小岛”“网红坝”串珠成链，打造为大龙华镇白溪河一河两岸生态景观带。

▲2022年，大龙华白溪河一河两岸生态景观带 （大龙华镇提供）

【人居环境】 2022年，大龙华镇实施农村生活污水治理攻坚行动，完成10个自然村污水处理整治任务，日处理500吨的镇级污水处理站和8座村级污水处理站稳定运营。实施镇村环境整治“突击行动”，配齐36名保洁员，摸排清理卫生死角288处，统筹驻镇帮扶工作队开展现场检查，强化环卫保洁监督激励机制，实现保洁精细化、管理常态化。推进河湖专项综合整治，持续开展白溪河和龙溪河河道垃圾清理、生态修复专项行动，累计清淤河道7000余米。

【基础设施】 2022年，大龙华镇推进镇村道路升级改造，已全面实现126个自然村主干道硬底化，完成省道233马汕线大龙华大埔坪至径双路段第一期改造工程。实施2022年自然村村道硬底化工程，完成硬底化路面9.2千米。巩固提升全域供水保障能力，完成全域农村饮水供水工程，总投入1500万元，建成覆盖12个行政村的27个饮水供水点，基本实现农村集中供水全覆盖，自来水普及率达到99%以上。

【民生保障】 2022年，大龙华镇建立健全防返贫动态监测和帮扶机制，常态化开展镇184户514名建档立卡贫困户和5户边缘户的预警监测。落实“四不摘”要求，开展边缘易致贫户慰问帮扶行动，走访慰问20余次，累计发放慰问金、大病困难救助金、修缮居住条件费用4万多元。落实政策兜底保障，做到应保尽保，全面完成全镇低保户202户463人、特困户140户140人、低保边缘户7户18人家庭经济状况核对和入户核查评估。挂牌并运行3个社会服务工作站；建成乡村振兴人才驿站；举办“粤菜师傅”工程技能培训，累计培训52名学员。推进城乡居民基本医疗保险、养老保险参保缴费，2022年全镇参加城乡居民医疗保险人数1.46万人，参保率90%。创建残联“康园社区”升级评星，大龙华镇残疾人社区康园中心获评梅州市二星级社区康园中心。开展创建大龙华镇星级敬老院，投入150余万元实施敬老院护理型床位改造项目，完成护理型床位建设、消防改造、无障碍通行改造等项目，项目进度95%。

【双拥征兵】 2022年，大龙华镇落实退伍军人和现役军人家属建档立卡信息采集，率先颁发丰顺县第一张退役军人优待证，完成退伍军人登记和发放优待证工作，确认优抚对象并发放优待金。大龙华镇适龄青年网上兵役登记任务完成率100%，超额完成年度征兵任务800%。

【亮点工作】 2022年1月8日，举行丰顺县革命委员会、丰顺县苏维埃政府成立旧址宝田庐揭牌仪式。镇委党校叶华村分教点获评梅州市星级镇街党校分教点。丰顺县首个“法治教育实践基地”在大龙华镇落地建成，该基地拥有法治宣讲、法律普及、心理健康建设等功能。

【社会治理】 2022年，大龙华镇受理群众来访和网上信访104宗，全部完成办结，调处矛盾纠纷20起。开展禁毒、反邪教、扫黑除恶等法治宣传20余场，受教育群众6000余人。

【党的建设】 2022年，大龙华镇落实“第一议题”、主题党日等制度，开展“三会一课”学习教育，过好党员政治生日。全年开展党委中心组理论学习12次26个专题。开展基层党员培训班43次、培训485人；结合专题讲座、交流研讨等多种形式，开展学习宣传贯彻党的二十大精神专题会20余场，覆盖1000多人次。实施新一轮党的基层组织建设三年行动计划，推进村级软硬件设施升级，高标准打造村级党群服务中心，提升村级事务运行规范化、制度化水平。持续做好上溪村软弱涣散党组织整顿提升工作，发挥驻村第一书记作用，加强日常管理和业务指导。组织各村党组织书记登台打擂，展示各村抓党建引领基层治理、产业

▲2022年1月8日，宝田庐揭牌仪式 （大龙华镇提供）

发展、乡村振兴等方面的成效，提升村党组织书记的引领力、组织力和服务力。免去因履职不力村党组织书记1名，劝辞村委委员1名。依托“党组织+网格”建立“平急转换”机制，全镇划分16个网格和66个微网格，通过“包片包户”定人定责，做到联系服务群众精准化、精细化，在疫情处置期间，各网格员持续坚守在疫情防控一线做好各项工作。

（党政办）

黄金镇

【概况】 黄金镇位于丰顺县东北部，总面积155.89平方千米，东邻留隍镇，西邻龙岗镇，南连潘田镇，北接小胜镇、大龙华镇。山地面积1.39万公顷，耕地面积1266.67公顷。镇政府设在黄金圩镇。

【自然环境】 黄金镇境内四面群山环抱，南部的鸳鸯寨为镇内最高峰，海拔383米；全镇一半属山区，一半属水涝地区。丰良、大龙华和径门3条小溪汇集至境内成产溪，自西北向东流，在留隍站口汇入韩江。属亚热带季风气候，气候温和，雨量充沛，地势低，属典型水涝地区。

【辖区人口】 黄金镇下辖径双、清溪、望楼、俄湖、启明、松青、遍沙、双灵、三合、三联、龙山、嶂背、湖田、光明、深田、东坑、芹寨洋、埔东、埔头角、杨石、隍洞、坑尾、罗江、黄金等24个村，1个社区。2022年底全镇8380户3.78万人。

【市政建设】 黄金圩有沿江街、建新街、中兴街、金山街、金塘街、金华街、湖田街等7条街道，形成商业区、行政区、农贸区、住宅区等功能齐全的新集镇。黄金镇设有圩场1处——黄金圩，逢3、6、9为圩日，是全镇及潘田、留隍、大龙华、小胜、潮安等地农副产品集散地。

【生态宜居】 2022年，黄金镇人居环境治理水平再上新台阶，清拆废弃房屋旱厕100多平方米，清理农村水塘10口，清理村内沟渠约2千米。聘请第三方公司承包圩镇范围内保洁、垃圾收集和清运工作，清运农村生活垃圾1800吨。投入建成1座镇级污水处理站和18座村级污水处理设施，提升镇域污水收集处理能力。

【经济状况】 2022年，黄金镇持续跟进了解入股企业经营情况，管理相关抵押物，确保分红稳定发放，以入股分红方式提高村集体经济收入。2022年全镇村集体经济收入397.75万元，再创新高，入股分红类收益317.4万元，全镇24个村集体经济年收入均达10万元以上，其中6个村达到15万元以上。

【交通通信】 2022年，黄金镇开展大丰高速黄金出口的征地工作，全面完成埔头角村凹背寮至留隍镇路段黄金镇境内总长4.6千米的道路硬底化，完成金华街约0.7千米路面沥青铺设，基本完成总长6.74千米村内道路硬底化。开展“三线整治”工作，协调联系电信、联通、移动、广电等企业，进行镇域主干道外立面管线微改造工程，已完成金中街、建新街、金湖路和金松路3.1千米线井安装及一河两岸3千米线管安装工作。投入262.2万元基本完成加油站至下湖村缘公路人行道亮化、绿化工程；投入197.8万元完成连村主干道路灯亮化工程。

【振兴发展】 农业产业发展 2022年，黄金镇做好撂荒耕地复耕复种工作，推广“稻鱼共生”水稻种植，隍洞村、埔东村、杨石村连片种植面积50公顷；因地制宜，引进福建优良种植经验，采取“915”两豆一稻种植模式，光明村、黄金村连片种植面积75公顷；集约光明、深田、松青、启明、嶂背5个村开展20公顷烟叶种植。

林业产业发展 与丰顺县供销合作社合作，打造山林经济收益新增长点。引进丰顺县绿源兴农业综合开发有限公司，在三联村集约53.33公顷山地进行陈皮种植深加工项目；在径双、三联村集约80公顷山地开展梅片种植项目；发展石斛南药种植特色产业。

光伏产业发展 发展“农光互补”光伏绿色产业，2022年光伏发电收益80.35万元，投入250万元新建6座村级电站，已完工2座。成功立项与讯源生态养殖科技有限公司合作建设规模3750

千瓦的镇级光伏产业项目，建成后预计年收入175万元。

【旅游产业】 2022年，完成投入2000多万元的鸳鸯寨森林公园一期工程，二期工程已完成登山道、牌坊建设，将继续完善配套设施、观光道路等工程建设，夯实绿色旅游经济基础。推进丰顺龙鲸河旅游发展有限公司总投资10亿元（首期投资3亿元）、总面积1266.67公顷的龙鲸河乡村旅游景区（含坚真森林公园规划区）大型农业生态旅游产业项目。成功引进竹海渔乡田园综合体项目，打造总占地200公顷、总投资16亿元，以休闲、观光、旅游、种养为一体的旅游开发。"廉政教育基地"——李坚真故居，坐落于广东省梅州市丰顺县黄金镇径双村蕉头窝，是我国著名的妇女运动先驱、华夏女杰、老红军战士李坚真成长成才、参加和开展革命工作的策源地，她曾在蕉头窝居住20余年，故居2005年被列为"广东省（第一批）红色旅游经典景点"；2012年10月20日，李坚真故居被广东省人民政府公布为第七批广东省文物保护单位。

【教育医疗】 2022年，举办黄金中学2022年度奖教奖学活动，向124名高考取得优异成绩的学生、159名表现突出的教师，颁发奖金合计37.05万元。协助深圳同乡会对考上重点本科学校的10名高考学子发放奖学金合计2万元。黄金中心小学修建塑胶跑道。黄金镇卫生院提升院内医务人员医疗服务水平，加强对20名乡医专业知识培训，深入20所村卫生站督导检查，确保镇域医疗卫生水平，让群众就近可医、放心就医。开展"关爱下乡"活动，为全镇老年人提供免费健康体检，关心老年人身心健康；为35～64周岁妇女免费做"两癌"检查，关爱呵护女性健康。

【党建工作】 2022年，黄金镇通过干部集中学、中心组专题学、党课专题讲等方式，学习领会习近平总书记重要讲话精神和党的二十大精神等，忠诚拥护"两个确立"、坚决做到"两个维护"。全年黄金镇党委组织理论学习中心组专题学习会12次，开展专题培训12场次；制定2022年意识形态工作责任清单；发展党员27名，持续推进违规党员排查、党费收缴专项检查工作。在28个网格内成立党员突击队和党群志愿服务队，落实党员干部联系服务群众，形成"纵向到底、横向到边"的基层治理网。动员、引导村"两委"干部提升学历，20人报读中专，29人报读大专。贯彻落实习近平总书记关于基层党建工作的重要论述，组织村（社区）党支部书记到兄弟镇参观学习，邀请先进典型、专家学者开展业务知识培训。选派第一驻村书记，抓好整顿软弱涣散党组织。

【综治维稳】 黄金镇践行新时代"枫桥经验"，配齐39名村级网格员和25名村级调解员，维护全镇社会稳定。2022年，调解各类纠纷约50起，调解成功率100%；培育100名"法律明白人"，做人民群众身边的"讲解员"。举办各类普法宣传活动15次，宣传面达1.1万人次。

【农业种植】 黄金镇经济作物有水稻、大豆、南姜、甜玉米、甜竹笋等。镇积极发展烟叶、陈皮、梅片、番薯种植、优质水稻等绿色产业。引进福建优良种植经验，推广"稻鱼共生"水稻种植和"915"两豆一稻种植模式，引进"烟稻轮作"种植模式，打造现代农业产业发展。

【林业资源】 黄金镇境内林木资源丰富，有林地面积1.29万公顷。全镇盛产竹子，竹林面积约6666.67公顷，素有"竹乡"之称，2007年被市评为"竹具专业镇"。

【水利河道】 2022年，黄金镇开展2次清理漂浮物专项行动，出动人力64人次，清理漂浮物3公顷。落实河湖日常监管巡查制度，加强河道清"四乱"整治，打击"乱采""乱堆"行为。黄金镇国考、省考和市考断面水质均稳定保持地表水Ⅱ类水以上标准。建立防汛岗位责任制，与小型水库和山塘的管理人员签订合同，在汛期及时做好洪沟垃圾和排水畅通工作。2022年6月9日，启动防汛Ⅳ级应急响应后，全镇干部开展防汛抢险救灾工作，保障镇域群众生命财产安全。

【名优特产】 黄金镇内的丰顺特产有黄金可口姜糖系列产品、金竹牌姜茶（颗粒饮料）、金竹牌柚皮糖等。

（朱炽港）

留隍镇

【概况】 留隍镇位于丰顺县东北部，居潮州、梅州、揭阳三个地级市之间，广东省第二大江——韩江纵贯镇域，县内与汤坑、潘田、黄金、小胜和潭江等5个镇接壤，距离县城汤坑镇40千米、潮州市区40千米、揭阳市区50千米。在春秋战国属百越地，汉时隶属南海郡揭阳县，北宋宣和三年（1121）揭阳县城设于此，南宋绍兴二年（1132）撤销揭阳县城，并入海阳县。宋末皇帝赵昺到万江古庙求神庇护并于此留宿，取“万江庙小可留皇”而将万江改称留皇。后为躲避元朝追查，将“留皇”各加左耳旁而成“留隍”，留隍之名便沿袭至今。明、清初隶属潮州府海阳县；清乾隆三年（1738）划入丰顺县。2004年10月原东留、茶背两镇并入留隍镇，全镇总面积422.68平方千米，下辖36个村和1个社区，人口10.5万。先后获得广东省中心镇、广东省生态示范镇、广东省青榄专业镇技术创新试点单位、广东潮客小镇特色小镇创建工作示范点、全国重点镇、第三批国家新型城镇化综合试点地区、第二批全国特色小城镇等众多荣誉称号。

【资源优势】 留隍镇地形以低山丘陵为主，地势北高南低，地貌形态较为简单，沿江两岸自然生态环境保护良好，乡村生态环境保持良好，森林覆盖率达40%以上。有丰富温泉资源、水力资源、生态资源、矿产资源。东留鹿湖天然温泉含有丰富的氡等有利于保健养生的元素，平均水温65℃，日溢流量3880吨，水质好、水温高、流量大。留隍镇内水力资源丰富，有大小水电站64座，总装机11.4万千瓦/时，包括“韩江小三峡”之称的韩江枢纽水利工程（东山电站），总装机容量7.5万千瓦/时，年发电量3.11亿度。区域内河沙、瓷土、稀土、叶蜡石、铅锌矿、多色辉绿岩等矿产资源储量丰富。

留隍春夏季节盛产枇杷、杨梅、龙眼、荔枝等水果，秋冬季节盛产青榄。全镇青榄种植面积2533.33公顷，年产近5万吨，主要品种有香榄、三棱榄、青皮榄、甜橄榄等。1999年，特色产品“铜峰牌”青榄获全国第三届水果展销会“中华名果”称号，“大乌脐、青边”枇杷获广东省优质水果奖。留隍有留隍云片糕、留隍姜糖等传统特色食品。留隍草席于2016年9月入选梅州市非物质文化遗产代表性项目名录。

【经济发展】 2022年，留隍镇社会总产值17.9亿元：农业总产值4.8亿元；税收收入1813.62万元，其中中央级收入608.97万元，省级收入299.33万元，县级收入811.4万元；财政总收入3615.94万元，其中一般公共预算收入3615.94万元。

【党建工作】 2022年，留隍镇以政治建设统领党的各项建设，全面从严治党。推进习近平新时代中国特色社会主义思想学习宣传贯彻工作。党委先后购置发放《党建》《半月谈内部版》系列刊物、《党的二十大报告辅导读本》等各类学习教材，并以党委中心组学习、专题党课、座谈研讨等形式，引导广大党员干部深入领会精神实质。组织镇全体干部职工收听收看中国共产党第二十次全国代表大会，先后召开镇党委会扩大会议和全体干部大会专题学习近平总书记系列重要讲话精神；布置各党（总）支部通过“三会一课”、专题学习会等形式深入开展学习习近平总书记在省部级主要领导干部“学习习近平总书记重要讲话精神、迎接党的二十大”专题研讨班上的重要讲话精神。全年开展理论学习中心组学习23次，党员干部政治理论学习培训2场次。做好干部选拔任用，2022年，推荐使用2名科级干部，提拔任用3名正股级干部和16名副股级干部。加强党员干部队伍建设，抓好党的基层组织建设，全年镇党校组织开展集中教育培训11次，各分教点组织开展集中教育培训37次，做到教育培训基层党员全覆盖。把党风廉政建设和反腐败工作纳入全镇工作总体布局，多次召开会议专题研究部署党风廉政建设工作，推进纪检监察体制改革工作，完善党风廉政建设制度机制。坚持严格追责促责任落实，严格执行《中国共产党问责条例》和《广东省党的问责工作实施办法》，不断改进问责方式方法，强化问责严肃性，唤醒责任意识，激发担当精神。

【规划发展】 2022年，畲隍镇加快各项重点项目加快建设进度，计划在2023年完成水系连通及水美乡村畲隍项目、畲隍乡村产业社区项目、韩江东留段堤岸综合整治项目和S227线人居环境提升工程等一批重点项目建设；首期投资约3亿元的广东广宏混凝土构件有限公司动工投产，投资4亿元的韩江学校项目开工建设；申报补助1亿元的乡村振兴产业带建设项目。

【产业发展】 2022年，畲隍镇大力发展茶产业和橄榄产业，扶持当地龙头企业，形成“以一带片”的良好发展趋势；探索橄榄深加工和农业金融产品服务新道路，推进区域性生产、供销、信用“三位一体”综合合作，推动提升畲隍橄榄产业组织化、规模化、集约化水平。推进农业规模化、现代化，推动农产品深加工、精加工，用好用活“畲隍橄榄”国家地理标志证明商标，推进特色农产品品牌化建设，提高农产品综合效益和市场竞争力。加快建设潮客小镇项目，规划打造十里凤凰文旅项目。围绕新老凤凰溪，以原乡智慧农业小镇为示范点，打造农文旅融合“新样板”。将鹿湖温泉度假村、惠仁圣寺、乡村产业社区、石斛基地、原乡智慧农业小镇、中医药文化谷等项目连点成线，打造乡村精品旅游路线。利用茶背新型绿色建材产业园区丰富的自然资源禀赋和独特的区位优势，打造成为生态工业经济发展区。依托总部经济平台，发挥畲隍乡贤企业众多的优势和县里所制定的总部经济政策引导，加大宣传力度，鼓励更多的畲隍乡贤把企业总部迁回家乡。

【基础设施建设】 2022年，畲隍镇加强“四好农村路”和村内道路建设。全镇道路沥青铺设累计总长80多千米，累计投资3000多万元。推进集中供水工作，畲隍镇全域集中供水工程点共55个，累计投资3784.28万元，项目于2021年4月开工，于2022年7月完工。加大教育投入力度，做强做大畲隍镇教育基金会，不断完善软硬件设施，努力办好每一所学校。加快推进由乡贤捐资建设的畲隍韩江学校项目，该项目已完成规划建设、土地调规等前期准备工作。加强农村公共文化服务，全镇37个村（社区）已实现基层综合性文化服务场所、体育服务场所建设全面覆盖，文明村镇覆盖率达到100%。推进农村生活污水处理项目，该项目目标为22个自然村，截至2022年完成生活污水处理工程自然村有7个。

【重点项目建设】 2022年，畲隍镇谋划实施涉及产业、交通、环保、医疗、教育、新农村建设等20多个重点项目。全国水系连通水美乡村试点县畲隍项目已取得阶段性成效，水生态环境明显改善。丰顺县潮客小镇项目正有序推进，其中原乡智慧农业小镇和中医药文化谷基本完工，新凤凰溪碧道项目完成部分坝头和碧道主体建设。韩江东留段堤岸整治工程完成道路通车，正在加快市政配套建设，加快推进S227线人居环境综合整治提升工程。东留片农村污水处理项目完成三个省级民生实事示范节点的建设，凤凰溪土地综合整治与生态修复工程完成工程建设60%，乡村产业社区项目完成邻里中心主体建设，周边环境提升及配套设施正在建设。骑楼古街和新建街市场改造项目基本完工，军塘湖污水管网铺设项目和茶背村环村道路项目正在加快推进。

【城乡风貌整治】 2022年，畲隍镇抓好农村人居环境综合整治工作，推行“地毯式”人居环境整治，巩固提升农村人居环境质量。通过水路连通镇墟、村庄，实现镇村水系集中连片规划建设。推进镇级污水处理厂和管网建设。对主街区沿线的建筑立面进行特色化风貌改造，对古旧街道进行改造修缮。推进乡村产业社区建设，做好乡村振兴产业带申报工作。推进“五村连片、十村联动”省级新农村连片示范建设工程和“6+6”新农村建设工程项目，推动城乡扩容提质。

【民生福祉】 2022年，畲隍镇识别防返贫监测对象22户101人，投入约47.2万元开展防止返贫监测帮扶工作。2021年以来，累计发放低保、特困供养和残疾人救助款等各项救助款共3784.4万元。全年垦造水田16.08公顷。推进撂荒耕地复耕复种工作，年度省下发图斑（连片1公顷以上）总面积231.35公顷，其中具备复耕条件93.32公顷，已复耕93.32公顷。加强和创新平安建设，完善信访制度，完善各类调解联动工作体系，加强基层应急管理能力建设，抓好防汛抗旱、安全生产和防溺水等工作。

【基层治理】 2022年，留隍镇健全基层治理体系，构建共建共治共享的基层社会治理格局。加强行政综合执法体系建设，全面梳理县级下放的管理权限，理顺职责关系，规范执法程序，完善工作体制机制，加强教育培训和训练演练。推进党群服务中心平台建设，建立健全工作机制，完善服务功能，全方位受理和代办群众事项，让群众办事“只跑一次路、只进一家门”，享受“一站式”便民快捷服务，打通服务群众“最后一公里”。提高基层社会治理水平，研究出台“两违”巡查管控、河道巡查管理、林业管护、环境卫生整治等多个工作暂行办法，实行网格化管理机制，完善应急管理体制，建立奖惩考核机制，建立健全基层治理体系，推动各项决策部署在留隍落地见效。

【平安留隍】 2022年，留隍镇抓好抓实防汛抗旱、消防安全、森林防火、食品安全、地质灾害防治等工作，多次举行综合应急演练，常态化开展巡查管控。落实重点信访案件领导包案责任制，全年受理案件114宗，办结率99.12%。综合行政执法队全年立案45件。完善网格化、信息化社会治安防控体系，抓好网络电信诈骗、扫黑除恶、森林防火和“三防”等工作。做好舆论宣传工作，全年在各级媒体累计上稿200余条。

【廉政建设】 2022年，留隍镇抓党风廉政建设和反腐败斗争，多次召开会议专题研究部署党风廉政建设工作，研究推进纪检监察体制改革工作，完善党风廉政建设制度机制。开展党史学习教育，学习贯彻落实《习近平谈治国理政》第四卷，常态化开展学习贯彻落实党的二十大精神。推进基层正风肃纪反腐工作，2022年开展提醒谈话38人次，警诫谈话2人次，排查相关问题线索20条，给予党政纪处分13人。

（徐梓瑜）

潭江镇

【概况】 潭江镇位于丰顺东北部、韩江中游，东邻饶平县新塘镇，西接丰顺县砂田镇和小胜镇，南与潮安县凤凰镇相连，北与大埔县洲瑞镇、高陂镇和桃源镇接壤。是广东省中心镇、红陶专业镇、单丛茶之乡，也是梅州唯一的少数民族（畲族）聚居地，也是著名的革命老区。全镇总面积221.8平方千米。镇域内自然资源丰富，有山地1.91万公顷，水田536.67公顷，森林覆盖率80%，茶叶种植2400公顷，在全市建制镇中规模最大。水力、河砂、矿产等资源蕴藏量大，土壤硒含量高。茶叶、红陶、红薯是潭江“三宝”。这里文化底蕴厚重，畲族文化、红色文化、农耕文化交织相融。省道227、县道027横纵贯穿镇域，陆域交通脉络畅通高效。

【政区人口】 全镇辖1个社区和18个村，233个村民小组，总人口3.1万人，其中凤坪畲族村799人（畲族614人）。

【经济发展】 2022年，潭江镇生产总值6.22亿元，同比增长3.15%，其中农业生产总值3.71亿元，工业生产总值2.51亿元，同比分别增长2.77%和4.13%。居民人均可支配收入1.6万元，同比基本持平。主体产业方面，春茶产量128万斤，产值1.6亿元。粮食安全方面，完成1090.67公顷的粮食生产任务，完成撂荒耕地复耕复种149.6公顷的任务。

【农业发展】 茶叶是潭江镇的特色产业，茶叶种植主要分布在较高寒的凤坪、银溪、箭竹、官上、官溪、官下、社奉、然新8个村，以凤坪和银溪、官溪片区茶叶较为出名，素有“高山云雾出名茶”之称。全镇茶园面积2400公顷，古茶树3.6万多株，潭江镇内凤畲茶叶发展有限公司、顺兴茶叶发展有限公司均曾获得多项国家级、省级茶叶荣誉称号。丹竹洋村的红薯、粉奉村的百香果、富溪村的马水橘等农产品，受到市场青睐。

【工业发展】 陶瓷业 潭江镇瓷土资源丰富，生产陶瓷有300多年的历史，产品畅销东南亚和欧美等地，素有“陶瓷乡”的美

▲2022年，潭江镇凤坪畲族村万亩茶山 （潭江镇提供）

▲2022年，潭江镇陶瓷产品 （潭江镇提供）

称。2005年，潭江镇被省科技厅认定为红陶专业镇。近年来，潭江镇开展“暖企”行动，为企业发展解决一批困难和问题，陶瓷企业出口份额大增。

水电建设 潭江镇有37座小水电站，发电量达到2.8万千瓦时。有2座小（一）型水库（凤坪水库设计库容123万立方米，主汛期库容20万立方米左右）；1座粉肇山塘。

【文教事业】 2022年，潭江镇有中学、九年一贯制学校各1间，其中潭江中学学生约360人、教职工45人，潭山学校约300人、教职工45人。小学4间，教职工总数约130人，学生总数约1600人，其中潭江中心小学学生约900人，官溪小学学生约330人，大胜小学学生约280人，凤坪畲族小学学生约100人。凤坪畲族小学结合实际设有畲语、畲族舞蹈、茶艺表演等课程。潭江中学2022年获得县级更高水平“安全文明校园（平安校园）”荣誉称号。少先队潭江中心小学大队2022年7月获得县级红领巾奖状二星章。潭江中学2022年荣获丰顺县中小学合唱交流展示活动初中组第二名。

【乡村振兴】 巩固脱贫攻坚成果 对全镇脱贫户249户803人开展防止返贫动态监测和帮扶，对列入未消除风险监测对象的2户10人加强动态监测，及时开展精准帮扶。落实慰问和各项帮扶措施，帮助部分脱贫户完成入户道路硬底化和户厕、房屋外立面改造。

推进重点项目进度 推进大胜溪流域官溪片区生态清洁型小流域综合治理工程，已完成投入1300多万元，实现水土保持500公顷。凤坪村少数民族特色村寨建设，凤凰山北麓高山茶文化推广中心、凤坪畲族村民俗展示中心和文化旅游驿站项目已基本完工。村内道路建设完成率100%。配合县农业农村局实施潭江镇渔政码头建设，已完成工程量约80%；配合县水务局实施枫坑村船舶停泊区建设。

实施乡村建设行动 成立潭江镇乡村振兴发展基金，已筹集资金16万元。对接好帮扶单位、外出乡贤、市规划院等多方资源，做好以官下村集体茶叶产业园为主体的市级产业社区建设工作。壮大各村特色产业，优先发展“一村一品、一镇一业”现代农业产业体系，做好相关项目验收工作。发展壮大村集体经济，推进16个村的光伏电站建设，已完成面积合计1967平方米，装机容量合计274千瓦，累计产生发电收益30多万元。

改善农村人居环境 2022年，投入130多万元推动大胜溪、潭江溪河道清淤工程和投入50多万元开展“洁净美好家园”城乡环境卫生大整治工作。在全镇投放垃圾分类桶220多个，完成32个垃圾屋的安装使用。在交通主干道沿线打造35个“四小园”，安装篱笆3000米。新增圩镇157盏太阳能路灯，更换圩镇社会主义核心价值观宣传牌160处。完成2021年广东省乡村振兴战略实绩考核工作。

【民生福祉】 提高防灾减灾能力 在防御“龙舟水”强降雨期间，镇建立与大埔高陂水利枢纽和韩江东山水利枢纽的信息共享机制，监测江河水位。启动圩镇电排站24小时值班预案，连续排洪65小时。6月17日及6月19日发生居民屋后山体滑坡、坚真韩江大桥桥头公园左翼挡土墙塌方后，采取群众转移安置和围蔽措施，防止次生灾害发生。汛期期间累计转移各类群众12户24人，发生塌方1宗，小型山体滑坡24宗，交通阻塞19宗，均及时得到清理，无人员伤亡。

加强社会保障　推进全镇银龄安康行动，为全镇60周岁以上老年人4437人办理政府购买的老年人意外伤害保险。2022年度城乡居民医疗保险完成任务率为94.07%。加强各村“粤智助”政府服务自助机的应用推广，助力群众足不出村办成事。对接社会各界的爱心助学活动，组织50名贫困学生接收来自深圳狮子会坪山服务队10万元助学金，组织潭江教育基金会向社会各界筹集教育基金600万元。

【社会治理】　环境污染防治　打好蓝天、碧水、净土保卫战，强化农村污水处理和监管体系，加强道路扬尘污染防治，抓好农村生活垃圾和禽畜粪便无害化处理等工作落实。推行林长制，定期组织全镇护林员开展森林防灭火“五清”行动。提升农村生活污水处理能力，引进建设生态浮床1000平方米。加强辖区内韩江流域的保护，定期开展河道巡查，维护潭江水域的生态安全。

安全生产　落实安全生产责任制，抓好农村燃气、电气、建筑施工、危化品、消防等重点领域专项整治，严防重特大安全事故发生，全年出动检查500余人次，检查各类生产场所180多家，发现各类隐患47处，隐患整改率100%。定期开展“消防安全进万家”全民学消防活动。开展自建房安全排查整治工作，全年完成排查4568户，其中经营性自建房87户，其他自建房3957户。推进农村削坡建房风险点排查整治工作，率先完成上级下达的三年183处的整改任务数。

完善社会治理体系　完善信访制度和各类调节联动工作体系，畅通规范群众诉求表达、利益协调、权益保障渠道，全年接待信访163人，接访率100%；梅州市网上信访系统受理8宗信访件，全部按照上级文件做到归口处理、按时办结。推进综治工作信息化，2022年全镇通过广东政法综治E通系统报送安全隐患及矛盾纠纷1100余件。防范和打击暴力恐怖、黑恶势力、新型网络犯罪，保持潭江镇和谐稳定，建设平安之镇。建设德才兼备的高素质法治工作队伍，组织16名镇干部学习并通过2022年执法证考试，组织行政执法学习培训6场次。推动“谁执法谁普法”责任制落实，发放各类普法宣传册累计1万余份。

【党建工作】　开展理论学习教育　2022年，党委理论学习中心组进行13次学习，运用讲党课、宣讲会、专题培训等多种形式开展专题学习60次，开展“听党话、感党恩、跟党走”宣传教育活动6次，组织专题培训班12场，对全镇党员1360多人次进行集中轮训、现场教学。

激发人才活力　执行发展党员程序和标准，落实“推优入党”制度，全年发展党员20名。开展农村基层党组织“头雁”工程建设调研，摸清18个农村基层党组织书记工作状态，为其精准“画像”，充分激发“头雁”活力。开展村（社区）“两委”干部学历提升工作，2022年报读中专班20人，大专班13人，加强村“两委”干部队伍建设，提高干部的整体素质和能力水平。

深化党建带工建、团建和妇建工作　开展光荣在党50年纪念章颁发活动，为27名老党员颁发纪念章，同时以“七一”建党节、主题党日活动为契机，走访慰问离任村干部、老党员、生活困难党员。发挥镇党委“主心骨”作用，组织约200名党员、团员干部全面下沉防控一线做好疫情防控工作。聚力防汛救灾，组织党员干部防大汛、抢大险、救大灾，实现全镇安全度汛。镇团委荣获梅州市“五四　”团委称号，官下村荣获梅州市第四批“美丽家园示范村”。

意识形态工作　2022年，镇党委专题研究和部署意识形态工作2次，全镇党员干部意识形态专题工作培训1次，班子成员到所驻村、学校调研指导意识形态专题15场。开展疫情防控志愿服务活动、森林防火志愿服务活动、“学雷锋”志愿服务活动、“扫黄打非”宣传志愿服务活动等248次。以新时代文明实践所（站）为载体，规范完善“14有”实践所（站）场所建设，打造官下村、枫坑村两个省级示范站。

从严治党　2022年，镇党委

落实中央八项规定精神，深化纠治“四风”，落实“抓早抓小”工作机制，强化党内监督，全年全镇开展日常谈话220多人次，提醒谈话16人次；在“室组地”联动协作下通过监督检查发现违纪线索4条，其中镇级立案2宗2人，移交县监察委立案2宗2人，给予党纪、政务处分4人；受理上级转来信访件1件，办结处理1件。开展纪律教育学习宣传月活动，织牢织密监督网。2022年，镇分别接受县委第四巡察组、县级专项巡察第十六组的巡察，对巡察过程中发现的问题，制定清单化整改方案，高标准高质量完成巡察反馈问题整改。

【获得荣誉】 大胜村获评2022年度全国民主法治示范村；共青团潭江镇委员会获评2022年度梅州市“五四”红旗团支部；官下村获评第四批梅州市美丽家园示范村荣誉称号；富溪村、凤坪畲族村获评丰顺县文明村荣誉称号。潭江镇专职消防队队长张架夫获评市级基层思想工作骨干；凤坪畲族村党支部书记获评梅州市向上向善好青年荣誉称号；潭江镇干部廖骞获评2022年度丰顺县征兵先进个人；潭江镇干部程思仪获评2022年度丰顺县优秀共青团干部；潭江镇干部郑愿春获评2022年度丰顺县优秀共青团员。

（党政办）

砂田镇

【概况】 砂田镇地处丰顺县东北部，距县城汤坑86千米，距梅城53千米，东邻潭江镇、大埔县洲瑞镇，西接大龙华镇，南连小胜镇，北与大埔县银江镇接壤，全镇总面积140.7平方千米，其中山地面积1.2万公顷，耕地面积586.93公顷，境内四面群山怀抱，西北面莲花山脉主峰——铜鼓峰，为粤东最高峰；中间盆地，金沙河自北部向南流经砂田圩镇。

下辖占山、占上、占中、占下、砂田、新塘、岳坑、大坑、荠坪、黄花、茜坑、南溪、南洋、南坑、沙溪、铜峰16个村和1个社区。全镇有4287户，总人口1.95万人。

【自然环境】 砂田镇土质肥沃，植被较好；属亚热带海洋性气候区，一年常绿，四季分明，气候温和，雨量较往年偏少，阳光充足，霜雪少。辖区内森林、水力、高岭土、矿产（稀土、花岗岩为主）资源丰富。自然生态环境优异，野生物、动植物种类繁多。

【经济状况】 2022年，砂田镇经济运行稳中向好，农村经济总收入1.6亿元，农村人均纯收入1.2万元，各项社会事业稳健发展。

【旅游资源】 粤东第一峰——铜鼓峰 位于砂田镇西北部，海拔1559.5米，为粤东第一高峰。铜鼓峰顶端方圆，形如铜鼓，山势险峻，巍峨壮观，具有千姿百态的奇石景观，最具形象的有“玉石佛手”“仙人取宝”“金龟下山”等；在海拔1100米处，还有世界上海拔最高的客家围龙屋及千亩大草原。登山可观日出日落，俯视群山云海；东望韩江凤凰山，西闻鸿图茶片香，南俯潮州湘子桥，北视阴那铁树花，为夏秋探奇，观光旅游的好去处。

教授之乡——黄花村 黄花村总人口约1100多人，有30多名专家、教授出自该村。其中著名数学家李国平院士，于1955年当选为中国科学院首批学部委员；其他著名教授有：华南理工大学教授李铭盘，华中科技大学教授李德华，武汉大学教授李小川、李健行，华中师范大学教授李工宝等，是名副其实的“教授村”。该村方圆约1.5千米，四面环山，群峰竞秀，林木茂盛，地理环境非常独特，素称为“狮象把水口，龙虎守山门”。该村主要八景：李国平院士故居、客家特色民居、笔峰（笔醮墨池）、原始森林公园、仰山公祠、将军庙、油菜花海、黄花天池。该村2008年被评为“广东省特色旅游村”，2010年被评为“全国生态文化村”，2014年被评为“广东名村”“广东省卫生村”，2016年被评为“广东省文明村”，2019年被评为广东省首批“国家森林乡村”，2020年被评为第六届全国文明村，2021年被评为“第二批广东省文化和旅游特色村”“广东省民主法治示范村”。

▲2022年，砂田镇镇级光伏 （砂田镇提供）

【党建工作】 2022年，砂田镇多层次、多形式学习贯彻习近平新时代中国特色社会主义思想和习近平总书记系列重要讲话、重要指示批示精神，专题学习、集中研讨党的二十大精神、《习近平谈治国理政》第四卷和省第十三次党代会精神。全年召开党委理论学习中心组学习22次，举办党的二十大专题培训班6次，组织专题培训班18场，覆盖全镇党员达1400人次。落实党管人才责任，实施“头雁工程”“扶上马送一程”专项帮带行动，拓宽选人用人渠道，建强班子带好队伍，全年吸收入党积极分子26人，发展党员18人。开展基层党组织支部书记抓党建促乡村振兴“打擂台”活动，检验能力水平，提升队伍凝聚力、战斗力。把基层党组织阵地建设作为“固本强基”的重要抓手，推进党支部标准化建设工作，提升基层党组织阵地综合服务功能，完成镇级和村（社区）党群服务中心标准化建设，迁址新建占中村党群服务中心。

【民生福祉】 基础设施 统筹资源要素，多方筹集资金，完善砂田公园健身步道、休闲设施，建设黄花村象山观景平台、古树群落健身步道，延伸占中村至占下村“十里碧道”，建设黄花村家风家教长廊、占中村村史馆和廉洁文化长廊。完成铜峰村、茜坑村、沙溪村、占上村、砂田村、南溪村8个供水点，基本实现集中供水全覆盖，农村饮水质量进一步提高。

人居环境 推进人居环境综合整治，建立健全保洁管护机制，投入约200万元资金，配备75名保洁员做好环境卫生工作。持续开展“三清三拆三整治”，统筹抓好生活污水治理、生活垃圾处理、“厕所革命”，打好水污染防治攻坚战，开展“五清”“清四乱”专项行动，在2022年全县“共建洁净美好家园”及人居环境质量提升考评中连续两个季度获得第一名。

【基层治理】 全科网格发展 全面完善综合治理网格化管理，将农业农村、应急管理、综合执法、卫生健康等部门业务纳入统一网格体系，全镇153名镇村领导干部“入网进格”，实现“一网统管、一员多岗”，小事一格解决、大事全网联动，保障社会大局和谐稳定。

安全工作 以网格化管理为抓手，加大宣传力度，累计发放1000余份安全告知书。对辖区内12个地质灾害点、146个削坡建房高风险点等进行定期巡查。为全镇268户低“五保户”提供汛期保障服务。

舆论引导管理 做好网络舆论管理，建立健全政务信息公开制度，落实“三审三校”制度，掌握了解镇村的舆情动态，及时搜集、研判、处置可能引发群体性事件和社会动荡的言论，强化舆情应急处突能力。

【乡村振兴】 巩固拓展脱贫攻坚成果 发挥“网格化定位、责任化分工、组团式作战”的全科网格管理优势，坚持“四个不摘”，建立健全返贫监测帮扶机制，4户22人完成退出监测和消除风险标识相关程序。建立健全低收入人群精准帮扶机制，为35个有专业技能的脱贫户推荐相适应的工作岗位，为26个有劳动能力的脱贫户设置公益性岗位。

完成复耕复种任务 抓好备耕备种工作，加强撂荒地集约流转，优化土地利用结构，提高土地利用效益，完成梅州市下发撂荒耕地图斑复耕复种223.07公顷，完成粮食播种面积828.32公顷。

建设光伏发电项目 全镇已建成总投资约700万元、合计1328千瓦的分布式屋顶光伏发电项目，预计年收益60万元，每年能为13个村的集体经济增收达10万元以上。

精品产业发展 围绕铜鼓峰得天独厚的高山地理环境和气候条件，引进多家公司，发展“一村一品”精品茶产业，打造总种植面积73.33公顷、年产量6.6万斤干茶、4万斤精品茶、产值达720万元的铜峰高山云雾茶产业。结合铜鼓峰旅游景区互融互促，挖掘茶文化，做活茶旅游，带动周边100多名群众就业。

发展现代生态农业 采取“公司+基地+农户”的发展模式，结合复耕复种工作和高标准农田建设，集约撂荒耕地、盘活闲置土地，打造占地面积23.33公顷、总投资约500万元的占中村现代生态农业示范园，主要种植优质水稻（“美香占2号”）10公顷、百香果10公顷、番薯3.33公顷，12名优秀青年回乡创业，带动上百名村民就业，预计年产值450万元，全面激活内生动力。

【获得荣誉】 砂田镇获评广东省乡村治理示范镇；砂田镇获评广东省信访工作示范乡镇（街道）；砂田镇获评2021—2022年度丰顺县五四红旗团委；砂田镇占下村四角楼被评为第八批梅州市文物保护单位；砂田镇占山村、南溪村、铜峰村获评2021年度丰顺县文明村。

（党政办）

小胜镇

【概况】 小胜镇位于丰顺县东北部，韩江中游西岸，东临潭江镇，西毗大龙华镇，南连黄金镇，北接砂田镇；镇区距梅州66千米，离县城60千米。全镇户籍人口1.6万人，下辖中社、大南、小胜、田背、田面角、寨下、三坑、丹竹、硃坑、荷坪、小溪11个村，总面积75.32平方千米。2022年，全镇地区生产总值1.4亿元，同比增长3%；农村常住居民人均可支配收入1.13万元，同比增长3.7%。

【历史名人】 李坚真（1907—1992），女，1907年1月生于广东省丰顺县小胜镇大南东叶畲村，原名李见珍。1926年参加革命，1927年加入中国共产党。李坚真是坚定的无产阶级革命家、中国妇女运动先驱、中央苏区第一个女县委书记、中共中央第一任妇女部部长、中央红军30名参加长征的女红军战士之一。中华人民共和国成立后，历任中共广东省粤中区（今佛山市）党委书记、第一书记，中共广东省委书记（当时设有省委第一书记）、省委纪委书记，广东省五届人大常委会主任等职。

【自然资源】 小胜镇境内自然资源丰富，主要有水力、林、竹木和瓷土等。主要经济作物有水稻、木薯、龙眼、香蕉、橄榄、竹子、紫胶等。水利资源也得到较好利用，有马鞍山水库、大南水库、石坑水库、白坟下山塘、田窝山塘、荐江塘山塘等大小山塘水库6座，库容100万立方米以上2座（马鞍山水库、大南水库），全镇开发水电装机总容量4800千瓦。

【美丽乡村建设】 2022年，小胜镇以坚真纪念广场为中心，进一步完善提升坚真长征碧道、坚真红色农场、坚真纪念馆、坚真大道（原珠胜公路）、小胜溪拦河景观水坝、坚真人大普法菜花公园、中社体育公园、圩镇“双龙吐珠”瀑布景观及圩镇街道升级改造等系列项目。重启珠胜公路（现更名为“坚真大道”）建设，珠胜公路采取乡贤捐、群众筹的方式，对小胜镇硃胜公路圩镇段1.86千米先行开工建设。该路段已完成水泥硬底化建设及完善附属绿化、亮化、美化工程。

【美丽圩镇】 2022年，小胜镇进行人居环境整治提升，促进圩镇提质扩容，全年开展环境整治爱国卫生运动等集中行动12次，出动人员200余人次，清理垃圾60余处，整治水塘、水沟、河沟30余处，拆除乱搭乱建及废旧广告30余处；调配镇村力量成立“圩镇执法队”，持续推动全镇域“六乱”整治，有效改善圩镇经营、交通秩序；推动圩镇街道及乡村主干道柏油化及绿化建设，打造“十步一景，百步成画”美丽乡村画卷；实施生活垃圾“收分保运”机制，全镇有大桶点28个，小桶点332个，配备保洁员15个，基本实现生活垃圾日产日清日运。

【文明乡风】 2022年，小胜镇提炼推广山歌剧《初心》，打造坚真大姐在丰顺革命真实事迹为题材的山歌剧《初心》，对其进一步提炼，完善故事情节，定期组织“党员干部为班底的演员”排练提升，分赴各地巡演。筹集注册资金220余万元成立的小胜见珍教育基金会，在2022年教师节前以“基金不动，存本取息”的方式，收益9万多元，实行“三三三”分配原则，分别奖励中小学教师3万元、奖励中小学学生3万元、奖励14名当年考取公办本科的小胜户籍大学生和帮扶家庭困难的92名学生就读合计3万元。坚真纪念广场、坚真长征碧道等休闲娱乐场所建成以来，镇村干部自发组建大锣鼓队、山歌演唱队，村民自发成立广场舞队、汉乐社等文艺队伍，文艺队伍不断壮大。

【光伏发电产业】 2022年小胜镇新增4个村的光伏建设完成并网发电。全镇总投资980万元，11个行政村的光伏发电项目总装机容量2265千瓦。2022年，全镇11村发电253.3万千瓦时，创收113.98万元。在光伏项目驱动下，各村集体经济年收入均10万元以上，多者30万元。

【农旅电商平台】 2022年，小胜镇立足本地现有红色、绿色旅游资源，与专业旅游公司合作，挖掘利用“华夏女杰”李坚真红色资源，推出一批学习体验路线和精品红色旅游路线，吸引城市人到农村参观旅游、参与农耕体验、购买当地特色农产品；引进广东皇婴汇婴童用品有限公司，投资800万元积极打造农电商平台，借助互联网将百姓自家种养的果蔬、豆干、玉米、土猪肉等食品销往千家万户，扩宽农产品销路，增加农民收入，实现“以农带旅、以旅兴农”的乡村发展新目标。

▲2022年，坚真大道 （小胜镇提供）

【乡村民宿酒店】 2022年，小胜镇引入永宏昌公司，采取“资产发包、乡贤创业、文旅融合”的模式，打造乡村民宿酒店，把民宿与周边坚真大道、坚真长征碧道、菜花公园、小胜溪等旅游资源有效串联起来，发展“生态+民宿+旅游”行业新模式，助推乡村产业振兴。

【撂荒复耕复种】 2022年，小胜镇引进乡贤企业丰顺县源丰园家庭农场，投资约600万元，带动全镇撂荒地复耕80公顷，种植水稻、玉米、木薯等粮食作物。

【招商引资】 2022年，小胜镇引进梅州市永宏昌矿业有限公司开发田背村石场，年产值约1亿元，预计产生税收约800万元；推动小胜镇丹竹坑瓷土场复工复产，总产值约3900万元；广东泰源农科有限公司预计投资约500万元，扩大油茶产业规模；引进丰顺县三科农业发展有限公司，投资约200万元发展林药产业。

（杜金喜）

名 录

组织机构及负责人

中共丰顺县委员会

县委书记：张志锋
县委副书记：罗达祥
梁玉辉
县委常委：林 剑
罗小平
石远平
张晓山
廖月芝
张学鹏
钟凌玮（任至3月）备注：严重违纪违法，8月开除公职
徐晓东
陈少洲（挂职）
古孟青（4月任职）

丰顺县人大常委会

县人大常委会主任：邱翠茂
县人大常委会副主任：廖若旦
刘超平
吴伟明
马扬闲
张良生
谢仕华

丰顺县人民政府

县 长：罗达祥
副县长：林 剑
张晓山
陈少洲（挂职）
罗小天
李吉祥
曾小丽
谢定雄
罗 灏

政协丰顺县委员会

县政协主席：黄建斐
县政协副主席：陈美琼
蔡运林
陈新化
彭水利
罗炳元
党组成员：郑春鹏（保留副处职）
傅伟芳
陈奕鹏
秘书长：陈奕鹏

中共丰顺县纪律检查委员会

县纪委书记：张学鹏
县纪委副书记：王湘阳（任至6月）
朱传讯
邹学平（7月任职）
常务委员：邓春帆
李小宁
郑春铃
林培海

丰顺县监察委员会
县监委主任：张学鹏
县监委副主任：王湘阳（任至6月）
朱传讯
邹学平（9月任职）
县监委委员：李小宁
郑春铃
余龙川（5月任职）
谢位城（5月任职）

中共丰顺县委办公室
主　任：石远平
常务副主任：李逊浩
副主任：李　威　徐增辉　秦　聪
县纪委监委派驻组组长：杨　润

丰顺县机关事务中心
主　任：徐华森
副主任：李蕊青　王桂珍　谢　旭

中共丰顺县委组织部
部　长：徐晓东
常务副部长：李显益
副部长：黄小舟　马文腊　黎新辉（兼）
部务委员：徐燕琳

中共丰顺县委宣传部
部长：古孟青
常务副部长、县新闻出版局（版权局）局长：张加钦
副部长、县网信办主任：刘　烨
副部长、县文明办主任：张国良

中共丰顺县直属机关工作委员会
书记：石远平
分管日常工作副书记：谢淑娟
副书记：刘海燕
谢福祥
县直机关纪检监察工委书记：张顺舟

中共丰顺县委政策研究室
主　任：朱德平
副主任：吴焕鑫　朱　浩

丰顺县机构编制委员会办公室
主　任：李森权
副主任：黄祖景　郑雁鸿　黄正发

中共丰顺县委统一战线工作部
部长：廖月芝
副部长、县委台港澳办（台港澳事务局）主任（局长）：张世奖
副部长、县工商联党组书记、常务副主席：罗丽娜
副部长、县民族宗教事务局局长：罗俊荣

中共丰顺县委党校
校　长：徐晓东
常务副校长：吴建军（任至8月）
卢胜文（8月任职）
副校长：曾令权　张扬
专职校委委员　县情研究中心主任：徐运良

丰顺县人大常委会办公室
主　任：徐柳明
副主任：曾庆溢　郭邓跃

丰顺县人大常委会选举联络人事任免工作室
主　任：蔡满文
副主任：蔡东霞

丰顺县人大常委会法制工作室
主　任：刘钦泰
副主任：郑伟平

丰顺县人大常委会监察和司法工作委员会
主　任：朱报锋
副主任：林庆丰

丰顺县人大常委会财政经济工作委员会
主　任：吴裕强

副主任：叶细庄

丰顺县人大常委会预算工作委员会

主　任：吴剑锋

副主任：邱淑民

丰顺县人大常委会城乡建设环境与资源保护工作委员会

主　任：吴道远

副主任：徐玉茹

丰顺县人大常委会农业农村工作委员会

主　任：吴小铧

副主任：黎绍庆

丰顺县人大常委会教育科学文化卫生和华侨宗教工作委员会

主　任：徐文生

副主任：丘奕芬

丰顺县人大常委会社会建设工作委员会

主　任：马建生

副主任：陈爱辉

丰顺县人民政府办公室

党组书记、主任：王象山

副主任：陈新云　蔡汉祥　陈　铨　张壮生（11月退休）

丰顺县政务服务数据管理局

党组书记、局长：傅丽文

党组成员、副局长：王湘辉　李思思　高　彬

丰顺县应急管理局

党委书记、局长：吴鹏鸟

党委副书记、副局长：李志盟

党委委员、副局长：陈照阳

党委委员、总工程师：刘海良

政协丰顺县委员会机关

办公室主任：陈奕鹏

办公室副主任：彭建斌

提案科科长：杨　静

提案科副科长：杨　星

文史科副科长：连细芝

提案专委会主任：谢悦练

提案专委会副主任：张小芳

文化和文史资料专委会主任：朱焱桥

文化和文史资料专委会副主任：蔡丹红

经济专委会主任：谢录丰

经济专委会副主任：谢丽君

农业和农村专委会主任：陈洁华

农业和农村专委会副主任：曾学军

科教卫体专委会主任：杲粤平

科教卫体专委会副主任：王柳欣

社会法制和人口资源环境专委会主任：徐海生

社会法制和人口资源环境专委会副主任：陈声礼

港澳台侨外事专委会主任：徐江生

港澳台侨外事专委会副主任：詹国双

丰顺县总工会

主　席：马扬闲

常务副主席：刘盛生

副主席：罗旭娜

共青团丰顺县委员会

书　记：徐德林

副书记：朱章栋　廖嗣宇

挂职副书记：陈彩苹

丰顺县妇女联合会

主　席：王凌凌

副主席：马惠兰　徐育琴　罗燕兰（挂职）
刘慧慧（兼职）　罗日红（兼职）

丰顺县归国华侨联合会

主　席：张镇有

副主席：罗洁营　罗乾凤

丰顺县工商业联合会

主席、总商会会长：徐代燎

党组书记、常务副主席兼县委统战部

副部长：罗丽娜
党组成员、专职副主席兼秘书长：蔡伟彬

丰顺县文学艺术界联合会
主　席：彭汉如
副主席：何宝玉　简国敦

丰顺县残疾人联合会
党组书记：张环琪
理事长：朱洲丹
副理事长：邹　瑜　赵永新

丰顺县关心下一代工作委员会
主　任：刘德姜
常务副主任：巫自华
副主任：马文腊　梁干辉　黄晓阳　江智强

丰顺县老区促进会
会　长：陈修忠
第一副会长：钟廷壁
副会长：黄光心（兼秘书长）

丰顺县坚真老干部（老年）大学
常务副校长：蔡礼轩

丰顺县委政法委员会
书记：梁玉辉
常务副书记：张　剑
专职副书记：吴洪段　罗燕波
专职委员：曾宇宁　刘向新　黄　程　黄佳龙
何道明　曾瑞华

丰顺县公安局
党委书记、局长：罗小天
党委副书记、政委：刘辉林
党委委员、常务副局长：魏耀阳
党委委员、副局长：李毅峰
副局长：张　波
党委委员、副局长：彭展兴
党委委员、县纪委监委驻局纪检组长：魏泽权
党委委员、副局长：李汉锋
四级高级警长：罗　欣

丰顺县人民检察院
党组书记、检察长：李炎飞
党组副书记、副检察长：廖俊洪
党组成员、副检察长：游常庆　邱友萍
党组成员、政治部主任：张　丽

丰顺县人民法院
党组书记、院长：邹宇平
党组成员、副院长：郑志刚　黄海满　吴小垚
党组成员、政治部主任：徐春瑶

丰顺县司法局
党组书记、局长：徐淑斌
党组成员、副局长：陈爱宁　刘及华　张加席
党组成员、政工办主任：卢宝敏

丰顺县消防救援大队
大队长：李　官
教导员：李建设

丰顺县退役军人事务局
局　长：罗旭丰
副局长：谢贤亮　蔡国彪

丰顺县发展改革局
局　长：蔡　君
副局长：陈春晓　李小丽　曾德胜

市场监督管理局
党组书记、局长：徐显涛
副局长：郑春广　徐国南　蔡征涛

丰顺县开发区
党工委书记、主任：王宁州
党工委副书记、副主任：马扬敢
党工委委员、副主任：徐小林　张沁生

丰顺县审计局
局　长：徐名阁

副局长：张晓明　曾文权

丰顺县统计局

党组书记：黄祖东
局　长：徐名暹
副局长：李东升　范伟东
党组成员、办公室主任：吴颖霞

丰顺县农业农村局

党组书记、局长：卢科峰
党组副书记、副局长：李书灵
党组成员、派驻纪检组组长：卓　辉
党组成员、副局长：刘宋大
副局长：黄建华　杜卓贤

丰顺县林业局

党组书记、局长：李华锐
党组成员、副局长：郑立文　刘　斐　黄荣奖

丰顺县水务局

党组书记、局长：罗　铭
徐　义（党组成员、四级调研员）
党组成员、副局长：曾令冰　张炳坤　冯远欣
党组成员：陈文明　谢定胜

丰顺县气象局

局　长：夏泽雄
副局长：张小石

丰顺县科工商务局

局　长：陈志国
副局长：邱文丽　彭志胜　罗吉炜

丰顺县国有资产投资有限公司

总经理：邱荣辉（县经济开发区抽调）

广东电网有限责任公司梅州丰顺供电局

党委书记、副总经理：谢钦朋
总经理、党委副书记、工会主席：刘少华
党委委员、副总经理：徐显蒲　陈　捷　罗华荣
党委委员、纪委书记：余海卓

丰顺县招商和企业服务中心

党组书记、主　任：张　哲
党组成员、副主任：罗绍松　曾命良　叶武明

丰顺县交通运输局

党组书记、局长：林延钊
党组副书记、副局长兼地方公路管理站站长：曾令冰（任至10月）
党组成员、派驻纪检监察组组长：冯广辉
党组成员、副局长：吴武城　罗泽宏

丰顺县公路事务中心

党委书记、主任：罗伟光
党委委员、副主任：罗哲　黄济荣　曾祥宝

中国电信股份有限公司丰顺分公司

总经理：许　穗
副总经理：李　敏　胡德镇

丰顺邮政分公司

副总经理（主持工作）：张道雄
副总经理：徐振光　张东明　李爱平

中国移动通信集团广东有限公司丰顺分公司

总经理：张健东
副总经理：杨宇栋

中国联合网络通信有限公司丰顺县分公司

总经理：陈　浩

丰顺县住房和城乡建设局

局　长：赖建军
副局长：杜戴标　徐　彬　吴宁金

丰顺县供排水服务中心

主　任：陈俊林
副主任：徐名仓　陈生活　张敬洲

丰顺县自然资源局
党组书记、局长：杨愉兆
副局长：徐显淳　杨晓霞　陈海捷
党组成员：吴强　徐俊丰

市生态环境局丰顺分局
局　长：黄业宏
副局长：陈茂荣　刘尔堵　张顺良

丰顺县市政公用事业管理中心
党组书记、主任：丘世务
党组成员、副主任：饶东升　彭豪杰　黄培鸿

梅州市住房公积金管理中心丰顺县经办业务分理处
主要负责人：陈增平

丰顺县供销合作社联合社
党组书记、主任：张亮宏
党组成员、副主任：张小忠
副主任：邱嫦雯

丰顺县烟草专卖局
局长、经理：李远东
副局长：邹　煌
副经理：田君同　李龙乔

丰顺县金叶发展有限公司
经理：罗育辉
副经理：江亮华

丰顺县财政局
党组书记、局长：罗剑峰
党组成员、副局长：罗鸿辉　张喜堂
党组成员、总会计师：罗建科

丰顺县税务局
党委书记、局长：曾庆辉
党委委员、副局长：罗伟剑　徐丽梅　张建豪
党委委员、纪检组组长：梁　喜

中国人民银行丰顺县支行
党组书记、行长：曾国兴
党组成员、副行长：张成良　李超洋

中国工商银行股份有限公司丰顺支行
行　长：罗　漩
副行长：吴　秋　徐勋华

中国银行股份有限公司梅州丰顺支行
行　长：钟伟宏

中国建设银行股份有限公司梅州丰顺支行
行　长：吴永斌
副行长：黄济坚　李伟峰

中国农业银行丰顺县支行
党委书记、行长：邱向洪
党委委员、副行长：李于路　龚拔　朱婷
党委委员、纪委书记：朱钦州

中国农业发展银行丰顺县支行
行　长：蔡志远

中国邮政储蓄银行股份有限公司丰顺县支行
行　长：张文政
副行长：刘　宇

广东丰顺农村商业银行股份有限公司
党委书记：张冬青
行　长：周杰明
监事长：冼　瑜
副行长：张云泉　罗苑华　许晓丰

中国人民财产保险股份有限公司丰顺支公司
经　理：陈志汉
经理助理：吴才松　胡由扬

中国人寿保险股份有限公司丰顺县支公司
经理：李东桦

丰顺县教育局

县委教育工委书记、局党组书记、局长：张武珍

县委教育工委委员、局党组成员、县纪委县监委驻县教育局纪检监察组组长：范迎春

县委教育工委委员、局党组成员、副局长：李万福　叶韩杰　谢　锐

县委教育工委委员、局党组成员、教师发展中心主任：吴建军

县委教育工委委员、局党组成员、人事股股长：丁能松

副局长：陈秋远（任至11月）

县委教育工委委员、局党组成员：黄少宏（任至12月）

丰顺开放大学

校　长：张振华

副校长：曾小皇　张春灵

丰顺县教师发展中心

主　任：冯习创（任至8月）　吴建军（8月任职）

副主任：吴锦荣　徐　伟　彭劲松　刘辉稻

丰顺中学

校　长：徐文丰

副校长：罗志烽　徐秋红　张万春　刘振祥

丰顺县华侨中学

校　长：陈名晓

丰顺县实验中学

校　长：吴丽璇

丰顺东海中学

校　长：廖茂镖

丰顺县第一中学

校　长：张裕煌

丰顺县球山中学

校　长：陈镇源

丰顺县龙山中学

校　长：罗金鹏

丰顺县龙泉中学

校　长：张小青

丰顺县职业技术学校

校　长：郑泽昌

丰顺县汤西中学

校　长：罗少哲

丰顺县汤坑中学

校　长：谢　锐

丰顺县黄金中学

校　长：彭恩铁

丰顺县科学技术协会

主　席：罗卫胜

副主席：黎伟东　陈俊辉

丰顺县文化广电旅游体育局

局　长：刘震辉

副局长：邱金水　陈加助　叶春晖　罗井泉

二级主任科员（副科职）：林志龙

三级主办（副科职）：张欣利

丰顺县史志办公室

副主任（负责人）：简光瑞

副主任：曾杏美

丰顺县档案馆

馆　长：邱劲铭

副馆长：徐淑芬　吴汉疆　张春梅

丰顺县融媒体中心

主　任：李森权

副主任：朱明海　李　迅

丰顺县卫生健康局
党组书记、机关党委书记、局长：杨永亮
党组成员、副局长：刘文勇　陈东生
党组成员、县纪委派驻纪检组组长：陈宗典
县人民医院党委书记、院长：李铁锋
县中医院院长：刘　阳
县妇幼保健计划生育服务中心主任、
　　院长：陈　彬
县疾病预防控制中心（卫生检验中心）
　　主任：罗林涛
县慢性病防治院院长：刘辉欣

丰顺县人力资源社会保障局
党组书记、局长：黎新辉
党组成员、副局长：张卡铝
党组成员、社保局局长：李志坚
党组成员、副局长：王淑芬　何广海
就业中心主任：郑铁辉

丰顺县社会保险基金管理局
县人社局党组成员、县社保局局长：李志坚

丰顺县民政局
党组书记、局长：朱耀辉
党组副书记、副局长：徐名纵
党组成员、副局长：刘兆陆　刘明华

丰顺县医疗保障局
党组书记、局长：彭要曾
党组成员、副局长：李牡丹　刘　愈

丰顺县汤坑镇
党委书记：张幸辉
党委副书记、镇长：蔡礼堂
人大主席：徐比邻
副书记：钟　锐　张敏敏　徐瑜姗（挂职）
委　员：陈鹏峰　黄武雄　徐代俊　张展江
党委委员、纪委书记人选：蔡洪彬
人大副主席：徐益泉
副镇长：杨　华　陈建华　罗　彪　钟寿禄
　　　　赖晓冬　卢基胜
综合执法队队长：陈志坤

丰顺县北斗镇
党委书记：刘旭良
镇　长：徐凤娇
人大主席：黄梦瑶
党委副书记：徐定军　黄光常
委　员：黄汉京　谢俊健　丘春妹　冯丰足
　　　　李永东
人大副主席：黄剑森
副镇长：谭国深　徐舸流
综合行政执法队队长：黄俊锋

丰顺县汤西镇
书　记：饶富将
镇　长：陈泰象
人大主席：郑汉山
副书记：陈泰象　陈　辉　罗惠雄　陈兴富
党委委员：陈静波　杨伟浩　徐位南　蔡燕华
　　　　　李裕志
人大副主席：巫旭明
副镇长：陈静波　卢锦山　曾庆瑞　曾文铚
　　　　罗燕珊　吴春晓

丰顺县汤南镇
党委书记：罗炳元
党委副书记、镇长：徐小维
人大主席：陈琳海
党委副书记：罗延泽　罗伟师
党委委员：罗春迈　彭捷源　刘俊添　徐　妍
　　　　　江奕帆（人选）
人大副主席：丁海容
副镇长：吕宇海　张斯熙　罗贤伟　林志垚
　　　　李国根
综合行政执法队队长：杜旭超

丰顺县埔寨镇
党委书记：罗文畅
党委副书记、镇长：陈明言
人大主席：陈雄辉
党委副书记：张锡林　庞文聪

党委委员：叶碧玉　张　富　黄森文　曾宗朋
人大副主席：张惠君
副镇长：吴洪贤　朱志中　张俊柳　罗旭武
　　张小承

丰顺县埔寨农场

党委书记、场长：胡金辉
党委副书记：陈　莲
党委委员、副场长：陈华良

丰顺县八乡山镇

党委副书记、镇长：素　明
人大主席：吴金谋
党委副书记：邱海艇　张锡钦　陈子明
党委委员：马扬谷　陈振添　文意明　陈彩苹
　　张秋霞
人大副主席：吴剑东
副镇长：马扬谷　吴炳辉　陈定浩　罗立平
综合行政执法队队长：张锦城

丰顺县丰良镇

党委书记：彭水利
镇　长：朱杭洲
人大主席：黎仁凯
党委副书记：朱杭洲　蓝日蕉
党委委员：王则杉　刘伟光　陈振坤　徐显泓
　　陈镇方
副镇长：王则杉　郑素玲　彭国淼　罗宇君
　　刘文滔　彭献锋　黎家宝
人大副主席：彭喜辍

丰顺县建桥镇

党委书记：刘远辉
党委副书记、镇长：饶富胜
人大主席：张透影
党委副书记：刘仪商　王希广　张　旭
党委委员：吴程林　赖惠超　汤伟明　刘文山
　　杨森茂
人大副主席：吴　辉
副镇长：王路之　陈伟兴　郑文燕　罗琼文

丰顺县龙岗镇

党委书记：巫银海
镇　长：吴育钦
人大主席：彭兆祥
副书记：吴敏林　陈培进　杨　润（挂职）
党委委员：饶德州　张新乐　李天德　张汉林
人大副主席：谢冬宜
副镇长：饶德州　温舒振　吴桃林

丰顺县潘田镇

党委书记：杨　昆
党委副书记、镇长：王名深
人大主席：陈献威
党委副书记：王金校　郑武玲　邹德明
党委委员：彭艳奎　刘锦轩　林洁凤　高万辉
纪委书记：陈思培
人大副主席：张敬华
副镇长：彭艳奎　刘锐锋　胡伟国　王永强
　　余　文

丰顺县大龙华镇

党委书记：杜京杰
党委副书记、镇长：刘　坚
人大主席：陈亮青
党委副书记：陈雄伟　彭中兴　胡家连（挂职）
党委委员：邓　敏　彭世钒　杨锦花　吴　杉
　　阙境晖
人大副主席：朱加灶
副镇长：邓　敏　简志留　朱旭浩　谢伟雷
　　林瑞德
综合行政执法队队长：陈君林

丰顺县黄金镇

党委书记：彭晓东
镇　长：林伟根
人大主席：彭淡水
党委副书记：林伟根　饶增森　吴建发（挂职）
　　张超丽
党委委员：彭晓东　林伟根　饶增森
　　吴建发（挂职）　张超丽　刘辉远
　　林晓冰　刘　遥　陈志铠　文及明

人大副主席：刘锦琪
副镇长：陈政煌　巫志华　吴鹏义　邱焕新

丰顺县留隍镇

党委书记：张晓山
党委副书记、镇长：许能洪
人大主席：刘锡奇
党委副书记：刘亿钦　刘武庆　胡增辉（挂职）
党委委员、副镇长：张海军
党委委员：蔡建兵　周爱瑜　郑木水（武装部长）
　　　　　罗红文（纪委书记）
人大副主席：吴伶俐
副镇长：谭英立　陈龙金　郭亿源　吴海辉
　　　　曾泽劲
综合行政执法队队长：赖　涛

丰顺县潭江镇

镇　长：罗　坤
人大主席：张建兵
党委副书记：罗　坤　郑培钦　黄纯峰
　　　　　　李云波（挂任）
委　员：廖铭东　杨琴英　张巴金　李煜龙
人大副主席：邓礼文
副镇长：廖宪平　范政委　吴　栋　张前进
　　　　曹　柳
综合行政执法大队长：黄　华

丰顺县砂田镇

党委书记：邱茹莉
镇　长：陈垡生
人大主席：林庆超
党委副书记：陈垡生　廖海堤　刘　宇
　　　　　　李兆洵（挂任）
党委委员：范文建　宋慧丹　张铭军　朱旭龙
　　　　　黄嘉骐
人大副主席：简光远
副镇长：张铭军　杨雪凌　李金鹏

丰顺县小胜镇

党委书记：黄洪伟
副书记：彭剑峰　钟伟强　李裕银
　　　　郑伟平（驻镇帮镇扶村工作队队长）
镇　长：彭剑峰
人大主席：吴洪波
党委委员：陈文斌　李燕妮　李长江　刘瑞洲
　　　　　张　炜
人大副主席：李伟平
副镇长：张　晴　李远航

2022年度获国家、省、市级表彰的先进单位和先进个人名录

2022年度丰顺县国家级先进单位一览表

表5

单位名称	授予时间	授予单位（会议）	荣誉称号
丰顺县黄金中学	2022年2月	中华人民共和国教育部	全国青少年校园足球特色学校
八乡山镇人民政府	2022年8月	全国绿化委员会 人力资源社会保障部 国家林业和草原局	全国绿化先进集体
广东省梅州市丰顺县八乡山镇（番薯）	2022年11月	农业农村部	第十二批全国“一村一品”（番薯）示范村镇
丰顺农商银行丰城支行爱心驿站	2022年12月	中华全国总工会	全国最美工会户外劳动者服务站点
潭江镇大胜村	2022年12月	司法部、民政部	全国民主法治示范村

2022年度丰顺县省级先进单位一览表

表6

单位名称	授予时间	授予单位（会议）	荣誉称号
汤西镇	2022年1月	广东省爱国卫生运动委员会	广东省卫生镇
汤西镇	2022年6月	广东省残疾人联合会	广东省康园中心一星
八乡山镇人民政府（滩良村）	2022年7月	广东省司法厅	民主法治示范村（社区）
汤西镇	2022年9月	广东省乡村振兴局　南方杂志社	广东省优秀镇域乡村振兴规划二等奖
八乡山镇滩良村	2022年9月	中共广东省委全面依法治省委员会办公室、中共广东省委农村工作办公室、广东省司法厅、广东省民政厅	广东省“民主法治示范村”
汤坑镇黎峰村	2022年9月	中共广东省委全面依法治省委员会办公室、中共广东省委农村工作办公室、广东省司法厅、广东省民政厅	广东省“民主法治示范村”
东江苏维埃政府暨红十一军成立旧址群（滩良村）	2022年11月	广东省社会科学界联合会	广东省社会科学普及基地
丰顺县司法局	2022年11月	广东省普法办公室	《“法治繁星耀苏区”普法项目》获评2021—2022年广东省国家机关“谁执法谁普法”创新创先项目评选优秀普法项目
丰顺县司法局	2022年12月	广东省普法办公室、广东省司法厅	《法律援助在　希望就在》主题宣传片获评广东省2022年法治动漫微视频大赛铜奖
丰顺中学	2022年12月	广东省教育厅	广东省中小学“最美阅读空间”
丰顺县汤坑中学	2022年12月	广东省教育厅	广东省中小学“最美阅读空间”

2022年度丰顺县省级先进个人一览表

表7

姓名	授予时间	授予单位（会议）	荣誉称号	单位职务
陈志远	2022年4月	广东省信访工作联席会议	广东信访铁军标兵	丰顺县信访接待中心主任
罗增君	2022年5月	广东省人民检察院	政法队伍教育整顿专项奖“个人嘉奖”	丰顺县人民检察院办公室副主任
徐嘉慧	2022年7月	广东省教育厅 广东省体育局	广东省第十三届中学生运动会规定太极拳金牌	丰顺县汤坑中学学生
徐嘉慧	2022年7月	广东省教育厅 广东省体育局	广东省第十三届中学生运动会规定太极剑金牌	丰顺县汤坑中学学生
黄英杰	2022年7月	广东省教育厅 广东省体育局	广东省第十三届中学生田径400米金牌	丰顺县东海中学学生

人　物

【丘达波】 又名丘细物，丰顺县汤坑镇金丰村人，1920年出生。1938年8月参加汤坑青年抗敌同志会。1939年3月在汤坑丘屋寨忠实学校由邱宽洪（又名邱万度）同志介绍加入中国共产党，是汤坑青年抗敌同志会乡村工作队队员。1944年12月10日日军第一次侵犯汤坑，受党组织指派，前往汤西石江与地下党联系抗日事宜，并组织丘屋寨的群众向汤西方向转移，行至汤西和安荒田围时与日军遭遇，被日军枪杀，牺牲时年仅24岁。2022年9月30日，经中华人民共和国退役军人事务部批准评定为烈士。

【谢子宜】 丰顺县留隍镇人，1996年11月出生，2015年9月入伍。2021年10月，谢子宜作为所在部队组建军事建模小组的负责人参加第五届全军军事建模大赛，积极带领团队研判试题，反复推敲建模效果，最终带领小组突出重围，斩获全军特等奖。在2021年底因综合表现突出，被所在部队表彰为“打赢先锋”，并记个人二等功一次。

主题索引

索引说明

一、本索引采用主题分析方法，款目按汉语拼音字母（同音字按声调）顺序排列。

二、文中的类目题、分目题用黑体排版，其余用宋体排版。表格在其款目后注明“表”。

三、索引款目后的数字表示内容所在的页码，数字后面的拉丁字母（a、b、c）表示栏别（版面的左、中、右栏）。

四、同一主题的内容在文中多次出现的，在其款目后用不同的页码标明。

五、本索引对“特载”“社会和民生热点话题”“大事记”“名录”等篇不做内容主题分析。

A

B

C

K

L

M

N

P

Q

R

S

T

W